아규멘테이션

설득하고 설득당하는 사회의 논쟁법

이화학술총서

설득하고
설득당하는
사회의
논쟁법

Argumentation

아규멘테이션

박성희 지음

이화출판

책머리에

침묵보다 값진 말을 위하여

사람은 누구나 말을 하고 산다. 희곡의 독백처럼 혼잣말을 중얼거릴 때도 있지만, 대부분의 경우 누군가가 듣는 것을 전제로 말을 한다. 단순히 정보를 주고받기 위해 하는 말도 있고, 자신의 생각이나 느낌을 전하기 위한 말도 있다. 뭔가 상대방이 잘못했을 때 말로 꾸중을 하기도, 잘했을 때 칭찬을 하기도 한다. 실의에 빠진 사람을 위로할 때도, 사랑을 고백할 때도, 오해를 풀고 싶거나 물건을 팔 때도, 우리는 말을 한다.

이런 말들이 목적하는 바는 듣는 사람의 생각과 만나는 것이다. 말이라는 옷을 입고 나온 나의 생각이 듣는 사람의 귀를 통해 그의 생각에 도달하는 순간, 그 사람의 마음을 어루만지던지, 화를 돋우던지, 아니면 그저 서로 같은 생각을 하고 있는 것을 확인하던지 한다. 이렇게 말은 사람과 사람의 생각을 이어주는 매개며 상징이다. 일단 이해시키는 데 성공한 말은 다양한 사상과 감정을 전염시켜 사람을 변화시킨다. 마치 병원균에 감염되듯, 말을 통해 사람들은 새로운 신앙을 갖기도 하고, 지갑을 열어 물건을 사기도 하며, 어떤 정치인에게 자신의 운명을 맡기는 엄청난 결정(투표)을 하기도 한다. 말이 생각과 태도를 바꾸고, 마침내 행동을 바꾸는 것이다.

말이 일으키는 이 오묘한 변화에 일찍부터 매료된 사람들이 고대 그리스 철학자들이었다. 소크라테스 이전 철학자인 엠페도클레스(Empedocles)는 놀라운 웅변 실력으로 사람의 마음을 움직이곤 했는데, 당시 사람들은 그런 그를 무슨 마술사 내지는 심리발현술사로 여겼다. 사제지간인 코락스(Corax)와 티시아스(Tisias)는 최초의 말하기 교본을 펴낸 스피치 선생으로, 궤변에 가까운 논쟁으로 시민 법정을 달군 것으로 유명하다. 이소크라테스(Isocrates)는 탁월한 연설문 작문 능력으로 명성이 높았다. 프로타고라스(Protagoras)는 고액의 수업료를 받고 말하는 기술을 가르친 것으로 유명했다. 철학의 아버지인 소크라테스(Socrates)는 프로타고라스처럼 돈 받고 말하는 기술을 가르치는 소피스트들을 맹비난했으나, 그 역시 현란한 말을 구사한 수사학의 대가였다. 플라톤(Platon)과 달리 수사학을 논리학과 동렬에 두고 접근한 아리스토텔레스(Aristoteles)는 수사학을 이론적으로 정립하는 데 큰 공을 세웠다. 그는 말은 곧 설득이라고 했다. 당시 철학자들은 설득에도 종류가 있듯, 말에도 좋은 말(철학)과 나쁜 말(궤변)이 있다고 했다. 그러나 어떤 경우에도 말에 힘이 있다는 사실에는 이견이 없었고, 여기에는 동양의 사상가들도 대체로 동의했다.

청자(聽者)를 상정하는 말은 여러 사람과 함께 세상을 살아가는 데 반드시 필요한 기술이다. 생각이 다른 사람과 싸움을 하지 않고 관계 짓기를 위해서는 주먹보다 말이 앞서야 하기 때문이다. 자신이 오해받지 않도록 설명하는 데 필요하고, 상대방의 생각을 알아내는 데 필요하고, 자신의 생각을 전달해 설득하거나, 스스로 설득당하기 위해 필요하다. 그래서 서양에서는 오래전부터 수사학을 '시민학(study of citizenship)'이라고 불렀다. 20세기 미국의 수사학자 케네스 버크(Kenneth Burke)는 만약 사람이 혼자 사는 존재라면 말이 필요 없을 것이라고 했다. 어떤 이는 원숭이가 서로 털을 정리해주는 것처럼, 사람은 서로 말을 주고받는다고 했다. 말하자면 인간은 '말하는 동물'인 셈이다. 관계 짓기를 위해, 커뮤니티의 일원임을 확인하기 위해, 무리와의 소통을 위해, 인간은 말을 한다.

공동체를 이루고 살며 생각이 다른 사람들과 때로는 협업을 하고 갈등 해소를 해야 하는 인간에게 꼭 필요한 것이 소통의 기술이다. '어리석은 인간은 그냥 말하지만, 현명한 인간은 생각이 담긴 말을 한다(Foolish men talk, while wise men speak)'는 말이 있다. 여기서 생각이 담긴 말을 하는 행위란 일찍이 아리스토텔레스가 말한 설득의 기술과 통한다. 증거를 제시하거나(로고스), 스스로 매력적으로 보이거나(에토스), 청중의 감정을 움직여(파토스) 상대방의 생각을 움직이는 기술이야말로 분배할 자원이 기하급수로 늘어나고 이해관계 역시 엄청나게 복잡해진 현대 사회에 여전히, 아니 더욱 유효한 기술이라고 해야 할 것이다. 상호 논박의 과정이 중요한 이유는 서로를 이해시키는 통로로 기능하며 더 큰 갈등을 미리 방지하여 관계를 존속시켜주기 때문이다. 적어도 서로 말을 하는 동안에는 주먹다짐을 하지 않는다. 그런 점에서 논쟁은 말싸움이 아니라, 말을 통해 갈등을 해소하는 과정이라는 해석이 더 걸맞다.

아규멘테이션(Argumentation)이란 종종 '논쟁'으로 번역되나, 이 책에서는 글자 그대로 '말로 하는 싸움'이라는 뜻에 국한하지 않으려 한다. 진실을 추구하는 탐구(inquiry)의 과정이며, 상호 이해에 바탕을 둔 비판적 사고(critical thinking)의 도구로서 조명하고 싶다. 말이 곧 설득이듯, 논쟁 역시 논거를 갖추고 상징(언어)을 사용해 사람을 설득시키는 모든 소통 행위를 포괄한다. 최근 설득과 토론의 중요성이 부각되면서 관련 연구나 서적도 많이 나오고 있다. 논쟁에서 이기는 방법을 제시하는 실용 서적도 많고, 설득의 심리학이나 사회 현상을 과학적이고 소상하게 접근한 이론서들도 많다. 이 책은 '아규멘테이션'을 일반적인 일상 속에 녹아 있는 소통 현상의 하나로 풀어가고자 한다.

매일 접하는 수많은 메시지는 우리를 향해 끊임없이 '아규(argue)'한다. "이러니 옳지 않냐? 저래서 이 제도는 나쁘지 않느냐, 이런 좋은 점이 있으니 우리 물건을 사야 하지 않느냐? 이런 점을 보면 이 후보가 믿을만하지 않은가?……" 그중에는 적지 않게 오류도 섞여 있다. "그 사람 말이면 무조건 옳다, 모든 사람이 해왔으니 너도 이걸 해야 한다, 내가 거기 가지 않았다는 것을 네가 증명해라, 코끼리가 동물이고, 사람도 동물이니, 너는 코끼리다……" 흔히 '말이 되는 말'과 그렇지 못한 말을 가르는 기준은 합리적인 아규멘테이션인지 아닌지 여부로 판단할 수 있다. '말 같지 않은 말'은 침묵보다 못하다. 그러나 '상호 설득을 통해 공동체를 유지시키는, 말이 되는 말'은 침묵보다 훨씬 값지다.

이 책은 모두 7개 부분으로 구성되어 있다. 1부 〈말과 세상〉에서는 말의 사회성에 대한 조명과 함께 수사학의 기원을 살펴보고, 논쟁에 대한 본격적인 논의를 위해 수사학과 커뮤니케이션 분야에서 논쟁의 위치를 파악하고자 했다. 2부 〈주장과 설득의 시대〉에서는 갈등을 해소하는 기제로서의 논쟁(아규멘테이션)의 개념에 주목, 논쟁 현상을 분석적으로 바라보기 위한 기초 지식을 담았다. 3부 〈논란의 해부학〉에서는 논란의 요소들을 해부함으로써 논쟁이라는 현상을 보다 체계적으로 학습하는 데 필요한 분류 체계와 유형 등을 정리했다. 4부 〈논증 구조와 논쟁의 형식〉에서는 귀납과 연역 등의 논증 구조를 검토하고 이에 기초한 다양한 논쟁의 형식을 살펴보았다. 5부 〈논쟁과 증거〉에서는 논쟁의 핵심 요소 중 하나인 증거의 종류와 증거를 감별하는 법을 다루었으며, 6부 〈논쟁의 기술〉에서는 논쟁에서 언어 사용의 중요성, 퍼블릭 스피치 방법과 디베이트의 실제에 대해 논의했다. 마지막 7부 〈논리적 오류〉에서는 다양한 논리적 오류의 유형과 종류에 대해 정리했다. 이상의 구성에서 보듯, 논쟁의 방법과 다양한 기법, 논리적 오류 등도 소개했으나, 전체적으로는 서로 설득하고 설득당하는 사회를 읽고 이해하는 지적인 즐거움을 주는 데 더 초점을 맞추었다.

우리 사회의 갈등을 이해하고 해소하는 데 도움을 주는 사례나 개념을 모으려고 했으나, 많이 부족함을 느낀다. 일단 지금까지의 논쟁 관련 내용을 기존의 문헌들을 바탕으로 가급적 흐트러짐이 덜하게 정리하는 데 주력하고, 모자란 부분은 앞으로의 과제로 넘길까 한다. 인용하거나 참고한 문헌들은 되도록 충실히 밝히려고 했으나 혹시 누락된 부분이 있다면 이 자리를 통해 양해를 구한다. 아직 정리되지 않은 논쟁 관련 용어나 오역된 부분에 대해서는 조언과 질정을 기다린다. 이 책은 이화여자대학교출판부의 저술 지원 도서로 집필되고 출판되었다. 늦은 원고를 정성껏 다듬어 한 권의 책으로 엮어준 이화여자대학교출판부의 노고에 감사드린다.

2014년 12월

이화 포스코관에서

저자 박성희

차례

I

말과 세상

1. 수사학에 대하여

(1) 말하는 세상에 대한 작은 글

세상에는 크게 '말하는 세상'과 '말하지 않는 세상' 두 가지가 있다. 말하지 않는 세상이란 어떤 사물의 상태, 사람 사이의 관계, 사회적 상황과 맥락, 특별한 사정이나 사건, 집단의 역사, 개인의 기억 등으로 이루어진 인식과 사유의 덩어리로서의 세상이다. 이런 세상은 침묵 속에 그냥 존재한다. 마치 자연이 스스로 그러하듯이.

이에 비해 '말하는 세상'이란 그런 자연적인 상황의 일부가 언어라는 상징을 비집고 나와 스스로를 표현하는 세상이다. 아픈 환자가 말로 어디가 어떻게 아프다고 표현하거나, 어떤 관계의 남녀가 사랑을 고백하거나, 언론이 그날 발생한 사건을 기록하거나, 누군가는 그걸 모아 집단의 역사를 기록하는 세상이다. 사회에 대한 시각과 문제를 끄집어내서 글로 비평하고, 말과 글로 서로 다투고, 선동하며 설득하는 모든 행위가 그 세상에 속한다. 언어의 불완전성과 상징의 다양성, 거기에 그 말을 하는 개인의 자아와 가치가 얼룩져 말하는 세상은 늘 시끄럽다. 오해하는 사람이 늘 생긴다. 그래서 오해받지 않기 위한 소통의 기술과 노력이 요구된다.

문자와 인쇄술이 발명되기 이전의 구전 시대에는 글자 그대로 '말'이 주된 소통의 도구였으나, 매체와 전달 기술의 발달로 '말'과 '글'이 함께 보완하며 인간의 주요한 소통의 미디엄이 되었고, 여기에 소리와 영상이 새로운 상징으로 가세했다. 인터넷을 기반으로 한 SNS 등의 소셜 미디어는 구전의 전통을 다시 살려내어 혼잣말이 곧 글이 되고, 대화가 다시 공적 텍스트(public text)가 되는 새로운 지평을 열었다. 표현의 방식은 다양하지만, 거슬러 올라가면 모든 소통의 태초에는 '말'이 있었다.

말과 글, 소리와 문자가 서로 수렴해가는 현상에도 불구하고 말은 여전히 매우 사회적인 영역에 존재한다. 글 짓는 행위는 사유의 영역에서 주로 독자적으로(혼자) 이루어지는 반면, 말하는 행위는 혼자 하는 법이 별로 없다. 2013년 개봉한 영화 중 로버트 레드포드(Robert Redford)가 주연한 '올 이즈 로스트(All is Lost)'라는 제목의 영화는 말의 사회성을 잘 대변한다. 수마트라 섬 1700해리 지점에서 요트를 타고 표류하다 컨테이너에 부딪쳐 난파하는 주인공이 망망대해에서 사투하다 극적으로 구조된다는 줄거리의 이 영화에는 처음부터 끝까지 주인공 한 명만 등장한다. 주름 가득한 얼굴의 이 명배우는 말 한마디 없이 행동과 표정으로 이야기의 흐름을 짚어준다. 철석거리는 바닷물 소리와 삐걱대는 요트 소리 이외에 대사가 전혀 없다. 극한 상황에 처한 주인공이 '젠장' '안 돼'라고 외마디 비명을 지르는 장면이 중간에 나올 뿐이다. 그 주인공처럼 만약 세상에 단 한 사람만 존재한다면 말은 필요치 않을 것이다. 말을 한다는 것은 듣는 사람을 상정하는 지극히 사회적인 행위이다. 그런 점에서 말하는 세상이란 여러 사람이 함께 어우러져 사는 세상과 동의어라고 할 수 있다.

말하는 세상을 이해하는 일이 가치 있는 이유는 말하지 않는 세상을 이해하도록 도와주고, 말하는 사람의 생각을 이해할 수 있게 해주기 때문이다. 마치 온도계를 보고 기온을 측정하듯, 사람들은 말이라는 상징을 통해 말 너머에 있는 현상과 사상을 짐작한다. 메신저를 읽어야 메시지가 보이고, 메시지를 해석함으로써 현실을 읽어낼 수 있다. 그렇게 얻은 이해와 해석은 다가올 사건이나 행동을 예측하도록 도와준다. 말 속에는 이렇게 과거를 저장하고, 현재를 해석하며, 미래를 예견하는 기능이 있다.

말의 사회성을 분석하는 방법 중에 수사 분석(Rhetorical Criticism)이 있다. 수사 분석은 상징을 해석해 의미를 찾아내고 인물의 행동과 사고의 패턴을 발견해 궁극적으로 그가 속한 사회를 이해하는 유용한 분석법이다. 가령 말이 통하지 않는 어느 낯선 도시에 처음으로 도착했다고 가정해보자. 여행자는 길과 집의 모양새를 훑고, 거기를 오가는 사람들의 차림새와 표정, 이해불가능한 간판과 그 안에서 이루어지는 인간의 행위를 관찰하며 다양한 생각과 의문을 품을 것이다. "아, 저게 뭐지?", "저건 무슨 말일까?", "왜 사람들이 모여 있지?", "왜 여기는 전부 노인들뿐일까?", "길이 깨끗하군.", "사람들 표정이 밝네." 눈에 보이는 모습과 사람의 표정만으로도 풍요와 여유를 짐작할 수 있듯, 관찰을 통해 발견할 수 있는 진실의 세계도 결코 작지 않다. 혹은 국민소득이나 실업률, 삶의 만족도 조사 등 각종 통계로 사정을 읽어낼 수도 있을 것이다. 때론 숫자나 직관이 더 정확할 수 있다. 여기에 현지 가이드가 설명을 덧붙인다면 이해는 더욱 깊어질 것이다. "아, 그랬군, 그래서 길이 깨끗하구나.", "지금 열리는 집회가 이런 내용이구나.", "이곳은 노인이 충분히 연금을 받는 곳이군.", "세금을 많이 거둬가니 공공시설이 깨끗하군." 등으로 말이다.

마침내 그 여행자가 현지 언어를 배우고 그곳에 정착했다고 가정해보자. 동네 주민들과 대화를 나누고, 그들의 사정을 알게 되면서 이해는 더욱 깊어질 것이다. 여행 가이드로부터 전달해 들었던 세상과는 또 다른 세상이 열리는 것이다. 그런데 이런 가정은 또 어떨까? 그곳이 마치 영화 '트루먼 쇼(The Truman Show)'에서처럼 보여지기 위해 연출된 도시라면? 혹은 선전효과를 노리고 철저하게 통제된 가운데 만들어진 전시용 도시라면? 겉으로 드러난 의사소통만으로 이상한 도시의 현실을 발견하는 것이 가능할까? 미세한 메시지와 메시지들의 관계와 일관성, 일반적 소통의 관례에 비추어 발견되는 특이점을 찾아내고 해석하는 별도의 노력이 필요할 것이다. 말에 대한 민감성을 키우고 면밀하게 분석하는 기술이 필요한 이유이다. 인간들의 일상적인 의사소통에는 현재만 있을 뿐 과거나 맥락이나 미래는 잘 나타나지 않는다. 잠재된 욕망, 숨겨진 아픔, 감추고 있는 야망, 쉽사리 모습을 드러내지 않는 이런 것들을 찾아내는 것이 수사분석가의 몫이다.

말을 해도 통하지 않는 사람이 있고, 말을 하지 않아도 통하는 사람이 있다. 말을 하면 할수록 멀어지는 관계도 있고, 한마디도 하지 않았지만 몸과 마음이 하나가 되는 느낌을 주는 사람도 있다. 말이란 이렇게 때론 쓸데없는 경우가 많다. 말은 세상의 주요 부분이지만, 세상의 전부가 아니다. 말은 종종 말하지 않는 세상의 문을 열어주는 열쇠로 기능한다. 그런 점에서 말은 어쩌면 말 자체보다 침묵을 이해하도록 도와주는 유용한 도구일지 모른다. 말에 주목하다 보면 앞서 언급한 두 개의 세상을 두루 이해할 수 있다. 말을 이해하는 데 관심 있는 사람이라면 말과 침묵의 필연적인 동거에 주목할 필요가 있다.

(2) 수사학의 기원과 발달

말은 태초부터 존재했다. 그러나 서양 수사학은 자연과 인간의 비밀을 찾아내는 데 관심이 있던 기원전 철학자의 노력에서 그 기원을 찾는다. 철학의 아버지인 소크라테스 이전 철학자 중 엠페도클레스(Empedocles, 기원전 490~430)는 세상이 물, 불, 땅, 공기로 이루어져 있다고 믿고 설파한 철학자이자 시인이었다. 그는 특히 말을 잘했던 것 같다. 피타고라스(Pythagoras)의 제자였던 그는 제자들에게 자신의 철학을 가르쳤는데 날말이 지닌 거부할 수 없는 매력으로 청중을 감동시키고 마술처럼 사람을 설득하는 힘을 지닌 사람으로 전해진다. 그가 살던 시대에는 세상을 이해하려는 욕구와 진실을 추구하는 노력이 넘쳤으나 아직 철학과 궤변이 구분되지 않았던 시대이다. 자연에 대한 관심은 높았으나 학문이 분화되거나 과학이 발달하지도 않았다. 수사학은 그 무렵 설득의 기술이며, 진실 추구의 도구이자, 학문 이전의 학문으로 발달하기 시작했다.

수사학이 발전하는 결정적인 계기를 제공한 사건으로 기원전 485년 시칠리아 섬의 소유권 소송을 든다. 당시 독재자 겔론(Gelon)과 히에론(Hieron)은 용병들에게 땅을 나눠주기 위해 시라쿠사(Syracuse)의 토지를 수용한다. 그 이후 시라쿠사를 비롯한 아그리젠토(Agrigento)에서 봉기가 일어나 트라시불로스(Thrasybulus, 기원전 440~388) 왕이 권좌에서 물러나게 된다. 시라쿠사의 원주민들은 빼앗겼던 땅을 다시 자신의 소유로 돌리기 위한(ante quo) 소송을 제기하는데, 소송에서 이기기 위해서는 땅이 자신의 것이라는 것을 증명하고 대중을 설득하기 위한 변론술이 필수였다. 필요는 발명의 어머니라는 말처럼 대중 앞에서 설득적으로 말하는 법을 가르쳐주는 사람들이 생겨나고, 그들의 웅변학원이 성업하기 시작했다. 소피스트가 활약할 사회적 분위기가 조성되기 시작한 것이다.

코락스(Corax)와 티시아스(Tisias)는 이 무렵 이름을 날린 사람들이다. 코락스는 정치 및 법률 자문관이며 수사학자로 유명했다. 그는 대중이 믿을 만한 진실을 구축하는 것이 실체적인 진실보다 더 설득적이라는 믿음을 갖고 있었다. 그가 기원전 476년 집대성한 『기예』는 최초의 말하기 교본으로 기록되고 있는데, 일부 서적에 따르면 티시아스도 집필한 것으로 알려진다. 사실 말하기 교본은 그동안 말하기 기법을 가르쳐온 사람들의 경험적 지식을 축적해 기록한 것으로, 누구 한 사람의 독창적인 아이디어라기보다는 당시 통용되던 말하기 규범을 정리하고 모아놓은 것이라고 봐도 좋을 것 같다.

어찌되었건 코락스는 『기예』라는 교본을 통해 연설을 할 때는 먼저 대중의 관심을 끄는 머리말을 시작으로, 진술, 논증, 이와 관련된 여담, 그리고 전체를 다시 요약하는 맺음말 등의 요건을 갖출 것을 가르쳤다. 코락스가 가르친 이러한 요건은 훗날 재판적 담론의 분리법으로 자리 잡는 데 크게 기여했다. 그가 제안한 법정 진술의 처음 부분은 '머리말'로서 먼저 배심원들의 관심과 동정을 끄는 것을 목표로 한다. 그렇게 관심을 끈 후 비로소 주장하고자 하는 바를 명백하고 간결하게 소개하는 '진술부'로 넘어갈 수 있다. 이제 그러한 진술이 청중의 믿음을 얻을 수 있도록 다양한 증거를 제공해야 한다. 세 번째 '논증부'가 그것이다. 청중들이 보다 논거를 잘 받아들이도록 하기 위해 네 번째 단계인 '여담부'에서 반론과 예증 등의 관련 예시를 제공한다. 마지막 부분은 '맺음말'로서 소송의 논점을 요약하고, 배심원들의 감정을 동요시켜 강한 설득적 효과를 거두는 것을 목표로 하고 있다. '변론의 다섯 가지 단락'으로 요약할 수 있는 코락스의 기법은 재판의 담론에서 시작했으나 현재까지도 서론, 본론, 결론이라는 방식으로 유지되고 있다. 2천5백 년이 지난 오늘에도 그의 방법론이 큰 틀을 유지하며 실천되고 있는 것이다.

코락스와 티시아스에 얽힌 재미있는 일화가 있다. 코락스는 티시아스의 말하기 스승이었다. 코락스는 티시아스를 가르치며 제자가 첫 변론에서 이기기 이전까지는 수업료를 받지 않겠다고 했다. 코락스의 가르침으로 수준급의 웅변을 구사하게 되었음에도 불구하고 티시아스가 1년이 넘도록 수업료를 내지 않자, 코락스는 제자인 티시아스를 법정에 고소했다. 코락스는 법정에서 어떤 상황에도 티시아스는 자신에게 수업료를 지불해야 한다고 주장했다. 티시아스가 법정 변론에서 이기면 자신이 잘 가르친 결과이므로 수업료를 내야 하고, 티시아스가 지면 자신이 이겼으므로 수업료를 내야 한다는 것이다. 이에 맞선 티시아스도 지지 않았다. 그는 어떤 상황에서도 자신은 수업료를 낼 필요가 없다는 논리를 폈다. 자신이 지면 코락스가 잘못 가르친 것이므로 수업료를 낼 필요가 없고, 자신이 이기면, 이겼으므로 수업료를 낼 필요가 없다는 것이었다. 그 둘은 결국 배심원들을 설득시키는 데 실패해 둘 다 법정에서 쫓겨났고, 그 후로 꼬리에 꼬리를 무는 궤변을 '코락스의 딜레마'라고 부르게 되었다.

이와 같이 소피스트(sophist)라면 먼저 현란한 궤변론자를 떠올리지만 원래는 '현자' 혹은 '스승'을 의미하는 좋은 뜻이었다. 중간인 계급의 사람들이 상업을 통해 부를 축적하면서 정치적 힘을 갖게 되었고, 이들은 다양한 공공장소에서 스피치를 통해 리더십을 배양할 수 있었다. 그들은 돈으로 스피치 선생을 고용해서 변론술과 웅변술을 배웠는데, 귀족의 입장에서 보면 그다지 반가운 일이 아니었을 것이다. 수사학자들을 궤변을 가르치는 사람으로 틀 짓고 철학을 수사학으로부터 분리시킨 배경에는 이런 정치적인 배경도 한몫하고 있다.

당시 활동하던 유명한 소피스트로는 고르기아스(Gorgias)나 프로타고라스(Protagoras)를 꼽을 수 있고, 기록이 많이 남아 있진 않지만 히피아스(Hippias), 프로디쿠스(Prodicus), 안티폰(Antiphon), 티라시마쿠스(Thrasymachus) 같은 인물도 있었다. 안티폰은 플라톤과 함께 소크라테스의 제자였는데, 스승에 대해 매우 비판적인 입장을 지녔다고 한다. 안티폰의 사상은 크세노폰(Xenophon)을 통해 일부 전해져 오고 있는데, 천부인권이나 평등, 부자가 가난한 사람을 돌봐야 하는 의무 등에 대해 언급한 것으로 전해진다. 이에 비해 스승 소크라테스는 귀족의 특권을 인정한 인물이었다. 만약 소크라테스를 따르던 플라톤이 『대화』를 통해 스승의 가르침을 전하지 않고 안티폰이 기록을 남겼다면, 소크라테스는 좀 더 다른 모습으로 전해졌을지 모른다.

이들 소피스트들은 인간 중심의 사상과 자유 평등의 가치를 설파했고, 이러한 당시 분위기를 바탕으로 고대 그리스의 직접 민주주의가 꽃 필 수 있었다. 수많은 명연설가도 등장했는데, 기원전 4-5세기경 이름을 날린 페리클레스(Pericles, 기원전 495-429)와 데모스테네스(Demosthenes, 기원전 384-322)를 빼놓을 수 없다. 페리클레스는 고대 그리스의 군인, 웅변가, 정치가로, 민주주의의 기초를 다진 인물이다. 투기디데스의 『펠로폰네소스 전쟁사』에도 그의 위대함이 기술되어 있을 정도로 고대 그리스의 민주주의 이상을 시민들에게 전파하는 데 공이 컸다. 그의 이상이란 자유로운 시민들이 공정한 룰에 복종하는 사회였다. 데모스테네스는 그리스의 외교 관계에 탁월한 수완을 발휘한 인물이다. 그의 명연설과 관련된 일화 중 늑대와 양의 비유는 유명하다. 그리스와 불편한 관계에 있었던 마케도니아의 필립왕이 아티카를 정복한 후 패전국에 영토도, 보물도 아닌 이름난 웅변가 6명을 전리품으로 요구했다. 이때 데모스테네스가 나서 늑대와 양떼의 전쟁에 빗대 아티카의 정치가들에게 필립왕의 제안을 거부할 것을 요구하는 연설을 했다. 데모스테네스가 한 비유는 다음과 같다. 늑대는 양을 지키는 개를 넘겨달라고 요구했고, 양은 휴전에 집착한 나머지 늑대의 요구를 들어주어 개를 넘겨주었다. 그러자 늑대는 맘 놓고 양을 공격하기 시작했다는 것이다. 이 연설을 들은 아티카의 정치인들은 마케도니아와 전쟁에 맞설 준비를 했다고 한다. 이 후 국가를 위해서 열변을 토하는 정치인을 가리켜 '데모스테네스적(的)'이라고 부르는 수식어가 생기게 되었다.

당시 소피스트들은 예시를 통해 학생들을 반복적으로 훈련시켜 논쟁의 기술을 익히게 했고, 논쟁을 하나의 '기술(art)' 혹은 '경험적 지식(techne)'으로 가르쳤다. 그들에게 논쟁은 실제적 적용을 통해 문제를 해결하고 건강한 공동체를 유지하는 데 필요한 설득의 기술이었다. 그러기 위해서는 화자(rhetor)가 속한 공동체의 가치관과 믿음의 체계, 당장의 상황, 대중의 믿

웅변하는 데모스테네스 Borchers, 2006, 33쪽

음에 호소하는 것이 중요했고, 그들이 믿도록(설득되도록) 하기 위해서는 영원불멸한 진리보다는 상황적 진실이 더 유용하다고 가르쳤다. 이러한 상황적 진실의 추구나 주관적 진실의 세계가 절대적 진실의 세계를 꿈꾸는 철학자들의 맘에는 들지 않았다. 소크라테스는 프로타고라스를 '위대한 장인과 조각가 열 사람보다 더 돈을 많이 번 자'라고 비난했고, 스승의 영향을 받은 플라톤 역시 '수사학은 재주의 탈을 쓴 아첨'이라고 보았다. 플라톤은 '체육과 화장술' '의술과 요리' 등의 비유를 들어 철학은 몸을 튼튼히 하거나(체육) 병을 고치지만(의술), 수사학은 겉치장(화장술)이고 혀에만 맛있는(요리) 대상으로 비교 묘사했다. '수사학은 영혼을 홀리는 기술을 가르치는 사기 행위'라는 표현도 썼다.

플라톤이 전하는 프로타고라스와 소크라테스의 다음 대화가 이런 사상을 전해준다.

소크라테스: 왜 돈을 내야 하지? 호머는 시인이니까, 조각가는 조각을 하니까 돈을 받을 자격이 있지만, 너희 소피스트들은 대체 뭘 하는 사람이기에 돈을 받느냐?

프로타고라스: 우리는 영혼의 음식을 판다.

소크라테스: 그게 독은 아닌가?

프로타고라스: 배울수록 현명해진다.

소크라테스: 어떻게?

프로타고라스: 공적, 사적 분야에서.

소크라테스: 그건 배운다고 되는 일이 아니다.

고르기아스(Gorgias, 기원전 485-372)도 소크라테스와 논쟁을 벌인 대표적인 소피스트다. 엠페도클레스의 제자이자 이소크라테스의 스승이기도 한 그는 수사학의 본질과 가치에 대한 논의를 본격적으로 시작한 수사학 스승이자 이론가다. 레온티니 출생으로 기원전 472년 시실리 대사로 아테네로 온 그는 화려한 언변으로 그리스를 사로잡은 인물로 기록된다. 아테네에 수사학의 씨를 뿌린 그는 『존재하지 않는 것에 대하여』, 『팔라메데스의 변명』, 『헬렌을 칭송하며』 같은 작품을 남겼다. 고르기아스는 설득적인 말은 물리적인 힘이나 신의 힘처럼 세다고 믿었으며, 인간의 영혼에 미치는 말의 영향은 마치 신체에 미치는 약의 효과에 비유될 수 있다고 말했다. 언어란 '물건(thing)'이 아니며, 고체도, 액체도, 기체도 아닌 색다른 그 무엇이라고 정의한 그는 언어가 그 자체로 스스로를 소통시킬 능력이 있다고 보았다. 소크라테스와 고르기아스의 대화에서 일부를 발췌해 재구성한 다음의 대화를 보자.

소크라테스: 네가 수사학자라고 하니 한 가지 물어보자. 수사학은 무엇을 위해 존재하는가? 뜨개질은 천을 이루기 위해 존재하지 않는가?

고르기아스: 그렇다.

소크라테스: 음악은 멜로디의 작곡을 위해 존재하고.

고르기아스: 그렇다.

소크라테스: 듣던 중 반가운 소리군. 그래, 수사학은 그럼 무엇을 위함이지?

고르기아스: 말(discourse)을 위함이네.

소크라테스: 의학도 환자에 대해 말할 수 있도록 가르치지 않나?

고르기아스: 물론이지.

소크라테스: 그렇다면 수사학은 무엇을 위함이지?

고르기아스: 수사학자는 의사가 할 수 없는 일을 할 수 있네.

소크라테스: 그게 무엇이지?

고르기아스: 약을 먹지 않으려는 환자를 설득해서 약을 먹게 할 수 있지.

그러나 고르기아스와 설전을 벌인 소크라테스도(플라톤의 기록에 따르면) 수사학자들이 가르치는 말의 기술이 대중들 앞에서 훨씬 설득력이 있다는 사실을 인정한다. 또한 플라톤 자신도, 수사학의 진실 탐구 기능 자체를 부인하지는 않았다. 소크라테스 자신이 '대화법', 즉 문답이라는 형식의 논쟁 기법을 통해 진실을 추구했고, 플라톤은 '파이드로스(Phaedrus)'에서 철학적 수사학을 통해 진실을 찾아낼 수 있다고 기술했다. 수사학이라는 지렛대가 있었기에 철학도 일으킬 수 있었다는 것이다.

플라톤의 제자 아리스토텔레스(Aristoteles, 기원전 384-322)는 마침내 '수사학'을 이론적으로 집대성하기에 이른다. 그가 쓴 『수사학』 첫머리는 '수사학과 변증법(dialectic)은 사실상 동렬에 있다'는 명제로 시작한다. 수사학에 내재한 논리성과 과학성, 진실 탐구의 실용성에 주목한 매우 중요한 말이다. 아리스토텔레스는 인간의 지식을 다섯 가지 분류 체계로 나누고, 수사학을 의학과 건축학과 같은 기술의 영역에 위치시켰다. 여기서 기술(art)이란 주어진 상황에서 설득의 기술을 찾아내는 것이었다. 그는 논증의 종

수사학 이론을 처음으로 집대성하여 체계화한 아리스토텔레스.

류도 과학적 논증, 논리적 논증, 수사적 논증, 궤변적 논증으로 나누고, 이 중 수사적 논증은 '실제적 지혜(practical wisdom)'를 바탕으로 '바람직한 사고'를 지향하는 영역으로 구분했다. 이에 비해 궤변적 논증은 '영리함(cleverness)'을 바탕으로 '효과적인 사고'를 지향하는 영역이다. 아리스토텔레스의 이러한 체계화의 결과로 수사학은 궤변과 분리된 설득의 분야로 이론적 바탕을 얻게 된다. 아리스토텔레스가 '수사학의 아버지'로 불리는 이유이기도 하다. 아리스토텔레스가 집필한 『수사학』은 알렉산드리아의 도서관에 몇 권이 소장되어 있었으나 1세기 무렵 모두 불타 소멸되고 말았다. 그러나 당시 알렉산드리아에 거주해 있던 아랍 학자가 소장하고 있던 『수사학』이 십자군 원정에 의해 북유럽 학자들에게 12세기 무렵 전해지면서 수사학의 고전으로 활발하게 읽히고 연구되기 시작했다.

고대 그리스의 직접민주주의와 함께 만개한 수사학은 고대 로마 웅변가 키케로(Cicero, 기원전 106-기원전 43)나 교육가 퀸틸리아누스(Quinti-lianus, 35-96)로 이어지며 발전했다. 아리스토텔레스의 이론이 키케로의 실천으로, 다시 퀸틸리아누스의 교육으로 계승 발전된 것이다. 키케로는 가장 노래된 라틴어 논문인 「헤레니우스의 수사학(Rhetorique a Herennius)」을 지은 것으로 전해진다(일설에는 코르니피시우스[Cornificius]가 썼다고도 한다). 그는 이와 함께 『주제 설정법에 대하여(*De inventione*)』라는 실용서를 써서 아리스토텔레스의 이론을 계승한다. 퀸틸리아누스는 웅변가를 길러내기 위한 일종의 교본인 『변론 교육에 대하여(*De institutione oratoria*)』를 12권에 걸쳐 썼다. 제1권은 문법학에 초점을 둔 초보 교육, 제2권은 수사학과 효용성의 정의, 제3권부터 7권까지는 주제 설정법과 배열법, 제8권부터 10권까지는 미사여구법, 제11권은 몸짓과 암기, 제12권은 변론가에게 요구되는 도덕적 자질과 일반적 교양의 필요성을 제시한다. 교육은 언어 학습을 거쳐 문법 수업, 그 이후에 수사학자와의 변론 수업의 순서로 이루어지도록 제시했다.

수사학은 자유로운 인간이 수평 사회에서 거리낌 없이 말할 때 만개해 왔다. 로마의 수사학은 공화정이 붕괴하고 제국이 공고해지면서 쇠퇴의 길을 걷는다. 변론가들의 영역이 축소되었고, 웅변은 학교 제도 내의 '낭송법'의 기교적 제시와 수사학 이론의 가르침으로 영역이 축소되었다. 이런 경향은 중세에 들어 수사학이 '증거 제시' 부분보다 미사여구법에 충실한 작문과 문체의 문제로 축소되는 경향을 보인다. 수사학은 이후 학문의 분화와 함께 이전의 통합적 위치에서 기술적인 위치로 내려앉는다. 논리학은 수사학을 밀어내고 문법을 흡수하면서 12세기와 13세기를 지배했고, 문법은 문학의 영역에서 학문으로 통합되고, 글쓰기와 말하기가 분화되면서 수사학은 스피치의 실천 영역으로 줄어들게 된다.

합리적 이성이 지배하는 계몽주의 시대와 과학적 증거가 발전한 눈부신 20세기를 거치며 말에 대한 관심은 소통의 수단에 초점이 맞춰졌다. 그러나 설득적 도구로서의 말에 대한 관심은 커뮤니케이션 학문의 발달과 분화에 따라 다양한 차원에서 이어져오고 있다. 특히 인터넷을 기반으로 한 블로그나 소셜 미디어 등 개인의 의견을 표출하는 미디엄이 사회 변화의 동인으로 인식되면서 의견과 설득의 문제를 다루는 수사학의 오랜 테마는 현재까지 그 유효성을 인정받고 있다고 해야 할 것이다.

(3) 수사학과 논쟁

수사학을 뜻하는 '레토릭'은 웅변을 뜻하는 그리스어 '레토레(retore)'에서 비롯된 것으로, 기원전 5세기부터 서구를 지배해온 메타언어제, 즉 언어에 대한 언어로 정의할 수 있다. 철학과 분화되기 이전부터 존재한 '학문 이전의 학문'이기도 하다. 현재 같은 과학의 발달이나 실용 학문이 존재하지 않았던 고대 그리스와 로마의 귀족들은 말하기와 수학, 천문학 정도를 배웠을 정도였다. 중세에는 철학도 수사학과 함께 일반 교양 과목으로 편입하고 교육된다. 5세기와 6세기경 마르티아누스 카펠라(Martianus Capella)는 '머큐리와 문헌학의 결혼'이라는 우화 속에서 7개의 교양 학문을 소개한다. 7개 학문 분야는 말의 비밀을 푸는 학문인 문법학(Grammatica), 수사학(Rhetorica), 논리학(Dialectica), 자연의 비밀을 푸는 학문인 대수(Arismatica), 기하(Geometria), 음악(Musica), 천문학(Astronomia)으로 구성되어 있다. 앞의 세 가지 학문을 트리비움(Trivium), 뒤의 네 가지 학문을 쿼드리비움(Quadrivium)이라고 했다. 트리비움이 사람의 정신세계(mind)와 관련된 학문이라면, 쿼드리비움은 사람을 둘러싼 물질세계(matter)를 규명하는 학문이라고 할 수 있다. 각각의 분야에 해당하는 인간 사고의 영역을 나눠보면 먼저 논리학은 생각의 기술(art of thinking), 문법은 상징을 발명하고 조합하는 기술(art of inventing and combining symbols), 수사학은 소통의 기술(art of communication)을 관장한다. 물질의 양적인 부분에 초점을 둔 쿼드리비움 중 대수는 숫자의 이론(theory of numbers), 음악은 그 숫자의 이론의 응용(application of the theory of number)과 관계되고, 기하학은 공간의 이론(theory of space), 천문학은 그 공간의 이론의 적용(application of the theory of space)과 각각 연결된다.

카펠라의 우화 속 수사학은 아름다운 여자이고, 장신구로 장식한 옷을 입고 있으나 경쟁자에게 상처를 주기 위한 무기도 쥐고 있는 것으로 묘사되고 있다. 그 밖에 7개 학문도 각각의 특징을 갖고 있는데, 가령 문법은 나이 많은 여자로 아티카에서 살았으며, 작은 상아 상자 속에 아이들을 야단치는 도구를 갖고 있는 것으로 그려져 있다(그림 참조). 특히 3학문은 인

마르티아누스 카펠라의 7개 교양 학문. 시계 방향으로 2시 방향에 젊고 아름다운 여인으로 형상화된 수사학이 자리하고 있다.

간과 자연과 창조 행위 속에서 말의 위치를 확고히 하려던 중세의 노력을 말해준다. 비록 수사학 위에 신학을 두고 있었으나, 말은 단지 전달수단이나 표현에 그친 무엇이 아니라 모든 것을 통합하는 체험된 어떤 체계를 의미했다. 그 세 학문은 5세기부터 15세기까지 서로 경쟁하며 인접 학문을 지배했는데, 수사학은 5세기에서 7세기, 문법은 8세기에서 10세기, 논리학은 11세기에서 15세기에 주도권을 행사했다.

수사학은 매우 다면적 의미를 갖고 있다. 프랑스의 구조주의 철학자이자 비평가인 롤랑 바르트(Roland Barthes, 1915–1980)에 따르면 수사학은 (1) 설득의 기술이자 (2)제도적 교육의 대상이고, (3) 언어의 효과에 주목한 학문이자 (4) 실천의 대상이다. 교육의 한 분야이면서 진실 추구의 방법이기도 하다. 학문으로서의 수사학은 오늘날 커뮤니케이션과 문학과 정치학 등으로 분화되어 발전했고, 기술로서의 수사학은 설득의 기술이나 스피치의 영역으로 발전되어왔다. 오늘날 우리가 추구하는 모든 학문의 모체는 그리스 로마 시대에 이미 수사학이라는 이름으로 인간과 사회에 대한 인식과 행위의 총체적 설명 체계로 집대성되었고, 그런 점에서 수사학은 모든 인문 사회 과학의 탐구 영역을 함께 아우르는 인간의 인식론이라고 할 수 있다. 수사학이라면 또 내용보다는 겉치레 같은 미사여구를 떠올리기도 하고, 대중을 현혹시키는 화술을 지닌 궤변론자가 연상되기도 한다. 수사학은 이 모든 것을 내포한다.

앞서 기술한 대로 코락스에서 아리스토텔레스로 이어지는 고대 그리스 학자들은 말이 곧 설득이라고 여겼고, 말하는 방법은 상대를 설득시키는 것으로서 공동체 사회의 의견 조정과 정책 결정에 매우 중요한 덕목으로 여겼다. 논쟁이란 말로서 상대방을 설복시키는 어떤 기술적이고 방법론적 상황이라고 할 때, 수사학의 핵심 논의들이 집약된 현상이라고 해야 할 것이다.

고대 수사학자들은 설득은 무턱대로 주장하거나 언성을 높인다고 되는 것이 아니라는 것을 일찍부터 알고 있었다. 설득적 논쟁을 위해서는 증거를 제시하고 사회의 규범이나 상식 체계를 살피는 것에서 출발해야 한다고 믿었다. 설득할 대상이 속한 사회에 통용되는 전제나 가치관에 주목한다는 점에서 수사학은 인간적이면서 동시에 매우 사회적인 학문이다. 아리스토텔레스에 의하면 수사학의 목표는 단순한 설득에 있지 않고 어떠한 논증에도 적합한 설득의 수단을 제공하는 데 있었다. 아리스토텔레스는 인간의 지식이란 논리학의 대상인 논증될 수 있는 진리보다는 의견(doxa)에 더 많이 의존하는 경향이 있다는 것을 알고 있었다. 인간들은 '알고 있는 것'보다 더 많은 영역에 대해 짐작하고 확신하며 믿음을 갖는다. 그 '믿음'은 아리스토텔레스가 강조한 '사실임 직함'이다. 즉 설득의 세계에서는 보편적 진리보다는 개연적 진리가, 사실 그 자체보다 사실처럼 보이는 그 무엇이 더 유용하다는 것이다. 이는 현대 논증이나 논쟁의 기본 개념인 '전제'를 이해하는 데 중요하다.

아리스토텔레스는 또 말이 곧 설득이라고 보았다. 오늘날 커뮤니케이션 학문은 설득을 포함한 메시지의 효과와 수용자 분석, 텍스트 분석까지 다양한 분야를 아우른다. 커뮤니케이션은 어떤 기호(sign)를 사용해 정보를 전달하는 매우 광범위한 개념으로, 인간뿐만 아니라 동물들도 커뮤니케이션을 한다. 이에 비해 수사학은 인간적인 특성인 말과 글과 같은 상징(symbol)을 사용한 커뮤니케이션의 한 분야라고 할 수 있다. 그중에서도 논쟁, 즉 아규멘테이션은 수사학에 포함된 의사소통의 한 형태를 일컫는다. 수사학적 소통에는 논쟁만 있는 것이 아니라 내러티브 방식이나 메타포의 사용, 설명이나 서사 등 다양한 방법이 있다. 논쟁은 다른 의견을 조정하고 갈등을 해소하며 설득을 가능하게 하는 데 주효한 도구라고 할 수 있다.

수사학이 대단한 학문의 분야가 아니라 설득을 위한 웅변술이라는 실용적 차원에서만 보더라도 논쟁은 수사학의 핵심을 이루며, 따라서 때로는 수사학과 논쟁이 동의어처럼 들릴 수 있다. 이런 등식은 어느 정도 타당하다. 고대 수사학자들은 말의 궁극적인 목표를 설득에 두었으며, 이를 위한 변론술을 개발하기 위해 논쟁을 학습하고 체계화했기 때문이다. 설득의 수단인 '증거 제시' 부분에 대해 이미 코락스가 집대성해서 교본으로 남겨 놓았으며, 아리스토텔레스는 '기술 내적 증명'과 '기술 외적 증명'로 구별해 체계화했다. 기술 외적(atechnoi, inartistic) 증명(proof)이란 판례나 루머, 서약, 증언, 증빙 서류, 자백 등에 의한 증거로서 주로 재판적 장르에서 사용되며 변론가의 기술적인 조작에 의해서도 변형되지 않는 증거를 말한다. 현대 과학의 발달로 기술 외적 증거의 효용성이 과거에 비해 점점 커지는 추세이기는 하나, 전통적으로 기술 내적 증명에 따른 수사 기법의 강점은 변하지 않고 내려오고 있다. 기술 내적(entechnoi, artistic) 증명이란, 전적으로 변론가의 능력에 의존한 실천 영역으로서 논리적인 조작에 의해 자료가 설득력을 지닌 것으로 변형되는 증명을 말한다. 기술 내적 증명에 의한 것이 진정한 수사학적 방법으로서, 변론가는 자신의 이성에 의해 그것을 추출하여 언어로 나타낸다. 예증을 통한 귀납법이나 생략삼단 논법 같은 연역법을 포함하는 로고스, 연설가의 인품이나 신뢰도에 의한 에토스, 청중의 감성에 호소하는 파토스가 이에 속한다. 각각에 대해서는 앞으로의 장에서 자세히 논의하도록 한다.

논쟁이란 수사학 이론에 기반한 실습과 수업 방식, 실생활에 적용 가능한 논증의 방법 등을 모두 포괄한다. 한 주제를 놓고 긍정과 부정의 증언을 모아 서로 대면하여 반박하고 응수하게 하는 방식을 통해 진리를 탐구하거나 정책을 결정하는 소정의 임무를 완수하는 것이 목적이다. 논쟁은 고대부터 지적인 훈련을 겸하는 하나의 게임이자 운동 경기처럼 행해져왔다. 논리학이나 논쟁을 규칙이 있는 운동 경기처럼 만든 이유는 말씨름으로 인한 인격의 파괴와 심한 부상을 막기 위해서였다. 예컨대 삼단 논법은 논쟁에 사용이 허용된 무기의 하나로, 상대방을 논리적 오류나 자기모순에 빠지게 함으로써 승리하도록 도와주는 도구이다. 규칙에 따라 수사학적 도구를 올바르게 사용하면 성공적이고 생산적인 논쟁을 할 수 있다.

논쟁을 잘하기 위해서는 실천적인 말하기 기술과 함께 설득을 위한 논리 구성이 요구되는 합리적인 이성과 지식을 겸비해야 한다. 수사학은 이 두 분야를 아우를 뿐 아니라 말이 사회에 대해 갖는 효과를 이해하도록 도와주는 학문의 한 분야로 이어져왔다. 따라서 논쟁을 사회, 문화, 역사적 좌표 속에서 이해하기 위해서는 수사학의 기본 원리와 발전을 먼저 이해해야 한다.

2. 설득의 수사학적 도구들

설득이란 말이나 글과 같은 상징을 사용해서 상대방의 의견, 태도, 행동 등에 영향을 미치는 커뮤니케이션 과정을 뜻한다. 물리적인 압력이나 물질적인 보상 없이 사람의 생각을 움직이는 말의 설득적인 힘에 일찍이 주목한 고대 그리스 철학자들은 말과 설득을 동의어처럼 취급했다. 아리스토텔레스는 수사학을 '주어진 상황에서 가능한 설득의 방법을 찾아내는 능력(Rhetoric may be defined as the faculty of observing in any given case the available means of persuasion: Book I, p. 35)'으로 정의하고 있다. 이 같은 정의에 기초하면 설득의 기술은 자연의 법칙처럼 정해진 것이 아니라 화자가 상황에 맞게 발명해서 사용하는 것을 말한다. 말하기 기술은 경험적 지식의 축적과 훈련을 통해 배양된다.

설득은 논리적인 노선과 심리적인 노선 두 갈래에서 동시에 이루어진다. 고대 이래 인간들은 대중의 마음을 움직이기 위해 다양한 설득의 기술을 구사해왔다. 아직도 '수사학'이라면 장식적인 의미로 다가오는 것이 사실이나, 수사학이 과학적인 용어인지 장식적인 용어인지는 방법론과 분류체계가 시대에 따라 달라지면서 각기 다른 강조점을 중심으로 발달해왔으므로 시대와 이론에 따라 다르게 접근해야 한다. 앞서 수사학과 논쟁과의 관계를 살펴보면서 수사학에 내재한 설득적인 요소와 변증법적 진리 추구가 필연적으로 논쟁을 수반하므로 각도를 달리한 유사한 개념으로 이해해야 한다고 정리했다. 여기서는 설득의 기법에 주목하여 그동안 수사학적으로 다듬어져 사용되어온 다양한 설득 방법을 일별하고자 한다. 여기에는 아리스토텔레스가 수사학 이론을 정립하며 체계화한 설득의 기법(수사학의 다섯 가지 장르 중 주로 주제설정법[Inventio]과 관련된)과, 동시에 다양하게 사용된 미사여구의 방법(수사학의 다섯 가지 장르 중 웅변법 혹은 미사여구법[Elocutio]에서 분화되어 발달한)이 모두 포함된다. 이런 다양한 방법들은 고대 그리스에서 로마, 르네상스 시대를 거쳐 현대에 이르기까지 문학, 철학, 논리학, 정치학 등 다양한 분야에서 사용되며 사람들의 마음을 움직여왔다. 아리스토텔레스의 수사학에 나오는 설득의 기법, 미사여구법에 따른 다양한 수사 기법, 그 밖의 논리로 응용하도록 개발된 다양한 설득 기법에 대해 알아보도록 한다.

(1) 아리스토텔레스의 설득 기법

아리스토텔레스(384-322)는 매우 흥미로운 인물이다. 그는 생전에 정치학, 수사학, 생물, 물리, 도덕, 미학에 걸친 방대한 분야에 150편의 저술을 한 것으로 전해진다. 그중 30편이 전해져오는데, '수사학'도 그중 하나이다. 17세 때 아테네에 가서 플라톤 밑에서 20년을 수학했으나, 플라톤 사후에 그의 아카데미를 이어받지 않고 9년 동안 여행을 다니며 생물학을 연구했다. 46세에는 필립왕의 부름으로 당시 왕자였던 알렉산더 대왕을 5년간 가르쳤고, 그 후 리시움이라는 학교를 세워 13년 동안 운영하며 제자를 길렀다. 알렉산더 사후 아테네가 마케도니아에 반기를 들자 아리스토텔레스의 정치적 입지도 함께 약해졌고, 그 후 작은 섬으로 가서 말년을 보냈다.

그의 업적은 단지 수사학 분야에 국한되지 않고 논리학, 물리학, 심리학, 철학, 자연과학 등 전 분야에 걸쳐 있다. 그는 수사학도 다른 분야와 마찬가지로 실증적인 분류 체계와 논리를 갖고 접근해 이론의 토대를 마련했다. 그가 관심을 가진 부분은 실제 현상을 이론화하고 그것을 지배하는 일반적인 규칙을 발견하는 데 있었다. 말이 갖는 설득적 효과에 대해서도 그는 마치 생물을 해부하듯이 구성 요소를 나누고, 그 요소간의 관계를 통해 눈에 보이지 않는 심리적 효과를 규명하고자 했다. 그는 수사학의 대부이면서, 동시에 원조 심리학자이자 커뮤니케이션 학자였던 것이다.

아리스토텔레스는 스승 플라톤을 따라 '명백한' 추론과 '논리학적' 추론을 구분하고, 전자는 진리의 범주에 속하며 철학자들이 다루고, 후자는 의견의 영역에 속하며 수사학자들이 토론을 벌이는 분야라는 데에 동의했다. 그러나 플라톤이 철학자는 의견에 바탕을 둔 논증을 피해야 한다고 한 반면 아리스토텔레스는 수사학의 대상인 '의견'은 진리의 왜곡된 그림자가 아니라 진리의 또 다른 형상이라고 주장했다. 아리스토텔레스의 '수사학'은 모두 3편으로 구성되어 있으며, 사실임직함, 수사학의 장르, 토피카와 같은 중요 개념은 물론, 인식의 문제와 웅변가의 기술, 화자의 감정, 담론의 작성과 특성에 대한 내용을 담고 있다.

그는 설득에는 몇 가지 '설득' 수단이 필요하며, 이를 위한 증명의 종류와 객관적인 설득의 방법을 설명했다. 그는 먼저 설득의 방법으로 수사학적 방법과, 그렇지 않은 방법으로 나누었다. 그가 나눈 기준은 증명의 종류에 따른 것이다. 앞서 논의한 것처럼 수사학적 방법이란 화자가 말 속에서 구사하며 제시하는 증거로서 기술 내적 증명을 말하고, 수사학 바깥에 있는 증거를 사용하는 것은 기술 외적 증명에 의한 설득이라고 한다.

기술 내적 증명은 화자가 주제설정법을 통해 '발명'해야 하는 것으로, 로고스(logos), 파토스(pathos), 에토스(ethos) 세 가지가 있다. 각각에 대해 살펴보면 다음과 같다.

가. 로고스(logos)에 의한 설득

'로고스'의 뜻은 말, 논리, 계획 등 다양하다. 그리스어로 쓰인 요한복음서는 이렇게 시작된다. "태초에 말(logos)이 있었다." 이는 "태초에 계획(plan)이 있었다"는 해석도 가능하다. 르네상스 시대 철학가이자 수사학자인 에라스무스(Erasmus)는 "태초에 말(speech)이 있었다"고 해석했다. 키케로의 글을 오래된 도서관이나 사원에서 발굴해내 탐독하곤 했던 에라스무스는 창조자가 처음에 '말'을 하고 세상의 존재에 대해 '설득'하기 시작했다고 해석했다.

이렇게 다면적인 로고스의 뜻처럼 로고스에 의한 증명이란 다양한 논리성에 주목한 방법이다. 인간의 사고란 직접 경험한 세계와 유추하는 세계에 걸쳐 이어져 있는데, 그 둘 사이의 관계를 논리적으로 연결함으로써 설득적 힘을 갖도록 설계된 방법론이다. 로고스(말)라는 말처럼 이런 방법은 주로 화자가 선택하고 구현하는 언어를 통해 증명의 실효성이 결정된다. 대중 설득을 목적으로 하는 수사학에서는 대중이 공유하는 가치관이나 전제, 그들의 고유한 경험의 세계가 설득의 중요한 재료로 사용된다.

우선 사람들이 직접 경험한 세계로부터 경험하지 않은 세계를 논리적으로 유추하게 하는 귀납법이 있고, 반대로 경험한 세계를 바탕으로 또 다른 경험의 세계를 유추하게 하는 연역법이 있다. 여기서 '말' 의 논리적인 전개 방법에 따라 예시에 의한 설득(paradigma)과 생략삼단 논법(enthymeme) 등으로 구분할 수 있다. 예시는 귀납법의 일종으로, 전체와 부분의 관계가 아니라 부분과 부분의 관계, 비슷한 것들끼리의 관계에 주목하여 전개하는 논리법이다. 생략삼단 논법이란 소전제가 생략된 채 대전제에서 직접 결론으로 이어지는 연역적 논법으로, 전체와 부분의 관계에 주목한다. 연역적 사고의 특징과 귀납적 사고의 특징에 대해서는 논증 구조와 논쟁의 형식을 다루는 장(7장, 8장)에서 좀 더 상세히 살펴보도록 하자.

로고스에 의한 논증의 방법은 화자의 인식 체계와 논리성에 의존하고 있다는 점에서 창의적이고 창조적인 방법이라고 할 수 있다. 또한 경험의 세계로부터 경험하지 않은 세계를 유추하고자 하는 인간 사고의 욕구를 논리적으로 충족시키기 위해 고안된 방법이라고 할 수 있다.

나. 에토스(ethos)에 의한 설득

에토스란 화자의 신뢰, 존경, 애정, 전문성에 의한 설득을 말한다. 에토스에 의한 설득은 종종 윤리적인 설득으로 번역된다. 에토스란 그리스어에서 사람이나 동물이 사는 생태계를 뜻하는 '해비탓(habitat)'에서 유래했다. 얼핏 들으면 윤리와 '해비탓'이 연결되지 않는다. 그러나 윤리의 뜻을 조금 확장시켜 생각하면 이해가 될 수도 있다. 윤리적인 사람이란 그가 속한 사회의 구성원이 바람직하다고 여기는 각종 룰과 가치관에 순응하는 사람이다. 이는 생물이 자기가 처한 환경, 즉 '해비탓'에 적응하려는 과정과도 유사하다. 이런 의미에서의 윤리, 즉 에토스란 자기가 속한 그룹의 기대 수준에 부응하는 능력과 관계가 깊다.

에토스가 지향하는 화자의 인간적인 특성에는 목소리의 호소력, 신체적인 근접성, 사회적인 거리, 호흡이나 분절의 적절한 사용, 동사의 시제 사용 등이 모두 포함된다. 스스로 매력적으로 보이기 위해, 또 청중과 가까이 있다고 느끼게끔 하는 일련의 노력이 에토스를 강조하기 위한 설득 노력으로 보면 될 것이다.

프랑스 혁명 당시 마리 앙투아네트가 한 것으로 전해지는 "빵이 없으면 케익을 먹으면 되지"라는 말은 실제 마리 앙투아네트가 했는지 정확히 알 수 없다. 일설에 따르면 그녀의 정적이 고의로 퍼뜨린 루머라고도 한다. 그럼에도 불구하고 사람들은 마리 앙투아네트가 한 말로 믿었고, 지금까지 인구에 회자되고 있다. 그 이유는 사람들이 "마리 앙투아네트는 그런 말을 하고도 남을 사람"이라는 인식을 갖고 있었기 때문이다. 다시 말해 그녀의 평소 '에토스'가 대중 설득을 가능하게 했다는 것이다. 앞서 말했듯, 논쟁에서의 설득은 대중이 진실이라고 믿는 것에 의해 가능해진다. 여기서 대중을 움직인 것은 '에토스에 의한 설득'이었다.

아리스토텔레스는 설득적 에토스가 갖춰야 할 필수적인 성질로 세 가지를 들었다. 첫 번째가 대중의 가치관과 부합하는 미덕을 지녔는가, 두 번째가 지혜를 갖췄는가, 세 번째가 이해상충은 없는가이다. 보수적인 가치를 지닌 대중은 보수적 가치를 지닌 화자의 말에 공감할 것이다. 그 화자가 특정 분야의 전문가라면 그의 설득력은 더욱 커질 것이다. 그가 하는 말의 내용이 스스로의 이해관계와 상충하지 않거나, 그로 인해 개인적으로 취득하는 이익이 없다면 사람들은 그의 말을 진실된 것으로 받아들일 것이다.

이해상충과 관련, 미국 건국의 아버지인 알렉산더 해밀턴(Alexander Hamilton), 제임스 메디슨(James Madison), 존 제이(John Jay) 같은 이들은 새 헌법을 지지하는 편지를 익명으로 써서 'The Federalist'라는 매체를 통해 주고받으며 자신들의 진짜 관심을 보이지 않으려 안간힘을 썼다. 그중 일부는 부자로서 이해관계가 얽힌다는 인식을 불식시키기 위해 돈을 모두 기부해서 파산지경에 이르기도 했다. 후보를 뜻하는 영어 단어인 '켄디데이트'는 '하얗다'는 뜻의 라틴어 '칸디두스(candidus)'에서 유래했다. 하얀 설탕으로 만든 '캔디', 솔직하다는 뜻의 '캔디드'와 어근을 공유하는 말이다. 여기서 후보는 자신이 어떤 이해관계로부터도 자유로우며, 훌륭한 미덕을 지녔음을 과시하기 위해 흰 옷을 입었다고 전해진다. 로마인들은 정치인의 말을 판단할 때 "Cui bono?" 즉, "누가 이득을 보는가(Who benefits?)"라는 질문을 던져 말의 진실성을 따지곤 했다. 정치인을 판단할 때, 누구를 위해 살아왔는가? 축재를 했는가? 무엇을 미덕으로 삼고 살아왔는가? 등의 질문을 던지는 것도 에토스에 의한 그의 설득력을 알아보기 위한 질문들이다.

다. 파토스(pathos)에 의한 설득

청중의 감성에 호소하는 설득 기법을 파토스에 의한 설득이라고 한다. 청중의 상태(화가 나 있거나 기분 좋은), 혹은 청중의 구성(여성, 남성, 전문인, 일반인 등)을 염두에 두고 그들이 공감할 내용으로 설득을 하는 것을 말한다. 파토스란 신체적인 느낌, 혹은 고통 등과 연관된 단어로, 병리학을 뜻하는 '패소로지(pathology)'라는 말도 여기서 유래했다. 감동적인 이야기를 전함으로써 상대방의 기분, 청중의 분위기 등에 영향을 미쳐 설득적 효과를 발휘하는 것이 여기 속한다. 청중들이 공감할 수 있는 스토리텔링을 통해 공감대를 넓히는 방법이 파토스에 의한 설득의 한 예다.

이때 주의할 점은 화자 자신은 감정을 조절해야 한다는 점이다. 스스로 감정을 억누르면서 이야기하는 것이 감정에 복받쳐 이야기하는 것보다 더 설득적이다. 감정에 호소하는 설득을 하려는 사람일수록 단순하게 접근하고 풀어가야 한다. 파토스에 의한 설득 원리는 (감정을) 아낄수록 (설득을) 크게 얻는다는 것이다.

(2) 미사여구법에 따른 수사 기법

앞의 내용이 수사학의 다섯 가지 분야 중 '주제설정법'에 의거한 것이라면, 이번에는 '미사여구법'에 따른 수사 기법을 보도록 하자. 수사학이라고 하면 우선 다양한 미사여구법을 떠올리는 사람이 많다. 이는 광범위한 학문 영역에 걸쳐 있던 고대 수사학 중 논리 구성의 부분은 논리학과 철학으로, 실질적인 연설과 관련된 부분은 스피치 커뮤니케이션 분야로, 연설문 작성의 분야는 문학으로 각각 분화되어 발전하고, 글과 말을 아름답게 장식하는 기법이 마치 수사학 고유의 분야인 것처럼 다뤄져 온 결과이다. 흔히 '레토릭'이라면 '말뿐인 그 무엇'을 연상하게 된 것도 그 때문이다. 수사학의 영역이 축소되어 전해진 것은 아쉽지만 이는 학문의 분화에 따른 자연스러운 현상이기도 하다. 뿐만 아니라 설득을 위한 주제 설정이나 논리의 구성 못지않게 이를 아름답고 효과적으로 전달하는 수사법은 아직도 중요하다. 논쟁에서 수사법을 적절하게 사용하면 공격과 방어의 기술을 훨씬 다양하고 풍부하게 구사할 수 있다.

논쟁을 포함한 다양한 상황에서 설득을 위해 사용되는 수사법은 비유적 수식, 조화적 수식, 생략적 수식, 중의적 수식, 인용적 수식, 반복적 수식, 피판(避板)적 수식, 대조적 수식, 정화(情化)적 수식, 환형적 수식, 반전적 수식, 통서(統叙)적 수식 등으로 다양하다(김현, 1985). 이들은 다시 크게 비유법, 강조법, 변화법으로 재편하여 나눌 수도 있다. 이 중 은유(metaphor)와 환유(metonymy) 등의 비유법은 천재들만 사용할 수 있다는 표현이 있을 정도로 인간의 상상력과 의식 속의 언어와 개념에 호소하는 수사법이다. 다양한 수사법을 알아보도록 하자.

가. 비유법

은유법(metaphor): 원관념과 보조관념을 직접적으로 연결시키지 않고 간접적으로 연결시키는 방법으로 암유(暗喩)라고도 한다. 'A like B'의 형태가 직유라면 'A is B'의 형태가 은유다. 은유의 기능적 특성은 특정 은유가 우리의 사고를 지배한다는 것이다. 은유는 비유되는 언어의 구체성을 갖게 되며 비유되는 현상이나 대상에 대한 반응처럼 비유하는 대상과 현상에 대해 비슷하게 대응하여야 한다는 것을 지시하고 있다. 메타포는 반응과 지시의 기능을 갖고 있다는 것이다.

환유법(metonymy): metonymy란 그리스어 meto와 nomy의 합성어로 이름(nomy)을 변환(meto)한다는 뜻이다. 언어의 대표성을 변환시킴으로써 명제의 특성을 전환시키는 기법이다. 어떤 사물을 그것의 속성과 밀접한 관계가 있는 다른 낱말을 빌려서 표현하는데, 대표성의 변환으로 인하여 필연적으로 일반화와 축소화가 동시에 이루어진다. 숙녀를 '하이힐'로 표현하는 것, '이라크가 쿠웨이트를 침공했다' 대신 '사담 후세인이 쿠웨이트를 침공했다'로 표현하는 것이 이에 속한다.

직유법(simile): 원관념을 보조관념에 직접적으로 연결시킨 수사법. 마치, 흡사, ~같이, ~처럼, ~양, ~듯 등의 연결어를 사용한다.

의인법(personification): 사람이 아닌 무생물이나 동식물에 인격적 요소를 부여하여 사람의 의지, 감정, 생각 등을 지니도록 하는 방법이다. 역사의 눈, 지구의 허파, 발 없는 말이 천리 간다 등의 표현을 말한다.

대유법(synedoche): 하나의 사물이나 관념을 나타내는 말이 경험적으로 그것과 밀접하게 연관된 다른 사물이나 관념을 나타내도록 표현하는 수사법이다. 흰 옷으로 우리 민족을, 백의의 천사로 간호사를, 요람에서 무덤까지로 태어나서 죽을 때까지 나타내는 것을 말한다. '인간은 빵만으로 살 수 없다'에서 빵이 식량을 나타내는 것도 여기 들어간다. 제유법이라고도 한다.

풍유법(allegory): 표현하고자 하는 내용을 직접적으로 나타내지 않고 그 내용을 다른 이야기나 속담, 격언, 문장으로 간접적으로 나타내는 방법이다. 풍유로 표현하기 위하여 도입된 비유는 문장 전체에 사용되기 때문에 그 본뜻을 추측할 수밖에 없다.

나. 강조법

과장법(hyperbole): 사물의 수량, 상태, 성질 또는 글의 내용을 실제보다 더 늘이거나 줄여서 표현하는 방법이다. '눈이 빠지도록 기다렸다' 등의 표현이 과정에 해당하는데, 때로는 '눈물의 홍수'에서처럼 은유와 함께 나타내면 더 효과적이다.

반복법(repetition): 같거나 비슷한 어구를 되풀이하여 효과적으로 표현하려는 수사법. '살어리 살어리랏다 청산에 살어리랏다'가 그 예다.

점층법(climax): 어떠한 글이 포함하고 있는 내용의 비중이나 정도를 한 단계씩 높여서 뜻을 점점 강하게, 높게, 깊게 층을 이루어 독자의 감정을 자연스럽게 절정으로 이끌어 올리는 표현 방법이다.

점강법(anticimax): 크고 높고 강한 것에서부터 점차 작고 낮고 약한 것으로 끌어내려 표현함으로써 강조의 효과를 얻으려는 수사법. '명예를 잃는 것은 모두를 잃는 것이요, 용기를 잃는 것은 많은 것을 잃은 것이요, 돈을 잃는 것은 아무것도 안 잃은 것이다'라는 표현이 이에 속한다.

비교법(comparison): 성질이 비슷한 두 가지의 사물이나 내용을 서로 비교하여 그 차이로써 어느 한 쪽을 강조하는 방법이다.

다. 변화법

도치법(inversion): 문장상의 순서를 바꾸어서 내용을 강조하는 기교로서 '환서법'이라고도 한다. 문장의 순서는 '주어+목적어+서술어'의 형식으로 나타나는데, 이 순서가 바뀐 형태가 도치법이다.

대조법(antithetic): 서로 반대되는 대상이나 내용을 내세워 주제를 강조하거나 인상을 선명하게 하는 수사법. 예로 '인생은 짧고 예술은 길다'를 들 수 있다.

설의법(interrogation): 쉽게 판단할 수 있는 사실을 의문의 형식으로 표현하여 상대편이 스스로 판단하게 하는 수사법이다. '고요히 떨어지는 오동잎은 누구의 발자취입니까?'와 같은 표현이다. 의문법이라고도 한다.

반어법(irony): 상대편이 틀린 점을 깨우치도록 반대의 결론에 도달하는 질문을 하여 진리로 이끄는 일종의 변증법이다.

역설법(paradox): 표면적으로는 이치에 맞지 않는 듯 하나, 실은 그 속에 절실한 뜻이 담기도록 하는 수사법. '아, 님은 갔지만 나는 님을 보내지 아니하였습니다'를 예로 들 수 있다.

생략법(ellipsis): 독자에게 여운이나 암시를 주기 위하여 문장의 구절을 간결하게 줄이거나 빼버리는 수사법.

돈호법(apostrophe): 어떤 사물을 의인화시키거나 대상의 이름을 불러서 주의를 환기시키는 방법이다. 편지글에서 이름을 부르거나, 연설문에서 '여러분'하고 부르는 것도 이에 해당한다.

(3) 화용론적 수사 기법

앞에 언급한 설득적 기법을 바탕으로 실제 논쟁 상황에서 유용하게 사용되는 수사 기법을 모아보았다. 어떤 논점을 청중, 혹은 상대방에게 설득적으로 부각시키고 호소력을 발휘하는 데 자주 사용되는 기법들이다.

가. 인용 혹은 전문가 증언(quotation or testimony)

권위 있는 출처에서 가져온 문구를 사용하거나 공신력이 높은 전문가의 증언을 인용하는 방법은 주장과 설득의 유용한 도구이다. 긍정 측과 부정 측 양측의 입론에 주로 사용된다. 출처의 이름이나 연도, 직책, 기관 등을 정확히 밝혀 증거의 소스가 갖고 있는 전문성이나 도덕성을 강조하여 논증의 설득력을 높인다. 유의해야 할 점은 권위 있는 출처일수록 중립성과 객관성이 요구된다는 것이다. 인용한 문구의 맥락, 전문가의 성분이 이해 상충 부분에서 공격받을 소지가 없는지 점검해야 한다.

나. 통계, 데이터, 자료의 이용(statistics, data, or reference)

과학의 발달로 인해 청중들 역시 좀 더 과학적이고 객관적인 자료를 추구하게 되었다. 주장하고자 하는 논제와 관련된 각종 연구 조사 자료나 통계 자료를 사전 조사하여 양적 증거물로 활용한다. 통계를 활용할 때는 통계가 산출된 시점이나 연구 수행 기관의 성격이 공격의 대상이 될 수 있으므로 가장 최근의 자료와 전문성이 뛰어난 기관에 의해 집계된 통계를 제시한다. 화려한 수사보다 때로는 숫자가 훨씬 더 큰 설득력을 발휘할 경우가 있다. 공격의 무기로서뿐 아니라 방어를 위해서도 유용하므로 양적 자료를 충분히 활용하도록 한다.

다. 예시(examples)

백 마디 말보다 한 건의 사례가 더 효과적이라는 말이 있다. 실제 사례를 적절히 활용하면 논쟁을 설득적으로 끌어나갈 수 있다. 아리스토텔레스는 정책 토론에서 예증과 유추가 가장 중요하다고 주장했다. 정책 토론이란 공동체의 미래와 관련된 중요한 결정 사항을 둘러싸고 벌이는 것으로, 청중들은 어떤 정책이 가장 이로운지(advantageous) 여부를 점검하고 싶어 한다. 또한 제안된 정책이 적용된 미래의 구체적인 모습과 사례를 궁금해 한다. 이들의 욕구에 부응할 적절한 사례를 발굴하거나 가상의 사례를 통해 설명해주는 것은 설득의 유용한 무기가 될 수 있다.

라. 유추(analogy)

유추는 비유의 한 방법으로, 논제와 비유할 대상의 유사성에 근거하여 추론을 이끌어내는 것이다. 유추에는 직접 유추(literal analogy)와 가상적 유추(figurative analogy)가 있다. 직접 유추란 같은 종류나 매우 유사한 사건이나 대상을 비유하는 방법으로, 정책 토론에서 자주 등장하는 '외국의 사례'가 대표적이라 할 수 있다. 가상적 유추란 비유의 대상이나 현상이 비유되는 대상이나 현상의 속성과 서로 다른 경우를 말한다. '여야의 대치는 서로 마주보고 달려오는 기차와 같다'라고 할 때 정치권의 대치를 달리는 기차에 비유했으므로 서로 다른 속성을 비유했다고 할 수 있다.

마. 스토리텔링(storytelling)

어떤 현상을 극화하여 나레이션 기법으로 풀어가는 것은 인간의 경험, 혹은 상상에 근거한 서술적 이야기로 청중의 흥미를 돋우며 토론을 생생하게 이끌어가도록 도와준다. 스토리텔링이란 특정 현상을 줄거리를 가진 이야기로 극화하여 논지를 펼치는 기법으로, 어떤 예시를 찾아내 주인공(인물), 배경(맥락), 주제(테마)가 살아 있는 한 편의 드라마로 접근하여 청중의 흡인력을 유도한다. 사회복지 논쟁을 펼치며 불우한 소외계층의 일상을 이야기로 극화하는 방식이 하나의 예이다.

바. 문화 텍스트 이용(allusion)

기존에 대중에 잘 알려진 문화물은 그 자체로서 설득력을 내포하고 있다. 영화나 드라마, 광고, 대중가요, 베스트셀러 등과 같은 대중 문화물의 텍스트에 근거한 비유나 사례를 소개하거나 성경, 불경 등 불변의 고전에서 이야기를 가져와 사용하는 방법이다. 이 방법을 쓰려면 청중들의 연령, 세대, 취향 등을 미리 파악해 그들에게 친숙한 텍스트인지를 먼저 확인해야 한다.

사. 동일시(identification)

동일시란 청중과의 공통점, 소속감, 일체감을 강조하는 기법으로, 정치인들이 흔히 쓰는 설득 기법이다. 주장하고자 하는 내용이 '남의 이야기가 아니라 바로 당신들 이야기'라고 강조하여 공감을 이끌어내는 방식이다. 혹은 어떤 정책의 최대 수혜자가 바로 국민들임을 강조하거나, 그 정책이 채택되지 않았을 경우 최대 피해자가 '여러분'임을 강조해 동기요인을 자극하는 기법이다.

(4) 그 밖의 수사학적 도구들

논리적인 접근과 화용론적 접근 이외에도 우리들은 일상 대화 속에서 자신의 생각을 효과적으로 전달하기 위해 다양한 수사학적 기법을 활용한다. 이 중에는 강한 설득 의도를 갖고 의식적으로 사용하는 표현도 있으나, 또한 오래전부터 인간이 사용해오던 수사적 기법이라는 것을 모르고 은연중에 사용하는 것도 적지 않다. 아리스토텔레스의 수사학에 대한 정의처럼 말이 곧 설득이라는 등식을 상기한다면 일견 평범해 보이는 각종 표현들에 깃든 설득적 효과를 다시 발견할 수 있을 것이다.

* 아시스무스(accismuss): '수줍음'을 뜻하는 그리스 말에서 유래한 설득 기법으로, 뭔가 원하는 것이 있으나 겉으로는 무관심을 표명하며 거절하는 방식을 택하는 일종의 역설이다. 이솝우화의 '여우와 신포도'에서 먹지 못할 포도에 대해 분명 맛이 실 것이라며 관심 없는 듯 돌아서는 여우가 구사

하는 방식이다. 일상 대화에서는 뭔가 권하는 상대방에게 "아, 이러실 필요는 없었는데…" 같은 표현으로 상대방에게 수줍게 거절하는 형태로 사용된다.

* 아디아노에타(adianoeta): '알 수 없음'을 뜻하는 그리스 말에서 유래한 설득 기법으로, 상대방이 알지 못하도록 깊은 의미를 숨겨서 전달하는 기법이다. 예를 들어 "그는 히틀러가 명성을 쌓도록 도움을 준 인물이다"라는 표현 안에는 히틀러의 정책을 신봉하고 구현하도록 도와준 인물이라는 부정적 메시지가 숨겨져 있다. 추천서나 거절 서한을 쓸 때 해당 인물에 대한 정직한 평가를 하며 "그는 매우 학구적인 사람이다(앞뒤가 꽉 막혔다는 뜻에서)"라고 원 뜻을 숨겨서 쓰는 경우, 또한 "그 사람이 너를 위해 일한다면 너는 행운이야"라는 표현을 하며 "그가 절대로 너랑 일할 리가 없다"는 의미로 한 것이라면 이 기법을 사용했다고 할 수 있다.

* 아 포르티오리(a fortiori): 그보다 덜한 것이 진실이라면 그보다 더한 것은 당연히 진실이라는 표현의 기법. "이렇게 힘든 일을 잘 해낸 것을 보면 이보다 쉬운 일은 분명 훨씬 잘했을 거야"라고 말하는 것이 이에 해당한다.

* 아나디플로시스(anadiplosis): '접는다'를 뜻하는 그리스 말에서 유래한 설득 기법으로, 마지막 단어나 구에서 하나의 단어를 찾아내 바로 그 위에서 논리를 전개하는 기법. "땅에는 풀이 있고, 풀 사이로 바람이 불며, 바람 속에 종달새가 날고, 종달새는 해를 향하고…" 같은 표현이다.

* 아나포라(anaphora): 첫 단어 반복 표현법으로, 싯구의 감성을 살리거나, 청중들에게 연설을 감동적으로 전달하기 위해 첫 번째 단어를 다음 문장에도 계속 반복하는 기법이다. 윈스턴 처칠은 연설에서 "We shall not flag or fall, we shall go on to the end, we shall fight in France, we shall fight on the seas and oceans, we shall fight with growing confidence and growing strength in the air…" 같은 표현으로 청중을 움직였고, 에이브러햄 링컨도 두 번째 취임 연설에서 이 같은 기법에 기초한

"With malice toward none, with clarity for all, with firmness in the right" 같은 표현을 사용했다.

* 아포리아(aporia): 무지, 의심, 당황을 뜻하는 그리스 말에서 유래한 수사적 기법으로, 자신의 무지나 의심 등을 표방하는 기법을 일컫는다.

* 에난티오시스(enantiosis): 반어적 표현법으로 반대되는 것을 나란히 열거하는 기법. "좋은 소식과 나쁜 소식이 있습니다" 같은 표현이다.

* 키아즈무스(chiasmus): 교차대구법이라고도 하며 거울에 비춘 것처럼 구절을 반복하는 기법이다. "너의 조국이 너를 위해 무엇을 해줄지 묻지 말고, 당신이 조국을 위해 무엇을 할 수 있는지 물어라." "내가 시간을 아무 데나 막 써먹었더니 이제는 시간이 나를 아무 데나 막 써먹는다" "시골에서 소년을 꺼내올 수는 있지만, 소년 마음속에 있는 시골을 꺼낼 수는 없다" "전쟁이 인류를 끝내지 않도록 인류는 전쟁을 끝내야 한다"와 같은 표현이다.

* 코푸라티오(copulatio): 강조하는 기법으로, 'a뿐만 아니라 b (not only a but b)'라는 표현으로 b를 강조하는 기법이다.

* 콘세시오(concessiio): 양보를 뜻하는 수사학의 명칭. 원하는 것을 얻기 위해 상대방의 주장을 인정한다.

* 다이알로지스무스(dialogismus): 대화를 사용하거나 예시를 대화로 사용하는 것을 말한다.

* 디알리시스(dialysis): 이것이 아니라 저것이라는 말을 사용하는 기법. '신발을 사지 말고 자유를 사세요'라거나 '커피를 마시지 말고 문화를 마셔라'는 광고문구가 이에 해당한다.

* 디아주그마(diazeugma): 하나의 주어에 여러 개의 동사를 연이어 걸치는 표현. '그는 왔고, 보았고, 놀랐다'와 같은 표현이다.

* 두비타시오(dubitatio): 아포리아를 개인에 적용한 것으로, 무지를 가장하거나 무슨 말을 해야 할지 몰라 하는 것이 오히려 설득력을 발휘하는 것을

말한다. 퀸틸리아누스는 "화자는 말을 시작할 때 뭔가 어렵거나 어쩔 줄 몰라 하는 모습을 보임으로써 정직하다는 인상을 줄 수 있다"고 했다.

* 에나게이아(enargeia): 청중이 눈으로 보는 듯 생생하게 묘사하는 기법. 나레이션 기법에 가깝다. 현재 시제로 바꿔 박진감 있는 표현으로 현장에 있는 것 같은 느낌을 살리는 기법이다.

* 유노이아(eunoia): 무관심을 뜻하는 것으로, 에토스에 의한 기법의 하나이다. 스스로 이해관계에서 초연한 모습을 보여 신뢰를 얻는 기법이다.

* 하이포포라(hypophora): 자문자답을 뜻하는 말로 수사적 질문을 하고 바로 답하는 기법. 청중들이 답하기 전에 자신의 생각을 보임으로써 다른 생각을 가질 틈을 주지 않는다. "좋은 아이디어죠? 나는 그렇게 생각해요."와 같은 표현이다.

* 이넨도(innendo): '심하게 고개를 끄덕이다'는 뜻으로, 강하게 암시하는 기법을 말한다.

* 리토테스(litotes): 곡언법. 어원은 '명백한'이나 '솔직한', '간단한' 등을 뜻하는 그리스어 'litotes'에서 나왔으며, 의식적으로 어떤 것을 실제보다 훨씬 작거나 적게 표현하여, 말하고 싶은 내용을 부정함으로써 오히려 강하게 긍정하는 수사법을 말한다. 곡언법은 반의어의 부정을 통하여 강한 긍정을 유도한다. '매우 좋다'를 '과히 나쁘지 않다'고 표현하는 것이 여기 해당한다.

* 메타노이아(metanoia): 스스로 정정하며 더 강한 입장으로 옮겨오는 기법.

* 메타스타시스(metastasis): 어색한 부분을 뛰어넘어 결론으로 오는 기법.

* 오노마토피아(onomatopheia): 의성어를 소리 내는 기법 "꽈당, 하고 넘어졌다."

* 파라립시스 (paralipsis): 무언가에 대해 말하지 않겠다고 말하는 기법. 그럼으로써 상대방에게 공평하다는 인상을 줄 수 있다.

* 파라프로스도키안(paraprosedokian): 마지막에 놀라움이 숨겨 있는 기법. 마지막에 반전이 있는 표현이 해당한다.

* 프로렙시스(prolepsis): 예변법이라고도 한다. '예상'을 의미하는 말로, "내 의견이 마음에 들었는가?"라는 식으로 사전에 양보하고 상대방이 말할 법한 주장을 한발 앞서 미리 동의하는 기법이다.

* 리베르타스(libertas): 자유와 솔직함을 말하는 뜻으로, 자유로운 사람은 이해관계에서도 자유로우므로 공평하게 말할 수 있다는 의미이다.

* 폴리신데톤(polysyndeton): 반복되는 구를 이어 효과를 나타내는 것. 줄리어스 시저가 말한 '왔노라, 보았노라, 이겼노라(Veni, vidi, vici)' 같은 표현이 이에 해당한다.

* 신크리시스(syncrisis): 그리스어로 '선택적 판단'을 뜻하며 내용을 재규정하고 단어의 정의를 새롭게 함으로써 논쟁의 우위를 점거하는 기법이다. "나는 사람이 아니라 짐승을 죽였다", "다루는 것이 아니라 가르치는 것" 같은 표현이 이에 해당한다.

* 시네도키(synedoche): 앞서 소개한 제유의 기법으로, 사물의 한 부분으로 그 사물의 전체를 나타내는 수사법. 피아노를 건반으로 표현하거나, 자동차를 바퀴로 표현하는 것 등이 이에 해당한다.

II

주장과 설득의 시대

3. 논쟁이란 무엇인가?

(1) 논쟁의 정의

길거리를 걷다 보면 다양한 어휘와 마주치게 된다. 간판이나 길거리 안내판은 비교적 단순한 단어로 목적하는 내용을 알린다. 걷는 사람의 눈높이에서 멋스럽게 광고하는 세련된 입간판도 있다. 가로수나 전봇대 사이에 걸린 플래카드의 내용은 좀 더 복잡하다. 교통사고의 목격자나 실종된 가족을 찾는다는 애절한 내용도 있고, 현안과 관련해서 정부의 각성을 촉구하는 격문도 있다. 다가오는 선거를 염두에 두고 미리 특정 정당의 이미지를 선점하기 위한 광고문구도 빼놓을 수 없다.

신문이나 방송으로 눈을 돌리면 또 다른 소리와 만날 수 있다. 매일 일어나는 사건 사고와 함께 우리 사회의 다양한 이슈와 현안을 둘러싼 다양한 아우성이 들린다. 이들은 대체로 몇 가지 사실을 뼈대로 하여 강한 주장과 견해, 감정과 사상을 드러내는 것이 특징이다. 그 목소리가 하도 다양하고 시끄러워 세상은 늘 갈등으로 가득 찬 것처럼 보이기도 한다. 그러나 그런 주장이나 논쟁은 민주주의 사회가 누릴 수 있는 특권이자, 우리가 힘들게 얻어낸 값진 자유의 소리이다.

감동적인 영화 한 편, 혹은 한 권의 책이 세상을 움직인 예를 우리는 많이 본다. 그런 작품들은 어떤 관점을 갖고, 그 관점을 감동적으로 전달하는 데 성공한 작품들이다. 즉 논쟁을 성공적으로 수행한 작품인 것이다. 그런 작품들은 종종 대중의 마음을 움직여 법안이나 정책을 만들고 사회를 변화시킨다. 역사책을 보면 마치 전쟁이나 혁명 같은 큰 사건 사고가 사회의 물줄기를 바꿔 온 것처럼 묘사되어 있으나, 사실 사회를 변화시키는 힘은 상징(언어 혹은 기호)을 사용하여 꾸준히 소통하고 설득하는 과정에서 나온다. 설득되지 않은 인간은 행동하지도 않기 때문이다.

일상생활에서 사람들은 각기 다른 입장을 갖고 다른 이해관계 속에서 소통을 한다. 어떤 아이가 엄마에게 스마트폰을 사달라고 조르는 장면을 상상해보자. 아이는 스마트폰이 없는 현재의 불편함을 토로하거나, 스마트폰이 가져다줄 미래 가치에 대해 열심히 설명할 것이다. 이에 대해 엄마는 스마트폰이 없는 현재의 상황이 과연 그렇게 심각하고 불편한지 점검한 후, 스마트폰이 가져올 편리함과 부작용 사이에서 사주는 것이 옳은지 저울질할 것이다. 물론 여기에는 비용의 문제도 포함된다. 학업에 신경 쓰는 엄마라면 혹시 공부를 방해받지 않을지 면밀히 검토할 것이고, 험한 세상으로부터 아이를 보호하는 데 관심이 있는 엄마라면 각종 불법 음란 사이트 접속의 위험성에 관심을 곤두세울지 모른다.

이때 엄마와 아이가 서로를 설득하기 위해 주고받는 대화를 '논쟁'이라고 할 수 있다. 각자 나름대로 증거와 근거를 들어 상호 설득을 시도했다면 '논쟁'을 한 것이고, 근거의 설득력이 돋보였다면 이들은 '좋은 논쟁'을 했

시위와 대립으로 인한 갈등과 분열, 이로 인한 막대한 사회적 비용을 최소화하기 위해 입장이 서로 다른 사람들끼리 상호 대화와 생산적인 논쟁을 통해 타협과 접점을 찾으려는 노력이 절실하다. 사진은 지난 2013년 7월 13일 서울광장에서 촛불과 플래카드로 시위하는 '국정원 대선개입규탄진상규명촉구 범국민대회'와, 같은 날 대한민국재경향우회 보수연합이 이에 맞서 국가인권위원회 앞에서 '반국가종북세력규탄국민대회'를 열고 있는 모습.
(출처: 조선일보 7월 15일)

다고 할 수 있다. 근거를 댔으나 상대방이 전혀 납득하기 어려운 근거였다면 '논쟁'은 했으나 '나쁜 논쟁'을 한 것이다. 논쟁의 최종 승자가 누구이든,

'증거가 수반된 비판적 대화'를 통해 엄마와 아이가 서로의 입장과 논리를 학습했다면, 어쨌든 둘은 성공적인 소통을 했다고 할 수 있다.

반면, 아이가 '무조건' 사달라고 조르는 건 논쟁이 아니라 일방의 '주장'에 지나지 않는다. 엄마 역시 "안 된다면 안 돼!" 식으로 무조건 요구를 거절한다면, 그것 또한 '주장'이지 논쟁이 아니다. 떼를 쓰거나 무조건 거부하는 것으로 서로를 이해시킬 수는 없다. 오히려 기존의 입장 차이를 더욱 크게 만들기 십상이다.

이상에서 살펴본 바와 같이 논쟁(argument)이란 증거를 수반한 주장(claim supported by evidence)으로 정의된다. '주장'을 하되, 반드시 '증거'가 뒷받침되어야 논쟁의 구성 요건이 완성된다. 영어로 논쟁한다는 뜻의 '아규(argue)'의 라틴어 어원은 'arguere'로, '증명하다(prove)' 혹은 '명확히 하다(clarify)'의 의미를 담고 있다. 싸움보다는 상호 설득과 소통을 통해 의미를 확인하고 증명한다는 뜻이다.

'아규먼트(argument)'는 주로 한 가지 주장을 하기 위해 증거를 제기하는 개별 논쟁을 뜻하는 반면, '아규멘테이션(argumentation)'이란 여러 논쟁들로 구성된 하나의 통합적 현상으로서, 현 상태(status quo)의 변화를 가져오기 위해 문제를 제기한 상대방의 주장과 증거에 응대하고, 상대방 혹은 중립적 타인의 생각이나 행동에 영향을 미치기 위해 자신의 주장을 뒷받침할 증거를 찾아내 합리적인 논증으로 반박하는 일련의 커뮤니케이션 과정을 통칭한다. 또한 '아규멘테이션'은 이러한 상호 설득의 과정을 이해하는 학문의 분야를 뜻하기도 한다.

논쟁과 연관된 개념으로 디베이트(debate)란 주로 양당사자 간 논쟁이 서로 부딪치며(clash) 엮어내는 상호 설득 내지 방어의 역동성에 초점을 둔 논쟁적 방법론을 말한다. 이슈를 둘러싼 여러 질문을 통해 문제의 해결점을 찾아가는 탐구(inquiry)와 옹호(advocacy)의 과정이기도 하다. 이 과정에서 건강한 의심을 갖고 일방의 주장을 비판적으로 수용하는 지적 능력이 배양되는데, 이를 비판적 사고(critical thinking)라고 한다.

논쟁은 어떤 주장을 관철시키기 위해 대중을 설득하는 적극적 홍보, 혹은 옹호와 밀접하게 연관된 개념이다. 언론의 자유가 보장된 민주주의 국가에서는 다양한 소통 채널을 동원해 자신의 의견이나 신념, 정책에 대한 입장, 그 밖의 여러 주장을 설파하거나 설득하는 일체의 행동을 법으로 보장하고 있다. 여기서 자신의 주장을 옹호하기 위해 반드시 필요한 것이 적극적이고 합리적인 논쟁을 하는 일이다. 논쟁의 과정이야말로 민주 사회에서 정책을 수립하고 국민의 공감을 얻는 데 필수 불가결한 과정인 것이다.

논쟁은 말이나 글과 같은 상징을 사용한다는 점에서 담론(discourse)이며, 양자간 설득적 상호작용에 기반을 둔 대화(dialogue)의 일종이다. 대화란 양자(dyad)가 서로 얼굴을 맞대고(face-to-face) 정보 혹은 의견을 주거니 받거니(turn-taking)하는 대인 커뮤니케이션(interpersonal communication)이다. 대화의 내용에는 단순히 안부를 묻는 정도의 한가하고 소소한 내용도 있으나, 대부분 설득적 목적을 갖고 상호작용을 하는 경우가 많다. 논쟁의 과정을 포함하는 대화의 종류를 더글러스 월튼(Douglas Walton, 2006)은 다음의 여섯 가지로 분류했다.

설득형 대화의 여러 형태

대화의 종류	대화 전 상태	참여자의 목표	대화의 목표
설득(persuasion)	의견의 충돌	상대방의 설득	이슈의 해결이나 명료화
탐구(inquiry)	증거의 필요	증거의 발견과 확인	가정의 증명 혹은 반대
협상(negotiation)	이해의 충돌	원하는 것을 얻는 것	양자가 만족할 결과 도출
정보추구(information seeking)	정보의 필요	정보의 습득이나 제공	정보의 교환
숙고(deliberation)	딜레마/실제선택	목적이나 행동의 조정	최선의 행동 결정
말씨름 (eristic)	개인적 충돌	상대방에 대한 공격	더 깊은 갈등의 노출

Walton, 2006, 183쪽.

앞의 표에서 보듯, 사람들은 자신이 처한 상황에 따라 설득, 탐구, 협상, 정보 추구, 숙고, 말싸움 등 각기 다른 종류의 설득형 대화를 선택하고, 그에 따른 효과를 추구한다. 오로지 점수 따는 데만 목표를 두는 토론을 가리켜 수사학에서는 '말씨름(eristic)'이라고 한다. 월튼(Walton)은 사람들이 말싸움을 할 때 무조건 욕을 하기보다 나름의 논거를 들어 상대방을 공격한다면 그 또한 설득형 대화의 일종이라고 보고 마지막 유형으로 '말씨름'을 포함시킨 것 같다. 즉 아규먼트를 사용한 말싸움이라는 뜻이다. 이때 공격자는 종종 논리의 오류에 빠지기 쉽다. "넌 머리가 나쁘니 그런 소리만 한다"는 식의 인신공격도 그중 하나이다. 다른 유형과 달리 말싸움 유형에서는 다소 거리가 먼 논거를 아무렇지도 않게 사용하거나, 격한 감정을 드러내는 일이 허락되기도 한다. 이러한 말씨름의 순기능이 있다면, 다른 유형에서는 감정을 자제한 상태에서 논쟁을 하므로 상대방의 느낌을 정확히 가늠하기 어려운 경우가 있는 반면, 감정적인 말싸움을 하다보면 "네가 그 정도까지 반응하는 걸 보니 너에게 매우 중요한 문제구나"는 식의 상호이해를 가져올 수 있다는 데 있다. 화를 내거나 감정을 드러내 논쟁을 하는 것도 때론 소통의 도구가 될 수 있다.

일상생활에서 접하는 수많은 말을 분석해보면 논리와 비논리, 사실과 허구, 관찰과 감상, 의견과 인용 등 다양한 종류가 뒤섞여 있다. 설득을 목적으로 하는 수많은 메시지들이 설득력을 갖기 위해서는 소위 '논증적인 접근'을 통해 논리적으로 전개되어야 한다. 앞서 논쟁을 '증거(혹은 좋은 이유)를 수반한 주장'이라고 정의했다. 증거와 주장을 어떻게 연결시키는 것이 좋을까? 또 청중이 납득할 만한 '좋은 이유(good reason)'란 무엇이며, 그 이유를 자신의 주장에 설득적으로 포함시키는 방법에는 어떤 것이 있을까?

고대 그리스의 철학자에서부터 근대의 논리학자, 현대의 사상가들이 공통적으로 고민한 과제가 비판적으로 사고하고 논리적으로 설득하는 기술이었다. 이들은 자신의 생각을 직관이나 느낌에 의존하지 않고, 스스로와 타인이 설득될 수 있는 논리를 구축하고 합리적 이성에 바탕을 둔 소통의 체계를 통해 자신의 주장을 펴나가고자 했다. 논리적으로 사고한다는 말에는 과학적으로 사고하고 수학적으로 분석하며 합리적으로 결론에 이른다는 뜻이 포함되어 있다.

대단한 사상가들이 아니라도 일상생활에서도 우리는 서로에게 '이유 있는 주장'을 듣고 싶어 한다. 학생이 수업에 늦게 들어왔을 때, 선생은 지각을 이해할 수 있는 충분한 사유를 기대한다. 아이가 부모의 말을 어긴 행동을 했을 때에도 부모는 아이로부터 납득할 만한 이유를 듣기 위해 물어본다. 이유가 납득할 만하고 충분할 때, 비로소 상대방을 이해하거나 용서할 수 있다.

사람은 누구나 자신만의 '주장'이 있다. 그런 주장을 '이유'와 적절하게 연결시켜 다른 사람을 설득시킬 때, 그는 '논증적이다(argumentative)'라고 말할 수 있다. 주장은 모호하거나 이중적이지 않게 분명하게 기술해야 한다. 그리고 그 주장을 뒷받침할 만한 좋은 이유를 생각해내야 한다.

증거가 믿을 만한지 여부를 판단하는 사람은 청중이다. 때문에 단순한 주장이라도 청중들이 받아들인다면 증거가 필요하지 않을 수도 있으며, 청중의 수준에 맞춰 증거의 치밀함과 정확성이 달라질 수 있다. 논리학자들은 전제와 결론의 관계에 집중해 전제가 튼튼하고 진실되면 결론의 설득력을 보증할 수 있다고 믿는 반면, 수사학자들은 그 전제를 청중들이 받아들일 만한 좋은 증거를 찾아야 비로소 결론의 설득력을 보증할 수 있다.

논쟁은 증거를 수반한 주장이다. 여기서 중요한 부분은 '증거를 수반'한다는 점이다. 증거가 없는 주장은 글자 그대로 일방적인 주장(claim), 혹은 단언(assertion)에 그치지 않는다. 설득적인 논쟁을 하기 위해서는 일상에서 접하는 다양한 논리 중 '논쟁'과 '주장'을 분리하는 훈련부터 해야 한다.

"그 친구는 나쁜 사람이다"라는 말은 '주장'이다. 왜냐하면 나쁜 사람을 뒷받침하는 증거가 제시되어 있지 않기 때문이다. 이 말을 논쟁으로 바꾸려면 "그 사람은 거짓말을 하므로 나쁜 사람이다"라고 해야 한다. 그럼으로써 "그는 거짓말을 한다, 거짓말은 나쁘다, 고로 그는 나쁜 사람이다"라는 논법이 성립하는 것이다.

여기서 혼돈하지 말아야 할 것은, 논쟁의 형식을 갖췄다고 모든 말이 설득력을 갖는 것은 아니라는 것이다. 논쟁에는 탄탄한 증거와 건강한 의견을 바탕으로 한 '강한 논쟁'이 있는 반면 허약한 증거와 편협한 의견에 근거한 '약한 논쟁'도 있다. 타당한 논쟁이라고 해서(다시 말해 증거를 수반했다고 해서) 모두 강한 논쟁이라고는 할 수 없다. 때문에 우선 논쟁의 형태를 갖췄는가를 살펴본 후에는 증거의 질을 판단하고 논증의 설득력을 판단하는 것이 중요하다.

세상의 모든 현상을 증명하거나 설득할 필요는 없다. "나는 기분이 좋다"거나 "나는 그를 사랑한다"라는 표현은 굳이 설득하거나 증명할 필요가 없는 주관적인 현상이다. 이렇듯 설명이나 이유가 필요 없는 현상인 경우에는 논증적 접근을 할 필요가 없다. "겨울은 춥다" "얼음은 녹는다" "지구는 둥글다"와 같은 '자연 현상' 혹은 '상태'에 대한 말은 논증을 필요로 하지 않는다. "장미는 아름답다"와 같은 미적 기준에 관한 의견을 피력하거나 "아이들은 귀엽다" 같은 대중적 상식을 말할 때 역시 논증을 필요로 하지 않는다. "착하게 살자" "도둑질은 나쁜 일이다" 등의 미덕을 나타내는 말도 별도의 증명을 필요로 하지 않으므로 논증적 접근을 할 필요가 없다. 다시 말해서 눈으로 봐서 자명한 것, 일반적으로 동의하는 사실, 받아들이기에 따라서 주관적으로 해석이 달라질 수 있는 부분을 제외한 나머지 말들은 상대방의 생각에 영향을 미치기 위해 하는 경우가 대부분이므로 필연적으로 논증적인 접근을 해야 한다.

논쟁은 주장과 근거로 구성된다. 여기서 주장이란 설득하고자 하는 대상이나 그룹에 대해 정당화시키거나 구축하고 싶은 믿음, 입장, 결론을 뜻한다. 우리말 표현에는 의견을 표현하는 단어가 그다지 분화되어 있지 않은 편이다. 그러나 영어 표현에는 자기의 주장만을 고집하는 'insist' 현재의 입장을 고수하는 'maintain' 자신의 입장을 자신 있게 견지하는 'contend' 등 입장과의 거리와 강도에 따라 다른 단어를 사용한다. 그중 논쟁한다는 뜻의 'argue'는 그럴듯한 이유(good reason)나 증거(evidence)를 들어 반대 의견을 설득한다는 뜻이 담긴 의견의 표현이다. 여기서 주장하는 바가 확실히 드러나도록 결론(혹은 주장)은 완전한 문장으로 기술되어야 한다.

논쟁의 또 다른 핵심 구성요소인 근거란 주장의 설득력을 보완하고 청중을 설득하기 위해 반드시 필요하다. 효과적인 논쟁이 되기 위해서는 결론을 지지하는 증거(혹은 이유)가 연관이 있고(relevant), 진실되며(true), 충분해야(sufficient) 한다. 주장은 있으나 근거가 없는 문장은 단순한 '주장'이지 '논쟁'이라고 할 수 없으며, 어떤 외부적인 상태를 묘사하거나 느낌을 표현하는 것도 '묘사'이지 논쟁이 아니다. 발생한 사건을 시계열 적으로 나열하는 것은 '나레이션'이지 논쟁이 아니다. 매일 접하는 수많은 문장과 표현들은 논쟁과 묘사와 주장과 나레이션이 복잡하게 섞여 있다. 여기서 논쟁을 가려내는 것은 논쟁을 잘 하기 위한 첫 번째 단계라고 할 수 있다. 논쟁의 형태를 갖춘 문장 혹은 표현이 있는 경우 제시된 증거가 적합한지, 충분한지, 혹은 연관이 있는지를 판단하는 사람은 청중이다. 따라서 화자는 청중의 입장에서 증거를 수집하고 사용해야 설득력을 높일 수 있다.

증거(evidence)의 어원은 어떤 대상을 명료하고 단순하고 보기 쉽게 해준다는 뜻에서 나왔다. 논증의 맥락에서 증거는 어떤 주장을 지지하는 사실적 기반으로 정의된다. 여기서 사실적 기반이란 추상적이지 않고 구체성을 띤 자료란 뜻으로, 통계, 역사적 자료, 실제 사례, 연구 결과물, 연구보고서, 실험의 결과, 서베이 보고서, 전문가 의견, 목격자 증언 등이 포함된다. 증거의 다양한 종류와 유형에 대해서는 9장에서 자세히 살펴보도록 한다.

(2) 논쟁의 목적과 기능

논쟁(論爭)을 한자로 써보면 말로 하는 싸움이라는 뜻으로 읽힌다. 그런 싸움은 시끄럽고, 승패와 관계없이 득이 될 것이 없다고 생각하는 사람이 많을지 모른다. 특히 말 많음보다는 말이 적음을 미덕으로 여겨온 전통 동양 사회에서는 특별히 논쟁을 독려하지도, 말로 하는 싸움의 기술을 발달시키지도 않았다. 집단주의 문화를 지향한 전통 동양 사회에서는 개인의 의견보다 집단의 의견을 중시했고, 갈등에 맞서 부딪치기보다는 완화하고 회피하며 공동체 안의 조화로운 삶을 추구하는 사회적 기술을 더 추구했다.

이에 비해 서양 사회에서는 개인이 의견을 소유하고, 그 개인이 스스로 의견을 표현하는 것이 바람직하며, 의견이 다른 타인과의 갈등은 적극적으로 해소하는 것을 미덕으로 여겨 일찍부터 갈등 해소의 도구로서 '말의 기술'을 발달시켜왔다. 논쟁의 목적은 궁극적으로 설득에 있다. 여기서 설득이란 전형적으로 수평적 인간관계의 산물이다. 고대 그리스에서 수사학이 발달한 것은 평등한 시민(비록 여자와 노예를 제외시킨 개념이긴 하나)을 주축으로 한 민주주의의 발원과 깊은 관계가 있다. 수평적 관계의 사람들은 공동체를 위한 결정에 도달하기 위해 상호 설득의 과정을 반드시 거쳐야 하지만 수직적인 관계의 사람들은 지시하고 따르면 될 뿐, 설득하거나 당할 필요가 없다. 그리스 시민이라면 자유 발언을 할 수 있었던 '아고라 광장'은 평등의 상징이며, 오늘날 배심원제의 기원이 된 대형 시민 법정은 수평적 소통의 장이다. 상호 다른 의견이 자유롭게 개진되는 토론의 장에 참여한 청중들은 그 안에서 진실에 근접한 정보를 얻었다. 논쟁은 갈등 해소의 도구이자 교육의 통로였던 것이다.

그런 전통의 뒤를 이어 현대 커뮤니케이션 학자들은 말싸움도 갈등 해소를 위한 커뮤니케이션의 한 형태로 분류한다. 상호 의견 불일치를 해소하기 위한 여러 방법 중에서 말싸움은 적극적인 소통 방법에 해당한다고 본다. 다양한 의견이 존재하는 사회의 일원으로 살아가기 위해서는 자신과 다른 의견과 마주치는 일은 피할 수 없다. 그러자면 그런 다양한 의견과 마주하고 소통하며 상호 접점을 모색하는 기술이 필요하다. 소통을 통한 갈등 조정이 사회적 동물인 인간이 기본적으로 알아야 할 덕목이며, 시민사회의 유지 요건이자, 민주주의의 조건인 이유도 그 때문이다.

싸움(battle)과 디베이트(debate)의 라틴어 어원은 같다. 그러나 전쟁터에서의 싸움과 말로 하는 싸움은 다르고, 말로 하는 싸움 중에서도 논쟁의 영역은 좀 더 특별하다. 워싱턴 대학(University of Washington)의 심리학자 존 고트만(John Gottman)은 이와 관련, 흥미로운 연구를 1994년 발표했다. 그는 9년에 걸쳐서 수백 쌍의 커플을 연구, 행복한 커플과 파경에 이른 커플의 싸움 방식을 관찰했다. 그 결과 9년 동안 결혼 상태를 지속한 커플들도 파경에 이른 커플 못지않게 자주 말싸움을 했으나 싸움의 방식이 달랐을 뿐이라고 밝혔다. 행복한 커플들은 주로 문제를 해결하기 위해 말싸움을 벌인 반면, 그렇지 않은 커플들은 서로의 단점을 들춰내고 헐뜯는 데 싸움의 내용을 할애하고 있었다는 것이다. 요약하자면 전자는 생산적인 싸움을 한 반면, 후자는 파괴적인 싸움을 했다. 전자는 논쟁했고(argued), 후자는 싸움을 했다(fought)(Heinrichs, 2007). 보통 싸움에서는 승자와 패자가 갈린다. 싸움의 목적은 이기는 것에 있다. 그러나 논쟁에서는 양측이 서로의 입장을 이해하고, 어떤 합의에 도달하는 것이 목적이다. 최종적으로 합의에 이르지 않더라도, 그 과정에서 서로의 입장과 논리를 학습하게 된다. 이상적인 논쟁은 당사자뿐 아니라 청자(audience)들에게 어떤 사안의 다양한 측면을 드러내고 비교해서 보여주는 교육적 기능을 수행한다.

논쟁을 하기 위해서는 우선 해당 이슈에 대한 정보를 수집하고 분석해야 하고, 증거와 자료들을 분류하고 가치를 판단해야 한다. 논리적 구성에 따라 논쟁의 형식을 정하고, 상대방의 입장에서 생각하며, 자신을 최대한 설득적으로 표현하기 위해 최선을 다해야 한다. 이런 과정을 통해 얻을 수 있는 장점과 아카데미식 디베이트를 포함하는 논쟁이 일반적으로 갖는 기능적 가치에 대해 프릴리와 스타인버그(Freeley & Steinberg, 2005)는 다음과 같이 정리해 제시했다.

1. 논쟁은 언론의 자유가 보장된 민주주의 사회에 효과적으로 참여하고 결정을 도와주도록 준비시키는 기능을 한다.
2. 논쟁은 방향을 제시하고 대중을 설득하는 리더십을 함양하는 기능을 한다.
3. 요즘 세상의 심각한 현안을 분석하고 조사하는 기능을 제공한다.
4. 논쟁은 비판적인 사고를 능숙하게 하는 기능을 한다.
5. 논쟁은 지식을 모으고 배양하는 기능을 한다.
6. 목적이 있는 탐구를 충실히 수행하도록 도와준다.
7. 지식 전달과 교육을 질적으로 향상시킨다.
8. 논쟁은 비판적인 청취를 향상시킨다.
9. 논쟁은 글쓰기 능력을 향상시킨다.
10. 사회 현안이나 문제에 대해 신속하고 분석적으로 대응하는 능력을 키워준다.
11. 논쟁은 자신의 의견을 당당하게 말하며 반대에 맞서는 용기를 키워준다.
12. 논쟁은 스피치 구성과 퍼블릭 스피치 능력을 향상시킨다.
13. 논쟁은 사회를 다면적으로 보는 안목을 키워 사회적 성숙도를 높여준다.
14. 논쟁은 다문화적 감수성을 향상시킨다.
15. 논쟁은 자기 표현력을 향상시킨다.

사람들은 무엇을 위해 논쟁을 할까. 제임스 헤릭(James Herrick, 2011)은 세 가지 이유에서 논쟁을 한다고 정리했다.

첫째, 설득을 위해 논쟁한다. 다른 사람이 자신의 의견이나 관점에 동의하게 하여 어떤 합의에 도달하거나 정책을 결정하기 위해 논쟁한다.

둘째, 자신의 입장이나 관점의 정당성을 보이기 위해 논쟁한다. 반드시 다른 사람의 생각을 바꿀 목적이 아니더라도 자신의 입장을 명료하게 정리하거나 옳다는 것을 논리적으로 설명하기 위해 논쟁의 방법을 쓴다.

셋째, 발견, 탐구, 교육의 목적으로 논쟁한다. 논쟁의 과정에서 새로운 사실이 드러나기도 하고, 좋은 의견이 가려지기도 하며, 양측의 입장을 보며 스스로 이슈에 대해 학습하거나 의견 형성을 하기도 한다. 또한 기존의 편견을 수정하는 계기가 되기도 한다. 논쟁은 이런 지적인 여정을 통해 사고의 폭을 넓혀주는 데 기여한다.

(3) 논쟁의 역사

가. 서양의 경우

논쟁의 역사는 말을 통한 설득의 역사와 맥을 같이한다. 앞서 수사학의 기원과 발전에서 살펴보았듯, 논쟁은 기원전 5세기 토지 소유권 소송을 시작으로 사회적 갈등 해소의 도구로서 발전되어 나왔다. 당시에는 변호사라는 직업이 없었으므로 사람들은 법정에서 스스로 자신의 권리나 소유권을 주장해야 했다. 시민 법정에는 적게는 2백 명에서 많게는 5천 명까지 배심원들이 동원되었는데, 그들을 설득하기 위해서는 능란한 화술을 구사할 필요가 있었다. 당시 웅변술은 민주적이고 대중 선동적이며, 재판에 활용되고, 정책 결정에 동원되는 정치적인 성격을 띠면서 급속히 교육의 대상이 되었다. 자연히 교육의 몫을 담당할 교사(소피스트)들도 생겨났다.

말을 통해 설득하는 법을 배운 사람들은 고대 그리스 아테네에서 직접 민주주의가 꽃을 피우게 하는 데 결정적인 기여를 한다. 도시 국가 아테네의 민회와 법정 토론은 시민의 참여와 공적 말하기 기술을 요구했는데, 잘 훈련된 웅변가들이 등장해 시민민주주의와 철학의 토대를 마련했다. 민주주의를 정치적 체제로 채택한 아테네는 주요 사안에 대한 의사결정을 토론을 통해 했다. 즉 국방, 외교, 납세, 제정 정책 등에 대한 주요 이슈들을 시민들이 결정했으며, 법정 소송의 경우 배심원들이 결정했다. 따라서 그들 앞에서 조리 있고 설득력 있게 자신의 입장을 피력하는 일은 매우 중요했다. 아테네 시민은 누구나 소송을 제기할 권리를 갖고 있었으며, 누구나 자유롭게 정치 민회에서 자신의 주장과 견해를 발표할 수 있었다. 아테네의 언덕에는 그런 시민들의 주장을 펼치는 광장이 있었는데, 이를 아고라(agora)라고 했으며, 아고라에서 시민이 갖는 평등한 권리를 '이세고리아(isegoria)'라고 했다. 자유와 평등, 수평적 소통이 그리스를 민주주의의 요람으로 만든 정신적 토양이었다.

아테네 아고라의 물시계. 물이 다 떨어지기까지 6분 정도 걸리는 이 물시계는 법정에서 발언 시간을 체크하는 데 쓰였다.

정치적 견해의 주장 외에 사법적 정의 역시 논쟁을 통해서 실현했다. 당시 법정은 변호사나 검사가 없이 피고와 원고가 각기 자신의 입장을 피력하며, 배심원을 설득할 증거를 제시하여 변론을 했는데, 오늘날과 같은 과학수사가 없었던 시절이어서 어떻게 말을 하고 배심원의 믿음을 사느냐 하는 것은 매우 중요한 문제였다. 오늘날 민사에 해당하는 소유권 다툼에서부터 형사에 해당하는 중죄를 판가름하는 데 웅변술이 동원되었다. 살인죄 등과 같은 중죄인의 경우 아레오파지티카(Areopagitica)라는 대법정에서 심리가 열린 것으로 전해지는데, 중요한 사건의 경우 수천 명의 배심원이 선정되기도 했다고 한다.

기소와 변호는 스피치와 토론으로 이루어졌는데, 이때 법정에는 물시계를 설치하여 5,000드라코마(화폐 단위)가 넘는 사건인 경우 기소는 10콘기우스(물의 양)가 허용되었고 변론에는 3콘기우스가 허용되었으며, 5,000드라코마 이하는 7과 3콘기우스이고, 1,000드라코마 이하는 5와 2콘기우스로 시간을 할당한 것으로 전해진다. 현대 의회토론이나 아카데믹 토론에서 사용되는 시간적 제한의 원조라 할 수 있다.

아테네에서는 토론 능력을 민주 시민의 기본적 소양으로 보았다. 이런 이유로 토론을 가르치는 학원이 성행했으며 스피치 강사로 활약한 소피스트들도 따라서 성업했다. 소피스트에 따라 다양한 형태의 교육이 성행하였는데, 이들은 상대적 진리를 숭상했으며, 언어의 효과를 믿고 설파했다. 당시 귀족 사회에서는 연줄을 통해 교육을 하는 방식을 주로 택했으며 수업료를 받는 교육을 하지는 않았다. 반면 소피스트들은 돈을 받고 말하는 방법을 가르쳐 지식이 돈으로 살 수 있는 것이라는 인식을 갖도록 했다. 토론학의 시조이자 고액의 수업료로 유명한 프로타고라스(Protagoras)는 개인 학원을 운영하며 오전엔 학생들에게 긍정측의 입장에서 토론하게 하고, 오후엔 반대측 입장에서 토론하게 했다고 전해진다. 스피치 원고를 써주는 명문가로 유명한 이소크라테스(Isocrates)는 토론의 교육적 관점을 강조했고, 리시아스(Lysias)와 안티폰(Antiphon)도 수수료를 받고 법정 토론 원고를 써준 소피스트들이었다.

반면 절대적 진리는 돈으로 살 수 없다는 입장을 지닌 일단의 철학자들은 궤변으로 흐르기 쉬운 설득의 가벼움과 위험을 경계하며 진리 탐구의 새로운 영역을 개척하기 시작했는데, 대표적인 인물이 소크라테스다. 스승 소크라테스의 영향을 받은 플라톤은 참된 진리에 의거한 주장과 윤리적 미덕이 진정한 토론의 바탕이 될 수 있다고 강조하며, 수사학은 진실에 이르도록 하는 데 적합하지 않은 재주에 불과하다고 주장했다. 반면 플라톤의 제자 아리스토텔레스는 수사학에 깃든 변증법적 요소에 주목하여 현대 수사학의 기틀을 마련했다. 그는 스승의 학문과 소피스트들의 학문을 집대성하여 현대 서구 학문의 기초를 마련했는데, 그가 남긴 많은 저서 중 『수사학(*Rhetoric*)』은 현대 토론학에서도 자주 사용하는 수사학의 이론서이다.

수사학은 민주주의와 함께 발전하고 민주주의가 쇠퇴하면 함께 쇠퇴한다. 그리스 수사학은 고대 로마로 계승되어 공화정 시절에 꽃을 피우며 발전한다. 그러다가 B.C. 1세기경 첫 황제 옥타비아누스(Octavianus)의 등극과 함께 제정이 시작되었고 웅변술은 선택된 엘리트들의 소유물로 전락한다. 로마 시대 웅변가로 이름을 떨친 정치인이자 수사학자 키케로(Cicero)는 "나와 함께 공화정은 끝났다(With me dies, Republic)"라는 유언을 남기고 살해된 것으로 유명하다. 로마 시대 법정 토론은 그리스와 달리 시민들로 구성된 배심원이 판결하는 것이 아니라 전문 지식을 갖춘 판사가 판결했으며 원고인과 피고인은 변호인이나 검사를 통한 대리인이 토론을 담당했다. 요즘 흔히 쓰이는 '포럼'이라는 말은 로마 초기 정치적 견해와 공공토론을 하는 행위와 공간에서 유래한 말이다.

이후 중세 암흑기에 토론과 논쟁의 정치적 사회적 기능은 축소되고 심미적 기능만이 강조되는 시기를 맞는다. 합리적 이성 추구를 통한 진실 규명보다 성경을 어떻게 해석하고 당시 대중들에게 어떻게 잘 전달할 것인가에 대한 방법론적 고민이 수사학의 기능을 대신하게 되었다. 수사학이 다시 조명받기 시작한 것은 문예부흥 시기에 들어서면서 부터다. 12세기에 르네상스 운동이 일어나면서 유럽 각지에 대학이 설립되기 시작했고 토론을 통한 진리 탐구와 학문의 발달에 끼치는 영향이 새롭게 주목받기 시작했다. 명제를 세우고, 정의를 탐구하며, 긍정과 부정의 주장을 통해 상호 교육의 효과를 기대하는 비판적 사고의 도구로서 토론이 중요하다는 공감대가 생겨난 것이다. 훗날 토론이 학교와 의회에서 자리잡게 된 배경에는 이러한 공감대가 한몫했다.

대학간 아카데미식 토론을 개최한 곳도 영국이 가장 오래된 것으로 알려지고 있다. 기록에 의하면 14세기 캠브리지 대학교에서 옥스퍼드와 캠브리지 학생들 간에 처음으로 대학간 토론 대회를 개최했다고 한다. 이 후 근대에 들어와 영국에서 교육의 한 방편으로 토론이 발달하면서 학문의 발전과 정치적 소통에 기여하는 민주 시민 양성에 큰 몫을 하게 된다.

수사학의 사회적 역할은 정치 제도의 발달과 더불어 외연을 넓힌다. 1265년 설립된 영국의 하원(House of Commons)은 의회 토론을 주요 업무로 담당했다. 근대 영국 의회 토론에 기초를 닦은 영국의 학자이자 정치인 프란시스 베이컨(Francis Bacon)은 영국 의회의 민주적 정치 기능을 강조하며 동시에 의회 토론의 중요성을 역설한 인물이다. 영국 의회 토론은 17세기 영국의 근대화에 따른 공공 영역의 발달과 18세기 민주주의의 진전과 함께 크게 발달했다. 특히 18세기 중엽 영국에서는 여러 가지 형태의 토론 클럽이 생기면서 당시 정치에서 소외되었던 중산층 출신의 회원들이 많이 가입하여 정치 사회적 발전을 가져왔고, 당시 인쇄 기술의 발달과 교통의 발달로 근대 언론이 발달하면서 여론의 형성에도 크게 기여했다.

의회 정치를 통해 토론이 중요한 위치를 차지한 영국에서 토론의 기술과 능력은 영국 의원의 기본 소양으로 꼽혔다. 이렇게 자리 잡은 영국 의회의 토론은 근대 토론의 규범이 되었으며 현재의 아카데미식 토론 방식의 하나인 의회 토론 방식(parliamentary debate)의 원류가 되었다.

미국에서의 토론 문화는 타운 홀 미팅에서 그 근원을 찾을 수 있다. 타운 홀 미팅이란 시민이면 누구든 참가하여 자기 의사를 표명하며 투표로 결정하는 회의 방식이다. 이 토론 방식은 공동체의 자유 토론 방식으로 알려져 있다. 영국 식민지 시절부터 공동체의 문제를 자율적으로 해결했던 미국식 공개 토론 방식으로, 현재는 토론의 한 형식을 일컫는 일반 명사가 되었다.

대표적 예로 1997년 미국 미네소타주 미네아폴리스시에서 사슴 사냥권 허용 여부를 가리기 위한 타운 홀 미팅을 들 수 있다. 이 타운 홀 미팅에서 찬성측은 사슴의 수가 너무 많아 주민들이 피해를 보고 있다고 주장했고, 반대 측은 사슴의 수가 정확히 측정되지 않기 때문에 당시로선 결정할 수 없다는 논리를 펼쳤다. 6개월간에 걸친 긴 토론을 통해 사안에 대한 지역 주민들의 이해가 충분히 이루어졌다고 판단된 후 찬반 투표로 최종 의사를 결정했다.

건국 이래 대통령제를 채택해온 미국은 대통령뿐 아니라 각종 선거에서 후보자 토론 방식을 통해 유권자들의 판단을 이끌어왔다. 남북전쟁 당시의 링컨-더글라스 디베이트는 당시 사회 이슈를 진지하고 통렬하게 파고든 명 디베이트로 꼽힌다. 1960년대 열린 케네디-닉슨 디베이트는 종전과 다른 TV 중계 디베이트의 새로운 영역을 개척하며 미디어 정치 시대를 개막했다.

나. 동양의 경우

수사학과 논쟁은 매우 서구적인 전통의 학문으로, 동양에서 논쟁의 기원이나 발전 과정을 서양적인 틀로 설명하는 것은 부적절한 일일지도 모른다. 서양에서 토지 소유권 소송 같은 갈등 해소의 필요성에 의해서 수사학의 기술이 발달했다면, 동양에도 유사한 갈등 상황이 존재했을까? 만약에 그런 상황을 경험했다면 동양의 접근법은 어떠했을까? 고대 그리스 인들처럼 치열한 논쟁으로 그 갈등을 해결하려고 했을까? 아니면 말이나 논쟁이 아닌 갈등 해소의 다른 기제가 존재했을까? 동양인과 서양인은 갈등에 대해 같은 강도로 반응하는가? 변증법을 뜻하는 'dialectic'이라는 단어는 둘 사이의(dia) 말(logos)에서 유래했다. 이렇듯 서양은 대화와 말을 통해서 진리를 탐구했다. 이에 비해 동양의 진리 접근법은 어떠한가. 이런 물음들에 대한 답을 탐색하는 것으로부터 동양 논쟁 문화에 대한 논의를 풀어 가보자. 우선 갈등에 대한 시각의 차이다. 갈등에 대한 접근은 문화권에 따라 다르다. 국민성이나 기질의 차이가 작용할 수도 있고, 특정한 정치 상황이나 사회 변동이 갈등 상황을 일으키거나 심화시킬 수도 있다. 미국의 언어학자 데보라 태넌(Deborah Tannen)은 『논쟁문화(*The Argument Culture*)』라는 책에서 문화권에 따라 논쟁에 대한 태도나 논쟁 상황의 강도가 다르다고 비교, 고찰했다. 다문화 국가인 미국에서 다양한 문화권의 사람들이 갈등에 어떻게 반응하며 어떤 식으로 해결하는지 관찰한 태넌은 가장 '논쟁적'인 문화권 사람들로 유태인들을 들었다. 유태인들은 자신들이 동의하지 않는 사항에 대해 목소리를 높여 이야기하는 것을 당연하다고 여긴다고 분석했다. 이와 유사한 강도로 독일 또한 매우 논쟁적인 국가로 꼽았다. 그에 비해 다른 유럽 국가나 아프리카, 남미 사람들은 논쟁은 하되 비교적 우호적인 대립을 지향한다고 보았다.

그러나 대립을 지향하지 않는 문화권도 있다. 태넌은 프랑스인과 결혼한 일본인 여성이 결혼 초기 몇 년간 논쟁적인 남편으로 인해 눈물로 참고 지내다 마침내 남편에게 항의하고 대들었더니 비로소 남편과 대화가 원활하게 이루어진 사례를 들며, 논쟁을 선호하는 문화와 잘 표현하지 않는 문화 사이의 충돌을 설명했다. 같은 아시아권이라도 인도와 스리랑카 사람들은 서로 대립하는 성향이 있는 반면, 인도네시아 발리 사람들은 잘 맞서지 않는다고 한다. 발리의 언어를 분석한 또 다른 언어학자는 발리 언어에 감정적인 대립을 드러내는 논쟁의 언어를 거의 찾아볼 수 없다고 했다. 서양에서는 개인주의에 입각하여 갈등을 적극적으로 풀어야 하는 개인 간의 문제로 접근하는 반면, 집단주의 경향이 강한 동양에서는 갈등을 개인이 나설 문제가 아니라고 볼 수도 있다.

또한 전통적으로 말을 중시하며 말하는 사람의 사회적 자산(social capital)을 인정하는 사회가 있는 반면, 말 많은 사람을 오히려 경계하고 바람직하게 여기지 않는 사회도 있다. 전자에 속하는 나라에서는 갈등을 해소하는 데 말을 적극적으로 활용하는 것을 바람직하게 여길 것이고, 후자는 말이 오히려 갈등을 유발한다고 생각할 것이다. 미국의 국무성장관을 지낸 헨리 키신저(Henry Kissinger)는 서양의 민주주의 전통과 동양의 유교 사상을 비교 언급하며 "서로 다른 사람의 의견이 부딪치는 과정에서 진리가 나온다고 믿는 민주주의 전통에 비해 공자의 유교 사상에서는 혼자 열심히 공부를 통해서 진리를 깨달을 수 있다고 믿기 때문에 반대되는 생각에 가치를 두지 않는다"고 언급한 적이 있다. 다시 말해 진리 추구를 위해 서로 다른 생각과 굳이 '논쟁'을 할 필요가 없다는 것이다. 고전학자 조용헌은 일간지에 기고한 한 칼럼에서 다음과 같이 말하고 있다. "한자 문화권에서는 사마천, 이태백, 최치원, 소동파, 이율곡처럼 문장력이 있고 시를 잘 쓰는 사람들이 대접을 받았다. 이들이 남긴 문장들은 지금도 암송 대상이다. 이는 답안지로 시험을 치르는 과거 제도와 관련이 있다. 과거 시험에 합격하려면 일단 문장력이 있어야만 했기 때문이다. 그러나 재치 있게 말을 잘하면 자칫 '교언영색' 혹은 선동가로 폄하될 가능성이 있었다. 말을 적게 하는 게 미덕으로 여겨졌다. 문장가 중에는 말을 잘 못하는 눌변가가 많은 것도 이러한 전통과 무관하지 않다."(조선일보 조용헌살롱 921편)

공자(孔子) 역시 "글은 말을 다하지 못하고, 말은 뜻을 다하지 못한다. 말을 교묘하게 꾸미는 것과 번지르르하게 화장을 한 낯빛은 의로운 사람이 취할 도리가 아니다(書不盡言 言不盡意 巧言令色 鮮仁矣)"라고 했다. 주자학의 주희는 '글은 도를 싣는 그릇(文以載道)'이라며 물건을 싣지 않는 수레는 도를 싣지 않는 문(文)처럼 쓸모가 없다고 했다. 이는 글이나 말보다 그 속에 담긴 뜻을 중시하는 말이다.

그러나 말을 잘하는 것을 중요하게 생각하지 않는다고 해서 말의 힘을 부정한 것은 아니었다. 오히려 말이 지니는 설득의 힘을 인지하고 있었기에 말의 남용으로 인한 폐해나 부작용을 경계했을지도 모른다. 말, 혹은 글에 대한 이해나 조예가 서양에 비해 결코 뒤지는 것은 아니라는 뜻이다. 우리말에도 '말 한마디로 천 냥 빚 갚는다'거나 '길은 갈 탓, 말은 할 탓' '말 잘하고 징역 가랴' '일 잘하는 아들 낳지 말고 말 잘하는 아들 낳아라' 같은 속담에서 보듯 우리 조상들도 말의 설득적 힘을 인지하고 있었다. 중국에서 수사학에 관심을 보인 최초의 책으로 여겨지는 『시경(詩經)』에는 '천하를 움직이는 것은 문사 안에 있다'는 말이 나온다. 시경이 전하는 육시(六詩)는 수사법을 뜻하는 부(賦), 비(比), 흥(興), 장르를 뜻하는 풍(風), 아(雅), 송(頌)을 모아 말의 씨줄과 날줄을 뜻하는 삼경삼위(三經三緯)로 부른 것을 보아도 고대 중국인들이 갖고 있던 수사학에 대한 이해를 짐작할 수 있다.

갈등에 대한 사회적 체감, 진리에 대한 접근법의 차이, 말하는 문화에 대한 숭상의 정도가 다르긴 하나, 우리나라를 비롯한 동양권 국가에도 때로는 진리의 추구에 대하여, 혹은 사회적 명분을 놓고 공방과 논쟁을 벌인 전통이 서양 못지않다. 고대 그리스의 철학자들이 활동했던 철기 시대는 인류가 처음으로 잉여 생산물을 경험하고 그로 인한 정신적 여유를 누릴 시기였다. 동양에서도 마찬가지로 인간과 세상과 정치에 대해 고민한 다양한 사상가들이 등장했고, 그들도 진리와 처세를 위해 격렬하게 토론했다. 고대 중국의 수사학과 관련, 중국, 대만, 홍콩 학자들을 중심으로 고대 중국의 토론 개념과 토론의 사회적 기능에 대해 활발한 연구가 많이 이루어지고 있다. 미국의 대표적인 커뮤니케이션 학회인 NCA(National Communication Association)가 매년 여는 학회에는 '중국수사학' 분과가 있어 매년 새로운 연구 결과를 발표하고 있다. 중국의 수사학 연구와 더불어 춘추 전국 시대의 제자백가들의 토론에 대한 연구가 서구에 많이 소개되고 있다. 이미 서구에 잘 알려진 공자, 노자, 장자의 토론에 대한 방법과 기법들도 서구의 개념으로 활발하게 재해석하고 있다.

전통적으로 말하지 않는 문화를 추구해온 일본의 경우도 서방에 문호를 개방하면서 서양식 토론 문화를 수혈받았다. 1850년대에 서구 국가들에게 전면적 개방을 하면서 당시 일본인 몇 명을 서방 국가에 시찰보냈는데, 이

중 대표적 인물이 후쿠자와 유키치(福澤諭吉)다. 그가 출간한 『서유견문록』은 당시 일본인의 눈으로 본 서양의 문화를 심층 분석한 책으로 현재까지도 일본의 베스트셀러로 자리 잡고 있다. 특히 서양의 문화 중 영국 의회와 프랑스 의회를 관람한 후쿠자와는 서구 문명의 원동력을 토론과 스피치 문화로 옳게 파악했다. 후쿠자와는 귀국 후 토론과 스피치 클럽을 설립하여 토론과 스피치를 일본에 전파하는데 기여했다. 일본 군국주의의 태동으로 1887년 모든 정치적 스피치 클럽과 토론 클럽은 폐쇄되었으며 2차 세계 대전 패망 까지 스피치와 토론에 대한 교육은 사라지게 되었으나, 패전 후 일본은 토론과 스피치의 중요성을 다시 인식하여 고등 교육에 포함시켰으며, 일본의 고등학교와 대학교도 토론 동아리를 육성하기 시작했다. 현재 일본의 많은 대학들이 스피치 커뮤니케이션을 가르치고 있으며 토론팀을 양성해 외국의 대학들과도 활발하게 교류하고 있다.

우리나라에도 우리 문화적 특성에 맞는 토론 문화가 있었다. 고려 시대에는 불교 종파들 사이에 돈오돈수 이론과 돈오점수 이론을 둘러싼 논쟁이 있었고, 그 논쟁은 지금도 계속되고 있다. 또한 기록에 따르면 절대 왕정 시대에도 중요한 사안들은 토론을 통해 결정되어 왔다. 척화파와 강화파의 토론, 십만양병설에 대한 찬반 토론 등은 당시 대표적 정책 토론이라고 볼 수 있다.

철학 논쟁으로는 율곡 선생과 퇴계 선생의 이기일원론과 이기이원론 토론을 빼놓을 수 없다. 현세적 가치와 출세적 가치가 대립한 유불 논쟁, 정도전의 배불론과 기화의 호불론, '태극'을 둘러싼 주자학적 이해와 비주자학적 이해의 대립, 주희의 사칠리기 논쟁, 조선 중기의 인심도심 논쟁 등은 우리나라에서 철학적 논쟁의 전통이 있었음을 보여주는 사례다. 특히 고려 왕조 실록과 조선 왕조 실록은 정책 토론과 가치 토론 연구의 보고로 꼽힌다. 이런 역사적 사료들을 토론학적 관점에서 분석, 한국 토론학의 본질을 규명하는 학문적 노력이 절실히 필요하다.

근대 들어서 도산 안창호 선생은 1899년 자신의 고향인 평양 강성에서 민족정신 계몽과 독립에 대한 의식을 고취시킬 목적으로 처음으로 웅변 교육을 실시했다. 1949년 독립운동가 이기남 선생은 동양웅변전문학원을 설립했고, 동시에 우리나라 최초로 웅변 관련 협회가 설립되는데, 이것이 대한웅변협회이다. 1960년 이후에 사설 교육으로 다양한 웅변 학원이 설립되었고, 학교에서도 웅변 대회가 생겨나기 시작했다. 그러나 당시에 실시된 웅변 교육은 이데올로기적 또는 자기 개발의 성격을 가진 것으로, 상호 이해와 교육에 초점을 둔 커뮤니케이션 도구로서의 논쟁이나 아카데미식 디베이트와는 거리가 있다.

1986년 6월 민주항쟁 이후 그동안 억압되었던 시민들의 욕구가 봇물처럼 강물을 이루면서 우리나라도 토론과 논쟁의 국가로 편입되었다고 할 수 있다. 텔레비전에서는 각종 토론 프로그램을 편성하고 있고, 신문이나 잡지에서도 지상토론 형식으로 다양한 사회적 의제들을 다룬다. 아직 고등학교는 입시 위주의 교육 제도를 벗어나지 못한 까닭에 토론 교육의 활성화가 이루어지지 않고 있으나, 고등학생을 대상으로 하는 토론 대회도 있고, 모의 국회 토론도 열린다. 서울고등법원 청소년 법률토론대회, 전국 학생 글로벌 경제 토론 대회, 전국 대학생 토론 대회, 국회의장배 전국 대학생 토론 대회 등 다양한 토론 대회가 마련되어 토론 문화 활성화에 기여하고 있다. 스피치 과목이 개설되어 있는 대학에서는 현대 사회를 살아가는 데 반드시 필요한 설득적인 화법에 대한 강의가 학생들 사이에 인기를 끌고 있다.

토론의 형식이나 기술이 아직 세련되지 못한 점이 있으나, 이제 우리나라 국민들은 이제 깨어 있는 시민으로서 자신의 생각을 거침없이 발표하고 공론장에서 자신의 견해의 지평을 다양한 방법으로 시험해볼 수 있게 되었다. 갈등 해소의 기제로서의 말로서가 아니라 민주주의의 발달에 따른 자연스러운 개인의 의식 함양이 가져온 말의 시대가 도래한 것이다.

국민투표에 의한 대통령제를 실시하는 우리나라에서도 TV 토론 방식을 채택해 토론의 역동성을 정치 현실에 반영하고 있다. 국가 최고 지도자를 꿈꾸는 후보들 사이의 토론을 지켜보는 일은 대통령 선거의 하이라이트로 자리 잡았다. 15대 대통령 선거부터 후보자들 간의 직접 토론회가 개최되고 있고, 그 후 국회의원 선거나 지방선거에서도 어김없이 후보 토론회를 통해 후보의 능력과 자질을 검증한다. 정견 발표 수준에 머무는 토론도 있고, 시청률이 낮아 관심을 끌지 못하는 토론도 있으나, 전체적으로 우리 사회가 더욱 민주적 사회로 나아가는 중요한 정치 과정으로 자리 잡아가고 있음은 분명하다.

이제 남은 과제는 토론과 논쟁 문화를 더욱 생산적이고 사회 순기능적으로 발전시키기 위한 지혜를 모으는 일이다. 또한 사회 갈등을 해소하는 기제로서의 토론을 더욱 발전시켜 갈등으로 인한 사회적 반목과 비용을 줄여나가는 노력이 필요하다. 서양식 토론 형식을 그대로 적용하는 것은 효율적이지도 않을뿐더러 바람직하지 못하다. 한국인에게는 한국인의 정서에 맞는 소통 체계가 있듯, 토론과 논쟁 역시 우리 문화적 특성에 기반한 방식이 있을 것이다. 앞으로 한국형 토론의 정형을 모색하고, 우리 사회에 도움이 되는 방향으로 발전시켜나가는 것이 과제라고 하겠다.

(4) 논쟁의 규칙과 윤리

논쟁은 비판적 사고를 훈련하는 도구이며, 상호 이해와 교육의 도구이다. 모든 도구의 사용이 그러하듯이 논쟁을 할 때에도 따라야 할 규칙이 있다. 말로 하는 싸움이니 만큼 정해진 규칙에 따라 논쟁에 임하지 않으면 인격적인 상처를 주거나 받을 수 있고, 때로는 씻을 수 없는 모독으로 인해 깊은 후유증을 남길 수도 있다. 얼굴을 붉히고 토론한 후 서로 악수하고 웃으면서 헤어지느냐, 아니면 평생 원수가 되어 쳐다보지도 않느냐 여부는 바로 정해진 규칙에 따라 토론에 임했느냐에 따라 정해진다. 토론을 즐겁고 생산적으로 하려면 먼저 논쟁을 규칙이 있는 지적인 게임으로 인식할 필요가 있다. 비판적 사고의 영역을 확장시키고 새로운 정보와 논리를 학습할 수 있는 즐거운 기회로 선용하겠다는 생각으로 토론에 임하면 토론의 순기능을 경험할 수 있다.

외국의 논쟁 교과서는 '규칙집(Rulebook)'이라는 이름으로 규칙을 강조한다. 논쟁에 대한 교육은 이러한 규칙을 학습하는 것에서 시작한다고 해도 과언이 아니다. 규칙을 어기는 경우 논리적 오류나 소모적인 논쟁의 악순환으로 빠지기 쉽다. 에메렌과 그루텐도스트(Emeren & Grootendorst, 1992)는 비판적 논쟁의 10가지 규칙을 다음과 같이 제시했다.

〈규칙 1〉 논쟁의 양측 당사자들은 상대방이 입장을 표현하거나, 제시된 입장에 대한 의심을 표현하는 것을 막아서는 안 된다.

〈규칙 2〉 입장에 대한 주장을 전개하는 측은 상대방이 원할 경우 자신의 입장을 방어해야 할 의무가 있다.

〈규칙 3〉 상대방을 공격하려면 상대방이 주장한 입장과 연관된 부분에 대해서 공격해야 한다.

〈규칙 4〉 자신의 입장을 방어할 때는 그 입장과 연관된 부분에 대해서만 방어해야 한다.

〈규칙 5〉 상대방이 받아들이기 힘든 전제를 논쟁의 전제로 삼기 위해 제안해서도 안 되며, 모호한 전제를 던져놓고 논쟁 과정에서 부인해서도 안 된다.

〈규칙 6〉 전제를 제안할 때는 시작부터 받아들여진 것으로 간주하고 제안해서는 안 되며, 이미 받아들여진 전제로 제안된 것을 부인해서도 안 된다.

〈규칙 7〉 적절한 논증을 통해 방어에 성공한 경우가 아닌 경우에는 자신의 입장을 전체적으로 방어하는 데 성공한 것으로 간주해서는 안 된다.

〈규칙 8〉 논쟁을 전개할 때는 논리적으로 유효하거나, 하나 혹은 그 이상의 표현되지 않은 전제를 분명하게 함으로써 유효하게 될 수 있는 논증을 사용해야 한다.

〈규칙 9〉 입장을 방어하는 데 실패한 경우 입장을 철회할 수 있으며, 결정적인 방어를 했을 경우 상대방은 입장에 대한 자신의 의심을 철회할 수 있다.

〈규칙 10〉 충분히 명료하지 않거나 혼돈을 야기할 정도로 모호한 방식을 사용해서는 안 되며 상대방의 논쟁 방식을 최대한 신중하고 정확하게 해석해야 한다.

앞에 언급한 규칙을 어기면 논리적 오류로 이어지거나 상호 신뢰를 상실해 교착 상태에 빠지면서 원활한 논쟁을 하기 힘들게 된다. 상대방의 말을 듣지 않고 자신의 입장만 고집하거나 불충분한 증거로 설득하거나 반박하는 것, 자신의 입장이 상대방의 충분한 증거에 의해 거부되었음에도 받아들이거나 인정하지 않는 것 등은 모두 규칙을 지키지 않는 행위이다. 토론이나 논쟁을 통해 각종 문제와 갈등을 해소하는 사회는 이런 규칙들을 사회 구성원들이 잘 인지하고 지킨다는 것을 뜻한다.

설득은 늘 윤리의 문제를 수반해왔다. 사람의 생각이나 마음을 바꾸기 위해 달콤한 언어와 다양한 논리를 동원해야 하는 사람들은 과연 어디까지 설득의 기술을 구사하는 것이 허용되어야 할까? 다른 사람의 의견을 자기에게 유리한 쪽으로 돌리는 것은 옳은 일인가? 자기 의견과 다른 의견은 과연 어디까지 공개하고 받아들여야 할까? 주장을 한다는 것은 다양한 방법과 논리를 써서 자신의 의견을 설득적으로 전달한다는 것을 의미한다. 그렇다고 수단과 방법을 가리지 않고 남의 생각이나 태도를 바꾸고자 하는 것은 윤리적이지 않다. 논쟁에 임하는 사람이 기본적으로 지녀야 할 자세는 현란한 기술의 구사나 논쟁의 승패에 앞서 소통의 윤리성을 먼저 점검하는 일이다.

논쟁이 본래의 의미인 상호 교육과 이해, 합의 도출이라는 긍정적 결과로 이어지기 위해서는 당사자들이 논쟁의 윤리적 원칙과 상호 존중 방식을 지킬 때에만 가능하다. 설득이란 금전적 배상이나 폭력을 행사하지 않고 논리적 언어로 사람을 움직이는 걸 말한다. 여기서 논리적 언어란 합리적인 생각을 하는 사람들 사이의 언어이다. 논쟁은 또한 합리적 대중을 상정한다. 그들이 제공하는 상식적인 전제들 위에서 비로소 논쟁에 사용된 논리가 서게 된다.

논쟁의 당사자와 청중들이 지녀야 할 윤리적인 태도로 제임스 헤릭(James Herrick, 56쪽)은 다음과 같은 사항을 들고 있다.

1. 나의 견해를 정확하게 나타낸다.
2. 나의 반대자를 포함, 청중을 합리적 사고를 하는 인간으로 간주한다.
3. 논쟁 의제를 뒷받침할 양질의 증거와 건전한 논리를 제공한다.
4. 청중은 사려 깊고 비판적으로 주장하는 바를 경청해야 한다.
5. 다른 청중들도 자신들과 마찬가지로 사안에 대해 듣고 평가할 수 있도록 허용해야 한다.
6. 필요하면 정보에 기초한 결정을 하거나 반응을 보여야 한다.

논쟁에서 규칙과 윤리 못지않게 중요한 것이 논쟁자가 갖춰야 할 미덕이다. 논쟁의 미덕(argument virtues)이란 논쟁적인 상황에서 사람들로 하여금 도의적으로 사고하고 행동하도록 도와주는 도덕적 자질과 기술을 말한다. 논쟁을 포함해 어떤 커뮤니케이션 상황에서 으뜸가는 도덕적 자질은 '정직함'과 '용기'이다. 철학자 캐롤라인 사이먼(Caroline Simon)에 따르면 논쟁 상황에서의 정직이란 솔직담백함과 개방성, 사실을 왜곡하거나 은폐하지 않으려는 노력 등을 포함하는 개념이다(Herrick, 60쪽). 증거의 출처를 속이거나, 그릇된 정보를 제시하거나, 잘못된 결론으로 유도하는 여러 행위는 정직하지 못한 행위이고, 따라서 부덕에 해당한다. 또 다른 중요한 미덕인 용기는 자신의 주장에 따른 위험을 감수하는 태도를 말한다. 특히 자신의 입장이 소수 의견이거나 위험한 견해일 때 이를 담대하게 말할 용기가 필요하다는 것이다. 그 밖의 미덕으로 다른 사람을 존중하는 미덕, 논쟁이 벌어지는 맥락을 충분히 이해하고 존중하는 미덕 등을 들 수 있다.

4. 논쟁의 시작

(1) 왜 논쟁하는가? : 갈등에 대하여

논쟁의 역사에서 살펴보았듯, 소유권 소송과 연관되어 말하기 기술이 발전했다는 것은 흥미롭다. 갈등과 말은 불가분의 관계로 출발했다. 여기서 언어는 사회적 갈등의 차원에서 출발했으며, 논쟁은 갈등 해소의 도구로서 기능하며 발전해왔음을 알 수 있다.

개인이나 사회는 다양한 종류의 갈등을 겪으며 살아가게 되는데, 갈등에 대한 태도는 개인이나 문화권마다 차이가 있다. 갈등을 되도록 회피하려는 성향의 사람이나 문화가 있는 반면, 갈등에 적극적으로 맞닥뜨려 해소를 하는 것을 선호하는 쪽도 있다. 앞서 기술한 것처럼 대체로 공동체의 조화를 우선시하며 침묵의 가치를 선호하는 동양권에서는 갈등의 여지를 줄이거나 회피하는 기제를 발달시켜온 반면, 의견의 자유로운 표현을 미덕으로 여겨온 서양에서는 갈등에 적극적으로 맞서 풀어가는 것을 권장해왔다.

갈등이란 '둘 또는 그 이상의 사람들 사이에서 목적, 지각, 가치의 충돌로 인해 유발된 강한 의견 불일치(Goss & O'Hair, 1988)'로 정의된다. 갈등에는 파괴적이고 소모적인 갈등이 있는 반면, 건설적이고 생산적인 갈등이 있다. 적당한 스트레스는 건강에 도움이 되듯이, 어느 정도의 갈등은 건강한 사회에 필요하다. 개인 사이의 갈등은 가급적 해소하려는 노력을 할 필요가 있을 것이다. 그러나 사회적 갈등은 적절한 수준에서 유지될 때 오히려 건강한 사회를 유지할 수 있다. 여당과 야당이 건강한 갈등 관계를 이루고, 정부와 시민단체가 상호 견제하며, 권력과 언론이 긴장 관계를 유지할 때 사회는 유기체적 건강함을 유지할 수 있다. 갈등에는 또 자연발생적 갈등도 있고, 인공적인 갈등도 있다. 드라마에서 주인공이 겪는 갈등, 운동을 위해 신체에 힘(갈등)을 가하여 근육을 형성하는 것은 인공적인 갈등에 속한다.

갈등이 너무 없는 상태도 문제가 될 수 있다. 변증법 학자인 게오르크 헤겔(Georg Hegel)이나 칼 마르크스(Karl Marx)는 갈등을 변화와 진보를 위해 필요한 도구라고 보았고, 게오르크 짐멜(Georg Simmel)과 루이스 코저(Lewis Coser) 같은 사회학자들도 갈등이 사회 통합에 순기능을 발휘한다고 믿은 것도 그런 맥락에서다. 갈등은 적절하게 해소되고 조절될 때 비로소 사회 변화의 긍정적인 변화의 에너지로 작용할 수 있다.

갈등에는 사실 관계를 둘러싼 사실 갈등, 무엇이 옳고 그른가를 놓고 벌이는 가치 갈등, 계획이나 행동 방식의 선택을 놓고 벌이는 정책 갈등, 스스로와의 갈등을 뜻하는 자아 갈등, 그리고 갈등처럼 보이지만 진짜 갈등이라고는 할 수 없는 유사 갈등 등의 종류가 있다. 영국의 경제학자 케네스 볼딩(Kenneth Boulding)에 따르면 갈등은 그대로 방치하면 점점 커져가는 퇴보적 나선을 그리는 속성이 있다. 따라서 갈등 상황의 초기에 어느 한 쪽에서 증폭의 악순환의 고리를 끊지 않으면 점점 커질 우려가 있다는 것이다. 갈등은 자연 소멸하지 않고, 원인을 찾아내 처리해야 한다. 그리고 갈등이 너무 커지기 전에 처리할 수 있는 정도의 크기로 나누어서 단계적으로 해결하는 것이 좋다고 전문가는 조언한다.

갈등 상태를 해소하거나 종결시키는 방법에는 여러 가지가 있다. 첫 번째 방법은 갈등을 회피하는 것이다. 갈등의 당사자가 갈등 상황에서 스스로를 제거시킴으로써 상태를 종결시키는 방법이다. 직장 상사와의 갈등 관계에 있는 사원이 회사를 그만두거나, 불화를 겪는 부부가 이혼하는 것이 여기에 해당한다. 정치적 노선이 다른 그룹이 분리되어 나와 다른 정당을 설립하는 것, 교리에 동의하지 않는 교파가 따로 나와 분파를 세우는 것도 포함된다. 갈등 상황에서 스스로를 분리시켜 거리를 유지함으로써 회피하는 것 외에도 갈등의 상대방을 제압하거나 제거하는 극단적인 방법도 있다. 전쟁에서 상대국을 함락시키거나 언쟁 중의 상대방을 강제로 함구시키는 것이 이에 해당할 것이다. 갈등 상태임에도 표현을 꺼리는 소극적인 대처도 있다. 이상은 갈등에 맞서는 부정적인 방법들이다.

갈등 상황에서 피하거나, 상대방을 제거할 수 없는 경우, 사람들은 어떤 형태로든 갈등을 해결하는 방법을 찾게 된다. 갈등에 적극적으로 대처하는 방법으로는 소통을 통해 절차적인 해결을 모색하는 절차적인 해결책들이 여럿 있다. 절차적 해결 방법이란 갈등의 양 당사자가 함께 공존하며 갈등을 해소하는 방법으로서, 화해(reconciliation), 타협(compromise), 상별(award) 등이 있다. 화해는 대화, 논쟁, 토론 등을 통해 상호 이해를 도모함으로써 이루어진다. 타협은 조정(mediation)나 화해(conciliation)를 통해 상호 이해 조정(bargaining)을 통해 이루어지는 방법이다. 상별은 중재(arbitration) 혹은 적절한 법적 절차(legal suit)의 방법을 말한다. 위에 나열한 세 가지 절차적 방법은 상호 배타적인 개념이 아니며, 화해와 타협, 타협과 상별 등이 함께 상호 작용하며 갈등 해소에 이를 수 있다. 절차적 갈등 해소의 방법 중 가장 소모적이며 바람직하지 않은 방법은 법정 소송이다.

최근에는 소송에 드는 시간적 물리적 비용 등을 고려해 대체적 분쟁해결 제도인 ADR(Alternative Dispute Resolution)이 각 분야에서 각광받고 있다. 재판은 엄격한 절차에 따라 실정법에 입각하여 냉정하게 처리하며 3심제에 따른 시간의 경과와 비용이 많이 드는 분쟁 처리 방법이다. 이에 비해

ADR이란 재판을 대신하는 분쟁 처리 제도의 총체를 말하는 것으로, 비형식적이고 자유로운 절차에 따라 실정법에 구애되지 않는 유연한 판단 기준을 이용하여 신속하고 저렴하게 분쟁을 처리할 수 있다는 점이 특징이다. ADR에는 화해, 조정, 중재 등 세 가지가 있다. 화해란 당사자 간의 합의로 분쟁을 해결하는 것을 말하며, 화해가 성립되면 사법상의 화해계약(민법 731조)으로 처리되거나, 재판상 제소 전 화해나 소상상의 화해로서 처리된다. 조정이란 제 3자가 중간에 서서 당사자에게 화해를 권고하고, 당사자가 권고안(조정안)을 받아들임으로써 분쟁을 해결하는 것을 말한다. 제 3자의 권고안에는 강제력이 없다는 점에서 중재와 차이가 있고, 제 3자가 개입하여 당사자 간의 화해를 도모한다는 점에서 화해와 차이가 있다. 당사자가 권고안을 받아들이지 않아 조정이 결렬되어도, 조정인은 조정에 갈음하는 결정을 내릴 수 있고, 이 결정에 대해 당사자가 이의를 제기하지 않으면 조정조서와 동일한 효력을 갖게 된다(민사조정법 34조). 중재란 제 3자가 중간에 서서 당사자 간의 분쟁을 해결하는 제도로, 제 3자의 판단이 소송에서와 같이 강제적 효력을 갖는다. 역사적으로 상인간의 거래 분쟁의 해결에 이용되어왔고, 국제 상사 분쟁의 처리에 중요한 역할을 담당하고 있다. 중재는 결론이 소성에서의 판결과 거의 같다는 점(중재법 35조)에 특징이 있는데, 당사자 간에 반드시 중재로 분쟁을 처리한다는 합의 내지는 계약이 존재하여야만 중재를 이용할 수 있다.

삼성경제연구소가 2010년 각국의 민주주의 지수, 정부효과성 지수, 지니계수 변수로 측정한 사회갈등지수는 한국이 0.72로 터키(1.27)를 제외하면 경제협력개발기구(OECD) 국가 가운데 가장 높은 것으로 나타났다. 갈등으로 인한 사회적 비용이 연간 245조에 달한다는 통계도 있었다. 사회갈등지수가 10%만 낮아져도 1인당 국내총생산(GDP)이 1.8%~5.4% 높아지고, OECD 평균 수준(0.44)으로만 개선되더라도 7~21% 증가하는 효과가 있다고 예측한다. 전문가들은 우리나라가 선진국으로 진입하느냐, 중진국으로 퇴보하느냐의 선택도 결국 사회 갈등 비용을 얼마나 줄일 수 있느냐에 따라 판가름난다고 경고한다. 토론이나 논쟁의 기법을 통해 사회 갈등을 해결하거나 줄이는 기제를 각계에서 활용한다면 막대한 경제적 효과와 함께 사회적 통합과 국가적 이익으로 연결될 것이라는 것이다.

논쟁은 왜 필요한가? 다양한 사회에서 서로 다른 이해관계의 인간들은 늘 갈등 상황에 직면하고 산다. 또한 사회를 존속시키고 운용하기 위해 다양한 결정을 내려야 하고, 이를 위해 필연적으로 공동체에 방향을 제시하며 결속시키고 설득해야 한다. 크고 작은 갈등 상황과 설득이 필요한 상황을 모두 물리적으로 해결을 하며 살 수는 없다. 다른 동물과 달리 상징을 사용하는 인간들은 말과 글, 이미지와 제스처 같은 상징을 통해 소통을 하고 갈등을 해결하며 이해관계를 조정한다. 논쟁은 그런 문제 해결을 위한 가장 인간적이고 생산적인 도구이다.

(2) 논쟁은 누가 시작하는가?

미국의 버락 오바마(Barack Obama) 대통령은 2008년 선거 캠페인 과정에서 두 개의 세상을 이야기했다. 하나는 현재 상태의 세상(the world as is)이고, 또 하나는 아직 오지 않은 더 나은 모습의 세상(the world as it should be)이다. 오바마 후보는 현재 세상의 불합리와 어려움에서 미국 국민들을 구해 새로운 세상으로 이끄는 데 스스로의 역할을 자임하며 다양한 공약을 제시했다. 그가 설득할 대상 공중은 현재의 불합리를 극복하고 싶은 사람들이다. 미래 세상의 비전에 공감하고 설득된 사람들은 오바마에게 표를 던졌을 것이다.

유권자들에게 "지금 이대로 살게 해주겠다"고 공약을 하는 정치인은 없다. 뭔가 변화를 통해 새로운 세상에 살기를 원하는 사람은 침묵을 깨고 말을 한다. 논쟁도 마찬가지다. 논쟁은 현재 상태의 변화를 추구하는 사람들

(advocates of change)이 제기하는 것이 보통이다. 현실에 불편함을 느끼는 사람이라면 공감할 것이다. 바로 그들이 목표 공중이다. 논쟁의 제안자들은 그들에게 변화를 이야기하고, 변화의 결과를 비전으로 제시하며, 변화를 위한 움직임에 동참해줄 것을 호소한다.

세상은 대체로 현상 유지를 바라는 측과, 변화를 바라는 측 사이의 갈등 구조로 이루어져 있다. 누구나 만족하는 유토피아라면 아무도 논쟁하지 않을지 모른다. '선이 침묵하면 악이 승리한다'는 말이 있듯, 현재의 상태에 대해 침묵한다면, 그 상태를 암묵적으로 받아들인다는 의미이다. 논쟁적인 사회라는 것은 더 나은 사회로 나아가기 위한 변화의 제안자들이 활발하게 발언하는 역동적인 사회를 말한다.

'논쟁적(argumentative)'이라는 말에는 현 상태의 반대급부에서 질문을 던져 새로운 대안이 새로운 현 상태로 자리 잡게 하려는 일련의 상호 작용이 담겨 있다. 세상에 유지 존속되는 모든 것들은 다 이유가 있고, 그 내부에 (변화하지 않으려는) 많은 에너지가 있다. 변화를 가져오기 위해서는 그보다 더 큰 에너지로 맞서야 한다. 챔피언은 새로운 도전자가 그 타이틀을 가져가기 전까지 계속 챔피언으로 남아 있다. 우리 사회의 어떤 상태나 명분도 마찬가지이다. 노예를 해방시킨 것은 노예의 상태가 부당하다고 누군가가 강렬하게 저항한 결과이다. 새로운 이슈를 생성하고, 이슈를 둘러싼 의견을 형성하여, 그 여론으로 사회의 변화를 추구하는 일련의 과정은 지금도 계속되고 있는 인간 사회의 운용 방식이다.

논쟁의 시작과 전개 조건을 이해하기 위해 알아야 하는 개념으로 추정(presumption)과 증거 제시의 부담(burden of proof)을 들 수 있다. 모든 논쟁은 시작되는 시점이 있는데, 논쟁을 유발하는 상황은 누군가가 현재의 정책이나 믿음 체계 등 현 상태에 대해 불만족하거나 동의하지 않는 상황이다. 불만이 없다면 논쟁도 없을 것이다. 누구에게도 도전받지 않는 상황을 '현 상태(status quo)'라고 할 때 현재의 상황을 있는 그대로 받아들이는 것은 현재 존재하는 사람, 정책, 가치관, 상황 등 모든 것이 정당하고 바르며 적절하고 충분하다고 받아들이는 사회 구성원 사이의 추정에 기반한다. 추정이란 무엇을 옳은 것으로 간주할지 정하는 룰(automatic decision rule)로서, 반대쪽에서 증명에 성공하지 않는 이상 계속 유지되는 상태를 말한다. 따라서 현상을 정확히 진단하고 파악하는 것이야말로 논쟁을 시작하기 전에 반드시 알아야 하는 중요한 사항이다. 현 상태의 불편함을 공유하지 않는 사회에선 사회 변화를 위한 논쟁을 시작해도 설득의 효과를 거두기 힘들기 때문이다.

현 상태를 거부하며 새로운 제안을 한 사람은 반드시 자신의 주장을 증명해야 할 필요가 있다. 그가 져야 하는 증명의 부담을 '증거 제시의 부담'이라고 한다. 라틴어 격언에 '증명의 필요성은 불평하는 자에게 있다(necessitas probandi incumbit ei qui agit)'는 말이 있다. 현재 상태의 변화를 추구하는 사람은 그를 위한 증거를 모으고 제시해야 하며, 새로운 증거가 제시되기 이전까지 현 상태는 옳고 바람직한 것으로 계속 간주된다. 마치 '무죄 추정의 원칙(presumed innocent)'에 의해 법정에 서게 된 피고의 유죄 여부를 검사측이 증명하기 이전까지 무죄 상태가 이어지는 것과 같은 이치이다. 현 상태를 유지하는 측에서 증거를 제시해야 할 필요는 없다. 누가 논쟁을 시작하는가의 문제는 누가 증거 제시의 부담을 지는가와도 연관된 문제이다.

논쟁 교과서에 나오는 이런 재밌는 일화가 있다. 어떤 유능한 변호사가 있었다. 얼마나 유능한지 궁금해 어떤 의뢰인이 그 변호사를 찾아가 "당신이 얼마나 유능한지 증명해보시오"라고 말했다. 그러자 그 변호사는 "저는 그 문제에 대해 논쟁하고 싶지 않습니다. 그냥 받아들이지요"라고 했다. 변호사는 자신이 유능하다는 것을 현 상태로 인정하고 싶어 했으나, 의뢰인은 그가 유능하지 않다는 것을 현 상태로 상정하고 그에게 증거 제시의 부담을 안겼다는 일화이다. 물론 변호사는 그 부담을 재빨리 내려놓고 자신의 유능함을 증명할 필요가 없는 현 상태로 다시 되돌렸다는 이야기다. 법정에서 쓰는 자주 용어로 '프리마 파시 케이스(prima facie case)'라는 것이 있다. '프리마 파시'란 '명백한' '자명한'이라는 뜻의 라틴어로, 언뜻 보기에 너무나 증거가 확실해서 별다른 반증이 없는 한 현 상태의 유지(승소)가 확실시되는 사건을 뜻한다. 앞서 말한 변호사는 자신의 유능함을 '프리마 파시 증거'로 하고 싶었던 것이다. 증거가 어느 쪽에 확실히 유리한가에 따라 '현 상태'는 계속 변화하고, '증거 제시의 부담' 역시 피고에서 원고로, 또 다시 피고로 넘어가며 공방을 계속하게 된다. 그런 의미에서 '반박의 부담(burden of refutation)'과도 같은 개념으로 쓰인다.

선거 유세장에서 연설하는 버락 오바마. 그는 미국사회의 변화를 설득적으로 이야기해 선거에서 승리했다.

현 상태 중에는 있는 그대로의 자연적 현 상태(natural status quo)가 있는 반면, 증거를 요구하기 위해 임의로 설정된 인위적 현 상태(artificial status quo)가 있다. 신념과 생각이 끊임없이 변화하고, 증거의 세계도 자주 바뀌는 오늘날의 논쟁 환경에서는 어떤 이슈나 상황에 대한 이해를 구하기 위해 임의로 어떤 상태를 '현 상태'로 설정하고 논쟁을 진행하기도 한다. 수시로 공방의 당사자가 변하므로 수사학자 웨이틀리(Whately, 1963)는 현 상태에 대한 인식이 논쟁 당사자들에게 중요하다고 주장했다. 그는 "각 경우에 있어 논쟁의 어느 편에 추정(presumption)이 위치하며 어느 편이 증거 제시의 부담을 지는지를 결정하는지가 매우 중요하다"고 강조했다. 이는 논쟁의 규칙을 준수하기 위해서도 반드시 알아야 하는 사항이다.

(3) 무엇에 대해 논쟁하는가?

누가 논쟁을 제기하는가에 대한 이해가 끝났다면, 언제, 어떻게, 누구와, 무엇에 대해 논쟁해야 하는가의 문제로 넘어가보자. 논쟁은 상대가 있는 게임이므로 아무 때나, 아무 이슈에 대해서나, 아무나 상대로 할 수는 없다. 논쟁을 잘한다는 뜻은 논쟁의 주변 상황과 조건을 파악하고 논쟁에 임할지 여부를 판단할 줄 아는 것을 포함한다. 논제는 적당한지, 설정된 입장은 타당한지, 또 논쟁의 상대가 누구인지 면밀하게 살핀 후 논쟁에 임해야 한다.

논쟁을 시작하기 전 가장 먼저 생각해야 할 것은 과연 논쟁을 통해 이루고자 하는 바가 무엇인가를 분명히 하는 것이다. 상대방의 생각을 바꿔놓는 것이 목적인지, 청중의 마음을 얻는 데 집중할 것인지, 목적의 대상과 범위를 정해야 한다. 또 현재의 논쟁 상태를 잠재우는 데 주력할 것인지, 아니면 이견을 드러내어 현상 유지 상태를 깨고 논쟁 상태를 유지시키는 데 초점을 둘 것인지도 생각해야 한다. 목적이 달성되었다면 논쟁에서 이겼다고 할 수 있다.

논리 정연하게 또박또박 반박하는 것을 논쟁에서 이기는 지름길이라고 생각하기가 쉽다. 그러나 모든 싸움이 그렇듯이 가장 좋은 승리는 싸우지 않고 이기는 것이다. 논쟁에서 역시 자신이 목적한 바가 무엇인지 안다면, 싸움의 기술은 그다지 중요하지 않다. 청중을 파악하고, 그들에 대한 설득의 범위를 정해놓는 일은 따라서 매우 중요하다.

같은 의견을 가진 청중을 향해 똑같은 의견을 강하게 설득할 필요는 없다. 또한 이들을 대상으로 정 반대의 입장을 강하게 피력하는 것은 오히려 설득 저항에 부딪쳐 심리적 반발만 불러일으키기 쉽다. 상대방의 생각을 단박에 반대편으로 돌리는 것보다 현재 갖고 있는 믿음이나 의견에 약간의 균열만 일으켜도 충분히 성공한 설득이라고 할 수 있다.

기독교회 아버지로 불리는 성 어거스틴(St. Augustine)은 청중을 감동시키는 명 설교로 유명했다. 그가 정한 설득의 범위는 청중들이 고개를 끄덕이는 정도의 설득이 아니었다. 그는 청중들을 끝내 울게 만들 정도로 마음을 흔들어야 만족할 만한 설교라고 생각했고, 그런 설교를 하기 위해 혼신의 노력을 쏟았다. 그가 수많은 이교도를 기독교로 개종시킬 수 있었던 것은 그런 강한 목표 의식과 훈련 때문이다.

논쟁의 목적을 정하고 청중의 입장을 파악한 후에는 무엇에 대해 논쟁할 것인가로 넘어가보자. 아리스토텔레스는 모든 논제는 대체로 세 가지로 통한다고 믿었다. 즉 누구의 탓인가를 두고 논쟁하는 법정 논제, 무엇이 중요한가를 두고 논쟁하는 가치 논제, 그래서 어떻게 할 것인가를 놓고 논쟁하는 정치 논제다. 법정 이슈는 이미 있었던 과거의 행위에 초점을 두고 그 행위가 정당했는지 여부를 청중들에게 설득한다. 가치의 이슈는 현재 시점의 칭찬, 비난, 평가가 주를 이루는데, 어떤 개인이나 그룹을 칭찬, 혹은 비난하는 데 설득의 목적을 둔다. 주로 어떤 공식 행사나 의식(儀式)에서 행해지는 경우가 많아 제의적(epideictic) 장르로 분류된다. 정치 이슈는 어떤 정책의 효과를 염두에 둔 미래의 시점에 대한 논쟁이 주를 이룬다. 어떤 정책을 채택하거나 거부하도록 설득하는 것이 목적이다.

이 세 가지 종류의 논쟁은 각기 다른 청중을 상대로 한다. 아리스토텔레스는 청중의 종류를 '구경꾼이거나 판단자(either a spectator or a judge)'로 나눴으며, 판단자의 경우 다시 '과거와 미래(past or future)'의 상황에 대한 판단자로 나뉜다고 했다. 아리스토텔레스의 이론적 틀은 계속 이어지며 여러 수사학자들이 계승 발전시켰는데, 로마 시대 수사학자며 교육자인 퀸틸리아누스(Quintilianus)는 여기서 웅변가의 목적을 '가르치는 것' '감동시키는 것' '매혹시키는 것'에 두고, 어떤 형태의 논쟁이나 스피치도 결국 이 목적을 위해 이루어진다고 했다. 각 유형이 다른 설득의 시점을 제안하므로, 시점에 따라 논쟁의 흐름을 바꿈으로써 주도권을 확보할 수 있다. 사실 확인이 중요한 과거지사에 대한 논쟁의 경우에는 이미 존재한 사실에 대한 철저한 규명에 초점을 두고 진행하는 사법적 장르의 특성에 주목해야 하는 반면, 향후 정책을 놓고 하는 정치 논쟁의 경우에는 미래의 관점에서 시간의 흐름을 정리하여 논쟁에 임하는 것이 좋다. 논제의 유형을 표로 정리하면 다음과 같다.

스피치의 세 가지 장르

	정치적 장르	법정 장르	제의적 장르
일반적 개요	목적을 달성하기 위해 필요한 행동에 대한 숙고	유죄 또는 무죄의 결정	선에 대한 축하, 악에 대한 비난
장소	입법부	법정	의례 행사
시간적 맥락	미래	과거	현재
화자에 의해 사용되는 방법	권고와 만류	공격과 방어	칭찬과 비난
설득의 목적	이로움과 해로움	정의와 불의	명예와 불명예
화자에게 요구되는 지식	1. 국가의 통치에 관한 사항 (a) 방법과 수단 (b) 전쟁과 평화 (c) 국가적 방어 (d) 수입과 수출 (e) 법률제정 2. 동기 (a) 개인적 관심 (b) 기쁨과 고통 (c) 행복	1. 정의의 본질 2. 범법행위의 본질 3. 행동의 원인 (a) 기회 (b) 본성 (c) 강요 (d) 습관 (e) 이유 (f) 분노 (g) 욕구 4. 범죄자의 마음의 상태 5. 잘못한 사람의 종류	미덕 (a) 용기 (b) 정의 (c) 절제 (d) 기품 (e) 아량 (f) 관용 (g) 상냥함 (h) 신중 (i) 지혜

(4) 청중의 중요성

논쟁은 설득적 담론의 한 형태다. 말을 논리적으로 하여 상대방을 설득시킨다는 점에서는 논리학과 유사하다. 수사학과 논리학은 서로 닮은 부분이 많지만 결정적으로 다른 부분이 청중이다. 즉 논리학에서는 진술문 안에서 자체적으로 논리를 갖추면 설득력이 있는 것으로 간주되는 반면, 수사학에서는 아무리 논리가 그럴 듯해도 청중들이 받아들이지 않으면 설득력이 없는 것으로 간주된다. 그런 이유로 내용이 아무리 훌륭한 연설이라고 하더라도 청중을 움직이지 못한다면 성공했다고 할 수 없다.

보처스(Borchers, 2006)는 수사학의 특징으로 다음과 같은 네 가지를 들었다.

첫째, 상징을 사용한다(Rhetoric is symbolic).

둘째, 청중을 포함한다(Rhetoric involves an audience).

셋째, 사실임직함을 구축한다(Rhetoric establishes what is probably true).

넷째, 수사학 이론은 발명과 분석으로 이루어진다(Rhetorical theory is inventive and analytic).

여기서 두 번째와 세 번째 특징은 밀접하게 연관되어 있다. 아리스토텔레스의 수사학은 대중의 믿음 체계에 맞춰진 논리학으로서 이론화되었다. 일반 대중의 집단적 검열 체계를 '사실임직함'이라고 불렀다. 사실이 아니라도 대중이 가능하다고 생각하는 것이라면 과학적 증명보다 힘이 있다는 것이다. 아리스토텔레스는 '그럴 듯하지 못한 가능성보다는 불가능한 사실임직함이 청중 설득에 더 유리하다'고 믿었다. 대중의 심리학을 염두에 둔 아리스토텔레스의 이 개념은 민주주의에 적합한 중용의 정치학과도 일맥상통한다고 할 수 있다. 수사학적 진실이란 주관적 진실이며 사실임직함의 세계이며 청중들 사이에서 인정된 진실인 것이다.

논쟁에 있어서도 청중의 존재는 논쟁의 상대방 못지않게 중요하다. 대

영화 '흡연 감사합니다'의 한 장면.

중이 공유하는 상식의 세계가 논쟁의 전제로 활용되고, 그 전제를 바탕으로 설득의 논리가 개발되기 때문이다. 따라서 논쟁의 재료가 되는 증거를 발굴할 때나 논리를 개발할 때, 그 논리를 받아들일 대중의 수준과 믿음 체계를 먼저 파악해야 한다. 논거가 아무리 치밀하고 논쟁 상대자를 멋지게 굴복시켰다고 하더라도 그걸 바라보는 대중이 인정하지 않으면 논쟁에서 승리했다고 할 수 없다.

'흡연 감사합니다(Thank you for smoking, 2005)'라는 제목의 영화는 담배회사 홍보 전략가인 주인공의 이야기를 통해 논쟁과 설득의 세계를 재치있게 그려내고 있다. 이 영화의 남자 주인공은 인체에 해로운 담배 홍보라는 어려운 직업을 달변과 궤변으로 성공적으로 이끌어 승진가도를 달리지만, 결국 그로 인해 여러 가지 우여곡절을 겪게 된다는 줄거리다. 영화 중 남자 주인공은 홍보 전략가며 로비스트인 자신의 직업 세계에 대해 궁금해 하는 초등학생 아들의 질문에 답하며 다음과 같은 대화를 나눈다.

> 아들 : 그럼 아빠가 틀리면 어떻게 되는데요?
>
> 아버지: 조이, 아빠는 한 번도 틀린 적이 없단다.
>
> 아들 : 하지만 늘 옳았던 것도 아니잖아요?
>
> 아버지: 자기가 하는 일이 옳아야 한다면 결코 틀리는 일은 없어.

아들: 만일 틀리면요?

아버지: 좋아. 네가 초코렛을 변호한다고 가정해보자. 난 바닐라를 변호하고. 내가 네게 바닐라가 아이스크림 중 최고로 맛있는 거야라고 한다면 넌……

아들 : '아냐. 초코렛이야' 라고 했겠죠.

아버지: 그래. 하지만 넌 그 논쟁에서 이길 순 없어.
네게 물을게. 넌 초코렛을 아이스크림의 지존이라고 생각하니?

아들: 지존이죠. 전 다른 건 안 먹으니까요.

아버지: 그래 네겐 초코렛이 다지, 그렇지?

아들: 예. 저는 초코렛만 있으면 되죠.

아버지: 아빠는 초코렛만 갖고는 부족하단다.
그런 이유로 바닐라만으로도 부족하지.
아빠는 아이스크림을 고를 때도 선택의 자유가 있어야 한다고 믿는단다, 아들아. 그게 바로 자유의 의미지.

아들: 하지만 얘기의 주제는 그게 아니잖아요.

아버지: 그래, 하지만 내가 얘기하고자 하는 주제는 그거지.

아들: 하지만, 아빤 바닐라가 최고란 걸 입증 못했어요.

아버지: 입증할 필요가 없지. 네가 틀렸다는 걸 내가 입증했으니까.
네가 틀렸으면 내가 맞는 거거든.

아들: 하지만 아직 입증은 못했어요.

아버지: 아빠의 상대는 네가 아니라 세상 사람들이란다.

물론 위의 남자 주인공이 전개하는 논리는 "네가 증명할 수 없다면 너의 주장은 틀린 것이다" "내가 말하는 것이 틀렸다는 것을 네가 증명하지 못하면 내 주장은 옳다"는 '무지에 의한 오류(Argumentum Ad Ignorantiam)'에 속한다. 그러나 문제는 오류가 있는 논쟁에도 청중은 곧잘 넘어간다는 데 있다. 영화 속 아버지는 말의 달인답게 논리의 탄탄함보다 대중의 믿음이 더 중요하다는 수사학의 기본을 잘 이해하고 있다.

앞의 대화에서도 볼 수 있듯, 논쟁이 승-패가 있는 게임이라면, 그 판정은 청중이 한다. 논쟁에서 청중이 중요한 이유는 논쟁의 최종 심판자이기 때문이다. 논쟁에서 설득해야 할 대상은 논쟁 상대자에 국한되지 않는다. 오히려 그보다 청중의 상식과 공감을 이끌어내는 것이 더 중요하다. 청중은 논쟁의 전제를 이루는 든든한 상식의 보루이자 가장 엄중한 판관이기 때문이다.

청중은 현대에 들어 그 중요성이 점차 강조되는 분위기다. 수사학 이론의 변천을 살펴보면 고대 이후 중점을 둔 부분이 계속 변화해왔음을 알 수 있다. 수사학이 발원한 기원전 4~5세기 무렵에는 말을 하는 화자가 가장 중요한 부분을 차지했다. 당시 수사학은 매우 실용적인 특징이 있었고, 대중을 설득하는 데 웅변가가 주도적인 역할을 수행했다. 여기에는 학문이 분화되지 않고 과학이 발달하지 않은 시대적 특성이 한몫했다고 할 수 있다. 이러한 경향은 중세까지 지속된다. 신학이 발달하고 수사학이 퇴조하면서 심미적 기능이 강조되었고, 여전히 화자가 주도적인 입장에 있었다. 계몽주의 시대 들어 수사학 이론가들은 비로소 화자가 전달 하고자 한 세계에 관심을 두기 시작한다. 과학과 합리적 이성이 중시되었으나, 이때까지만 해도 청중은 그다지 중요하게 여겨지지 않았다. 20세기 들어서부터 청중은 새로운 관심의 중심에 서게 된다. 근대 수사학 이론가들은 청중이 메시지를 모자이크처럼 조합해서 해석하고, 그들이 이해하는 세계가 실제 세계의 이해에 중요하다는 생각을 하게 되었다. 그러면서 청중에 학문적 관심을 두기 시작했다. 미디어 효과 연구의 틀에서 설명하자면 커뮤니케이터, 즉 메시지의 발신자 중심으로 연구가 진행되어 오다가 근래 들어서 수용자 중심의 연구 경향으로 바뀌었다는 걸 의미한다. 즉 수용자의 능동적 기능이 부각되면서 메시지의 발신자보다는 수용자의 역할이 중요하다는 것을 인식하기 시작, 이들을 이해하고자 하는 학문적 노력이 배가되었다는 뜻이다. 이를 표로 정리하면 다음과 같다.

수사학 이론의 변천

시기	특징	중요도 순서
기원전 200~기원후 95	실용적-주도적	화자 〉 세계 〉 청중
1400년~1500년	심미적	화자 〉 청중 〉 세계
1700년~1800년	실용적-종속적	세계 〉 화자 〉 청중
1900년~현재	사회적	청중 〉 화자 〉 세계

Borchers, 2006, 19쪽

논쟁의 당사자는 종종 자신과 의견을 달리하는 상대방의 논리를 공략하는 데 집중한 나머지 청중, 혹은 대중의 관점을 소홀이 하기가 쉽다. 그러나 아무리 자신의 논리가 탄탄하고 설득력이 있다고 하더라도 청중이 납득하지 못한다면 이긴 논쟁이라고 할 수 없다. 또한 자신의 논리가 청중에게 받아들여지지 않는다고 하더라도 상대방의 논리적 허점을 드러내 청중들이 상대방에 대한 의심을 품게 된다면 논쟁에서는 승리했다고 할 수 있다. 결국 논쟁을 잘한다는 것은 자신과 상대방, 그리고 청중 각각의 관점을 잘 이해하고 납득시키는 능력이 있느냐에 달려 있다고 할 수 있다.

현대 과학이 발달하면서 과학적 증거에 따른 객관적인 증명의 영역이 확장되었고, 법정 논쟁 등에서 논란의 여지없이 간단한 증거(예를 들어 DNA증거) 하나만으로 수많은 의심을 순식간에 잠재우고 진실을 구축하는 일이 가능해졌다. 그러나 절대적인 과학적 증거의 영역을 제외한 곳에서는 여전히 거짓이라고 하더라도 대중이 진실이라고 믿는 '거짓 같은 진실'이 큰 힘을 발휘하는 경우를 종종 경험한다. 심증이나 여론 법정의 세계, 또는 있음직한 의혹의 세계가 이에 속할 것이다. 고대 수사학자들은 일찍부터 이런 대중적 진실의 세계에 눈떴고, 이를 대중 설득의 중요한 전제조건으로 여겼다. 그들의 설득법이 아직도 유효한 이유다.

III

논란의 해부학

5. 논란의 구성 요소

논란(controversy)이란 논쟁의 대상이 되기 이전의 갈등 상황을 포괄하는 개념이다. '해부한다'는 말은 유기체 안의 구조를 밝혀내고 각 부분간의 관계를 규명한다는 뜻이다. '논란을 해부한다'는 것은 따라서 논란을 구성하는 요소들이 무엇인지 찾아내고 각 요소간의 관계를 찾아내는 것이다. 갈등을 적극적으로 해결하고자 하는 사람은 논쟁에 임하기에 앞서 이 요소들의 특징과 관계를 먼저 이해해야 한다.

논란은 크게 내용을 구성하는 요소(analysis)와 과정(process)으로 나누어 분석할 수 있다. 구성 요소란 논란을 이루는 요소, 조건, 전제 등을 포함하는 개념으로, 논쟁을 효율적으로 하기위해 각각의 개념을 반드시 알아야 한다. 일단 논쟁에 돌입한 후에는 논쟁의 과정에서 필요한 규칙을 숙지해야 한다. 규칙에는 다시 구성적(constitutive) 규칙과 규제적(regulative) 규칙이 있는데, 전자는 논쟁에서 사용되는 규칙의 정의와 성격과 같은 구성적 규칙을 말하며, 후자는 행위를 지배하는 규칙으로서 무엇이 허용되고 금지되는지, 또 필수적으로 요구되는 것은 무엇인지에 대한 규칙을 말한다. 이를 도식화하면 다음과 같다.

먼저 논란을 이루는 요소부터 분석해보도록 하자. 반실(Vancil, 1998)은 논란을 이루는 요소를 (1)중심 질문 (2)이슈 (3)논쟁(arguments) (4)전제와 증거로 나누었다. 각각을 좀 더 상세히 살펴보면 다음과 같다.

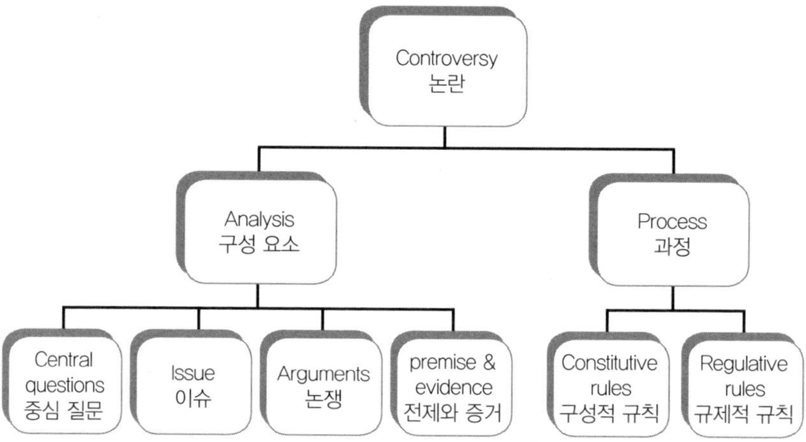

(1) 중심 질문

논쟁을 하려면 가장 먼저 논쟁의 주제, 즉 논제가 있어야 한다. 무엇에 대해 논쟁을 할 것인지를 정하고, 그에 대한 합의를 이끌어내는 것에서부터 논쟁은 시작한다. 논쟁을 시작할 때는 갈등 요소를 담은 하나의 명제를 제시해야 하는데, 그것을 논제(proposition, resolution, motion)라고 한다. 논제가 평서문의 형태로 이루어진 반면, 중심 질문(central question)은 논제를 의문문 형태로 되어 찬성과 반대 입장이 잘 드러나도록 한 것이다. 즉 중심 질문이란 논제가 담긴 질문으로, 논란의 핵심을 표현(express the essence of controversy)하여 상반된 입장을 가진 양측이 동의하지 않는 부분의 내용을 집어내서 '예-아니오'의 형태로 논쟁을 시작하도록 도와주는 질문을 말한다. 중심 질문에 대한 답변이 이루어지지 않는 한 논란은 계속된다.

논제란 문장의 형태로 이루어지지만, 거기에 어떤 '속성(property)'이 보태졌다는 점에서 보통 문장과는 차이가 난다. 즉 무엇인가에 대해 서로 다른 의견이 존재한다는 것은 그 '무엇인가' 안에 옳고 그름, 거짓과 진실, 사실과 추정 등이 내재하고 있다는 뜻이다. 그러려면 아무 문장을 놓고 논쟁을 할 수는 없다. 그만한 대상이 될 만큼 중요하고, 시급하며, 관심 있는 내용물이 담겨 있어야 한다. 그런 의미에서 논제=문장+속성(proposition = sentence+property)이라는 등식이 가능하다.

이러한 논제의 작성은 논란의 성격을 규정하고 앞으로 있을 논쟁의 방향을 정한다는 점에서 매우 중요하다. 논쟁에 임하려면 논제를 꾸미고 말하는 방법부터 배워야 한다. 제안(proposition)이란 무엇이 어떤 상태이거나(is), 였거나(was), 혹은 어떤 상태여야 한다(should be)는 방향성 있는 주장을 담은 진술문을 뜻한다. 이러한 진술문은 긍정되거나 부정될 수 있어야 한다. 다시 말해 담긴 진술의 진실여부와 바람직함 여부가 받아들여지거나 의심받아야 한다는 뜻이다. 가령 "A는 실력 있는 대학교수다"라는 진술이 있을 때, "실력 있는 대학교수다" 혹은 "실력 없는 대학교수다"라는 각기 다른 입장이 가능해지고, 비로소 그 제안을 놓고 논쟁을 시작할 수 있다.

세상에 있는 다양한 진술을 나누는 방법은 대체로 두 가지다. 첫째는 전통적인 범주에 기초한 것으로, 사실 관계를 진술하는 사실 논제(propositions of fact), 평가나 판단의 영역에서 이루어지는 가치 논제(propositions of value), 어떤 정책을 지지하거나 반대하는 정책 논제(propositions of policy)로 나누는 방법이다. 두 번째 방법은 다른 차원의 범주에서 네 가지로 나누는 방법이다. 개념의 정의에 주목한 정의 논제(definition), 어떤 역사적 사실이나 과학적 사실을 둘러싼 상황의 묘사에 집중한 묘사 논제(description), 관계성에 주목한 관계성 논제(relationship), 사람이나 사물의 가치 평가가 주된 내용인 평가 논제(evaluation)이다. 각기 다른 영역의 진술은 각각의 논쟁 커뮤니티에서 서로 다른 청중을 대상으로 이루어질 수도 있으나, 동시에 진행될 수도 있다. 동시에 이루어 질 경우 각각의 진술은 하나의 층위를 형성하게 되는데, 가장 먼저 사실의 규명이 진행된 후, 그에 대한 가치 판단이 뒤따르고, 그 결과 어떤 정책의 바람직함을 논할 수 있는 것을 그 예로 들 수 있다.

법정에서는 비교적 명확하게 이러한 논제의 층위를 경험할 수 있다. 살인 혐의를 받고 있는 피고가 법정에 섰다고 가정했을 때 검사 측과 변호인 측은 무엇보다 먼저 피고가 살인을 했는지 사실 여부에 대해 각기 증거를 들어 논쟁을 벌인 후(사실 논쟁), 사실 여부가 윤곽을 드러내면 그 이후 죄질을 평가하게 된다. 정당방위였는지, 계획된 살인인지에 따라 같은 살인이라도 다른 평가를 받을 수 있다(가치 논쟁). 이후 형량을 논의하는 단계로 접어들어 어떤 정책(형량)을 적용하는 것이 좋은지를 놓고 공방을 벌인다(정책 논쟁). 즉 사실 관계를 규명하는 제안이 모든 논쟁의 기초를 이루는 기초단계임을 알 수 있다.

정책에 대한 논쟁을 한다는 것은, 또 사실 관계와 기본적 가치 체계에 대해 대략 동의가 이루어 진후에 가능하다는 것을 뜻하기도 한다. 가령 "예산 절감을 해야 한다"는 정책을 놓고 논쟁하는 사람들이 현재 예산 액수에 대한 사실 관계를 각각 다르게 파악하고 있고, 또한 비용에 대한 철학이나 기본적 가치관을 공유하지 않는다면, 논쟁에서 한 발짝도 진전을 이룰 수 없다.

논쟁을 위한 제안은 몇 가지 조건을 갖춰야 한다. 첫째 갈등의 요소가 내재해 있어야 한다. "여름은 겨울보다 덥다"는 진술문을 논쟁의 대상으로 제안할 수는 없다. 둘째, 논쟁을 해야 할 시급성과 중요성이 있어야 한다.

물론 시급하거나 중요하다는 것은 느끼는 사람에 따라 기준이 달라질 수 있을 것이다. 그러나 논쟁이란 풀어야 하는 갈등을 놓고 양측이 힘과 성의를 다하는 게임이므로, 그만한 가치가 있는 대상이어야 한다. 더 중요하고 더 시급한 논제를 찾아 제안해야 한다. 셋째, 논쟁의 주제는 주어진 시간에 이야기 할 수 있는 크기여야 한다. 다시 말해 복잡하거나 광범위하지 않아야 한다. 법원이나 의회에서 중대한 사안에 대한 논쟁을 할 때도 시간 제한이 있다. 정해진 시간 안에 논점을 분명하게 피력해 상대방을 설득할 수 있도록 논제의 범위를 좁혀야 한다.

논제를 작성할 때는 모호하지 않게 작성해야 하며, 한 문장에 한 가지 아이디어만 담아 논쟁의 주제가 흩어지지 않게 해야 한다. 단어는 중립적이고 객관적인 단어를 사용해 공정하게 작성해야 하며, 지나친 비유나 은유, 속어나 은어가 아닌, 누구나 이해할 수 있는 표준 언어로 명료하게 작성해야 한다.

논쟁에 임하기에 앞서 먼저 해야 하는 것은 논란의 성격을 파악하고 논점을 찾아내는 일이다. 복잡한 갈등 속에서 핵심적인 논점을 파악하고 분석하는 일은 보다 효과적으로 자신을 방어하고 상대방의 논리적 허점을 찾아내 공략하기 위한 필수 과정이다.

의견이 대립되는 상황을 관찰해보면 공방의 당사자들이 모든 것에 이견을 나타내는 건 아니다. 그 중에는 실상 양 측이 동의하는 논점도 포함되어 있으며, 논리와 관계없이 상호 감정에 따라 좌우되는 부분도 있다. 반박을 위해 반드시 증거를 제시해야 하는 논점도 있고, 일반적인 상식에 비추어 굳이 증명하거나 증거를 제시할 필요가 없는 논박도 있다. 증거 제시에 대한 이견이 있는 경우도 있을 것이다. 이렇게 복잡한 갈등 상황을 병의 원인을 규명하듯 해부해보면 발병의 지점이 어디인지, 어느 정도 심각하게 진행되어 있는지, 적절한 치유책은 무엇인지 보다 효과적으로 대처할 수 있다.

중심 질문은 논쟁의 집중도를 높이기 위해 찬성과 반대 양측이 갈리는 지점에 대한 질문을 던져 논쟁을 올바른 방향으로 이끄는 역할을 한다. 질문은 주로 현 상태에 문제의식을 갖고 있는 사람이 변화를 꾀하며 던지게 마련이다. 따라서 질문을 던진다는 것은 매우 혁명적인 행위이다. 우선 뭔가에 대한 의문을 품는 것은 그 대상을 평가를 하는 능력과 함께 관찰이나 지식에 바탕을 둔 자신만의 의견이 형성되어 있다는 뜻이다. 또한 키워드를 찾아내 적절한 질문의 형태로 조합하는 능력을 갖추고 있으며, 그렇게 형성된 질문을 적절한 상대를 향해 던질 줄 아는 용기가 있다는 걸 뜻하기도 한다. 축적된 증거와 명분이 있다는 뜻이기도 하다. 비판적인 사고를 한다는 것은 어쩌면 건강한 물음표를 머릿속에 늘 지니고 사는 걸 의미할지도 모른다. 의문이 없으면 지식이나 증거를 갈망하지도, 새로운 지평을 탐구할 수도 없다.

논쟁의 구성 요소 중 핵심을 이루는 것이 '중심 질문'이다. 앞서 논제(proposition)가 평서문 형태의 진술로서 찬성-반대로 분리된 입장을 내재하고 있다고 한다면, '중심 질문'은 이를 '예-아니오'라는 상반된 답을 지닌 양측 사이에 던져지는 질문의 형태로 구성한 것이다. 모든 합리적인 논쟁은 반드시 하나의 질문을 중심으로 펼쳐진다. 질문을 던지는 사람이 있고, 질문에 답을 해야 하는 사람이 있음으로 해서 논쟁은 시작된다. 질문을 던지는 사람은 현 상태의 변화를 꾀하는 사람이다. 따라서 그냥 변화가 아니라 구체적인 방향성과 내용을 갖고 질문을 던져야 한다. 중심 질문 안에는 양 당사자 간의 논란의 핵심이 담겨 있어야 한다. 여기서 중심 질문이 중요한 이유는 논쟁의 양 당사자 간의 논란의 핵심을 짚어냄으로써, 논쟁이 다른 곳으로 흐르지 않도록 중심을 잡아주는 역할을 하기 때문이다.

논제와 마찬가지로 중심 질문에도 영역에 따라 세 가지로 나뉜다. 첫째는 사실 관계를 둘러싼 진위를 따지는 사실 질문이다. 여기서는 어떠한 사실이 진실 혹은 거짓인가(true or false)에 초점을 두고 공방을 벌인다. 앞서 지적했듯, 사실 관계의 규명은 가치 논쟁이나 정책 논쟁의 기초를 이루는 것으로 매우 중요하다. 사실 관계의 진위가 밝혀져야 그것을 기반으로 하여 평가와 정책 수립이 가능하기 때문이다.

과학적 증거가 발달한 현대에는 사실 질문의 영역을 과학적 증명의 세계에서 해결하는 경우가 종종 있으나, 과거 철학자들은 사실 관계를 놓고 자주 논쟁을 벌였다. '사실 질문' 몇 개가 인류 역사를 들썩이게 한 경우가 적지 않다. 코페르니쿠스는 당시 천문학자들이 기정사실로 받아들이던 천동설에 의문을 품고 "지구는 태양을 중심으로 도는가"라는 질문을 던짐으로써 지동설의 지평을 열었다. 찰스 다윈은 "인간은 과연 신이 창조했을까"라는 질문으로 창조론에 반론을 제기하며 "인간은 원숭이로부터 진화했는가"라는 진화설을 주장했다. 그들이 던진 질문들은 과학적으로 규명이 필요한 '사실 질문'이었음에도 불구하고 당시 사회는 기존의 믿음이나 철학적 체계에 반기를 든 '가치 질문'으로 해석함으로써 그들에게 탄압을 가하거나 냉혹한 평가를 내렸다.

사실의 영역은 과거와 미래 시점에서 각기 규명될 수 있다. 법정에서는 주로 과거의 사실에 대한 공방이 주를 이룬다. "A를 만난 적이 있는가?" "무기를 소지한 적이 있는가?" "상대방에게 무기로 상처를 입혔는가?" "상처가 죽음의 원인이 되었는가?" 등 과거 사실 질문들이 중심 질문을 이루게 된다. 미래의 사실에 초점을 둔 사실 질문도 있다. "무상급식 제도가 교내 결식아동들의 숫자를 줄일 것인가?" "대학들이 20년 후에 입학생 부족 사태를 맞을 것인가?" 등의 사실 질문은 미래의 사실을 다룬 질문이라고 할 수 있다.

두 번째 중심 질문은 가치에 관한 질문이다. 여기서는 사실의 진위가 아니라 어떠한 가치의 경중, 선악, 중요도(good, bad, desirable undesirable, great, lousy, beneficial, harmful, excellent, inferior) 등에 초점을 두고 중심 질문이 이루어진다. 사람들은 사실 여부를 파악한 후에는, 그 사실의 가치에 대해 알고 싶어 한다. 사실에 대한 평가를 함으로써 의견을 형성하고 판단의 기준을 갖고 싶기 때문이다. 모든 가치 논쟁을 따라서 어느 정도 사실 논쟁을 기반으로 하고 있다. 가령 "대통령은 현재 바람직한 국정 수행을 하고 있는가?"라는 가치 논쟁을 하기 위해서는 "그는 현재 대통령인가?" "그는 현재 업무를 수행하고 있는가?"라는 사실 질문에 대해 합의가 이루어진 것을 전제로 한다. 여기서 '어느 정도'라는 단서를 붙인 것은 위의 논쟁을 "대통령은 업무 수행을 하고 있지 않다"는 사실 논쟁으로 전환시켜 논쟁을 할 수도 있기 때문이다. 또한 "대통령은 현재 업무를 수행하고 있는가?"라는 사실 질문 또한 "무슨 종류의 업무를 뜻하는가?"에 초점을 두어 가치 논쟁으로 전환시켜 진행할 수도 있다. 이처럼 사실과 가치는 서로 밀접하게 연결되어 있다.

사실 논쟁과 가치 논쟁을 구분하는 가장 좋은 방법은 중심 질문 안에 가치를 나타내는 단어가 존재하는가 여부이다. "그는 대통령인가?"는 사실 질문이지만 "그는 좋은 대통령인가?"는 가치 질문이다. 전자는 '대통령'이라는 명사를 중심으로 논쟁이 이루어지지만, 후자는 '좋다'는 형용사를 중심으로 논쟁이 이루어지므로 가치 논쟁이라고 할 수 있다. 또 다른 예로 "미국은 월남전에서 패배했는가?"는 사실 질문이지만, "미국은 월남전에서 뼈아픈 패배를 했는가?"를 묻는다면 그건 가치 질문이 된다. 따라서 논쟁을 불필요한 가치 논쟁으로 변질시키기를 원하지 않는다면 가치 단어의 사용을 자제해야 한다. 언론이 기사를 쓸 때에도 마찬가지다. 중립적인 단어를 사용해 주어와 동사로 기사를 작성한다면 진위를 둘러싼 사실 논쟁이 가능하겠지만, 불필요한 형용사와 부사를 사용해 기사에 색깔을 입힌다면 언론사의 논조나 기자의 숨의 의도 같은 가치 논쟁으로 비화될 개연성이 있으므로 주의해야 한다.

세 번째 중심 질문은 정책의 각기 다른 방향을 다루는 정책 질문이다. 여기서는 어떤 행동이나 정책에 대한 방향을 놓고 논쟁을 벌이게 된다. 정책이란 반드시 국가나 사회 차원의 정책을 말하지는 않는다. 아침에 출근

복장을 고르며 “오늘 이 옷을 입어야 할까?”를 자문하거나, 개인적인 필요에 의해 “내가 컴퓨터를 사야할까?”를 놓고 고민한다면, 자신의 행위를 결정하는 정책에 대한 것이므로 정책 질문이라고 할 수 있다. 옷을 고르기 위해서는 오늘 일정을 참고하고 옷이 거기 걸맞은지 여부를 재빨리 판단하는 전략적 사고를 해야 할 것이고, 컴퓨터를 산다는 것은 새롭게 제안된 행위이므로 과연 컴퓨터가 필요한지, 비용은 적정한지를 놓고 스스로 문답(혹은 논쟁)을 하면서 최종 결정에 이를 것이다.

정책 질문은 반드시 현재의 상태를 해체하며 새롭게 제안된 행위를 중심으로 이루어져야 한다. 따라서 “내가 지금의 컴퓨터를 계속 써야 할까?”는 정책 질문이라고 할 수 없다. 현재의 상태를 유지하기 위해 논쟁을 하지는 않기 때문이다. 대신 “내가 새 컴퓨터를 사야 할까?”를 묻는다면 정책 질문이라고 할 수 있다. 마찬가지로 어떤 위기의 커플이 있다고 가정해보자. “이 사람과 헤어져야 할까?”는 정책 질문이지만, “이 사람과의 관계를 지속해야 할까?”는 정책 질문이 아니다. 결국 같은 내용이라고 하더라도, 전자는 변화의 동기가 내재되어 있는 반면, 후자는 현상 유지를 전제로 하고 있으므로 정책을 고민하는 질문이라고 할 수 없는 것이다. 새로운 정책을 제안할 때는 반드시 어떤 필요나 동기가 있어야 한다. 현 상태로는 해결되지 않는 문제가 있으므로 해결을 위해 새로운 정책이 필요하고, 그 절박함의 정도에 따라 논쟁의 열기도 좌우되는 것이다. 해도 그만 안 해도 그만인 정책을 놓고 논쟁을 할 필요는 없다.

이상의 논의는 논란의 핵심을 파악해 중심 질문의 요건으로 삼는 데 필요한 것이다. 논란의 핵심 못지않게 중요한 것은 그렇게 파악된 핵심을 어떻게 논쟁의 주제로 기술해 논쟁 테이블에 올려놓아야 하는가의 문제이다. 중심 질문은 ‘접점’을 중심으로 한 토론의 기능적인 의제, 즉 토픽과 유사하다. 고대 수사학자들은 토픽의 원형이 되는 토포이(topoi) 혹은 토포스(topos)를 토론 당사자 사이의 공통 분모로 포괄적으로 접근했다. 어떤 논제를 선택하느냐는 따라서 토론의 기본 전제가 된다. 20세기 들어 특히 정책을 둘러싼 논쟁의 수요가 증가하자 근대 수사학자들은 효과적인 토론을 위해 질문 형태의 중심 논제가 몇 가지 요건을 갖춰야 한다고 제안했다. 중심 질문이 반드시 갖춰야 할 다섯 가지 요건을 다음과 같이 정리해볼 수 있다.

첫째, 〈예/ 아니오〉로 답할 수 있도록 기술해야 한다. 중심 질문은 변화를 옹호하는 사람이 '예'라고 답하고, 현상 유지를 옹호하는 사람이 '아니오'라고 답할 수 있도록 기술해야 한다. 예를 들어 "현 정부의 경제 정책을 어떻게 평가하는가?"라는 질문은 예, 아니오로 답할 수 없으므로 중심 질문의 요건을 만족시킨다고 할 수 없다. 이런 중심 질문을 놓고 논쟁을 하다 보면 양측의 논점이 부딪치지 않고 여러 갈래로 분산되어 난상토론이 되기 십상이다. "현 정부의 경제 정책은 신자유주의 정책인가?"라든가 "현 정부의 증세 정책은 서민경제의 활성화에 기여할까?" 등으로 논점이 확실하게 드러나도록 중심 질문을 다시 조정해야 한다.

둘째, 중심 질문에는 변화의 방향(direction of change)이 나타나 있어야 한다. 원칙적으로 현 상태를 유지하고자 하는 사람은 논쟁을 시작하지 않는다. 모두 만족한 상태에서는 논쟁의 필요가 없기 때문이다. 따라서 "지금의 정책을 유지해야 할까?"나 "이 학교를 계속 다녀야 할까?"라는 논제로 논쟁을 하지는 않는다. "새로운 정책을 도입해야 할까?"와 "전학을 가야 할까?"로 중심 질문을 바꾸어야 한다. 법정에 혐의를 가진 어떤 사람이 섰다고 가정해보자. 그의 범죄 사실을 놓고 "그는 무죄인가(innocent)?"라는 논쟁을 벌이지는 않는다. 무죄라는 것은 현 상태이므로 증명해야 할 필요가 없는 것이기 때문이다. 증명해야 할 것은 그가 유죄라는 사실이고, 따라서 "그는 유죄인가(guilty)?"라는 논제로 법정 공방을 벌이게 된다. 그의 유죄 사실이 밝혀지지 않으면 '유죄가 아님(not guilty)' 판정을 받는다. 법정에서 거론된 증거에 대해서만 '무죄'이지, 그 사람 자체가 '무죄(innocent)'라는 것은 아니라는 뜻이 담겨 있다. 즉 논쟁의 결과로서의 '무죄'란 '유죄가 아님'이고, 그 둘은 언뜻 들으면 같은 뜻 같지만 매우 다른 뜻을 지니고 있다.

셋째, 중심 질문에는 변화의 본질적인 내용(nature of change)이 나타나 있어야 한다. 논쟁은 변화의 방향 뿐 아니라, 그 변화의 결과로 어떤 대안이 가능한지에 대해 납득할 만한 그림을 머릿속에 그려져야 한다. "언론은 개혁되어야 할까?"라는 질문이 있다고 할 때, 예, 아니오로 답할 수 있고, 현 상태에 대한 변화를 나타내고 있다고 하더라도, 대체 어떤 모양으로 개혁되어야 하는지, 개혁의 결과 어떤 모습의 언론이 가능해질지에 대한 비전이 제시되어 있지 않다. 이런 중심 질문을 놓고 논쟁을 벌이는 것은 양측이 각기 다른 개혁의 청사진을 머릿속에 두고 서로 전제에 찬성하고 있다는 착각 속에서 논쟁을 할 가능성이 있다. 따라서 여기서 개혁, 변화라는 것이 구체적으로 어떤 내용인지 명시한 후 논쟁을 해야 한다. "언론 개혁을 위해 언론사 설립의 허가제를 등록제로 바꾸어야 할까?" "언론 개혁을 위해 기자의 월급을 올려야 할까?" 같은 구체적인 변화의 내용을 담아야 한다. 마찬가지로 "나날이 늘어가는 성범죄에 대해 대책을 마련해야 하지 않을까?"라든가 "국회의원들은 보다 합리적인 의사 결정을 위해 뭔가 특단의 조치를 내놓아야 하지 않을까?"라는 중심 질문은 변화의 방향이 결여된 중심 질문이므로 다시 기술해야 한다.

넷째, 하나의 중심 질문에는 하나의 논점만 존재해야 한다. 논쟁을 보다 효율적으로 진행하기 위해 각 중심 질문은 하나의 논점에 집중해야 한다. "담배와 술의 부가세를 증액해야 할까?"라는 중심 질문에는 "담배의 부가세를 증액해야 할까?"와 "술의 부가세를 증액해야 할까?"라는 두 개의 중심 질문이 함께 담겨 있다. 담배와 술을 동시에 논하자면 논점이 두 갈래로 나뉘어 집중적인 논쟁을 방해하므로, 그중 하나에 집중해서 다시 중심 질문을 기술해야 한다.

다섯째, 중심 질문을 기술할 때는 중립적이고 공정한 단어를 사용해야 한다. 논점을 제기한 사람이나, 방어해야 하는 사람 양측에게 공정하도록 중립적인 단어를 사용해 중심 질문을 기술해야 한다. "언론악법을 폐지해야 할 것인가"라는 중심 질문은 언론법 자체에 문제가 있는 법이라는 예단을 하고 있으므로 폐지를 정당화하려는 의도로 기술된 징후가 농후하다. 이는 "언론법을 폐지해야 할 것인가"로 중립적으로 바꾸어야 한다. "탐욕스런 재벌을 규제할 법안을 마련해서 경제 정의를 실천해야 할까?"라는 중심 질문의 경우도 마찬가지다. 재벌을 탐욕스런 대상으로 규정함으로 해서 당연히 규제해야 하는 대상으로 묘사하고 있고, 따라서 그들을 규제하는 것이 경제 정의로 이어진다는 당위성을 역설하고 있는 중심 질문이다. 이는 재벌을 규제하려는 측에 일방적으로 유리하게 작성된 중심 질문이므로, 양측에 공정한 어휘와 논조로 다시 기술되어야 한다.

중심 질문은 논쟁을 시작하고 주도하는 힘이 있다. 어떤 사안이나 인물에 대해 생각해보고 이야기하게 하는 의제 설정의 기능이 있기 때문이다. 가령 살인 사건을 다루는 법정이 있다고 가정해보자. 여기서 살인 혐의를 받고 있는 피고 A를 둘러싼 중심 질문은 "A가 B를 죽였는가?"일 것이다. 검사와 변호사는 이 질문을 중심으로 각각 공방을 벌일 것이다. 증거의 제시와 반박, 또 다른 정황의 참작 등 진범 여부를 가리기 위한 논쟁이 길게 펼쳐질 것이다. 피고와 원고 사이의 법정 대립이 첨예할수록 혐의 여부를 밝혀내는 것이 길고 지루한 과정으로 여겨질 수도 있겠으나, 보는 시각에 따라서는 유력한 용의자인 A를 둘러싼 중심 질문이 성립되었다는 사실만으로도 범죄 사건이 상당 부분 진전을 이루었다고 할 수 있다. 일단 사건이 미궁에 빠지지 않고 용의자가 존재한다는 뜻이고, 그가 검거되어 법정에 서 있고, 그를 고발한 검찰 측이 증거를 확보하고 있으며, 이제 남은 것은 그 증거가 충분하고 결정적이냐에 대한 기술적인 논박이기 때문이다.

"언론 개혁, 해야 할 것인가? 라는 질문이 있다고 가정해보자. 그 질문을 중심 질문으로 한다면 '개혁해야 한다' '그냥 현재 상태로 놔둬야 한다'는 입장 사이의 논쟁이 예상되므로 개혁이라는 명분을 둘러싼 정파적 논쟁으로 흐르기 쉽다. 실질적인 개혁에 대한 논의를 할 수 없는 질문이고, '개혁'이라는 말이 선한 방향으로의 변화를 암시하고 있기 때문에 생산적인 논쟁도 할 수 없다. "수도 이전을 해야 할 것인가?"라는 질문도 마찬가지다. 수도이전에 대한 구체적이고 기술적인 논쟁을 하기엔 중심 질문의 범위가 크고 모호할 뿐 아니라 수도 이전의 개념 논쟁으로 흐를 개연성도 있다. 변화의 성질과 범위, 방향성을 결여한 질문이다 보니 형식적으로는 구체적 사안을 놓고 토론 혹은 논쟁을 하는데도 늘 제자리에서 정파적인 명분 싸움만 하는 것처럼 들리는 것이다.

효과적인 논쟁은 기대하려면 중심 질문부터 제대로 구성되어 있어야 한다. 같은 의문문의 형태라도 "누가 B를 죽였을까?"라고 질문을 던진다면, 찬–반이 대립되는 논란의 핵심을 비껴가고 있으므로 논쟁을 할 수 없고, 따라서 중심 질문이라고 할 수 없다. 이러한 논제를 갖고는 '난상토론'은 가능할지 모르나 진실을 규명하는 '논쟁'은 하기 어렵다.

우리나라의 경우 수많은 토론이 생산적인 결과로 이어지지 않는 이유는 중심 질문에 대한 이해가 부족하기 때문이다. KBS, MBC, SBS 지상파 3사가 2009년 1년간 토론한 의제의 중심 질문 124개를 모아 분석해본 결과, 위에 제시된 5가지 조건 중 3가지 정도의 조건만 충족시키는 데 그치는 것으로 조사되었다(108쪽 표 참조). 중심 질문을 구성하는 어휘에서 가장 자주 등장하는 단어는 '어떻게'였고, '어디로?' '해법은?'과 같은 단어들을 자주 사용했다. "한국 사회 어디로 가나?" "4월 정국 어디로 가나?"와 같은 논제로 토론을 하다 보면 패널들이 주제를 벗어난 이야기를 한다는 느낌을 받을 때가 종종 있는데, 이는 질문 자체가 포괄하는 논제의 범위가 방대하기 때문이다. 사회자의 역량이 아무리 뛰어나도 난상토론 형식의 토론을 들으며 흥미와 배움을 얻기는 쉽지 않다.

5개의 조건을 대체로 모두 충족시킨 질문들도 논쟁의 범위가 넓어 집중

지상파 3사의 토론 프로그램 논제의 중심 질문 구성 요소

중심 질문	Yes/No	Direction of change	Nature of change	Only one central idea	Rule of fairness	5개 항목중 만족시킨 항목 개수 평균
KBS	24%	53%	64%	84%	96%	3.22
MBC	28%	46%	67%	82%	97%	3.21
SBS	40%	38%	68%	93%	90%	3.28

도가 떨어지는 것이 대부분이었다. '북미 양자대화, 북핵 돌파구 열리나?' '대북제재, 북핵 위기 다시 오나?' '친서민 정책, 효과 있나?' '정부 일자리 대책, 문제없나?' '행정 구역 선거구제 개편 필요한가?' 같은 중심 질문은 해당 주제에 대한 광범위한 토론을 유도하기에는 적합할지 모르나 찬성과 반대 입장이 대립하는 구도의 토론을 기대하기는 쉽지 않다. "사형 제도, 존치해야 하나? 폐지해야 하나?" "존엄사, 자기 권리인가 생명 경시인가?" "흉악범 얼굴 공개해야 하나?"는 비교적 찬-반이 대립하며 한 가지 주제에 집중하여 토론할 수 있는 중심 질문이라고 할 수 있다.

(2) 이슈

논쟁에서 이슈(issue)란 "변화의 옹호자는 예라고 답하고, 반대자는 아니오라고 답해야 하는 긴요하고(vital) 내재적인(inherent) 질문"으로 정의된다. 중심 질문이 정해지면 논쟁을 하기 위해 논제를 구성하는 다양한 이슈들을 찾아내야 한다. 이슈라는 말은 다양한 맥락에서 흔하게 쓰이나, 논쟁에서 이슈는 보다 중심 질문을 구성하는 기능적인 의미를 갖고 있는 질문을 뜻한다. 중심 질문 안에는 다시 여러 가지 세부 질문이 존재하고, 각각의 질문에 대해 찬-반이 대립하게 된다. 여기서 논쟁의 당사자들이 실질적으로 공방을 해야 하는 질문들을 이슈라고 한다. 이슈란 그 안에 긍정과 부

정의 요인을 담고 있어 논란이 내재된 것을 뜻하므로, '논쟁적 이슈(controversial issue)'라는 말은 중언부언이다. 이슈 자체가 논쟁적(controversial)이기 때문이다. '00은 이슈다'라는 말 안에는 찬성하는 측과 반대하는 사람이 나뉜 논쟁적 사안이라는 뜻을 담고 있다. 중심 질문이 논란을 전체적으로 조망한 것이라고 한다면, 이슈는 그 논란을 구성하고 지지하는 세부적인 질문들을 뜻한다. 이슈들이 모이면 중심 질문을 이루게 된다. 이를 그림으로 표현하면 우측 상단의 그림과 같다.

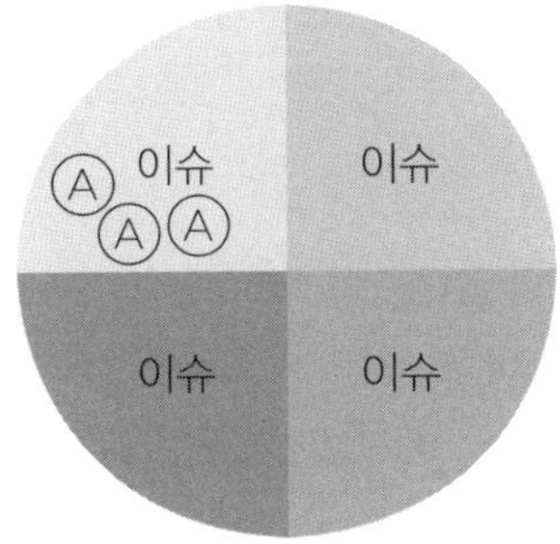

중심 질문과 이슈의 관계. 원은 중심 질문을 나타내며 중심 질문은 이슈들로 이루어진다. 이슈 안의 A는 개별 논쟁(argument)을 뜻한다. Vancil, 1998, 39쪽.

앞서 기술한 이슈의 정의에서부터 이슈가 갖춰야 할 요건을 살펴보면, 이슈는 첫째, 질문의 형태여야 한다. 중심 질문의 부분이므로, 이슈 또한 질문으로 이루어져야 한다. 중심 질문에서 찬성과 반대 측이 예-아니오로 답할 수 있도록 나눠졌듯이, 중심 질문의 하부 구조를 이루는 이슈에서도 마찬가지로 예-아니오로 답할 수 있도록 구성되어야 한다.

둘째, 이슈는 중심 질문 안에 내재한 것이어야 한다. 내재적이란 중심 질문과 분리될 수 없다는 뜻이다. 가령 "A는 B를 살해했는가?"라는 법정 중심 질문이 있다고 가정할 때, 이 안에 내재한 질문으로 "A는 B를 만났는가?" "A는 B를 권총으로 살해했나?" "A는 B를 살해할 의도를 갖고 있었나?" "A는 B의 살해를 사전에 모의했는가?"라는 질문을 들 수 있다. 각각의 질문이 이슈라고 할 수 있다. 여기서 "A는 키가 큰가?" 라든가 "A는 학교 성적이 나쁜가?"라는 질문은 중심 질문과 연관되지 않으므로 '내재한 질문'이라고 할 수 없다.

셋째. 이슈는 긴요한(vital) 질문이어야 한다. 중심 질문을 이루는 이슈 중에는 반드시 긴요하지 않더라도 다소 중요하거나, 아니면 사소한 이슈도 포함되어 있을 것이다. 이런 모든 질문을 다 이슈로 삼지는 않는다. 중심 질문 안의 이슈란 반드시 묻고 넘어가지 않으면 논란을 잠재울 수 없는 질문들이어야 한다. 가령 살인 사건을 다루는 위의 법정 질문에서 가장 '긴요한' 이슈는 "A가 B를 죽였는가?"이다. "B는 죽었는가?" "A의 행동이 B를 죽음에 이르게 했는가?" 같은 질문은 반드시 해야 하는 질문이다. 만약 1급 살인을 다루는 법정이라면 "A는 B를 죽일 것을 사전에 의도했는가?"도 긴요한 질문으로 던질 것이다. 이 세 가지 이슈(질문)에 대한 답이 나오면 배심원은 A에 대한 판결을 내릴 수 있다. 그 밖에도 "A가 B를 죽일 만한 동기가 있었는가?" "A는 B를 죽이겠다고 협박했는가?"와 같은 이슈도 제기될 수 있다. 이는 판결을 내리는 데 중요한 참작 사유가 될 만한 이슈지만, 반드시 있어야만 하는 이슈는 아니다. 더 나아가 "A는 평소 B 같은 스타일을 싫어했는가?"와 같은 이슈는 사소한 이슈에 속한다고 할 수 있다.

넷째, 중심 질문과 마찬가지로 변화의 옹호자는 '예'라고 답해야만(must) 하고, 변화의 반대자는 '아니오'라고 답할 수 있어야(may) 한다. 다시 위의 법정 논쟁에서 A의 살인 혐의를 입증해야 하는 검사 측에서는 주요 이슈에 대한 확실한 입장을 갖고 법정논쟁을 시작해야 한다. 이에 비해 변호인 측에서는 그중 일부는 받아들이고 나머지를 반박할 수 있으므로 '아니오'라고 답할 수도 있다(may)는 여지를 남겨놓아야 한다. 양방이 모든 이슈에 다 엇갈리는 입장을 갖고 논쟁할 필요는 없다는 뜻이다.

논쟁에 임하는 사람, 더 정확히는 논쟁을 제기한 사람은 상대방을 설득하기 위해 가능한 모든 논점을 찾아내야 한다. 초기 수사학자들은 논쟁에 대한 수요가 생기면서 관심이 모아진 기원전 5세기 무렵부터 이슈를 찾아내는 다양한 방법을 모색하고 실험했다. 양측이 찾아낸 모든 가능한 이슈를 잠재적 이슈(latent issue)라고 하고, 이 중 양측이 동일한 입장을 보여 논란의 대상으로 삼지 않기로 한 이슈를 '합의된 이슈(admitted issue)'라고 한다. 의견이 갈리는 부분을 '논란이 된 이슈(contested issue)'라고 하며, 주로 논쟁은 이 이슈에 집중되게 된다. 논쟁을 진행하면서 서로 어떤 이슈들에는 합의하며 어떤 이슈에서 논점이 갈리는지를 알 수 있게 된다. 증거의 여부와 사안의 중요성에 대한 가치 판단에 따라 이슈의 지형은 달라질 수 있다. 그 후에 양측은 서로 동의하지 않는 이슈를 중심으로 논쟁을 집중하게 된다. 궁극적 이슈(ultimate issue, voting issue)란 논란이 된 이슈 중에서도 단 한 가지 이슈에 공방이 집중되어 논쟁의 성패가 갈리는 이슈를 지칭한 말이다.

법정에서는 대개 모든 논점이 사전에 공지되어 검사 측과 변호인이 논점을 중심으로 공방을 펼친다. 가령 "A가 B를 죽였는가?"라는 중심 논제 안에서 제기할 수 있는 가능한 이슈는 다음과 같은 것이다.

이슈 1. B는 죽었는가?
이슈 2. A의 행동이 B를 죽음에 이르게 했는가?
이슈 3. A가 B를 죽인 것은 법에 어긋나는 일인가?
이슈 4. A는 B를 죽일 의도가 있었는가?
이슈 5. A는 악의적으로 B를 죽였는가?

만약 죽은 B의 시신이 발견되지 않았다면, 원고 측은 결정적인 증거가 없으므로 1번을 '논란이 된 이슈'로 삼을 것이다. 만약 A가 의사인데 수술 도중 환자인 B가 심폐기능 저하 등으로 죽은 경우라면 사인을 두고 의사의 책임인지 여부가 쟁점이 될 것이고, 2번이 '논란이 된 이슈'가 될 개연성이 높다. 만약에 B가 사형수였거나 안락사가 허용된 나라였다면 3번을 갖고 논쟁을 할 것이고, 실수로 인한 사건이나 우발적인 살인이었다면 4번이 논점이 될 것이다. 정당방위였다면 5번을 중심으로 법정 공방이 가열될 가능성이 있다.

이슈를 찾아내는 목적은 앞서 기술한 '잠재적 이슈'를 모두 찾아낸 후,

그 중에서 자신에게 유리한 이슈를 '논란이 된 이슈(contested issue)'로 만들어 상대방과 맞붙기 위해서다. 이를 위해 자신의 입장을 뒷받침할 증거를 찾고, 상대방에게 유리한 이슈에 대해서는 방어할 증거를 찾아야 한다. 각기 다른 입장에서 최선을 다해 제시한 다양한 증거를 검토한 배심원들은 비로소 공정한 판결을 할 수 있게 된다.

(3) 논쟁

각 이슈를 놓고 찬성 측과 반대 측은 각각 자신의 입장을 뒷받침할 증거자료를 모아 논쟁(argument)을 펼친다. 논쟁이란 증거를 수반한 주장(claim supported by evidence)으로, 개별 논쟁을 주고받으며 상호 공방과 설득을 벌이는 전 과정을 '아규멘테이션'이라고 한다.

이슈에 대한 논쟁은 매우 다양하게 진행될 수 있다. 귀납적으로 접근할 수도 있고, 연역적으로 접근할 수도 있으며, 비유를 사용하거나, 사례를 나열하거나, 권위 있는 취재원을 이용하는 방법을 모두 동원할 수 있다. 때로는 그럴 듯하게 들리지만 그 안에 논리적 오류가 숨어 있는 경우도 많다. 증거가 건전하고 설득력이 있는 논쟁을 '좋은 논쟁(good argument)' 혹은 '강한 논쟁(strong argument)'이라고 하고, 억지를 쓰거나 증거가 미약한 논증을 '나쁜 논쟁(bad argument)' 혹은 '약한 논쟁(weak argument)'이라고 한다. 증거를 상실했다면 논쟁이 아닌 주장(assertion, claim)에 지나지 않는다.

어떠한 주장이 논리적인 구조를 갖추기 위해서는 반드시 그 주장을 뒷받침하는 증거가 있어야 한다. 수사학자들과 논리학자들은 말의 설득적 효과에 관심을 두고 논증을 연구하고 다듬어왔다. 증거, 전제, 주장 등 논증을 구성하는 요건은 수사학과 논리학이 동일하다. 그러나 그 둘은 한 가지 점에서 큰 차이를 나타낸다. 논리학에서의 논증이란 증거와 결론이 논리적으로 유효한(valid) 관계를 구성하면 논증의 요건을 갖췄다고 본다. 그러나 앞 장에서도 논의했듯이 수사학에서는 관계의 유효함 이외에 또 다른 요건이 필요한데, 그게 청중의 역할이다. 아무리 논리적인 논증이라고 하더라도 청중이 논리적이라고 받아들이지 않으면 수사학적 논증으로서는 문제가 있다.

논리학에서의 논증(logical argument)은 설득을 목적으로 하지 않지만, 수사학에서의 논증(rhetorical argument)은 궁극적으로 설득이 목적이라는 점이 다르다. 화자–메시지–청중으로 이어지는 커뮤니케이션의 세 가지 요소 중에서 논리학이 관심을 갖는 부분은 메시지에 집중되어 있다. 더 정확히는 메시지를 구성하는 단어들 간의 논리적인 연결이다. 반면 수사학자들은 메시지 자체의 논리성뿐 아니라, 그 메시지가 얼마나 효과적으로 화자에 의해 발설되어 얼마나 설득적으로 청중들에게 전달되었는가에 관심을 둔다. 화자의 전달력을 분석하고, 청중의 관심을 분석한다. 메시지의 설득력이란 결국 청중이 받아들이는 논리의 종류에 따라 정해지며, 논리의 설득력과 화자의 특성 역시 불가분의 관계이기 때문이다.

논쟁에서 설득 논리를 구성함에 있어 직접적인 청중과의 관계를 구성하는 일은 따라서 매우 중요하다. 특정 청중에게 설득력을 지닌 논리가 또 다른 청중에게는 그렇지 않을 수 있기 때문이다. 월러스(Wallace)는 논쟁을 '좋은 이유가 뒷받침하는 주장(a claim supported by good reasons)'으로 정의했는데, 여기서 '좋은(good)'이라는 단서가 붙은 것은 다양한 청중들의 변수를 고려한 것이다. 예를 들어 "물을 많이 마시면 건강에 좋다"는 논제를 설득적으로 풀어가는 데 다양한 청중을 대상으로 한다고 가정해보자. 의사들이 청중이라면 의학적 증거로 설득하는 것이 효과적일 것이고, 노인들이 청중이라면 장수의 증거들을 사용하는 편이 좋을 것이다. 젊은 여성들이 청중이라면 피부미용과 다이어트에 효과적이라는 증거로 설득을 하는 것이 더 효과적일지 모른다. 각각의 청중이 '유효하다(good)'고 여기는 증거가 다르기 때문이다. 청중이 받아들이게 하는 것이 우선 중요하므로 화자의 설득적 힘이나 도덕성, 친화력, 효율적인 메시지의 전달 등의 요소가 수사학에서는 모두 중요한 고려 대상이 된다.

논리학에서의 논쟁이나 수사적 논쟁에서 결국 핵심은 논쟁은 결론(주장)과 전제(증거)의 연결에 있다. 연결하는 방식에 따라 단순논쟁, 수렴형 논쟁, 독립형 논쟁으로 나눌 수 있는데, 각각을 그림으로 표시하면 다음과 같다.

a. 단순 논쟁(simple argument)

b. 수렴형 논쟁(convergent argument)

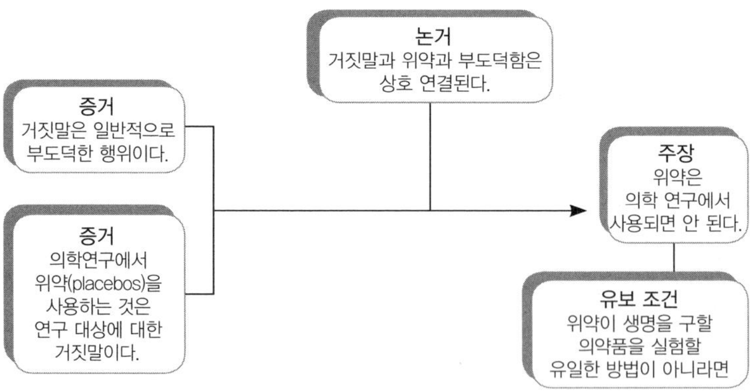

c. 독립형 논쟁 (independent argument)

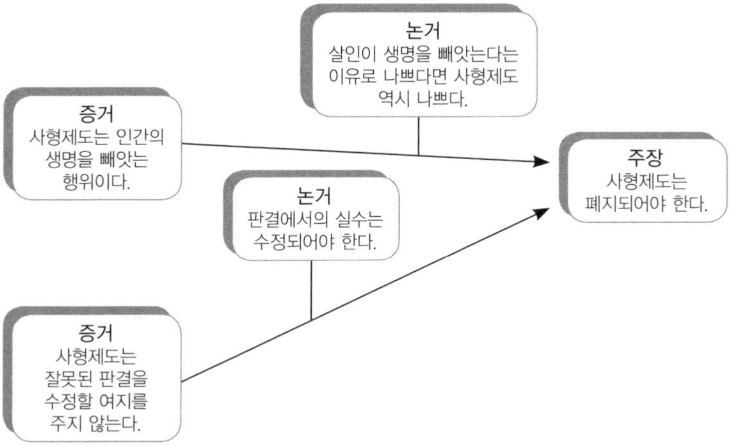

The Debatabase Book, 2004, 9-10쪽.

(4) 전제와 증거

논리학에서의 전제(premise)란 대체로 증거(evidence)를 뜻한다. 그러나 수사학에서는 전제와 증거를 분리해서 접근하고 있다. 전제란 설득의 대상이 되는 청중이 광범위하게 공유하는 사실 혹은 가치와 관련된 믿음을 뜻한다. 청중을 이해한다는 말은 그들이 공유하는 가치관 혹은 전제를 이해한다는 뜻과 동의어이다. 논리라는 집을 지으려면 먼저 전제라는 땅이 튼튼해야 한다. 전제를 공유하지 않는 상대, 혹은 청중과 논쟁을 벌인다는 것은 모래 위에 집을 짓는 것과 같다.

로마시대 수사학자인 퀸틸리아누스도 전제를 이해하는 것이 논쟁의 기본임을 알고 있었다. 그는 전제를 다음과 같이 정의했다. 전제란 감각적으로 인지되고, 일반적으로 동의되며, 법이나 관습에 존재하며, 논쟁의 당사자가 받아들이는 것을 말한다. 예를 들면 어린이들은 대개 부모의 사랑을 받는다는 통념, 오늘 건강한 사람은 내일 살아 있을 것이라는 믿음, 또 가택침입의 흔적이 없는데 일어난 도난사건은 그 집의 거주자에 의해 범해졌을 것이라는 추측이 이에 속한다고 할 수 있다.

전제는 크게 사실 전제(fact premise)와 가치 전제(value premise)로 나뉜다. 사실 전제란 경험의 세계에서 청중들이 공유하는 어떤 사실에 대한 믿음이다. 가령 지구는 둥글다거나 설탕은 달고 소금은 짜다거나 하는 전제가 이에 속할 것이다. 사실에 대한 대중의 전제는 절대 불변의 것이 아니라 사회 문화적 상황과 과학의 발달에 따라 계속 변한다. 과거 인간들은 지구가 평평하다는 사실을 전제로 받아들였으며, 태양이 지구를 중심으로 돈다고 믿었다. 그러나 지금은 지구가 둥글고, 지구가 태양을 중심으로 돈다는 사실을 전제로 공유하고 있다.

커뮤니케이션 기술이 발달하기 이전에는 소리나 영상을 저장할 수 없다는 것이 대중들의 믿음이었으나, 녹음기와 사진 기술의 발명으로 그 전제가 바뀌었다. TV는 텔레비전 수상기로만 보는 것이 아날로그 시대의 전제였다면, 디지털 시대에는 컴퓨터 모니터와 핸드폰으로도 시청이 가능한 것으로 전제가 바뀌었다. 암이 걸리면 곧 죽는다는 믿음을 대중이 갖고 있었으나 의술의 발달로 극복 가능한 병으로 인식되면서 암에 대한 전제도 달라졌다.

어떤 공동체가 공유하는 사실의 세계를 사실 전제라고 할 때 이런 사실 전제들이 모여 공동체의 상식(common knowledge)이 된다. 사실의 세계는 진실이라고 증명이 되면 가치 전제에 비해 쉽게 받아들이게 할 수 있다. 각종 논쟁 상황에서 제시되는 증거도 같은 역할을 한다. 증거는 논쟁의 원재료를 이루는 사실, 의견, 물건으로 정의된다. 여기서 사실 증거는 사실 전제와 함께 논쟁의 사실적 기반으로 기능한다.

가치 전제란 청중이 공유하는 믿음 혹은 가치관을 말한다. '좋다/ 나쁘다' '옳다/그르다' '바람직하다/바람직하지 않다' '중요하다/중요하지 않다'

등을 둘러싸고 청중이 공유하는 믿음을 뜻한다. '거짓말은 옳지 않은 일이다' '살인은 벌 받아 마땅한 나쁜 일이다' '남을 위해 희생하는 것은 고상한 행위이다' '성실하게 일하는 사람은 보상받을 가치가 있다'는 등의 믿음은 대체로 어느 사회나 공유하는 믿음의 체계라고 할 수 있다. 그러나 사람마다 가치관이 다르듯 공동체의 가치관은 각기 다른 차이를 나타내는 경우를 많이 본다. 같은 공동체 안에서도 보수적이냐 진보적이냐에 따라 같은 사안을 놓고 정반대의 입장을 보이는 경우도 있다.

가치 전제는 시대에 따라 변화한다. 현대 사회에서는 날씬한 여성이 아름답다는 가치 전제를 공유하고 각종 성형 산업과 다이어트 산업이 발전한다. 그러나 양귀비가 살았던 고대 중국에서는 통통한 여성을 미인으로 간주했다고 했다. '아름답다'는 가치 전제가 달랐던 것이다. 언제나 지각하는 학생이 있다고 가정해보자. 이 학생이 평소 "지각은 좋지 않은 것이다"라는 가치관을 갖고 있지 않다면 선생이 타일러도 알아듣지 못할 것이다. 논쟁 상황에서도 마찬가지다. 상대방이 어떤 가치 전제를 갖고 있는가를 먼저 파악해야 어떤 증거로 어떻게 설득해야 할지 결정할 수 있다.

가치 전제를 테스트하는 방법은 다음과 같은 세 가지다.

1. 그래서? 테스트(The so what? test)
2. 가치 비교 테스트(The value comparison test)
3. 가치 적용(혹은 해석) 테스트(The value application or interpretation test)

'그래서? 테스트'는 상대방이 어느 정도 가치 전제를 공유하는가를 알아내는 가장 손쉬운 방법 중 하나이다. 앞서 지각한 학생의 예에서 "왜 늦었니?"라는 선생의 꾸중에 "그래서요? 그게 잘못됐나요?"라는 반응을 보인다면, 지각이 잘못이라는 가치관을 이 학생은 갖고 있지 않다는 뜻이다. 적어도 지각이라는 사태를 유발했다는 사실의 묘사에는 동의하지만, 그로 인한 유해함이나 시간을 지키는 것의 중요성 같은 가치 차원의 의식을 공유하지 않는다.

상대방의 가치 전제를 확인하는 것은 정책 논쟁에서도 유효하다. 즉 제안된 어떤 정책에 대해 "그래서 뭐가 문제냐?"고 한다면 그는 현 상태의 문제점이 '심각하다'거나 해결해야 하는 문제가 '중요하다'는 '동기 이슈'를 공유할 만한 가치 전제를 갖고 있지 않다는 걸 의미한다. 이 경우 논쟁은 '동기 이슈'로 집중될 것이다.

어떤 제안에 대해 상대방이 거부할 때 그의 가치 전제를 확인하는 물음은 "그래서?" 외에도 다음과 같은 질문이 있다. "그런 상황이 주위에 피해를 주는가?" "누가 그로 인해 피해를 입었는가?" "그 일을 하는 데 악의가 있었는가?" "이런 믿음 혹은 행동의 결과로 뭔가 이득이 되는 효과가 있나?" "그렇게 해서 얻은 이익은 바람직한 것인가?"

앞의 경우가 제안된 가치를 아예 받아들일 수 없는 경우라면, 제안된 가치에는 일반적으로 동의하지만, 그것보다 더 중요한 가치가 따로 있으므로 받아들일 수 없다는 입장이 있다. 이런 입장을 찾아낼 수 있는 테스트가 '가치 비교 테스트'다. 앞의 지각의 경우에 학생이 "지각한 건 잘못했습니다. 하지만 저에게는 가족이 더 소중했습니다. 아픈 가족을 병원에 데려다주고 오느라 늦었거든요"라고 한다면, 그 학생은 학교보다 가족을 더 중요하게 여기는 가치관을 가졌다는 것을 알 수 있다. 가치관은 종종 우선순위의 문제이다. 무엇을 더 중요하게 여기느냐에 따라 논쟁의 양상은 많이 달라질 수 있다. 동생을 때린 형이 엄마로부터 꾸중을 들은 장면을 상상해보자. "그래서 뭐? 동생 좀 때리면 안 돼?"라고 한다면 '동생을 때리는 건 나쁜 일'이라는 가치 전제를 공유하지 않는다는 뜻이며, "때린 건 잘못했지만 그보다 동생이 또 잘못하지 않도록 가르쳐주는 게 더 중요해"라고 한다면 가치의 우선순위에서 '폭력의 용인'보다 '훈육의 필요성'이 더 중요했다는 뜻이다.

다시 앞의 형-동생 사례에서 "그게 어디 내가 때린 거야? 그냥 툭 친 거지?"라고 한다면 어떨까? 이 경우에는 '폭력은 나쁘다'는 가치에는 동의하지만 '동생을 때린 건 폭력이 아니다'라고 가치의 적용을 다르게 한 경우라고 할 수 있다. 가치를 어떻게 해석하고 적용하는가를 알기 위해 하는 테스트가 '가치 적용 테스트'다. 여기서 묻는 질문은 "문제의 가치가 지금의 이 경우에 해당하는 것인가? 여기 적용된 가치를 어떻게 해석해야 하는가"이다. 여기서 상대방은 가치는 받아들이되, 적용 여부는 받아들이지 않는다.

상대방의 가치 전제를 확인하는 물음들은 앞으로 기술할 '접점 모델' 중 '정의 이슈(definitional issue)'나 '질적 이슈(qualitative issues)'를 둘러싼 공방에서 유용하게 활용될 수 있으며, 정책 논쟁의 경우 '동기 이슈(motivational issue)'나 '비용 이슈(cost issue)'에서 상대방이 서 있는 가치관의 지형을 탐색하는 데 활용될 수 있다.

'사실 전제'는 어느 정도 문화권을 뛰어넘는 보편적인 특성이 있는 반면, '가치 전제'는 문화권에 따라 큰 차이를 보인다. 크게는 동양권-서양권과 같이 가치 기준이 다른 같은 문화권으로 분류할 수 있고, 그 안에서도 국가별로, 또 특정 커뮤니티나 지역 사회에 따라 별도의 가치관을 보유하는 것이 가능하다. 여성의 성 역할 부분만 놓고 봐도 아랍권 여성과 아시아권 여성, 서구 여성은 각기 다른 전제를 공유한다. 또한 같은 사회 안에서도 보수적인 가치를 지니느냐 진보적인 가치를 지니느냐에 따라 여성의 역할에 따른 전제가 달라질 것이다. 전통적으로 여성의 미덕은 결혼 후 출산과 가사에 충실한 것으로 여겨져 왔다면 근대 이후에는 여성의 사회활동을 바람직한 것으로 받아들이는 가치관이 형성된 것이 좋은 예다. 어떤 사회, 국가, 혹은 커뮤니티를 이해한다는 것은 그 지역 사람들이 공유하는 가치체계를 학습한다는 것을 의미한다. 때문에 다른 문화권에 속한 사람들을 청중으로 한 설득에는 그들의 가치관을 고려해야 성공할 수 한다.

설득 논리를 구성하려는 화자들은 따라서 청중이 어떤 가치관을 전제로 공유하는가를 먼저 파악해야 할 필요가 있다. 청중의 가치관에 따라 가장 효과적인 설득방법이 무엇인지, 어떤 증거들이 필요한지, 청중의 입장에서 볼 때 굳이 증명 할 필요가 없는 논제가 무엇인지 알아내야 한다. 화자의 과제는 자신의 논리 구성에 이러한 전제들을 잘 활용해서 가장 설득적인 논쟁을 이끌어내는 것이다.

6. 이슈 발굴을 위한 모델

초기 스피치 교사들은 이를 위해 법정 진술이나 혹은 의회에서 설득을 위한 기제로 찾아낸 이슈들에서 일정한 패턴을 찾아내기 위해 노력했고, 설득의 방법을 필요로 하는 사람들에게 체계적으로 가르치기 시작했다. 그러자면 이슈 발견의 일정한 공식이 필요했다. 법정에서는 이미 모든 이슈들이 공격과 방어를 위해 펼쳐져 있는 반면, 법정 바깥 사회에서는 그렇지 않다. 대개 이슈들이 숨어 있는 경우가 많고, 예상치 못한 이슈가 제기되면서 논쟁의 흐름이 바뀔 수도 있다. 이런 상황에 능동적으로 대처하기 위해 과거 수사학자들은 자신들이 개발한 이슈 발견 공식을 사용하기를 권했다. 사실이나 가치 논쟁의 경우에는 접점 모델이, 정책 논쟁의 경우에는 핵심 쟁점 모델이 유효하다는 것이 그들의 축적된 경험의 결과이다. 각각의 모델에 대해 살펴보자.

(1) 접점 모델

설득적 논쟁이 이루어지기 위해서는 먼저 이슈를 내포한 중심 논제가 있어야 하고, 찬-반 양측으로 나뉜 토론의 당사자가 존재해야 한다. 토론의 참가자는 합리적인 증거를 들어 논리를 전개해야 한다. 여기서 중요한 것은 논쟁의 당사자들이 서로 다른 입장이 가장 가깝게 부딪치는 지점에서 만나야 한다는 점이다. 그들이 만나는 수단은 상호간에 제시하는 증거들이다. 토론에서의 접점, 혹은 상호 다른 입장의 부딪침(clash)이 증거가 아닌 인물로 넘어올 때 토론은 유쾌하고 생산적인 지적 게임이 아니라 '인간성에 의한 오류'에 빠지기 쉽다. 논쟁의 참여자들이 서로 증거라는 무기로 서로 맞서며 우월적 지위를 모색해가는 과정에서 청중에 대한 설득 효과를 발휘할 수 있다.

'접점 모델(stasis model)'이 형태를 갖추게 된 것은 기원전 2세기 템노스의 헤르마고라스(Hermagoras)에 의해서였다. 접점을 활용한 논쟁의 기술은 기원전 1세기까지 계속되며 세련되고 체계적으로 정리되었고, 로마 시대 웅변가인 키케로도 이 모델을 기반으로 명연설을 한 것으로 기록된다. 접점 모델이란 그렇게 2천 년 동안 갈고 닦여진 기술이다.

헤르마고라스는 논쟁을 이끌고 나갈 이슈를 발견하는 장치로 접점의 중요성을 역설했는데, 여기서 접점이란 그리스어로 질문, 혹은 이슈를 뜻했다. 로마 시대로 넘어오면서 라틴어로 지위를 뜻하는 'status', 함께 서 있는 발판을 뜻하는 'constitutio'로 의미가 진화한다. 양 측의 논리가 맞부딪쳐 '잠시 서 있는 지점'쯤에 해당한다. 그 지점에서 화자는 상대방 논리를 밀어내고 견제하며 자신의 입지를 탄탄히 할 기술을 고민하게 되었고, 그 결과 접점 이론이 나왔다고 할 수 있다. '접점 이론'이란 모든 논쟁에서 상호 의견이 분기되는 지점의 이슈들을 찾아내는 틀을 설명하는 이론으로, 이 모델을 활용하면 네 가지 종류의 이슈를 발굴할 수 있다. 키케로(Cicero) 역시 이 모델을 사용하면 대부분의 논쟁에서 제기 가능한 이슈들을 포괄적으로 찾아낼 수 있는 장점이 있다고 지적했다.

접점 이론에서 토론 쌍방 간의 언어에 대한 의미 공유는 매우 중요한 요소이다. 같은 어휘를 사용하며, 그 어휘에 대한 정의에 동의하는가가 성공적인 토론의 요건이 된다. 토론자에게 주어지는 중심 논제가 접점을 형성하기에 적합한 것이어야 하며, 토론자는 각기 다른 입장과 견해를 증거, 혹은 이유와 함께 피력하되 의견의 분기점(접점)에서는 서로 만나야 한다. 접점은 토론자들 사이의 공격과 방어, 그리고 공손함(facework)을 관찰할 수 있는 개념적 장소이다. 현대 정치 토론에서도 후보자가 어느 부분에서 입장을 달리하는가를 유권자가 파악하려면 그 둘이 부딪치는 지점을 알아야 한다. 정치 디베이트를 연구한 아우어(Auer, 1960)는 이와 관련해 디베이트가 갖춰야 할 필수 요건으로 (1)대립(confrontation) (2)동일하고 적절한 시간(equal and adequate time) (3)짝을 이루는 토론 당사자(matched contestants) (4)중심 논제(stated proposition) (5)청중의 결정(audience decision)을 지적한 바 있다.

근대 수사학자들이 개발한 필수 쟁점 모델(Stock issues model)이 정책 논쟁에 유용하게 사용된 것에 비해 접점 이론은 고대부터 가치 논쟁이나 사실 논쟁에서 논점의 정확한 위치(locus of controversy)를 찾아내는 이론적 토대를 제공해왔다(Fahnestock & Secor, 1983, 138쪽).

접점 이론을 적용한 토론에서의 쟁점은 크게 정의적 쟁점(definitive issues)과 지시적 쟁점(designative issues)으로 나눌 수 있다. 정의적 쟁점이란 주요 용어의 정의는 무엇인지, 주장된 가치 판단의 기준은 무엇인지를 제시하는 것을 말하고, 지시적 쟁점이란 제시된 사실이 개념 정의에 부합되는지, 이 경우에도 동일한 가치 판단이 적용되는지 타당성 여부를 제시하는 것으로 이루어진다. 이를 위해 다음과 같은 네 가지 이슈 발굴 기제를 활용한다.

첫째, 가치 논쟁에서 가장 먼저 발굴해야 할 이슈는 사실 관계 이슈이다. 논점을 둘러싼 사실 규명에 초점을 맞춘 이슈로, 사실 추정 이슈(conjecture issue)라고 부른다. 대개 모든 논쟁의 첫 번째 단계는 사실 여부를 규명하는 일이다. 가령 어떤 범죄의 혐의자가 법정에서 재판을 받는다고 가정해보자. 이때 공방의 당사자들은 "범죄 현장에 그가 있었는가?"

"사용된 무기가 발견 되었는가?" "살인 무기는 칼인가?" "그와 피해자는 서로 아는 사이인가?" "피해자가 원한을 살 일을 한 적이 있는가?" "목격자는 있었는가?" 등의 질문을 놓고 시비를 가릴 것이다. 사실 여부에 따라 분명하게 옳고 그름이 나뉘는 질문(이슈)을 찾아내 자신이 주장하는 바를 강조해야 한다. 앞으로 벌어질 공방의 토대를 이루는 사실을 확인하도록 도와주는 이슈들을 사실 이슈라고 한다.

두 번째로 발굴해야 할 이슈는 그 사실의 정확한 의미, 혹은 정의를 놓고 공방을 벌이는 정의 이슈(definition issue)이다. 같은 논점에 대해 양자가 사실관계에는 동의하지만 그 사실이 뜻하는 정의에는 의견이 갈리는 경우가 종종 있다. 낙태가 곧 살인이라는 논점에 대한 공방의 예를 들어보자. '살인'의 내용에 부합하려면 태아는 인간이어야 한다. 그런데 "태아는 아직 태어나기 전이므로 인간으로 볼 수 없다"고 맞선다면, '인간'의 정의에 대해 양측이 엇갈리는 입장을 보이고 있다고 할 수 있다. 또한 살인 혐의를 받고 있는 사람에 대한 법정 공방에서 피해자가 사망한 사실에는 변호인과 검사측이 동의하지만 한쪽은 '1급 살인'이라고 주장하고, 또 한쪽은 '정당방위'라고 주장하면서 팽팽하게 맞서는 경우를 가정해보자. 죽음이라는 사실에 대해 양 측이 다른 '정의'를 내리고 있다고 할 수 있다. 살인 의도에 따른 계획적인 범행이었는지, 우발적인 살해였는지에 따라 형량이 현격히 차이가 날 수밖에 없으므로 정의 이슈는 중요하다.

그런데 A가 B를 죽인 것이 의도된 범행이었다고 가정해보자. B는 A의 자녀를 납치해 살해했고, 자식을 잃고 슬픔에 잠긴 A가 복수심으로 B를 찾아내 살해한 경우, 사실(죽였다는 사실)과 사실의 정의(1급살인)에는 변호인과 검사가 동의하지만 애타는 부모의 마음을 헤아린 배심원들은 형량을 낮출지도 모른다. 이런 경우를 위해 발굴할 수 있는 이슈가 정상참작의 경우를 헤아린 질적 이슈(quality issue)이다. 세 번째로 발굴해야 하는 이슈의 종류이다. 제기된 모든 상황을 감안할 때 참작해야 할 사항(mitigating circumstance)이 있는가 여부에 초점을 둔 이슈 발견법이라고 할 수 있다.

질적 이슈란 기본적으로 모든 규칙에는 예외가 있다는 가정에서 출발한다. 아무리 흉악한 범죄라고 하더라도 그럴 수밖에 없었던 어떤 이유가 있었을지 모른다. 따라서 질적 이슈를 찾아내기 위해 논쟁의 당사자들은 "행위는 정당화될 수 있는가?" 혹은 "정상참작의 여지가 있는 상황 하에 벌어진 일이었나?"라는 질문을 놓고 다시 공방을 벌일 수 있다. 가령 살인범이 미성년자라든가, 초범이라면, 혹은 자신의 행동에 책임을 질 수 없는 지적 장애자나 정신 병력의 소지자라면 그에 대한 처벌은 훨씬 관대할 것이다. 질적 이슈에 대한 이해를 돕기 위해 아리스토텔레스는 저서 '수사학'에서 '공동체의 성문법'과 '우주의 불문법'을 구별하고, 정의를 구현한다는 것은 때론 어떤 사회의 성문법의 범주를 넘어가는 경우가 있다는 말로 설명하고 있다.

사실 이슈, 정의 이슈, 질적 이슈를 모두 발굴했다고 논쟁에서 제기 가능한 모든 질문에 대비하고 있다고 생각하면 오산이다. 마지막으로 상대방이 공격해올 수 있는 이슈는 "지금까지의 모든 절차가 공정했나?"를 묻는 절차 이슈(procedure issue)이다. 가령 피의자로부터 증거를 얻어내는 절차가 고문에 의한 것이거나 협박에 의한 것이라면 법정에서 효력을 잃을 것이다. 정당한 법적 절차에 따라 체포되지 않고 임의 동행에 의해 법정에 불려왔다면 그 역시 절차상의 이슈를 문제 삼아 논쟁을 유리한 고지로 끌고 갈 수 있다. 엄밀히 말하면 절차 이슈들은 앞서 정의한 이슈의 정의에서 '핵심적인(vital)' 이슈는 아닐지도 모른다. 고대 그리스 시대에는 노예를 고문해서 얻어낸 증거도 법정에서 채택하곤 했다. 그러나 현대 들어서 인권이 중시되고 법의 절차적 정당성을 강조하는 추세가 늘어나면서 절차 이슈는 나머지 이슈들 못지않게 중요한 이슈로 자리매김해가고 있다.

앞의 내용을 실례를 들어 설명해보자. 앞서 말했듯 접점 모델은 가치를 둘러싼 논제에 적합하다. 적용 사례로 어떤 두 대상의 가치를 비교(value comparison)하는 "A는 B보다 좋은 선생인가?"라는 논제가 있다고 가정하자. 이 논제를 둘러싼 이슈들은 어떤 것들이 있는지 접점 모델을 적용해 이슈를 발굴해보자.

1. 사실 이슈:

"A는 B보다 좋은 학교를 나왔는가?" "A는 B보다 나이가 많은가?" "A는 B보다 학생들 사이에 인기가 좋은가?" "A는 B보다 많은 시간을 학생을 위해 할애하는가?" "A는 B보다 학생들에게 과제물을 많이 주는가?" "A는 B보다 더 많은 학문적인 성과를 냈는가?"

2. 정의 이슈:

"좋은 선생이란 좋은 학교를 나온 사람인가?" "좋은 선생은 상대적으로 젊은 사람인가?" "좋은 선생이란 학생들 사이에 인기가 있는 사람인가?" "좋은 선생이란 학생들에게 많은 시간을 할애하는 사람인가?" "좋은 선생이란 과제물을 많이 내는 사람인가?" "좋은 선생이란 학문적으로 우수한 사람인가?"

3. 질적 이슈:

"A는 B보다 젊다. 젊은 선생이 대체로 우수한가?" "A는 여자 선생이고 B는 남자 선생이다. 여자 선생들이 더 학생들 사이에 인기가 좋은가?" "A는 B보다 더 좋은 학교를 졸업했다. 학벌이 좋은 선생이 학문적으로 더 우수한가?"

4. 절차 이슈:

"A에게 비전공 과목을 가르치게 하고 평가했는가?" "B에게 과도한 수업 외 업무를 주고 그의 교수 활동을 평가했는가?" "A와 B는 계약 조건과 월급이 동일한 선생인가?"

접점 이론이 시사하는 바는 모든 가치 논쟁이나 사실 논쟁에 있어서 기본은 정확한 사실을 먼저 규명하는 일이며, 그 사실에 대한 개념을 공유하는 일이 뒤따라야 한다는 점이다. 어느 사회이건 어떤 형태의 논쟁을 하기 위해서 가장 중요한 것은 먼저 해당 이슈에 대한 정확한 사실을 찾아내고, 의미를 부여하는 일이다. 사실 여부에 대한 양측의 동의와, 그 사실의 개념에 대해 다시 양측이 동의한다면 논쟁의 절반 이상은 이루어진 것이고, 그만큼 이견 해소에도 진전을 보았다고 할 수 있다. 건강한 토론 문화의 기본 토양을 제공한다는 점에서 정확한 사실을 찾아내고 보도하는 저널리즘의 기능은 따라서 매우 중요하다.

(2) 필수 쟁점 모델

세상은 그러나 어떤 가치나 사실에 대해서만 논쟁하도록 단순하지 않다. 이해관계가 복잡하게 얽힌 오늘날 세상에서는 실제 변화를 이루기 위해 어떤 행동의 방향이나 구체적인 정책의 도입을 놓고 논쟁을 벌이는 일이 더 많다. 필수 쟁점 모델(stock issues model)이란 접점 모델(stasis model)의 논리적인 연결선에서 현대적 정책 논쟁을 효율적으로 수행하기 위해 19세기 들어 체계화되고 활용되어온 모델이다. 이 모델을 통한 논쟁은 현상 유지(status quo), 현재의 문제점(problem), 제안된 해결책(proposed solution) 등 세 가지 변수의 조합을 이용해 상호 설득을 염두에 둔 설득 커뮤니케이션 활동이라고 할 수 있다.

정책의 제안자들은 효과적으로 자신들의 논리를 이해시키고 반대 의견의 모든 경우의 수에 대비하기 위해 앞의 세 가지 변수를 이용해 현상 유지의 문제점을 부각하고, 문제점을 해결할 수 있는 정책을 제안하고, 그 제안 이외의 더 적합한 정책이 없음을 보이는, 전방위적이고 포괄적인 이슈 제안 방법을 썼다. 혹은 이와 유사한 개념으로 제시된 문제의 정당성(justification), 제시된 방안의 실행 가능성(plan), 제시된 방안으로 인한 이익

(advantage)을 변수로 하기도 한다. 필수 쟁점 모델은 정책 논쟁에서 발생 가능한 모든 이슈를 발굴하도록 도와주는 발명의 도구(inventional tool)이면서 논쟁을 조직적으로 평가하도록 도와주는 도구(organizational tool)로서 기능한다. 정책 논쟁의 참가자들은 자신의 입장에 따라 가장 유리한 이슈를 선점하기 위한 방법으로 필수 쟁점 모델을 활용한다.

논쟁의 당사자들에게 어떤 이슈, 혹은 주제를 중심으로 논쟁하느냐 하는 문제는 설득적인 논증의 구축과 승산의 확률이 달린 매우 중요한 문제이다. 때문에 주제 선택과 관련된 논의와 관심은 고대 수사학에서부터 진지하고 체계적으로 전개되어왔다. 정책 논쟁의 이슈는 고대 수사학자들이 명명한 수사학의 5개 영역, 즉 주제 설정(invention), 배열(arrangement), 미사여구(style), 암기(memory), 발표(delivery) 중 주제 설정에서 이론적 뿌리를 찾을 수 있다. 아리스토텔레스 수사학의 목표는 설득 그 자체보다는 어떠한 논증에라도 적합한 설득의 수단을 제공하는 데 있었으며, 그를 위해 증거와 연결된 이슈를 찾아냄으로써 논쟁의 효율성을 도모하도록 했다.

주제 설정은 다시 논점간의 접점(stasis), 증거(proof), 공통적인 논점(topoi) 등 세 갈래에서 각기 논의가 진행되었다. 키케로(Cicero)는 접점과 관련, "사람들 사이에 의견 불일치가 있는 모든 이슈에 유용하다"고 설명했다(Borchers, 2006, 44쪽). 고대 수사학자들은 의견간의 접점을 사실 여부의 규명, 용어의 정의, 발생한 일의 본질 등에 대한 논쟁 등에서 접근했는데, 당시 시대적 요구에 따라 철학 논쟁이나 법정 논쟁이 주를 이루었다.

정책 논쟁의 경우 접점은 향후 계획을 놓고 벌이는 행동의 방향성이 갈라지는 지점을 의미한다. 이 지점에서 의견이 갈라진 논쟁자들은 미래 상황에 대한 계획의 방향을 놓고 어떤 것이 더 좋고 옳은 일인지 공방을 벌인다. 정책논쟁은 종종 현상유지를 원하는 사람과 현상의 변화를 바라는 사람 사이의 의견대립이다. 현재의 상태에 대한 모순점을 타파하기 위해 새로운 정책을 제안하는 사람들은 가장 먼저 정책의 필요성을 명백하게 보이기 위해 현 상태의 문제점을 지적하는 것에서 시작해야 한다. 새로운 정책이 아무리 멋있어 보인다고 하더라도 현재의 상태가 크게 불편하지 않다면 굳이 새 정책을 도입할 필요성을 느끼지 않는 것이 상식이다. 또한 제안한 정책이 그 불편함을 해소하는 데 기여하지 못한다면 제안자의 주장은 빛을 잃을 것이다.

누군가가 "새로운 노트북을 구입해야 할까?"라는 개인적인 차원의 정책적 고민을 하고 있다고 상상해보자. 그는 현재 노트북이 기능 면에서 부족하여 사용하기에 크게 불편할 경우에는 새 노트북에 대한 절실한 정책적 필요성을 느낄 것이다. 하지만 현재 노트북이 훌륭히 기능을 수행하고 있는데 단지 싫증나서, 혹은 새로운 디자인이 탐나서 새로운 노트북 구입을 고민하는 것이라면 상대방은 물론, 스스로도 설득시키기 어려울 것이다. 또한 새로운 노트북의 기능이 크게 향상된 것이 아니어서 새로 구입한 후에도 지금의 불편함이 해소되지 않는다면 굳이 새 노트북을 사야 할 이유가 없어진다. 다른 사람과의 논쟁 상황에도 같은 논리가 작용한다.

새로운 정책의 부재로 인해 벌어지는 문제를 다루는 것이 정책 논쟁 이슈 발굴의 가장 첫 번째 단계인 '동기 이슈(motive issue)' 발굴이다. 여기서 새로운 대안 혹은 정책의 제안자는 "과연 새로운 정책의 부재로 인해 벌어지는 현재의 상태가 심각하며, 문제점이 존재하는가?"에 역점을 두어 정책 질문을 찾아낸다. '동기 이슈'는 정책의 중요성, 내지는 절박성에 초점을 두고 현 상태가 방치되었을 때의 위험성을 강조한다는 점에서 '위해(harm)' 이슈라고도 불린다. 이 단계에서 논쟁의 당사자들은 문제점에 대한 현실 인식이나 가치관의 차이를 확인하게 된다. 문제점에 대해 논쟁 당사자 중 어느 한 쪽이 동의하지 않는다면 더 이상 논쟁은 진행되지 않을 것이다.

상호 문제점의 존재와 심각성에 동의했다면 이제 또 다른 이슈로 넘어가야 한다. 문제점을 제시했으니 이제 그 문제점의 해결을 향해 나아가야 하는 과제가 있다. 만약 시간이 흐르면 자연히 해결되는 문제라면 새로운 정책을 도입해야 할 필요가 없을지 모른다. 따라서 앞서 '동기 이슈'에서 유리한 고지를 선점했다고 해서 논쟁에서 승리했다고 여기는 것은 잘못된 판단이다. 왜냐하면 현 상태에서 기존의 정책을 잘 적용만 하면 해결되는 문제점들이 의외로 많기 때문이다. 굳이 새로운 정책을 도입하지 않더라도 현재 있는 규정을 다소 수정하거나 제대로 적용하면 해결되는 성질의 문제라면 이쯤에서 논쟁은 상대편에게 유리하게 돌아갈 것이다. 이를 위해 발굴해야 하는 이슈가 '장애 이슈(obstacle issue)'이다. 여기서 변화의 옹호자는 현 상태로는 도저히 문제가 해결되지 않는다는 증거를 찾아내 논쟁해야 한다. 현재의 정책이 산적한 문제를 해결하는 데 적합하지 않을뿐더러 오히려 현재의 정책으로 인해 문제의 심각성이 가중되고 있다는 증거를 들어 논쟁을 이끌어간다면 장애 이슈에서도 다시 유리한 논쟁을 이끌어갈 수 있을 것이다. 문제의 원인이 현행 법규나 태도, 현 상태의 구조적인 문제에 내재되어 있는가를 묻는다고 하여 내재성(inherency) 이슈라고도 한다. 즉 정책의 변화가 부재한다면 현재의 문제가 지속될 것인지를 집중 점검하는 단계이다. 새로운 정책의 도입을 위해 반드시 짚고 넘어가야 하는 단계라고 할 수 있다.

현재의 문제점, 현 제도의 무용성, 그로 인한 새로운 정책의 필요성까지 설득이 되었다고 논쟁이 끝나는 것은 아니다. 이제 논쟁은 새로운 국면으로 접어들어 "과연 새 정책이 문제점을 해결할 수 있을까?"로 넘어간다. 변화의 옹호자, 즉 새로운 정책의 제안자가 지금까지 발굴해낸 모든 동기 이슈와 장애 이슈에서 유리한 고지를 선점했다고 하더라도 새 정책으로 문제가 해결된다는 점을 설득하지 못한다면 그 정책은 빛을 잃을 것이다. 새 정책의 제안자는 그 정책의 도입으로 인해 앞선 이슈들을 통해 주장한 문제의 심각성이 완화되고 해결될 수 있음을 보이는 '치유 이슈(cure issue)'를 소개해야 한다. 문제의 해결에 초점을 두고 있어 '용해 이슈(solvency issue)'로도 불린다.

여기서 중요한 것은 앞서 제안한 문제의 심각성을 해결하기에 적절한 크기의 정책을 제시해야 한다는 점이다. 문제점보다 해결책이 너무 크면 다음에 논의할 '비용 이슈'에서 상대방 논거에 밀릴 것이고, 문제점보다 해결책이 너무 작으면 제대로 치유할 수 없다는 비판에 직면할 것이다. 가령 사소한 상처가 났는데 간단한 '소독제'를 처방하면 될 것을 강력한 항생제를 투여할 필요는 없다. 혹은 반대로 깊은 상처가 났는데 항생제 처방 없이 간단한 소독 정도의 치료를 한다면 문제의 해결이라는 측면에서 논쟁은 주도권을 잃을 것이다. 문제의 해결은 미래 시점의 문제이므로 당장 눈에 띄는 증거를 제시하기는 어려울지 모른다. 아마도 유사한 제도를 도입해 문제를 해결한 다른 도시 혹은 나라의 사례들을 충분히 수집해서 증거로 보여주거나, 일부 시행되어 성과를 거두고 있는 사례를 제시하면 '치유 이슈'에서 유리한 논쟁을 전개할 수 있을 것이다.

여기까지 순조롭게 다양한 이슈를 제시함으로써 현재의 문제점을 전달하고(동기 이슈) 그 문제가 현 제도에 내재한다는 점(장애 이슈)과 함께 문제를 해결해줄 새로운 정책을 제안(치유 이슈)했다면 이제 정책의 도입으로 인해 예상되는 부작용에 대한 논란을 미리 차단할 필요가 있다. 그를 위해 필요한 것이 '비용 이슈(cost issue)'이다. 이 단계에서 논쟁의 참여자들은 과연 제안된 정책이 적절하고도 최선인가, 혹시 정책의 도입으로 인한 과도한 비용과 감수해야 하는 불편함은 없는가의 문제를 집중 논쟁하게 된다. 변화의 옹호자는 제안된 정책보다 더 나은 처방은 없으며 가장 효율적인 처방이라는 것을 설득해야 하고, 현 상태의 옹호자는 제안된 정책보다 더 좋은 정책은 없는지, 비용은 적절한지 추궁해야 한다. 가령 안전벨트 미착용에 따른 사망 사고를 줄이기 위해 안전벨트 착용을 의무화해야 한다는 정책을 제안한 경우, 정책 제안자가 안전벨트의 가격이 너무 비싸거나, 착용이 너무 번거롭다거나, 미착용을 단속하는 데 드는 인건비가 너무 크다는 논거에 막힌다면 '비용 이슈'에서 불리한 고지에 있다고 할 수 있다.

이상에 제시한 동기-장애-치유-비용 이슈의 영문 앞 글자를 따서 편의상 'MOCC 모델'이라고 설정하고, 이를 이용해 실제 정책 이슈를 발굴한 사례를 보도록 하자. 이슈 발굴의 공식은 문제점(X), 현재의 시스템(Y), 제안된 정책(Z)을 세 가지 변수로 하며, 다음의 문장에 맞도록 각각의 이슈를 찾아내도록 한다.

X: 문제
Y: 현재의 시스템
Z: 제안된 정책

동기 이슈: X는 존재하는가? X는 행동을 취해야 할 정도로 심각한가?
장애 이슈: Y로는 X를 해결할 수 없는가? Y는 X에 책임이 있는가?
치유 이슈: Z가 X를 치유할 수 있는가?
비용 이슈: Z의 비용이 정당화될 수 있는가?

구체적인 이해를 위해 "늘어가는 아동 성폭력 사건을 줄이기 위해 성범죄 사범이 전자발찌를 착용하도록 의무화해야 할까"라는 중심 질문을 활용해보도록 하자. 필수 쟁점 모델을 적용하면 논쟁에서 예상되는 다음과 같은 이슈들을 발굴할 수 있다.

중심 질문 "늘어가는 아동 성폭력 사건을 줄이기 위해 성범죄 사범이 전자발찌를 착용하도록 해야 할까?"

문제 (X) : 늘어가는 아동 성폭력 사건
현재의 시스템(Y) : 전자발찌 정책의 부재
제안된 정책 (Z) : 성범죄 사범의 전자발찌 착용

동기 이슈	아동 성폭력 사건이 존재하는가? 아동 성폭력 사건이 나날이 증가하는가? 아동 성폭력 문제가 심각한가? 아동 성폭력 문제를 방치하면 더 큰 사회 문제로 이어질 것인가?
장애 이슈	현재의 성범죄사범 정책으로는 늘어가는 아동 성폭력 사건을 해결할 수 없는가? 성범죄 사범이 전자발찌를 착용하지 않는 현재의 정책이 아동 성폭력 사건의 증가에 책임이 있는가?
치유 이슈	성범죄 사범에게 전자발찌를 착용하게 한다면 늘어가는 아동 성범죄를 사라지게 할 수 있을까? 성범죄 사범에게 전자발찌를 착용하게 한다면 늘어가는 아동 성범죄를 현격하게 줄일 수 있을까?
비용 이슈	전자발찌를 착용하게 하는 이점이 전자발찌로 인한 부작용보다 더 클 것인가? 전자발찌를 착용하는 데 드는 사회적 비용이 그로 인한 효과를 정당화할 수 있을 것인가?

중심 질문에 대한 논쟁은 앞에서 발굴한 각각의 이슈에 대해 찬-반으로 나누어 양측의 논거가 대립함으로써 이루어지게 된다. 이슈란 '변화의 옹호자는 반드시 예라고 답해야 하고, 반대자는 아니오로 답할 수 있는 질문'을 말한다. '예-아니오'로 답할 수 없는 이슈에 대해서는 논쟁할 수 없고, 따라서 중심 질문에 대한 논쟁도 불가능하다. 가령 앞의 공식을 망각하고 "성범죄를 줄이기 위해 뭔가 해야 하지 않을까?"를 이슈로 제시한다면 양측이 대립하는 지점을 찾기 어렵고 따라서 다양한 논거를 접하는 것이 쉽지 않다. 또한 논쟁에서 이기기 위해서는 앞의 모든 이슈에서 모두 유리한 지점을 선점할 필요는 없다. 앞에서 어느 한 가지 이슈에 집중해서 상대방 논거의 허약함을 공략할 수 있다면 다른 이슈에서는 상대방에게 양보해도 충분하다.

이제 논쟁의 참여자들은 위에서 발굴한 이슈를 공략하기 위해 자신의 입장을 지지하고 상대방의 입장을 공략하는 증거를 수집해야 한다. 찬성 측과 반대 측은 각각 자신들에게 유리한 증거를 바탕으로 논쟁을 이어갈 것이다. 다음 진술문은 중심 질문을 놓고 위에서 발굴한 이슈에 대응하기 위한 사용된 증거들이다. 각각의 증거는 입장에 따라 유리하게도 작용하고 불리하게도 작용한다.

증거 1 : 전자발찌의 가격이 개당 150만 원이나 한다. 전체 성범죄자의 숫자를 생각할 때 전자발찌의 착용과 사후 지속적 관리에 막대한 예산이 소요될 것으로 예상된다.

증거 2 : 전자발찌를 착용했던 377명의 성폭력범 중 재범자는 한 명으로 재범률은 0.26%에 그쳤다. 전자발찌 도입 이전인 2007년 성폭력 사범의 성폭력 재범률 5.2%보다 훨씬 줄어들었다.

증거 3 : 전자발찌는 재범 소지가 큰 경우 부착 대상자로 선정되어 재범률을 줄일 수 있을 것이다. 그러나 범인에게도 인권이 있다. 전자발찌로 인해 개인의 신상이 침해되고 활동 반경에 제한이 된다면 이는 또 다른 인권 침해의 사례가 될지 모른다.

증거 4 : 형사정책연구원이 2006년 남녀 2050명을 대상으로 한 설문조사에 따르면 살인(15.1%)보다 강간·성폭력(38.8%)이 더 문제라고 생각하는 것으로 나타났다.

각각 어떤 이슈에 대한 증거인지, 또한 찬성–반대 중 어느 편이 발굴한 증거인지 살펴보자. 〈증거 1〉은 중심 질문에 대한 반대 입장의 사람이 개발한 비용 이슈이다. 찬성측은 동기 이슈와 장애 이슈에서 우위를 선점했더라도, 비용 이슈에서 성공적으로 방어하지 못하면 논쟁에서 패배할 수 있다. 〈증거 2〉는 중심 질문에 대한 찬성 입장에서 찾아낸 치유 이슈이다. 새로운 정책의 도입으로 예상되는 성공을 유사 사례나 통계로 증명하고 있다. 〈증거 3〉은 반대 측에서 찾아낸 비용 이슈라고 할 수 있다. 즉 전자발찌라는 제도의 도입으로 범죄율을 줄일 수 있을지는 모르지만 범죄자의 인권이라는 가치를 무시하는 것으로 비판받을 소지가 있으므로 얻는 것보다 잃는 것이 더 많다는 논리이다. 〈증거 4〉는 찬성 측에서 발굴한 동기 이슈이다. 문제의 심각성을 주장할 수 있는 증거이기 때문이다.

MOCC 모델과 기본 개념은 일치하나 다른 용어를 사용하는 논쟁의 공식으로 HIS(Harm-Inherency-Solvency) 모델과 JPA(Justification-Plan-Advantage) 모델이 있다. 각각의 모델에 따른 이슈 발굴 공식을 살펴보면 다음과 같다. 문제점(X)과 해결책(Z), 현상태(Y)라는 변수가 직-간접적으로 암시되어 있어 설득을 위한 논리적인 전개 방식이 매우 유사함을 알 수 있다.

1. MOCC (Motive–Obstacle–Cure–Cost) 모델

동기(Motive) 이슈

1. 현 상태의 문제가 존재하는가?
2. 그 문제가 행동을 취해야 할 정도로 심각한가?

장애(Obstacle) 이슈

1. 현재의 제도나 정책은 문제를 해결할 수 없는가?
2. 현재의 제도나 정책이 문제에 책임을 져야 하는가?

치유(Cure) 이슈

1. 제안된 새 정책이 문제를 해결할 수 있는가?
2. 제안된 새 정책이 문제를 눈에 띄게 호전시킬 수 있는가?

비용(Cost) 이슈

1. 문제를 해결하는 이점이 제안된 정책의 비용을 정당화할 수 있는가?
2. 제안된 정책의 이점이 변화로 인한 불편함보다 더 큰가?

2. HIS (Harm–Inherency–Solvency) 모델

유해성 (Harm) 이슈

1. 현 상태에 심각한 문제가 존재하는가?
2. 그 문제가 양적으로 중요한가?

3. 그 문제가 질적으로 중요한가?

내재성 (Inherency) 이슈

1. 문제의 원인이 현행 법규나 태도, 현 상태의 구조적인 문제에 내재되어 있는가?

2. 정책의 변화가 부재한다면 현재의 문제가 지속될 것인가?

해결성 (Solvency) 이슈

1. 작동 가능한 행동 계획이 있는가?

2. 그 계획이 문제를 해결할 수 있는가?

3. 그 계획이 이익을 창출하는가?

4. 그렇게 창출된 이익이 불이익보다 많은가?

3. JPA(Justification-Plan-Advantage) 모델

정당성(Justification) 이슈

1. 제시된 문제가 현 상황에 지속적으로 내재하는 문제인가?(inherency)

2. 제시된 문제가 현재는 물론 미래에까지 심각한 결과를 가져올 것인가?(significance)

방안(Plan) 이슈

1. 제시된 방안이 실행 가능한 것인가?(workability)

2. 제시된 방안이 당면 문제를 해결할 수 있을 것인가? (solvency)

이익(advantage) 이슈

1. 제시된 방안이 사회적으로 이익을 가져올 것인가?(advantage)

2. 정책으로 야기될 이익이 불이익보다 큰가?(disadvantage)

이처럼 모델마다 유사한 듯 다른 용어가 사용되는 이유는 핵심 쟁점 모델이 몇 명의 학자들에 의해 단시간에 개발된 것이 아니라 19세기에서 20세기에 걸쳐 다양한 수사학 교본들을 통해 계발되고 취합되었기 때문이다. 지칭하는 단어는 조금씩 차이가 있지만, 그 이슈들이 앞서 지적한 세 가지 변수를 축으로 발생 가능한 모든 이슈들을 포괄할 수 있다는 점에서는 공통이다. 토론을 두고 흔히 역지사지의 미학이라고 하는 것은 이러한 이슈 계발을 거친 토론이 갖는 장점을 염두에 둔 말이다. 특정한 이슈의 모든 장-단점과 예상되는 문제점과 그에 대한 해결 방식까지 알 수 있는 장점이 있는 토론은 이기기 위한 게임이기 이전에 이슈에 대한 교육적 효과를 기대할 수 있는 지적인 훈련인 것이다.

중심 질문의 종류에 따라 위의 세 가지 유사한 이슈 발굴 모델 이외에도 사용할 수 있는 도구가 두 가지 더 있다. 두 가지 대상을 비교하는 '비교 이슈 모델(comparison issue)'과 절차상의 정당성에 초점을 둔 '절차 이슈 모델(procedure issue)'이 그것이다. 비교 이슈 모델이란 "제안된 정책(Y)이 문제(X)를 푸는 가장 최선의 방법인가?"에 대한 이슈를 개발하는 모델이고, 절차 이슈 모델이란 "변화의 옹호자는 정책을 제안하며 적절한 규칙과 과정을 준수했는가?"에 초점을 둔 개발법이다. 논쟁의 핵심 사안이 비교우위를 겨루는 데 있는 경우, 또한 절차적 정당성이 핵심 쟁점이 되는 경우에 논의의 집중력을 위해 사용할 수 있는 모델이라고 할 수 있다.

가치 질문과 사실 질문에는 접점 모델이, 정책 질문에는 핵심 쟁점 모델이 각각 유용한 적용 모델이나, 그 둘은 상호 밀접하게 연관되어 있다. 모든 가치 질문은 사실에 대한 동의를 바탕으로 진행되는 경우가 대부분이다. 마찬가지로 정책 질문은 사실 질문과 가치 질문이 교차하며 정책의 유용성을 논의하는 데 사용된다. 정책의 필요성은 결국 문제의 심각성에 대한 가치 질문이며, 제시된 증거의 정확성은 사실 질문일 개연성이 높다. 결국 사실, 가치, 정책 세 분야의 논쟁 방식을 고르게 학습함으로써 더욱 효과적인 설득 논쟁으로 이끌어갈 수 있는 것이다.

IV

논증 구조와 논쟁의 형식

지금까지 논쟁의 논리 구성이라는 내용적 측면(substance)에 주목했다면, 이제 논쟁의 구조와 형식(form)에 대해 알아보도록 하자. 논쟁은 일정한 형식을 취함으로써 하나의 메시지 단위가 되어 설득적인 효과를 기대할 수 있게 된다. 형식은 곧 논쟁의 유효함을 유지시키는 하나의 틀로서 기능한다. 따라서 논쟁에 임하는 사람이나 청중은 논쟁의 형식을 분석함으로써 유효한 논쟁인지, 오류가 있는 논쟁인지를 판단할 수 있는 근거를 얻게 된다.

논쟁은 지향하는 개념의 종류와 결론의 포괄성이라는 차원에서 크게 연역적 구조와 귀납적 구조로 나눌 수 있다. 이는 주장과 근거를 연결시켜 논리적으로 설득하기 위해 사용되어온 매우 고전적인 방식이다. 이를 토대로 현대 논증학자인 툴민(Toulmin)은 그 둘의 단점을 보완한 자신의 논증 모델을 제시했고, 브락크리드와 에닝거(Brockriede & Ehninger)는 다시 툴민의 모델을 더욱 구체화했다. 각각의 특징과 설득적 구조에 대해 알아보도록 하자.

7. 논증 구조

(1) 연역적 논증

인간들은 자신들을 둘러싼 세상을 이해하기 위해 다양한 논리적 방법을 동원해왔다. 대개 경험의 세계에서 얻은 지식을 바탕으로 또 다른 지식을 유추해내거나, 확률에 의거해 아직 일어나지 않은 미래의 경험을 예측한다. 앎과 미지의 세계, 경험과 추론의 세계를 엮는 방식에 따라 인간의 사고 형태는 각기 다른 논증의 구조를 띠게 된다. 대표적인 논증 구조로 연역과 귀납을 들 수 있다.

연역(deduction)이란 이미 알고 있는 하나 또는 둘 이상의 명제를 전제로 하여 명확히 규정된 논리적 형식들에 근거해 새로운 명제를 결론으로 이끌어내는 방법이다. 일반적인 사실이나 원리에서 개별적이고 특수한 사실이나 원리를 이끌어내는 구조를 지닌다.

연역은 엄격한 논리적 규칙에 의존한다는 점에서 귀납(induction)과 구분된다. 귀납에서 추론의 타당성은 근본적으로 관찰과 실험에서 얻은 부분적이고 특수한 사례를 근거로 전체에 적용시키는 이른바 '귀납적 비약'을 통해 이루어진다. 때문에 귀납에서 얻어진 결론은 일정한 개연성을 지닐 뿐이며, 사실 정보에 따라 타당성의 정도도 달라진다. 하지만 연역에서는 논리적 형식의 타당성을 갖추고 있는 한, 결론은 전제들로부터 필연성을 가지고 도출된다. 연역에서는 전제가 결론을 확립해주는 결정적 근거가 되므로 전제가 참일 경우 그러한 전제에 의해 뒷받침되는 결론 역시 반드시 참이 된다. 전제와 결론 사이의 이러한 필연 관계는 논리적 형식과 규칙의 타당성에 근거해 성립한다.

이처럼 연역은 결론의 내용이 이미 전제 속에 포함되어 있다는 점에서 진리보존적(truth-preserving) 성격을 지닌다. 연역은 전제에 없었던 새로운 사실적 지식의 확장을 가져다주지는 못하며, 이미 전제 속에 포함되어 있는 정보를 명확하고 새롭게 도출해내는 데 그친다. 하지만 연역적 추리(deductive inference)는 논리적 일관성과 체계성을 보장하므로, 일상에서도 널리 적용이 가능하고, 진리 탐구의 분야에서도 유용하게 활용된다. 어떤 행위가 옳은 것인지 아닌지를 따지는 윤리적 판단들은 대부분 연역적 방법에 기초해 나타난다. 개별 행위의 유형을 포괄하는 보편적 규범에 기초해 옳고 그름을 판단하기 때문이다. 과학이나 수학도 연역적 추리에 의존한다.

대표적인 연역법으로, 삼단 논법(syllogism)과 생략 삼단 논법(enthymeme)이 있다. 삼단 논법은 대전제, 소전제, 결론으로 이루어진다. 흔하게 인용되는 삼단 논법의 예로 "사람은 모두 죽는다(대전제). 소크라테스는 사람이다(소전제). 따라서 소크라테스는 죽는다(결론)"라는 것이 있다. 연역법에서는,

1. 일반적인 제안을 하는 대전제가 있은 후 (모든 A는 B다),

2. 그 일반화된 제안과 관련된 특수한 사례를 소전제로 제안한 후 (C는 A다)

3. 결론을 도출하는 (고로 C는 B다) 방식으로 논리를 전개한다.

삼단 논법에는 다시 포괄적 삼단 논법(categorical syllogism), 분리적 삼단 논법(disjunctive syllogism), 조건적 삼단 논법(conditional syllogism) 세 가지가 있다. 포괄적 삼단 논법이란 글자그대로 대전제에 모든 일반화를 포함하는 경우를 말하며, '모든' '전체' '아무도' 같은 포괄적인 형용사가 사용된다. 포괄적인 삼단 논법을 구사하려면 몇 가지 지켜야 할 규칙이 있다: 세 가지 용어(위의 경우 A, B, C)를 반드시 사용해야 하며, 그 세 가지 용어를 반드시 두 번 사용해야 한다. 한 가지 전제에는 한번만 사용할 수 있다. 적어도 하나의 전제는 긍정문이어여 한다(둘 다 부정문으로 구성해서는 안 된다).

하나의 전제가 부정문이면 반드시 결론이 부정문이어야 한다.

분리적 삼단 논법은 대전제에 상호 배타적인 대안이 포함하고 있는 것을 말한다. 이들 대안은 '~이거나(either-or)' '그러나' '~에도 불구하고' 등의 단어로 분리되어 있다. 예를 들면 "의회가 이 법안을 수정하거나, 아니면 대통령이 비토를 놓을 것이다(대전제). 의회는 이 법안을 수정하지 않을 것이다(소전제). 고로 대통령이 비토를 놓을 것이다(결론)"의 형태로 구성된 것이 분리적 삼단 논법이다. 분리적 삼단 논법은 대전제에 포함된 내용이 상호 배타적이면서 모든 가능한 선택이 포함되어야 하며, 그중 하나가 소전제에서 긍정 혹은 부정되어야 한다는 조건을 충족시켜야 한다.

조건적 삼단 논법은 대전제에 불확실한 상황을 포함한다고 하여 가정적(hypothetical) 삼단 논법이라고도 한다. '만약에' 같은 단어의 사용으로 조건적 삼단 논법을 판단할 수 있다. "만약 현재의 법규가 범죄율을 줄이는 효과가 있다고 한다면, 의회는 또 다른 법규를 제정할 필요가 없다(대전제). 현재의 법규가 범죄율을 줄이는 효과가 있다(소전제). 고로 의회는 또 다른 법규를 제정할 필요가 없다(결론)"의 논리 전개를 예로 들 수 있다.

연역법의 또 다른 대표적 예로 생략 삼단 논법(enthymeme)을 빼놓을 수 없다. 수사학자 로이드 비처(Bitzer)는 생략 삼단 논법의 정의와 특성을 다음과 같이 기술했다.

1. 생략 삼단 논법이란 하나의 전제, 혹은 결론이 생략되어 축약된 형태의 삼단 논법이다.

2. 생략 삼단 논법이란 수사적 설득의 기능을 수행하는 그럼직함(probability), 신호(sign), 예시(example)에 기초한 삼단 논법이다. 성공적인 생략 삼단 논법은 따라서 화자와 청중의 공동의 노력에 의해 구축되며, 그것이 핵심적인 요소이다(Bitzer, 1959).

생략 삼단 논법의 예로 "학생은 공부를 해야 한다. 그러니 너도 공부를 해야 한다"는 진술을 들 수 있다. 여기서 '모든 학생은 당연히 공부를 해야 한다'는 대전제만 명시되어 있을 뿐, '너는 학생이다'라는 소전제는 생략되어 있다. '너도 공부를 해야 한다'는 결론으로 미루어 '너도 학생이다'라는 것을 짐작할 수 있을 뿐이다. 마찬가지로 "학생은 공부를 해야 한다. 너도 학생이다"라고 해도 생략 삼단 논법이 성립된다. 여기서는 결론이 생략되었으나, 청중은 '너도 공부해야 한다'는 결론을 유추할 수 있다.

생략 삼단 논법이 중요한 이유는 일상생활에서 대부분 축약된 형태의 삼단 논법을 사용하기 때문이고, 빈 공간을 채우는 청중의 역할, 그들이 공유하는 상식의 세계, 믿음의 체계에 주목한 연역적 사고이기 때문이다. 생략 삼단 논법의 완성자는 결국 청중이다. 이는 본래 수사학이 목적하는 대중설득의 목표와 가장 부합하는 설득 모델이라고 하겠다.

생략 삼단 논법 역시 삼단 논법과 마찬가지로 '포괄적', '분리적', '조건적' 생략 삼단 논법으로 나뉠 수 있다. 각각의 논법이 갖춰야 할 조건 역시 삼단 논법과 동일하다.

연역적 구조에서 중요한 개념은 논쟁의 결론이 전제에 포함되어 있다는 포함의 원칙(containment principle)이다. 따라서 이러한 형식을 취한 논쟁이 유효하면 결론도 자연히 유효한 것이 된다. 그러나 앞서 지적한 몇 가지 규칙을 위반했을 경우 연역적 방법은 논리적 오류로 귀착된다. 유효한 논증의 형식으로는 앞서 소개한 분리적 삼단 논법, 가정적 삼단 논법 이외에도 'p를 넣고 q를 얻는다'는 의미의 긍정 논법(modus ponens), 'q를 가져가고 p를 얻는다'는 뜻의 부정 논법(modus tollens)을 들 수 있다. 긍정 논법이란 가령 이런 것이다. "공부를 열심히 하면 성공한다(if p, q). 공부를 열심히 한다(p). 고로 성공한다(q)." 요약하면 'p면 q이다. p가 참이면 따라서 q도 참이다'의 형태가 된다. 여기서 공부를 열심히 하는 부분은 선행사(antecedent)이고, 성공하는 부분은 결론(consequent)에 해당한다. 이 자체로는 논리적으로 문제가 없다. 그러나 가령 선행사를 부정하고 결론을 부정하는 '전건부정(denying the antecedent)'에 해당하는 "공부를 열심히 하면 성공한다(if p, q) 공부하지 않는다(not p) 고로 성공하지 못한다(not q)"라는 명제는 논리적으로 유효하지 않다. 전제를 부정한 오류에 해당하기 때문이다. 또한 전제는 참이나 결론을 부정하는 '후건긍정'의 경우(affirming the consequent)에 해당하는 명제, 즉 "공부를 열심히 하면 성공한다. 성공했다. 따라서 공부를 열심히 했다"는 논리는 성립되지 않는다. 성공의 이유로는 공부 이외에도 여러 가지가 가능하기 때문이다.

'전건부정'의 또 다른 예로는 "비가 오면 잔디가 젖는다. 비가 오지 않는다. 따라서 잔디가 젖지 않는다"를 들 수 있다. 전제를 부정했으므로 유효한 논제가 아니다. 뿐만 아니라 잔디가 젖지 않는 이유는 비가 오지 않는 것 이외에도 많다. '후건긍정'의 또 다른 예로는 "감기가 걸리면 목이 아프다. 목이 아프다. 따라서 감기에 걸렸다"를 들 수 있다. 반드시 감기가 아니어도 목이 아픈 이유는 여러 곳에서 찾을 수 있기 때문이다.

(2) 귀납적 논증

연역이 일반성에서 특수성을 끌어내는 방법이라면 귀납(induction)은 개별적인 특수한 사실이나 현상에서 그러한 사례들이 포함되는 일반적인 결론을 이끌어내는 추리의 방법이다. 이미 일어난 일은 또 일어날 것이라고 믿는 동일성에 대한 가정(assumption of uniformity) 하에 기존의 지식에서 모르는 것을 유추하는 것(known to unknown)이 특징이다. 완결적 구조를 띠는 연역과 달리 귀납은 따라서 있음직한 결론(probable conclusion)을 지향한다.

귀납이라는 말은 '이끌려가다'는 뜻을 지닌 라틴어 'inductio, inducere'에서 비롯되었다. 곧 귀납은 개개의 구체적인 사실이나 현상에 대한 관찰로서 얻어진 인식을 그 유(類) 전체에 대한 일반적인 인식으로 이끌어가는 절차이며, 인간의 다양한 경험, 실천, 실험 등의 결과를 일반화하는 사고방식이다.

개별적으로는 인지할 수 있으나 전체적으로는 불완전한 증거들을 모아 결론에 도달하므로 확률에 기반을 둔 논증이라고 할 수 있고, 따라서 어느 정도의 불완전함을 내재하고 있다. 가령 "사과 a는 빨갛다. 사과 b는 빨갛다, 사과 c는 빨갛다 ……고로 모든 사과는 빨갛다"는 귀납법이 있다고 할 때, 개별 사과가 빨갛다는 것은 경험의 세계가 가져다준 '앎의 세계'이지만, 이 세상의 모든 사과가 빨간색인지는 전부 다 보기 이전에는 '모르는 세계'의 일이다. 이상의 예는 특수한 개별 상황에서 일반적 진리를 유추한 경우이지만, 특수한 개별 상황에서 또 다른 특수한 개별 상황을 유추하는 것도 귀납적이라고 할 수 있다. 즉 "사과 a는 빨갛다, 사과 b는 빨갛다, 사과 c는 빨갛다, ……내가 다음에 먹을 것은 사과 d다. 따라서 그 사과 역시 빨간색일 것이다"도 귀납법에 속한다.

귀납법의 전제는 세상을 동일성(uniformity)과 규칙성(regularity)의 잣대로 보는 시각이다. 우리의 경험의 세계가 말해주듯, 대체로 세상의 개별적인 상황은 모아보면 어떤 동질성이 내재하고 있고, 그 동질성에 기반해 아직 경험하지 않은 세상을 짐작해볼 수 있다. 이런 논리적 사고를 하는 것을 귀납적 사고라고 한다.

귀납적 추리(inductive inference)에는 여러 가지 유형이 있다. 여론 조사에서 나타나듯이 표본적인 관찰이나 실험에 근거해 일반적인 결론을 이끌어내는 통계적인 추리도 있고, 사물이나 사태의 유사성에 근거하여 어떤 결론을 끌어내는 유비적인(analogical) 추리도 있다. 과거에 나타났던 일에 근거해 미래에 어떤 것이 일어날지를 예측하기도 하고, 현재의 사실들에 근거하여 과거의 사실들에 대한 결론을 이끌어내기도 한다. 이처럼 귀납은 주어진 사실이나 현상들에 근거해 새로운 정보와 지식을 얻을 수 있으므로 일상생활에서도 흔하게 나타나는 사고방식이다. 그리고 자연과학과 인문사회과학의 각 분야들에서 폭넓게 사용되고 있다.

귀납은 연역과는 달리 사실적 지식을 확장해준다는 특징을 가지고 있지만, 전제가 결론의 필연성을 논리적으로 확립해주지 못한다는 한계를 지닌다. 귀납적 추리는 근본적으로 관찰과 실험에서 얻은 부분적이고 특수한 사례를 근거로 전체에 적용시키는 이른바 '귀납적 비약'을 통해 이루어진다. 따라서 귀납에서 얻어진 결론은 필연적인 것이 아니라 단지 일정한 개연성을 지닌 일반적 명제 내지는 가설에 지나지 않는다.

귀납적 추리의 방법과 절차를 논리적으로 체계화한 것이 귀납법(inductive method)이다. 귀납법에 대한 연구와 강조는 일찍이 아리스토텔레스에게서 출발하지만, 귀납법의 의미가 두드러지게 나타난 것은 17-18세기에 경험적 자연과학이 발전하면서이다. 특히 17세기의 프란시스 베이컨(Francis Bacon), 갈릴레오 갈릴레이(Gallileo Gallelei), 아이작 뉴턴(Issac Newton), 19세기의 존 스튜어트 밀(John Stewart Mill) 등은 연구 방법론으로서 귀납법의 체계와 내용을 구성하는 데 큰 영향을 끼쳤다.

귀납은 그 결과의 성격에 따라 일차적 귀납과 이차적 귀납으로 나뉜다. 개별 사실들에 대한 관찰과 실험 등으로부터 일반적인 가설이나 법칙을 추론하는 것을 일차적 귀납이라고 한다. 그리고 여러 일반 명제들로부터 하나의 이론을 추론하는 것을 이차적 귀납이라고 한다.

또한 귀납적 비약의 유무에 따라 완전귀납(perfect or complete induction)과 불완전귀납(imperfect or incomplete induction)으로 나뉘기도 한다. 귀납적 비약이 없이 어떤 부류(class)에 포함되는 모든 사례들을 지시하는 완전귀납은 제한된 범주에서만 가능하다. 그리고 부류 전체에 관한 일반적 결론이 그에 속한 모든 요소를 조절한다는 것을 기초로 하여 나타나는데, 이미 알려진 것 이외에 새로운 정보를 가져다주지 않으므로 일종의 연역적 논증이라고 할 수 있다.

존 스튜어트 밀은 인과 관계를 파악하는 귀납적 연구방법을 다음의 5가지로 정리했다. 첫째는 일치법이다. 동일한 현상이 나타난 둘 또는 그 이상의 사례에서 단 하나의 요소만이 공통으로 나타나고 있다면 이 요소가 그 현상의 원인 또는 결과라고 판단하는 방법이다. 예를 들어 어떤 학급이 급식을 먹은 후 단체로 식중독에 걸렸다고 가정해보자. 식중독의 원인을 찾기 위해 그들이 공통적으로 먹은 음식을 먼저 가려내야 할 것이다. 동일한 원인이 동일한 결과로 이어졌다는 추리가 가능하다. 이 경우 일치법에 따른 인과관계 증명이라고 할 수 있다. 차이법이란 어떤 현상이 나타난 사례와 그렇지 않은 사례를 비교해서 다른 모든 조건이나 요소가 공통으로 나타나고 하나의 요소가 다르게 나타날 때, 그 요소를 현상의 결과 또는 원인 내지는 원인의 중요한 일부로 판단하는 방법이다. 같은 급식을 먹었는데 어떤 그룹은 식중독에 걸리고 어떤 그룹은 식중독에 걸리지 않았다면, 그들이 먹은 음식에 어떤 차이가 있었는지 알아내 원인을 찾아낼 수 있다. 셋째는 일치차이병용법이다. 어떤 현상이 나타난 둘 또는 그 이상의 사례에 한 가지 공통된 요소가 존재하고, 그 현상이 나타나지 않는 둘 또는 그 이상의 사례에서는 그러한 요소가 없을 때, 그것들의 차이점인 요소가 그 현상의 결과 또는 원인 내지는 원인의 중요한 일부라고 판단하는 방법이다. 넷째는 잉여법이다. 어떤 현상에서 이미 귀납법으로 앞선 사건의 결과로 알게 된 부분을 차례로 제거해 갈 때 그 현상에 남은 부분을 나머지 부분의 원인이나 결과로 판단하는 방법이다. 다섯째는 공변법이다. 어떤 현상이 변화하면 다른 현상도 변화할 때, 곧 어떤 사실의 변화에 따라 현상의 변화가 일어날 때, 전자의 변화가 후자의 변화의 원인 또는 결과이거나 혹은 그 현상을 공통의 원인의 결과라고 판단하는 방법이다. 다소 복잡하게 들리지만 앞서 설명한 동일성의 원칙을 적용하면 쉽게 이해할 수 있다.

귀납법은 개연성을 지닌 가설을 유도할 뿐 논리적 필연성을 가져다주지 못한다. 그러나 과학의 발전에서 중요한 역할을 해왔으며, 확률이나 통계학의 발달과 밀접히 연관되어 발전해왔다. 개별 사실들에 관한 정보 처리를 더욱 쉽고 빠르게 해주는 컴퓨터 등의 기술적 도구들이 발달되면서 귀납적 연구 방법 역시 더욱 영향력이 커져갈 것으로 보인다.

철학자 루돌프 카납(Rudolf Carnap)에 따르면 귀납에 의한 결론이 나타내는 확률에는 네 가지 차원의 개념이 있다. 첫째가 고전적인 확률(classical probability), 두 번째가 빈도에 의한 확률(frequency probability), 세 번째가 확인의 정도(degree of confirmation), 네 번째가 믿음의 정도(degree of belief)이다.

'고전적인 확률'이란 가장 이해하기 쉬운 흔한 확률의 개념으로, 동전을 던졌을 때 앞-뒤면이 나올 확률이 각각 50%라는 예측을 말한다. 주사위를 던져 한 면이 나올 확률은 6분의 1, 두 개를 던져 둘 다 같은 번호가 나올 확률은 36분의 1이다. 이런 고전적인 확률에 기반한 논리는 응용하기 쉬운 장점이 있는 반면 적용 범위가 협소한 단점이 있다.

'빈도에 의한 확률'이란 고전적 확률을 보완하는 개념으로, 실제 동전을 던졌을 때 몇 번 앞면이 나왔는가를 참고로 한다. 통계 자료 등에서 신빙성 있는 증거로 활용되지만, 통합적 사례를 통해 빈도수를 산출할 수 있으므로 어느 특정한 사례에 적용할 수 없다는 한계가 있다.

'확인의 정도 확률'이란 어떤 결론을 뒷받침하는 증거가 많으면 많을수록 확인의 정도가 높아지므로 결론의 논리를 확고하게 해준다는 개념이다. 가령 A가 B를 죽였다는 법정 결론이 있다고 가정해보자. 검사 측 증거가 "A에게 살인 동기가 있다"는 것만 가지고는 결론에 대한 확인의 정도가 빈약할 것이다. 반면 "A가 살인 전 B를 죽일 것이라고 협박하는 소리를 증인이 들었다"거나 "B를 죽인 살해 도구에서 A의 지문이 검출되었다"는 증거가 보충된다면 결론을 더욱 확신할 수 있을 것이다. 설득적 논리를 구성하려는 측은 증거의 경중에 따라 확신의 정도를 판단하여 법정에서 배심원이 피고의 혐의 사실을 '합리적 의심을 넘어(beyond reasonable doubt)' 확신할 수 있을 '정도'의 증거를 제시해야 한다.

'믿음의 정도'란 어떤 주장이 사실이라고 믿는 개인 혹은 청중의 정신적,

심리적 상태의 정도와 밀접하게 연관된 개념이다. 논리적 설득을 하는데 주로 증거와 결론 사이의 관계에 집중하기 쉬우나, 실상은 그 증거를 받아들이는 청중의 믿음의 정도가 더욱 중요할 수 있다. 논리학자들에게는 중요한 개념이 아닐 수도 있으나, 수사학자들에게는 여전히 유효하고 중요한 개념이다. 결국 어떤 증거를 선택하느냐 여부는 대중이 갖고 있는 믿음의 정도에 기반해야 성공을 거둘 수 있다. 우리나라의 경우 남한과 북한이 오랜 기간 대치하며 정부의 대북 정책이나 북한의 대남 정책의 여러 가지 온도차를 경험한 국민으로서는 비교적 명백한 증거가 제시되어도 선뜻 믿으려고 하지 않는 경향이 있다. 불신의 정도가 높은 사회에서는 종종 증거주의가 빛을 잃는 경우도 다반사다. 증거보다 더 중요한 것은 대중의 믿음 체계를 파악하고, 거기 호소할 수 있는 설득적 자료를 제공하는 일이다.

(3) 툴민(Toulmin)의 논증 모델

앞에서 살펴본 연역법과 귀납법은 기원전부터 철학자들이 사용해온 매우 오래된 논리적 사고의 방법이다. 간단하고 명료한 설명 방식이 지니는 장점 때문에 현대 논리학에 이르기까지 지속적으로 계승, 발전되어왔다. 그러나 시간이 흐를수록 논리적인 사고의 틀을 연역법과 귀납법에 한정시키기에는 인간의 머리로 이해하고 해석해야 하는 현상들이 복잡하게 전개되었다. 그러면서 전통적인 구조를 좀 더 발전시킬 필요를 느끼기 시작했다.

20세기 들어서 수사학자들은 추상적이고 광범위한 수사학의 논의를 보다 구체적이고 집중적인 활동으로 새로이 자리매김시키려는 노력을 시도했는데, 그 과정에서 고전적인 논쟁을 보다 체계화하고 정제시켜 현대논쟁의 모델을 개발한다. 이들 논쟁학자들이 추구한 수사학은 따라서 '특정한 활동에 초점을 둔 수사학'(Borchers, 2006, 95쪽)으로, "한 사람이 합리적인 담론을 통해 자기가 원하는 방향으로 다른 사람이 믿거나 행동하도록 하는 기술 혹은 활동(McBurney, O'Neill, & Mill, 1951)"으로 정의된다. 여기서 논쟁학자들이 강조한 부분이 '합리적인 담론(reasoned discourse)'이다. 일반적으로 수사학이 감정과 웅변의 기술, 기교 등 확장된 관심을 보여온 것에 비해 그들이 관심을 가진 논쟁은 글자그대로 증거와 논리를 통한 체계적인 의사소통에 목적을 두고 있다.

현대 수사학을 논쟁에 초점을 맞춰 발전시킨 대표적인 학자가 웨이틀리(Richard Whateley)다. 그는 "논쟁을 위한 주제를 설정하고 논리를 배열하는 것이야말로 수사학 고유의 영역(Whateley, 1963, 40쪽)"이라고 주장했다. 그에 따르면 감정의 이입이나 전달은 수사학이 아닌 시(詩)의 영역에서도 가능한 것처럼 수사학이 모든 종류의 작문을 관통하지는 않는다는 것이다. 웨이틀리는 법정 논변의 전유물로 여겨지던 증거의 논리를 일반 진술에도 적용시켜 추정의 원칙(presumption)과 증거 제시의 부담(burden of proof)의 개념을 통한 합리적인 담론의 중요성을 환기시켰다.

툴민(Toulmin), 페럴만(Perelman), 고틀리엡(Gottlieb) 등 논쟁의 대표적 학자들은 논쟁의 기술로서 오랜 수사학적 연구의 전통을 지닌 귀납법과 연역법을 보완해 현대적 맥락에서의 실제 정책 논쟁에 적합한 이론적 틀을 모색해왔으며, 그 결과 기존의 논쟁이론을 보완한 다양한 개념들을 개발해냈다. 툴민과 페럴만은 논쟁의 언어학적 중요성에 주목했으며, 청중들의 반응에 초점을 맞추는 등 수사학 연구의 새로운 방향을 제시했다. 특히 툴민의 논쟁 구조는 논증을 도식화하고 비평하는 데 적합하고도 유용한 도구로서 평가받고 있다(Brockriede and Ehninger, 1960, Borchers, 99쪽 재인용).

툴민은 예로부터 내려오는 대전제(major premise), 소전제(minor premise), 결론(conclusion)이라는 요소로 논리 구조를 추구하기에는 부족한 점이 있다고 판단, 새로운 개념의 요소들을 제안한다. 그가 제안한 요소들은 사실 근거(Grounds, 혹은 Data), 논거 혹은 보증(Warrant), 주장(Claim) 세 가지다. 언뜻 보면 기존의 대전제, 소전제, 결론과 유사하게 다가올 수 있으나, 중요하게 변형된 개념이 추가되어 있다.

툴민이 소전제의 자리를 대신하는 개념으로 제안한 사실 근거(Ground 혹은 Data)란 논증을 떠받드는 사실적 기반에 중점을 둔다. 사실의 세계는 신성하고 불변임에 착안한 그는 어떠한 논쟁이든 발밑에는 사실이라는 든든한 지지대가 있어야 한다고 믿었다. 땅(Ground)이라는 말 그대로 논리를 받쳐주는 견고한 바닥이 필요하다는 것이다. 그런 점에서 툴민의 근거는 소전제보다 더 명확하게 결론을 지지하는 역할을 한다고 볼 수 있다.

마찬가지로 대전제보다 더 명확한 역할을 하도록 툴민은 논거 혹은 보증(Warrant)이라는 개념을 소개했다. 여기서 논거란 근거가 결론으로 가는데 필요한 기본적인 물음에 대한 답을 해주는 역할을 한다. 논거는 어떤 추론을 정당화하고 근거가 결론을 지지하는 이유를 제공한다. 논거가 튼튼하다는 것은 다음과 같은 진술문을 가능하게 한다.

위의 모델에서 '논거'는 생략되어 있다. 즉 "부산에 있는 사람이 서울에 있는 사람을 죽일 수는 없다"는 것이 근거와 주장을 잇는 보증이라고 할 수 있다. 이를 모델에 보태면 다음과 같은 도식이 된다.

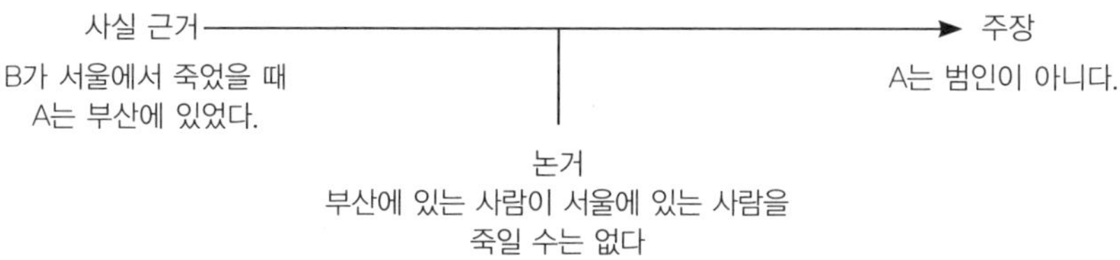

툴민은 여기에 세 가지 요소를 추가해 자신의 논증 모델을 완성한다. 보강(Backing), 유보 조건(Rebuttal), 확률치(Qualifier)가 그것이다. 이 세 요소는 전통적인 삼단 논법에서는 발견할 수 없는 요소들이다. '보강'이란 '논거'를 지지하고, 이유를 설명하는 역할을 한다. 앞의 예에서 '보강'이란 "한 인간이 동시에 두 도시에 있을 수는 없다"는 것이다. '유보 조건'은 논거가 어떤 경우에도 유효하지는 않을 수 있다는 유보적인 입장을 반영함으로써 논리 구성을 탄탄하게 하기 위한 것이다. 가령 "부산에 있는 사람이 서울에 있는 사람을 죽일 수 없다는 것이 일반적인 경우이나, 예외적인 경우가 있을 수 있다. 원격 조정 장치로 인한 폭발에 의해 사망했거나, 서서히 사망하는 약을 투약한 경우라든가, 그런 예외적인 경우에는 가능할 수도 있다"는 것이 '유보 조건'이다. 주로 '~한 경우가 아니라면'이라는 말로 예외를 명시한다. '확률치'란 실제 주장을 가능하게 해주는 정도를 표현한 것으로, '가능하게', '아마도', '분명히', '좀 믿기 힘들지만' 같은 어휘들로 논리 구성의 강도를 나타내주는 기능을 한다.

앞의 여섯 가지 요소를 종합하여 툴민의 논증 모델을 완성해보면 다음과 같다.

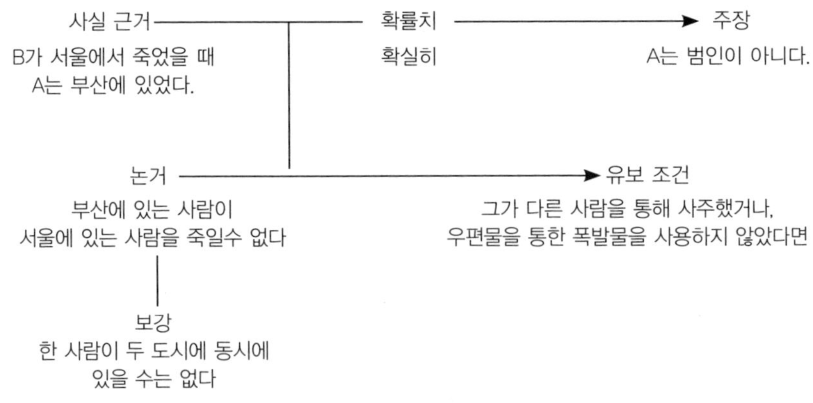

툴민이 새롭게 제안한 논쟁의 구성 요소들, 즉 사실 근거(Ground 혹은 Data), 주장(Claim), 논거(warrant) 등을 추상의 단계에 따라 나누어 설명하는 방법도 있다. 주장이란, 화자가 제안하는 가장 폭넓고 포괄적인 진술로, 그 안에 갈등의 요소가 내재되어 있는, 가장 추상적인 단계가 높은 진술을 말한다. 사실 근거란, 주장보다 한 단계 낮은 추상의 단계에서 이루어지는 것으로, 주장에 대한 의문을 풀어주는 가장 직접적인 근거, 사실, 혹은 증거를 제시함으로써 논리적인 토대를 제시하는 역할을 한다. 근거와 주장의 관계는 '고로(therefore)'라는 말로 연결되는 것이 상례다.

논거는 툴맨 논쟁법의 핵심이 되는 부분으로, "주장과 근거 사이를 잇는 일반적이고 가정적인 진술(Toulmin, 1958, 98쪽)"을 말한다. 힘 있는 논증을 하기 위해서는 사실 근거의 보강에 주력하기보다는 사실 근거에서 주장의 연결고리를 얼마나 힘 있게 끌고 가느냐가 중요하다고 그는 역설했다. 가령 "선정적인 매체를 규제하면 테러리즘이 감소한다"는 주장을 설득력 있는 논증으로 펴기 위해서는 "테러리스트는 퍼블리시티를 얻기 위해 테러를 자행한다"는 논리적인 사실 근거(ground 혹은 data)를 제시해야 하며, 그 근거와 주장 사이에는 "선정적인 매체가 테러리스트에게 퍼블리시티를 제공한다"는 논거(warrant)가 자리하고 있다. 이 논증의 설득력은 조건 부분인 "선정적인 매체가 과연 테러리스트에게 퍼블리시티를 제공하는가"에 상대방이 동의하는가 여부에 달려 있다는 것이다. 또한 조건은 대개 자명한(self-validating) 사실이 아니므로, 상대방이 납득할 수 있는 증거가 뒷받침되어야 한다(Freeley & Steinberg, 2005).

툴민 모델의 강점은 논쟁이 어떻게 구성되고 사용되는지 보여주고, 논쟁에서 강조되거나 누락된 부분을 명시적으로 보여줌으로써 논쟁 구조를 파악하고 평가할 수 있게 해준다는 점에 있다. 논쟁의 수사적 분석은 "주장과 근거와 조건을 분리해내서 어떤 종류의 조건이 명시적으로 드러나 있으며 어떤 조건이 숨어 있는지를 밝혀내는 것"(Hart, 1997, 99쪽)이기 때문이다.

툴민이 제안한 '확률치'와 관련된 개념으로, 논리에 대한 확신을 여러 단계로 나눈 추론의 타당성 정도(Degree of Cogency)가 있다. 절대적인 진실 쪽에 가까울 경우에는 '확실히'라는 정도로 타당성을 말할 것이고, 진실이라고 믿기 힘든 쪽에 가까울수록 '가능하게'라는 정도로 타당성을 말할 것이다. 그 사이에는 '아마도' 정도로 말할 것이다. 이를 연속선상에서 표시해보면 다음과 같은 그림이 가능하다.

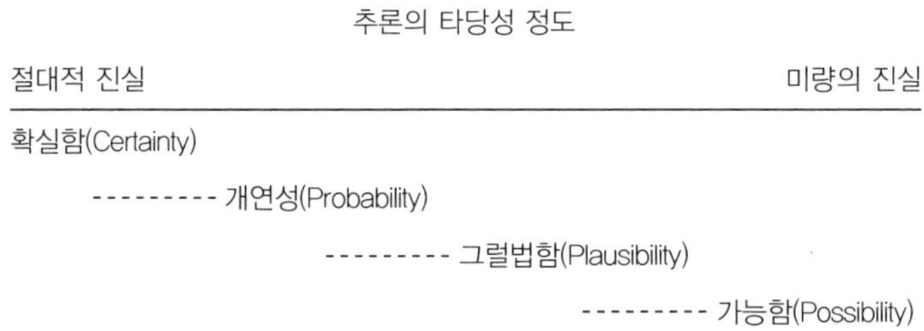

Freeley & Steinberg, 2005, 153쪽.

위의 연속선상에 나타난 각각의 정도에 대해 설명하면 다음과 같다.

'확실함'이란 절대적인 진리와 연결되어 있다. 만약 확실한 정도의 결론이라면 거의 대부분의 반대자들이 동의할 정도가 되어야 한다. 확실하므로 증명을 하기 위해 크게 노력할 필요가 없는 논증이 여기 속할 것이다. 만유인력의 법칙과 같은 명백한 자연의 법칙은 거의 증명하지 않아도 대다수의 사람의 동의를 얻어낼 수 있다. 법정에서 배심원들은 '합리적인 의심을 넘어가는 수준(beyond resonable doubt)'에 도달해야 범죄에 대해 어떤 결론을 내릴 수 있다. 이때 확신의 정도는 90% 이상을 말한다.

'개연성'이란 확실함까진 아니지만 결론이 매우 진실 쪽에 가깝다고 느끼는 정도를 말한다. 현대 의학에서 피임약의 효과는 76%에서 97.6% 사이라는 통계가 있다. 이때 소비자들은 반드시 피임이 될 것이라고 확신하진 않지만 거의 피임에 성공할 것이라고 믿고 약을 구입한다. 민사재판 법원에서는 증거의 우세함(preponderance of evidence)을 중시하는데, 이때 51% 정도의 확신이 필요하다. 그 정도가 개연성이면 옳고 그름을 판단할 수 있다는 것이다.

'그럴법함'의 정도는 결론이 진실이라고 믿기에는 긍정보다 부정쪽에 가까운 정도이다. 이런 경우의 논쟁은 불가피한 경우가 아니면 하지 않는 것이 좋으며, 설득적 증거가 약하므로 표피적으로 흐를 가능성이 높다. 이런 경우 노련한 선전술사가 아니면 상대방을 설득하려 들지 않겠지만, 일상생활에서는 이 정도의 믿음으로도 중요한 결정을 내리는 경우가 있다. 어떤 수술의 성공률이 30% 정도라는 것을 알면서도 수술을 하는 경우가 여기 해당될 것이다.

'가능성'은 위의 '그럴법함'보다 더 부정적인 방향으로 치우친 경우를 말한다. 논쟁에서는 강한 증거를 찾아내기 위해 힘써야 하는, 결코 녹록한 상황이 아니다. 그러나 역시 일상생활에서 우리는 미량이지만 가능성이 있으므로 취하는 행동들이 의외로 많다. 최악의 경우를 대비하며 물건을 사놓거나, 가능성은 희박하지만 어떤 예방약을 미리 먹어두는 것이 여기 해당된다.

툴민의 모델이 주목받는 이유는 어떤 논쟁이 설득력을 지니기 위해서는 과학적인 증명보다 사람들이 '대체로 그러하리라'고 믿는 세계에 더 근접하기 때문이다. 전통적인 삼단 논법은 예외를 인정하지 않았고, 반박의 요소를 고려하지 않았다. 그러나 고대 수사학자들은 공동체가 대체로 인정하는 것의 중요성을 일찍부터 알고 있었다. 아리스토텔레스는 설득적인 힘은 '아마도 그럼직함(probability)'과 '어떤 신호들(as signs)'에서 나온다고 믿었다. 즉 인간들이 받아들이기에 '대체로 사실 같은 것' '일반적으로 가능한 이야기'에 기초를 두고 있다는 것이다. 그리스어로 '에이코스(eikos)'라고 하는 '사실임직 함'이 바로 그런 뜻이다.

툴민이 제안한 또 하나의 개념 중 유용한 것으로 '논쟁의 장(argument

field)'이 있다. 마치 운동 경기가 제각각의 규칙을 갖고 각기 다른 근육을 사용하듯이, 논쟁 커뮤니티도 마찬가지다. 분야마다 통용되는 상식과 청중의 믿음이 다르기에, 어떤 논쟁이 설득적이기 위해서는 반드시 어떤 '논쟁의 장'에서 이루어지는가를 고려해야 한다는 뜻이다. 가령 의사들 사이에서 아무 문제없이 받아들여지는 논리가 예술가들 사이에선 받아들여지지 않을 가능성이 있다. 따라서 논증의 유효성을 판단하기 위해서는 논리를 뒷받침하고 전제를 제공하는 공동체의 사고 체계를 먼저 고려해야 한다.

(4) 브로크리드(Brockriede)와 에닝거(Ehninger)의 논증 모델

브로크리드와 에닝거(Brockriede & Ehninger, 1960)는 툴민의 6가지 요소 중에서 논거(Warrant)의 중요성에 주목, 논증의 틀을 세부적으로 완성하는 모델을 제시했다. 이들은 논거를 증명과정에서 핵심적인 요소로 파악하고 논거를 다시 실질적인 논거(substantive warrants), 동기적인 논거(motivational warrants), 권위적인 논거(authoritative warrants)로 세분화하여, 모두 여덟 가지의 논증 방식을 설명했다. 실질적인 논거는 실제 사실에 입각한 정보가 사용되는 논거를 말하며, 동기적인 논거는 결과적으로 바람직한 방향을 제시하는 것, 권위적인 논거는 화자의 권위에 입각한 논거를 각각 말한다. 이들은 이러한 논거의 종류를 수사학적 증명으로 연결시켜 외부 세계의 현상들 사이에 존재하는 관계에 관한 가정에 의존하는 주장을 실재적(substantive) 주장, 사실을 획득하게 된 출처의 질에 관한 가정에 의존하는 권위적(authoritative) 주장, 듣는 사람들의 행동을 유발시키는 내면적 가치, 열망, 욕구와 관련된 가정에 의존하는 동기적(motivational) 주장으로 분류, 설명했다.

실재적 주장에는 인과(cause), 징표(sign), 일반화(generalization), 병렬적 사례(parallel case), 유추(analogy), 분류화(classification) 등 여섯 가지 유형이

있다. 인과적 논증에서 논거는 인과 관계에 기초하며, 사람이나 사건, 조건에 대한 하나 이상의 사실로 구성된다. 인과의 방향성은 원인에서 결과(cause to effect)와 결과에서 원인(effect to cause) 등 두 방향에서 논의가 가능하다. 징표란 두 개 이상의 이유가 동시에 존재한다는 가정에 따라 단서로 구성되며 논거는 이런 징후의 의미나 중요성을 해석하는 것으로 의미를 지닌다. 일반화란 귀납적 사고와 연결된 것으로 하나의 집단에서 추출해낸 표본에 나타나는 특징이 그 집단에 속하는 다른 구성원에도 나타난다고 가정하는 논증이다. 분류화란 일반화와 반대의 논증으로, 하나의 집단이 참이면 그 종류에 속하는 다른 구성원도 참이라고 가정하는 연역적 사고의 방식이다. 병렬적 사례란 두 가지 사례를 동일선상에 놓고 비교하는 경우를 말하며, 사실에서 제시된 경우가 주장에서 제시된 두 번째 경우와 본질적인 유사성을 가지고 있다는 논거로 논증하는 방법을 말한다. 유추란 병렬적 사례와 유사하지만 본질적으로 서로 다른 경우를 비교하는 경우에 해당하는 방법이다. 권위적 주장이란 출처의 공신력에 관한 가정에 기초한 것으로, 믿을만한 사람이나 지위가 높은 사람, 전문성이 있는 사람이 말한 것이면 사실이라는 주장을 뜻한다. 마지막으로 동기적 주장이란 우리 내면의 동기, 즉 욕구, 가치, 감정, 열망 등과 연결시켜 그것을 받아들일 수 있는 어떤 계기를 부여하는 방법으로 설득적 주장을 펴는 것을 말한다.

8. 논쟁의 형식

지금까지 대표적인 논증 구조인 연역법과 귀납법을 검토했다면 이제부터는 이런 구조를 활용한 논쟁의 형식에 대해 알아보도록 하자. 귀납 혹은 연역적인 논리 구조는 나름의 장점과 한계를 갖고 있다. 실제 논쟁에서는

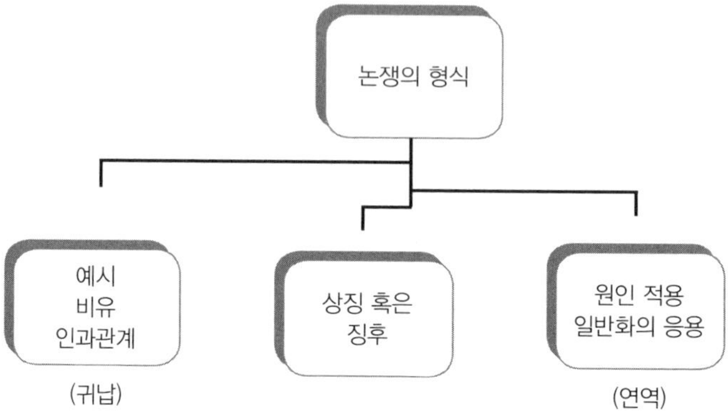

이런 장점과 한계를 효과적으로 활용하고 극복해야 하는 과제가 남는다. 어느 논쟁이건 증거가 수반된 주장을 한다는 점에서는 공통이나 자신의 주장과 객관적 증거를 엮는 방식은 선택의 문제이다. 어떤 형식의 논쟁을 택하는가는 논제의 성질과 청중의 특성, 증거의 종류에 따라 달라질 수 있다. 논쟁의 다양한 형식을 아는 것은 논쟁의 유효함과 한계를 분석하고 판단하는 데 유용하다. 논쟁 상황이라면 상대방이 택한 형식에 따른 강점과 약점을 분석할 수 있을 것이고, 자신의 논쟁을 탄탄하게 구성하기 위해서도 형식에 대한 이해가 필요하다. 논쟁의 형식은 귀납적 사고에 기반한 것으로 예시를 통한 논쟁, 비유를 통한 논쟁, 인과관계를 통한 논쟁이 있고, 연역적 사고에 기반한 것으로는 원인 적용에 의한 논쟁, 일반화의 응용을 통한 논쟁이 있다. 연역과 귀납 어디에도 속하지 않는 것으로 상징 혹은 징후에 의한 논쟁이 있다. 이상 여섯 가지 논쟁의 형식에 대해 알아보자.

(1) 예시를 통한 논쟁

사람들은 자신의 입지 강화를 위해 종종 사례를 든다. 이런 형태는 개별 예시를 모아 하나의 일반적인 결론에 도달한다는 점에서 귀납적 논증의

한 형태이다. 결론은 어떤 일반적인 진실의 상황을 이야기하며, 개별 상황의 진실을 그 증거로 사용한다. 귀납법의 특성상 '경험의 세계에서 얻은 세부적 진실'에서 '알 수 없는 일반적 진실의 세계'로 옮아가는 논리상의 흐름을 보이며, 개별 사항은 진실일지라도 전체를 구성하기에는 여전히 부족할 수 있으므로 '불완전한 논증'의 특성도 갖고 있다. 예를 들어 "중국에서 날아온 미세먼지 문제가 한국인의 건강을 위협한다"는 진술은 현재 증거가 부재인 상태이므로 논증이 아닌 주장의 상태이다. 여기에 "미세먼지가 폐에 들어가 암을 일으킬 수 있다" "미세먼지가 태아의 발육에도 영향을 미친다는 연구 결과가 있었다" "미세먼지가 아토피 증상을 심화시킨다"라는 개별 증거들을 붙인다면, 예시를 통한 논쟁이라고 할 수 있다.

예시를 통한 논증이 강한 설득력을 지니는 이유는 우리 모두 경험의 세계에 호소하기 때문이다. 개별의 진실을 경험한 사람이라면 일반적인 전체의 진실에 수긍할 개연성이 높다. 그러나 힘 있는 논증이 되게 하기 위해서는 적어도 세 가지 조건을 만족시켜야 한다. 다시 말하면 예시를 통한 논증의 설득력을 테스트하거나 공격하기 위한 방법은 세 가지가 있다.

첫째는 예시의 숫자가 너무 적으면 안 된다는 것이다. 몇 개 이상이어야 한다는 기준은 없으나, 한 가지 예시만 들고 결론으로 곧바로 이어진다면 청중들을 납득시키기 어려울 것이다. 이때 설득에 필요한 예시의 양은 청중들이 결정한다. 그들이 납득할 만한 수준이 곧 논증에 필요한 예시의 숫자이다. 둘째, 예시는 일반적 결론에 적용해도 손색이 없을 정도로 대표성을 지녀야 한다. 예외적인 경우를 예시로 삼아서는 결론에 대한 수긍을 얻어내기 힘들다. 각각의 예시가 비록 다른 내용이라고 하더라도 전체 결론의 형질을 지닌 대표성이 있어야 한다. 셋째는 상반되는 예시에 주의해야 한다. 열 가지 예시를 들어 결론을 지지한다 하더라도 한 가지 반대되는 경우가 제시되면 전체가 설득력을 잃을 수 있다. 따라서 예를 들 때에는 상호 모순되는 예시를 들지 않도록 유의해야 한다.

(2) 비유를 통한 논쟁

각종 논쟁에서 인상적인 개념으로 기억되는 것이 있다면 아마도 적절한 비유가 동원되었을 경우가 많다. 그만큼 비유는 설득의 강력한 도구이다. 비유는 또 다른 귀납적 논쟁의 한 방법이다. 비유를 통한 논쟁이란 인간이 사물이나 상황을 비교하고 유사점을 발견하는 능력이 있는 것에 착안한 논쟁 방법이다. 개별 사안에 대한 진리로부터 또 다른 개별 사안에 대한 진리를 유추하는 귀납법의 성격을 띠며, 동일성의 원칙에 따라 어떤 대상의 성질은 유사한 대상에도 비교 적용될 수 있다는 경험적 믿음에 기초한다. 그러나 사람마다 경험의 세계가 다르고 그에 따른 인식의 체계가 다르며, 비유 대상에 대한 묘사나 이해가 다를 수 있으므로 성공적인 비유를 사용하려면 그만큼 신중해야 한다.

예를 들어 과거에 실패한 어떤 정부 정책이 있다고 가정하자. 그와 유사한 법규가 또 만들어지면 사람들은 또 다시 실패할 것이라고 예상할 것이다. 또한 외국에서 성공한 어떤 기업이 있다고 가정해보자, 그 기업의 운영방식을 우리나라에도 적용하면 성공할 수 있을 것이라고 사람들은 생각할 것이다. "과거 정부의 교육 개혁안이 학생들을 입시지옥에서 해방시키지 못하고 고교 정상화를 시키지 못했다. 이번 정부도 교육 개혁안을 내놓았다. 과거에 그랬던 것처럼 이번 정부의 교육 개혁안도 실패할 것이다"라는 논쟁은 '정부의 교육 개혁안'을 같은 성질을 띤 대상이라고 놓고, 유사한 사례의 실패가 또 다른 사례의 실패로 동일하게 적용될 것이라고 썼으므로 비유에 의한 논증이라고 할 수 있다. 외국의 성공 사례를 벤치마킹하려는 경우도 "그 나라에서 성공한 것이면 우리나라에서도 성공할 수 있다"는 유사성의 원리가 작용한 것이라고 할 수 있다.

비유를 통한 논증에는 두 가지 종류가 있다. 비교 대상이 동일한 차원의 그룹에 소속되어 있는 경우 '직역(literal) 비유'라고 하고, 다른 차원의 그룹에 속해있을 경우를 '구상(figurative) 비유'라고 한다. 앞의 교육 개혁안은 정부의 개혁안을 비교하는 것이므로 전자에 속한다. 후자에 속하는 예로 "이번 선거 결과를 보니 마치 어항의 물을 갈 때 금붕어에게 급속한 환경 변화를 주지 않기 위해 절반 정도 기존의 물을 남겨놓는 것 같다는 생각을 하게 된다. 정책의 연속성을 위해 국민들은 절반의 후보를 유임시켰다"는 진술을 들 수 있다. 선거와 어항 물갈기, 후보자와 금붕어는 각기 다른 차원의 그룹에 속해 있으나 유사성을 찾아내 비유를 하고 있다.

예시에 의한 논쟁과 마찬가지로 비유를 통한 논쟁도 사람들의 경험에 호소하므로 매우 강한 설득력을 발휘한다. 사람은 어떤 개체를 평가할 때 그 개체가 속한 그룹의 성격을 파악해보려는 경향이 있고, 대체로 유사 사례를 적용한 결과 틀리지 않았다는 경험을 공유하기 때문이다. 각종 결정을 내릴 때 과거 유사 사례를 참고하는 이러한 사유적 속성에 기인한 것이라고 할 수 있다.

비유를 통한 논쟁의 허점을 찾아내고 비판하기 위해서는 첫째, 비교 대상이 된 두 가지 개별 사항이 진짜 유사한 성질을 갖고 있는지를 비교 검토하고 비판해본다. "앞의 예에서 '선거판'이 '어항'과는 다르다"는 반론을 편다면, 비교 대상의 유사성 여부에 의심을 제기한 반박이라고 할 수 있다. 둘째는 비교 대상이 되는 두 가지 개별 사항에 대한 묘사가 정확하게 이루어지고 있는지를 본다. 즉 어느 한 대상의 성질을 파악할 때 미처 고려하지 못한 중요한 속성은 없는지, 묘사는 남들이 납득할 정도로 정확하게 되고 있는지 검토하는 것이다.

(3) 인과관계를 통한 논쟁

인간의 과학적 사고의 많은 부분은 원인과 결과의 관계를 알아보고자 하는 욕구에 기초한다. 원인과 결과의 관계를 파악하면 유사한 원인이 있을 때 미래의 상황을 예측하는 것이 가능하기 때문이다. 어떤 사건의 전-후 관계를 살펴보면 연관이 있는 사건들이 있으나, 논리적으로 앞의 사건이 원인이 되어 뒤의 사건으로 이어졌는지를 규명하는 것은 결코 쉬운 일이 아니다.

개별 사항의 특징으로부터 일반적인 결론을 도출해 낸다는 점에서 인과관계(causal correlation)에 의한 논증은 귀납적 논증으로 분류된다. 예시로 인한 논증의 경우에 비해 개별 사항을 원인으로 하는 인과관계가 포함되어 다소 복잡하다. 원인을 제시할 때 때로는 다양한 통계나 전문가 증언, 혹은 연구 결과 등이 포함되는데, 그중에 사례도 함께 제시되는 경우가 있으므로 인과관계에 집중해서 논증의 유효성을 검토해야 한다. "흡연은 암의 원인이다"라는 주장을 뒷받침하는 근거로, "흡연자의 폐암 발병률이 비흡연자 폐암 발병률보다 높다는 통계가 있다" "쥐 실험에서 담배 연기에 노출된 쥐가 그렇지 않은 쥐에 비해 암세포가 늘어난 실험 결과가 있다" "흡연자들을 대상으로 한 조사에서 흡연의 양이 암 발병률에 비례한다는 사실이 밝혀졌다"는 증거들을 제시하는 것을 인과관계에 의한 논쟁의 예로 들 수 있다.

귀납적 논쟁이므로 결론은 일반적인 원인과 결과의 진술문이어야 한다. "대체로 모든 A는 모든 B의 원인이다"라는 일반성의 원칙에 어긋난다면 결론으로 적합하지 않다. 앞의 경우, 담배의 종류나 암의 종류와 관계없이 대체로 어떤 형태의 흡연이든 모든 종류의 암의 원인이 될 수 있어야 한다는 뜻이다. 인과관계에 의한 논증인지를 판단하려면 결론에 "~의 결과로" 혹은 "~이 원인이다"라는 인과 관련 단어가 포함되어 있는지 먼저 살펴보아야 한다. 그 후에 제시된 증거가 원인으로서의 필요충분을 갖췄는지 여부로 논증의 설득력을 평가한다.

앞서 귀납법과 관련해 존 스튜어트 밀(John Stuart Mill)이 제안한 다섯 가지 연구 방법 중 핵심적인 세 가지를 다시 정리하면 다음과 같다.

1. 공변법(method of concomitant variation)
2. 일치법(method of agreement)
3. 차이법(method of difference)

공변법이란 경험적 관계에서 첫 번째 변수의 크기가 두 번째 변수의 크기에 따라 변하는 것을 말한다. 흡연을 A, 암을 B라고 했을 때, A가 증가하면 B도 증가한다면 그 둘은 공변법에 맞는 예라고 할 수 있다. 두 가지 변수가 동시에 움직이는 데 초점을 둔 방식이나, 변화의 방향은 서로 다를 수 있다. 흡연과 암, 공부 시간과 성적처럼 같은 방향으로 증가, 혹은 감소하는 경우의 관계를 '직접 관계(direct relationships)'라고 한다. 반면 안전벨트 착용과 자동차 사고 사망률처럼 하나의 변수가 증가함에 따라 나머지 변수가 감소하는 경우의 관계를 '역의 관계(inverse relationships)'라고 한다.

일치법이란 어떤 결과가 일어날 때 항상 존재하는 원인을 귀납하는 방법으로, 사람들은 다양한 상황에서 이 방법으로 논증적 사고를 한다. 연쇄살인범을 수사하는 경찰이 살해된 여성의 공통된 특징이 있었는지, 동일한 살해 방법을 사용했는지 여부로 범인의 윤곽을 그리는 것, 앞서 예를 든 것처럼 단체로 식중독을 일으켰다고 할 때 그들이 먹은 음식 중 공통적으로 먹은 것은 무엇인지 가려내 식중독의 원인을 찾아내려고 하는 시도 등이 이 방법을 사용한 것이다.

차이법은 일치법과 동시에 적용되는 경우가 많다. 동일한 요소를 찾아내는 과정이 곧 차이 나는 요소를 걸러내는 과정이기도 하기 때문이다. 일치법이 요소간의 동질성에 초점을 두고 있다면, 차이법은 "두 그룹 간 어떤 차이가 있나?"에 초점을 두고 분석한다.

"A(증거)는 B(결론)의 원인이다"라는 인과관계에 의한 논증의 설득력을 평가하는 방법은 다음의 네 가지다.

1. 일관성(consistency) : A와 B의 인과관계는 언제나 한결같은가?

2. 강도(strength) : A는 B의 변화를 가져 올 만한 힘을 갖고 있는가?
3. 시간(time) : A는 B보다 언제나 앞서서 발생했는가?
4. 연관성(coherency) : A와 B의 인과관계는 상호 연관된 것인가?

실험실에서 규명할 수 있는 자연 현상과 달리 사회 현상을 설명할 때에는 인과관계를 단순하게 연결시키기에는 어려운 복잡하고 간접적인 요인들이 많다. 따라서 논증의 설득력을 얻기 위해서는 위의 네 가지 조건을 충족하고 있는가를 점검해볼 필요가 있다. 어떤 원인이 매우 예외적인 경우를 제외하고는 대체로 일관성 있는 효과를 내며, 그 효과가 변화로 이어질 정도의 강도를 지녀야 한다. 원인과 결과의 시계열상의 순서 역시 중요하다. 원인은 언제나 예외 없이 결과에 선행해야 한다. 어떤 사건이 동시에 일어난 것을 원인과 결과로 오인하는 오류를 동시 사건의 인과관계 오류(cum hoc)라고 한다. 즉 "까마귀 날자 배 떨어진다"는 속담에서처럼 언뜻 보기에는 까마귀가 난 것이 배 떨어진 것의 원인처럼 보이지만 두 사건은 함께 발생했을 뿐 인과관계는 아니라는 것이다. 그렇다고 앞선 요인이 반드시 뒤에 오는 사건의 원인으로 작용하라는 법도 없다. "대학생이 된 후에 예뻐졌다"는 진술이 있을 때, 시간적으로는 대학생이 된 것이 먼저 있었으므로 예뻐진 것의 원인처럼 들릴 수 있으나, 다이어트나 운동, 성형수술 등 다른 원인으로 예뻐졌을 수도 있기 때문이다. 대학생이 된 후 예뻐진 것은 사실이나, 그 원인이 대학생인 것과는 무관할 수도 있다는 것이다. 이런 논리상의 오류를 'post hoc fallacy', 다시 풀어서 쓰면 'post hoc ergo propter hoc': 영어로는 'after this, therefore because of this' 오류라고 한다. 또한 원인과 결과의 상호 연관성은 상식적으로 납득이 가능해야 한다. "아이스크림 소비가 늘면 절도가 자주 발생한다"는 논증이 있다고 가정해보자. 실제 통계상으로 아이스크림 소비가 느는 달에 절도범이 늘어났다는 객관적 수치가 있다고 하더라도, 그 둘을 논리적으로 연결시키기에는 무리가 있다. 굳이 논리적으로 바꿔야 한다면 “기온이 높아지면 문단속을 소홀히 하는 경향이 있으므로 그 틈을 탄 범죄율이 높아진다”고 해야 한다.

(4) 상징 혹은 징후에 의한 논쟁

“제비를 보고 봄이 온 걸 안다”는 말이 있듯, 사람들은 상징 혹은 징후를 보고 사태의 진실을 예측하거나 평가하는 경향이 있다. 얼굴 표정을 보고 화가 난 걸 짐작을 하거나, 의사가 환자를 진단할 때 병명을 알기 위해 각종 징후를 먼저 묻는 것, 또 물가 지표를 보고 경제 상황을 예측하는 행위 등이 상징에 의한 논리적 사고의 실례다. “열이 나고, 몸이 오실거리고, 콧물 기침이 나는 걸 보니 감기에 걸렸나보다”라는 진술이 여기 해당할 것이다.

사실 상징을 통해 상황을 읽는 것은 논증이라고 하기엔 너무 흔하고 광범위하게 많은 인간들이 행해온 자연스런 사고의 방식이다. 적용 범위가 넓다보니 귀납적 요소와 연역적 요소를 함께 갖추고 있는 것이 특징이다. 또한 결론에서 어떤 상태를 나타내거나 존재의 유무를 나타낸다는 점에서 다른 형식의 논증과 구별된다.

상징을 통한 논증이 귀납적 논쟁으로 성립되는 경우는 어떤 주장에 대한 ‘불완전한’ 증거를 제시하여 결론 부분에서 일정 부분의 개연성만 지지하는 경우이다. 반면 주장에 대해 ‘완전한’ 증거를 제시함으로써 결론 부분이 스스로 입증되도록 한다면 연역적 논쟁이라고 해야 할 것이다. 만약 농부가 검은 구름의 모양을 보고 비가 올 것을 주장한다면 귀납적 논쟁이다. 반면 어떤 여인이 젖을 주고 있다면, 그 징후는 그녀가 출산한 여인이라는 확실하고 완전한 것이므로 그녀가 출산했다는 결론에 연역적으로 도달할 수가 있다.

상징 혹은 징후에 의한 논증의 설득적 힘을 평가하려면 다음과 같은 세 가지 기준에 따른다.

1. 필요: 그 상징이나 징후가 변하지 않는 것인가?
2. 숫자: 충분한 숫자의 상징이나 징후가 있는가?
3. 모순: 상징이나 징후끼리 상호 모순되지는 않는가?

가령 어떤 사람이 눈물을 흘렸다고 가정해보자. 눈물이라는 징후를 본 사람들은 그가 '슬퍼하고 있는' 상징으로 논리적으로 해석할지 모른다. 그러나 눈물은 너무 기뻐도 나오고, 분해도 나오고, 눈에 먼지가 들어가도 나오는 것이다. 따라서 눈물 하나만 보고 감정을 읽는 것은 논리적으로 오류를 범할 위험을 내포하고 있다. 하나의 상징만으로 결론을 설명하기 어렵다고 판단될 때 더 많은 상징 혹은 징후를 찾아내 설득하려고 할 것이다. 범인을 수사하는 형사가 더 많은 정황적 증거를 수집하려고 하는 것도 증거의 충분성을 확보하기 위해서다. 또한 상징에 의한 논증이 힘이 있으려면 상징들끼리 서로 부딪치지 않아야 한다. 연인 관계의 남녀가 있다고 가정해보자. 상대방이 다른 사람을 동시에 만나며 "너를 사랑한다(상징 1)"고 말한다면 그것은 다른 상대를 만나는(상징 2) 행위와 모순되므로 "그는 나를 사랑한다"는 결론을 논증적으로 끌어내기는 쉽지 않을 것이다.

(5) 원인 적용에 의한 논쟁

인간의 어떤 행위나 선택에는 반드시 이유가 있다. 어느 식당에 가니 값싸고 맛이 있어서 또 다시 가게 되는 행위, 특정 브랜드를 써보니 좋아서 다시 찾게 되는 행위 등, 은연중에 하는 많은 행위 중엔 어떤 경험이 원인이 되어 결정하게 된 것이 많다. 과학자들은 화석 연료의 사용이 지구 온난화를 가져온다고 경고하고 있다. "화석 연료의 사용은 대기 중에 탄소량을 증가시켜 층을 형성하므로 온실효과로 이어질 수 있다. 현재 인간은 화석 연료를 사용한다. 따라서 지구 온난화가 가속화될 것이다"라는 사고의 패턴을 따르고 있다. 여기서 원인은 화석 연료, 결과는 지구 온난화이다.

원인 적용(causal application)에 의한 논쟁이란 원인과 결과로 이루어져 있다는 점에서 '인과관계에 의한 논쟁'과 유사하다고 생각하기 쉽다. 그러나 인과관계에 의한 논쟁이 어떤 일반적인 결론에 도달하기 위한, 귀납적 구조를 띠고 있다고 한다면, '원인 적용에 의한 논쟁'은 개별 사항의 인과관계를 결론으로 하는 연역적 논쟁이라는 점이 다르다. '원인 적용에 의한 논쟁'의 목적은 '일반적으로 A는 B의 원인이다'라는 일반론을 적용시켜 개별 사항을 설득적으로 증명하려는 데 있다. 앞서 설명한 '포괄적 삼단 논법'을 적용해 이 논증 모델을 기술해보면 다음과 같다. "A는 B의 원인이다. A가 존재한다. 고로, B가 존재할 것이다." 혹은 "A는 B의 유일한 원인이다. B가 존재한다. 고로, A가 존재한다."

이 논쟁 형식은 주로 미래의 어떤 상황을 예측할 때 유용하다. 원인과 결과의 관계를 적지 않게 경험하고 사는 인간들은 기존의 지식과 관찰을 이용해 앞으로 어떤 일이 생길지 예측하고 싶어 한다. 이를 도와주는 논쟁적 사고 형식이라고 할 수 있다. "그렇게 기름진 음식을 많이 먹는 걸 보니 심장병 걸리기 쉽겠다"는 진술의 예를 보자. 여기서 주장은 "심장병 걸리기 쉽겠다"는 것이고, 증거는 "기름진 음식을 많이 먹는 것"이다. "일반적으로 콜레스테롤이 높으면 심장병이 걸린다"는 일반적 인과관계를 증거로 사용했으므로, 원인 적용에 의한 논쟁 형식이라고 분류할 수 있다.

이러한 논쟁의 설득력은 다음 세 가지 기준으로 테스트한다.

1. 진실성: 일반적 인과관계가 진실로 받아들여지는 것인가?
2. 충분성: 원인은 결과를 내기에 충분한가?
3. 매개변수: 중간 변수에 의해 원인과 결과 관계가 달라지지는 않는가?

논쟁의 증거로 사용되는 일반적 인과관계의 진실성에 의문을 제기하면 결론의 설득력을 담보할 수 없다. 복잡한 원인이 작용할 경우 설득하고자 하는 원인이 결과로 이어질 만큼 충분한 설명력을 갖는지 여부를 판단하는 것도 중요하다. 또한 원인과 결과를 이어주는 중간에 어떤 매개변수가 개입하여 결과를 왜곡할 수 있는지 충분히 사유한 후 논쟁의 형식으로 제시하는 것이 좋다.

(6) 일반화의 응용에 의한 논쟁

인과관계에 의한 것이 아니라도 일반화된 진실로 받아들여지는 현상이나 진술이 있다. "용감한 사람은 위험을 두려워하지 않는다"거나 "착한 사람은 남을 잘 돕는다"는 대중의 믿음이 그것이다. 이러한 일반화된 진실을 적용해 특정 사례를 논증하는 형태를 일반화의 응용(applied generalization)에 의한 논쟁이라고 한다.

이러한 논쟁이 설득력을 지니려면, 1. 일반화된 진실이 대중이 진실로 받아들인 것이어야 하고, 2, 이런 일반화의 예외적 사례는 없는지 검토해 보아야 한다. "소유그룹 김회장은 거액의 기부를 한 착한 기업인이다"라는 논쟁이 있다고 가정해보자. 결론은 김회장이라는 개인의 경우이고, "기부를 하는 사람은 착하다"라는 일반화된 진실을 적용하고 있다. 그러나 "기부를 하는 사람은 반드시 착하다"는 일반론을 받아들이지 않는다면 이 논쟁은 힘을 잃는다. 가령 "아무리 착해도 가난한 사람은 기부를 할 수 없는데, 기부하지 않는 사람은 착하지 않다는 말인가?" "기업인의 기부 행위는 세금 공제나 강요된 사회적 책임을 하기 위한 대중 홍보 전략이니 착하다고 할 수 없다"고 반박하는 경우가 이에 해당할 것이다.

여기까지 논의한 여섯 가지 논증 형식을 표로 정리해 요약하면 다음과 같다.

논증 형식 분석표

	예시	비유	인과관계	인과관계 적용	일반화의 응용	상징 또는 징후
추론의 방향	개별 → 일반	개별 → 개별	개별 → 일반	일반 → 개별	일반 → 개별	
결론의 성격	일반 진술	개별 진술	일반적 인과 관계 진술	개별 진술	개별 진술	상태의 존재
테스트	충분 전형적 예외	유사 정확성	일관성 효력 예외	진실성 충분성 매개변수	진실성 예외	충분성 비오류성
연역/귀납	귀납	귀납	귀납	연역	연역	

V

논쟁과 증거

9. 증거

(1) 증거란 무엇인가?

논쟁이 '증거가 수반된 주장'이라는 정의를 떠올린다면 증거가 논쟁에서 차지하는 비중이 얼마나 큰지 짐작할 수 있을 것이다. 증거(evidence)란 '명확함' '뚜렷함'을 뜻하는 라틴어 'evidentem'에서 유래한 단어로, 논쟁의 원재료가 되는 유형 혹은 무형의 대상, 즉 사실, 의견, 물건 등을 말한다. 일방적인 주장과 설득적인 논증을 구분 짓는 결정적인 잣대이자, 진실의 구성물이다.

논쟁에 임하기로 결정한 사람들은 대부분의 에너지를 이슈와 증거 찾기에 쏟는다. 논쟁에서 증거를 모으는 것은 전쟁터에 나가는 병사가 총알을 준비하는 것과 같은 과정이다. 반대 측 논점의 허점을 찾아내고 공격하기 위해서는 실제 도움이 되는 무기가 필요하다. 뿐만 아니라 증거는 자신의 입장을 방어하는 방패의 역할도 한다. 증거가 없다면 상대편은 "그건 당신의 주장에 지나지 않는다"고 공격해올 것이 분명하다. 미약한 증거를 제시하면 상대편은 더 튼튼한 증거로 공격해올 것이다. 아무리 현란한 말솜씨와 멋진 스타일의 연설을 구사한다고 하더라도 논리적으로 방어할 수 없는 스피치를 한다면 결코 청중을 설득시킬 수 없다.

증거는 다양한 분야에서 중요한 역할을 한다. 법정에서의 증거는 진범을 가리고 정의를 실현하는 도구로서 기능한다. 증거 제시의 부담을 지는 측에서는 사건을 유지시키고 혐의를 증명하기 위한 증거를 법정에 제출할 것이고, 반대편에서는 그 증거에 맞설 증거들을 찾아내 자신의 무고함을 증명하고자 할 것이다. 법정 증거는 목격자의 진술, 서류 증거, 범행도구 같은 물적 증거만이 법적 효력을 인정받는다. 목격자가 아닌 제 3자의 전언증거(hearsay)나 강요에 의한 자백, 절차를 무시하고 수집한 증거 등은 법적 효력이 없다.

과학의 세계에서도 증거는 중요하다. 자연과학이나 사회과학 등 과학적 사고를 통해 진실을 규명하고자 하는 학문의 세계에서는 어떤 학문적 가설이나 이론을 뒷받침하기 위한 자료로서의 증거가 반드시 필요하다. 관찰의 결과, 실험 보고서, 사회 조사, 증언, 각종 통계 자료 등 과학적 방법에 의해 수집된 자료가 증거로 제시되고 학문적 진실을 구축하는 재료로 활용된다. 인식론적 관점에서 지식을 탐구하는 철학의 세계에서도 증거는 논리적 사고의 설득력을 구성하는 요소로서 매우 중요하다.

토론이나 논쟁에서 사용되는 증거란 이상에 언급한 증거에 한 가지 요건이 추가되어야 한다. 즉 토론의 상대, 혹은 청중이 받아들이는가 여부이다. 증거의 설득력은 그 자체의 진실성 보다 '진실된 것'으로 받아들이는 청중이 결정한다. 증거가 설득하는 기제로서 주효하기 위해서는 청중의 동의가 있어야 한다. 다시 말해 증거의 힘은 화자의 능력이라기보다 증거의 진실성 여부를 받아들이는 청중에게 달려 있다는 것이다. 따라서 청중에 따라 사용되는 증거도 달라질 수 있고, 또 달라야 한다. 논쟁에서의 증거는 청중의 인식과 가치가 반영된 결과이며, 논쟁의 당사자들은 복잡한 논쟁 상황 속에서 증거를 냉정하고 공평하게 판단해주길 기대한다. 논쟁에서 자신의 입장을 상대방 혹은 청중이 선입견 없이 받아들여주는 것이 가장 이상적인 형태이기는 하지만, 어느 상황에서든 정보의 출처, 메시지 자체의 내용, 메시지의 전달 경로 등의 요소에 의해 공중들이 쉽게 영향을 받을 수 있음을 반드시 인식해야 한다.

이상에서 살펴본 바와 같이 증거에 대해 여러 분야에서 체계적인 접근을 하고 있으나, 반드시 과학적이고 체계적인 상황에서만 증거가 필요한 것은 아니다. 우리는 일상생활에서 어떤 상황을 인식할 때 증거의 질을 평가하고 논리적으로 받아들일지 여부를 결정하는 지적인 활동을 멈추지 않는다. 창 밖에 얼음이 언 것을 보고 기온이 낮을 것이라고 추론하고, 학생의 성적표를 보고 성실성을 가늠하는 것이 여기 해당한다. 또한 각종 건강 정보가 유용하다고 판단된다면 그런 정보를 활용해 식단을 짜거나 운동을 하기도 한다. 법정이나 논쟁 상황이 아닌 일상생활 속에서 우리는 늘 증거를 찾고, 또한 어떤 결론을 얻기 위해 수집된 증거를 활용해 논리적인 사고를 한다. 다양한 증거의 세계에 대해 좀 더 살펴보기로 하자.

(2) 증거의 종류

가. 직접 증거와 추정 증거

증거는 증명하고자 하는 대상과의 관계에 따라 직접 증거(direct evidence)와 추정 증거(presumptive evidence)로 나눌 수 있다. 직접 증거는 해당 물음을 뒷받침할 사실의 존재를 직접 증명할 수 있는 증거를 말한다. 다른 사실의 증명 없이 직접 제시되므로 논쟁에서는 기존의 입장을 지지하기보다는 주로 반대 입장을 옹호하는데 유효하게 사용되는 경우가 많다. 왜냐하면 기존의 입장에서 이런 직접 증거를 제시할 수 있다면 논박의 여지가 줄어들기 때문이다. 이에 비해 추정 증거는 그 밖의 사실을 증명하기 위해 제시되는 증거들이다. 추정 증거, 혹은 간접 증거라고도 한다. 직접 증거와 달리 추정 증거는 다양한 종류가 가능하므로 찾아내고 수집하는 데 많은 시간과 노력이 필요하다. 또한 직접 증거보다 증거능력이 떨어지는 정황 증거라는 한계에 부딪히는 경우도 많다. 그러나 직접 증거만이 강력한 증거력을 갖는 것은 아니다. 직접 증거의 부재 상태에서 여러 정황 증거들의 조합이 때로는 직접 증거에 맞먹을 만큼 설득력을 발휘하기 때문이다. 실제로 법정에서도 정황 증거만으로도 유죄가 입증되는 사례가 종종 있다. 특히 배심원제를 실시하는 곳에서는 여러 정황 증거로 배심원들의 마음을 움직이는 것이 가능하다.

나. 법적 증거와 법외 증거

법적 증거(judicial evidence)란 법정 안에서 받아들여지는 증거를 말한다. 이런 증거는 일반적으로 증거력을 인정받아야 될 뿐만 아니라, 다양한 법률적 절차로서의 요건도 만족시켜야 한다. 따라서 법적 절차를 준수하는 적절한 증거의 선별은 증거력을 얻는 데 매우 중요하다. 법정에서 논쟁의 당사자는 특정 증거의 진실성 못지않게 법정에서 인정받을 수 있는 증거인지 여부에 더 관심을 기울인다. 만약 어떤 유력한 증인이 있다고 가정할 때, 그가 증언하는 내용과 이해 상충이 되는 과거 경력이나 범죄 사실이 있다면 반대편에서는 그와 같은 사실을 법정에서 증거로 거론하고 싶을 것이다. 그러나 상대방이 그 증거가 "법정 안에서 허용되면 안 된다"고 주장하여 법정에서 받아들여진다면 사건과 관련이 없는 증거의 자리로 밀려난다.

법외 증거(extrajudicial evidence)란 법적 자격이 없는, 법 영역 밖의 증거이다. 법정 안에서 받아들여지지 않기에 주로 법정 밖에서만 사용된다. 그래서 법외 증거는 법적 절차가 요구되지 않는 여러 상황에서 사실적 검증이 요구될 때 사람들을 납득시키는 데 유용하게 동원된다. 강한 증거력을 가질 수도 있으나 법정에서 받아들여지지 않으므로 단지 증거를 일반적으로 검증할 때 사용된다.

다. 1차 증거와 2차 증거

1차 증거(primary evidence)는 어떤 사건이나 상황에 직접 효력을 발휘할 수 있는 최적의 증거를 말한다. 사건의 경우라면 직접 목격자의 증언처럼 문제의 사건을 가장 정확하게 진술 할 수 있는 증거가 1차 증거이다. 어떤 상품의 효과에 대한 증거라면 직접 사용자의 증언이 1차 증거가 될 것이다. 따라서 진실을 규명하는 데 가장 중요하게 간주되는 증거이기도 하다.

직접 목격자나 사용자가 아니라 그들로부터 생생한 증언을 전해 들은 사람이 증언한다면 2차 증거(secondary evidence)에 해당한다. 2차 증거란 글자 그대로 1차 증거보다 조금 증거력이 떨어지고 정확성이 부족한 한계가 있으나 문제에 대해서 어느 정도의 적절함을 갖추고 있는 증거를 말한다. 논쟁 상황이라면 2차 증거만을 확보한 연사는 다소 불리한 위치에 있다고 할 수 있다. 상대방이 1차 증거를 제시하면 논거에서 밀리게 될 가능성이 있다.

1차 증거는 2차 증거보다 오류의 가능성이 적기 때문에 더 강력한 자료로 사용된다. 2차 증거는 증언의 신빙성이 단독적 가치를 갖추고 있지 않으므로 1차 증거보다 그 힘이 약하게 작용하지만, 그 밖의 증거에 비해서는 진실성과 자격 요건을 갖추고 있다. 그렇기 때문에 논쟁의 당사자들은 다수의 2차 증거보다는 소수라도 1차 증거를 확보하는 것이 좋다.

라. 기록 증거와 비기록 증거

기록 증거(written evidence)란 책, 신문, 잡지 등 모든 종류의 기록물에 의해 제공되는 증거를 말한다. 이에 비해 비기록 증거(unwritten evidence)란 글로 쓰여 있지 않은 증거를 말하며, 구두 진술이나 검증을 위해 제공된 사물 등을 포함한다.

일반적으로 기록 증거는 실제 물증으로 제시될 수 있으므로 구두 증거보다 더 가치가 있다고 판단되어 중요하게 간주된다. 반면 전언 증거라고 하더라도 말하는 사람의 신뢰성이 전제된다면 구두 진술이 더 신빙성 있게 받아들여지는 경우도 있다. 디베이트 상황에서는 제시하는 증거의 증거력이 중요하므로 구두 진술은 받아들이지 않고 기록 증거만 인정하는 경향이 있다. 그러나 일상생활에서 우리는 다른 사람이 전하는 말도 비교적 신뢰하는 경우가 많으므로 비기록 증거는 여전히 유용하다고 할 수 있다.

마. 실제 증거와 유사 증거

실제 증거(real evidence)는 객관적 검증이 이루어진 증거를 일컫는다. 법정 안에서의 실제 증거로는 무기, 상해 흔적, 지문 등이 포함될 수 있다. 법정 밖에서의 실제 증거로는 직접 경험을 통해 얻은 지식이나 의견을 들 수 있다. 새로 문을 연 식당의 음식이 맛있는지 실제로 방문해 맛을 본다거나, 새로 출시된 차의 성능을 직접 시운전을 통해 경험하며 얻은 증거를 실제 증거라고 한다.

실제 증거와 다른 것이 유사 증거(pseudo evidence)일 것이다. 잘 연출된 광고 클립을 보고 특정 상품을 간접적으로 사용해본 것 같은 느낌을 갖는다면 실제가 아닌 유사 증거에 의한 설득이라고 할 수 있다. 증거가 누구에 의해 어떻게 선정되어 제공된 것인지 등의 기준에 따라 실제 증거를 선별하는 능력을 갖는 것이 중요하다.

바. 전문가 증거와 일반인 증거

전문가 증거(expert evidence)는 특정 교육과 수련을 거쳐 특별한 지식과 경험을 지닌 사람들이 제공하는 증거를 일컫는다. 법정에서 전문가의 증언은 중요한 증거로 채택되며, 일반적인 진술보다 더 전문적인 견해가 필요할 때 요구된다. 이에 비해 일반인 증거(lay evidence)는 특별한 지식이나 경험이 없는 일반인에 의해 제공된 증거를 말한다. 이 증거는 특별한 자격이 요구되지 않는 영역에서 주로 사용된다.

예를 들어 어떤 회사의 간부의 증언은 일반인 증거가 될 수 없으나, 일반 직원의 증언은 일반인 증거로서 인정된다. 일반적으로 법정에서 일반인 증거는 사실에 대한 진술로서는 받아들여지지만 그들의 의견이 증거로 인정되지는 않는다. 이런 제한은 법정 밖에서도 적용된다. 일반인들은 목격자로서 믿을 만한 조건을 갖추고 있어 관찰된 사실에 대한 증언을 제공하는 역할을 할 수 있지만, 전문가가 아니기 때문에 그들의 의견을 증거로서 받아들이기는 힘들다.

일반인 중에는 전문가 못지않은 지식과 견문을 갖춘 사람이 적지 않다. 또한 전문가라 하더라도 특정 분야를 제외한 나머지 분야에 대해서는 일반인 수준에 그친 전문가들도 많다. 따라서 일반인과 전문가를 구별하는 일은 간단하지 않다. 전문가와 일반인, 진짜 전문가와 유사 전문가를 가려내는 일은 그들의 증거 능력을 판단하는 데 중요하게 고려되어야 하는 사항이다.

전문가의 의견은 주로 일반인이나 그 밖의 다른 경로를 통해서는 쉽게 제공받을 수 없는 증거를 필요로 할 때 찾게 된다. 특히 논쟁의 당사자들은 자신의 입장을 객관적으로 증명하기 위해 외부의 전문가를 필요로 한다.

과학적 자료는 전문가 증거의 전형적 예다. 전문 지식을 바탕으로 한 증거는 주장의 타당성을 담보하는 데 효과적이고, 자료의 타당성 논쟁은 논쟁의 결과에 결정적인 영향을 미친다. 그러나 과학적 증거는 또 다른 과학적 증거에 의해 반박될 수 있는 약점 또한 갖고 있다. 두 개의 과학적 증거가 맞설 경우 어떤 증거가 더 과학적으로 타당한가를 놓고 경중을 가려야 하는데, 전문가들의 영역이라 일반인이 판단하기 어려운 한계가 있다. 논쟁 안에서 과학적 자료를 제시하는 사람은 반드시 자료가 받아들여져야 하는 합당한 이유를 제시해야 하며, 그 자료에 의해 피해를 받는 사람들 역시 이 자료를 무효화시키기 위한 과학적인 이유를 제시해야만 한다.

사. 예비 증거와 평상 증거

예비 증거(prearranged evidence)는 사건과 관련된 혹은 미래 가능성에 대한 특정 정보를 기록하기 위한 목적으로 이미 형성된 증거를 말한다. 공공기록과 개인의 공적 기록물이 이에 해당된다. 일반적으로 사람들은 출생 기록부, 자동차 면허증, 영수증, 계약서, 학교 성적 기록부와 같은 예비 증거를 가지고 있다. 예비 증거는 일반적으로 사건(출생이나 면허획득 등) 의 발생과 동시에 형성되기 때문에 매우 높은 가치로 인정된다. 또 이들 증거는 미래에 중요한 증거로 활용되므로 조심스럽게 다루어져야 한다.

이와 대비되는 평상 증거(casual evidence)는 증거로서 형성하고자 한 의도가 없이 만들어진 증거를 말한다. 우연히 길거리를 가다가 찍은 사진에서 범인의 얼굴이 나타났다고 가정해보자. 이 사진은 범인의 알리바이를 깨는 데 결정적인 증거가 되겠지만 사진을 찍는 시점에는 증거를 고의적으로 형성하고자 하는 의도가 없었다. 이렇게 미래 증거를 형성하기 위한 특별한 노력이 없었기 때문에 오히려 가치를 인정받는 증거이다.

아. 부재 증거

부재 증거(negative evidence)란 글자 그대로 증거의 부재 상태가 증거가 되는 것을 말한다. 졸업생 명부에 이름이 없는 것을 증거로 들어 어떤 사람이 그 학교 졸업생이 아니라는 결론에 이르는 것을 예로 들 수 있다. 범죄 수사에서 범죄 현장에 없었던 사람을 용의자 선상에서 제외시키는 것도 포함된다.

부재 증거의 중요성이 부각된 사례로 미국 케네디 대통령 암살에 대한 정부 조사를 들 수 있다. 공식적인 수사 결과는 '음모설을 뒷받침할 어떤 증거도 아직 발견되지 않았다'는 것이다. 따라서 케네디 암살 음모설은 현재로선 사실무근이다. 또 다른 사례는 2차 세계 대전 당시 독일에서 찾아볼 수 있다. 당시 독일은 사린, 타번, 소만 가스 같은 다량의 독가스를 무기로 개발해 비축해두었다. 독일 과학자는 연합군 과학 저널에서 이러한 가스 성분에 대한 참고문헌을 전혀 발견할 수 없었다. 이 과학자는 독가스 관련 참고문헌의 '부재'가 철저한 사전검열의 결과라고 추정하고 연합군이 동일한 독가스 무기를 개발해 갖고 있을 것이라고 결론지었다. 그렇게 믿은 독일은 가스 무기를 사용할 경우 연합군의 보복이 두려워 전쟁 내내 독가스 무기를 사용하지 않았다. 실상은 연합군측 과학자는 이런 가스들의 존재를 모르고 있었기 때문에 처음부터 참고문헌에조차 존재하지 않았던 것이다. 가스 무기를 개발하지 않은 것은 물론이다. '증거의 부재'를 증거로 해석하는 과정에서 나온 오류이자 해프닝이라고 할 수 있다. 역사학자 데이비드 어빙(David Irving)은 『히틀러의 전쟁(*Hitler's War*)』이라는 저서에서 유태인 학살에 대해 히틀러가 관여한 바 없다는 기상천외의 주장을 한다. 그의 근거는 히틀러가 유태인 학살을 알고 있었거나 직접 지시를 내린 증거가 없었다는 점이었다. 부재 증거의 변호인은 반드시 증거의 부재가 확실할 때에만 이를 주장할 수 있기 때문에, 논쟁 과정에서 조심스럽게 다루어 져야 한다.

자. 외부 증거

외부 증거(evidence aliunde)는 관련성이 없는 (extraneous) 혹은 보조적인 (adminicular) 증거라고도 한다. 이 두 가지 뜻을 합쳐놓은 'aliunde'에서

'ali'는 라틴어로 '다른' 혹은 '다른 사람이나 다른 장소에서 온'이라는 뜻으로, 다른 증거를 설명하거나 그 증거의 확실성을 입증할 때 사용되는 증거를 말한다. 어떤 증거는 그 자체로서는 크게 설명력을 지니지 못하지만 외부로부터의 보조 장치나 설명이 곁들여질 때 증거력을 확실하게 확보하는 경우가 있다. 그런 경우 증거가 확실히 존재함을 얘기하는 것이 아니기 때문에, 반드시 다른 증거의 존재에 의해서 설명되어야 한다. 잡지나 저널 등에 나온 증언이나 자료를 2차 자료로 인용해서 사용할 때 본안과 관련성은 떨어지지만 논쟁에서 결론을 도와주는 자료로 받아들여진다면 외부 증거라고 할 수 있다. 이런 증거들은 2차 증거, 전문가 증거 등 여러 타입으로 분류되어 복잡한 형태로 조합되어 사용되기도 한다.

차. 대안적 증거

'대안적'이라는 말은 주류가 아니라는 뜻을 내포한다. 논쟁의 증거 자료는 대부분 전문가나 학자, 학술논문이나 서적 등 '주류' 출처에서 나온다. 이들 증거들은 안정되고 권위 있는 시각과 지식을 제공한다는 장점이 있는 반면, 그 밖의 감정적 요소와 대안적 시각이 배제되었다는 점은 약점으로 작용한다. 논쟁자들이 제시하는 대부분의 증거들은 공적 출처에서 찾아낸 것이다. 이 증거들은 정부 혹은 특정분야에서 인정받는, 사회적 지위가 있는, 한 사회 안에서 엘리트로 간주되는 전문가들에 의해서 제공된 것이며, 이들은 신문, 간행물, 혹은 다른 학문적 자료에 대한 발행 접근이 가능한 사람들이다. 일반적으로 이들이 제시한 증거들은 문제에 대한 결론이나 의견을 제공하는 데에 있어 높은 가치를 지니고 있지만, 증거의 내용이 그들의 관점에서만 제공되어진다는 단점이 있다. 그래서 때로는 논쟁자들이 제공하는 비전통적인 방식의 증거가 효과적일 때가 있다. 힙합, 예술, 시, 산문 등이 그 예가 될 수도 있다. 이러한 증거들은 측정 방법이 비과학적이라는 문제를 안고 있으나 전통적인 관점을 넘어 다른 관점을 제공할 수 있고 청중의 공감을 일으켜 증거로서 더 큰 영향력을 가질 수도 있다.

(3) 증거의 입증력

결국 논쟁의 승리는 증거가 얼마나 논거를 입증할 수 있는 힘이 있는가에 따라 결정될 것이다. 증거는 이슈를 구체적으로 입증해야 하며, 결론을 판단하는 데에 있어 주장을 정당화할 수 있는 설득적 힘을 가지고 있어야 한다. 예를 들어 어떤 사회 문제의 해결을 위한 논쟁의 경우 과학적이고 기술적인 증거도 고려해야 하지만 사람들의 인식과 가치관의 갈등을 포함하는 정치 사회적 측면에서의 설득도 함께 이루어져야 한다. 그러려면 증거 역시 그만한 입증력을 가진 것이어야 효과가 있을 것이다. 논쟁의 설득적 힘의 크기를 알고자 한다면 증거의 입증력을 잘 판단해야 하며, 논쟁의 당사자들은 자신의 주장을 정당화시킬 수 있는 힘 있는 증거를 찾도록 노력해야 한다. 증거 중에는 논거를 부분적으로 증명하는 증거가 있고, 여러 증거와 힘을 합쳐야 논거를 증명할 수 있는 증거가 있다. 그런가하면 결론을 뒷받침하기 충분한 결정적인 증거도 있다. 각각에 대해 살펴보도록 하자.

가. 부분적 증명(partial proof)

부분적 증명이란 논쟁 안에서 이슈와 관련된 많은 사실들 중 한 부분에 대해서만 제시하는 증거를 말한다. 가령 살인 사건을 다루는 법정에서 검사 측은 많은 혐의 사실 중 부분적 증거로 '살해된 사람에 대한 평소 원한'을 살인의 증거로서 제시할 수 있다. 자신의 논쟁을 입증하기 위해서 제시한 부분적 증거는 완전한 전체적 증거가 아니기 때문에 그 증거 자체의 가치가 충분하다고 판단되지는 않을지 모른다. 그러나 작아도 명백한 부분적 증거가 쌓여 큰 형태로 결합될 때는 그 효과가 강력해진다. 뿐만 아니라

이 증거들의 결합이 결론에 도달하는 데 결정적인 입증력을 발휘하기도 한다.

나. 협력적 증명(corroborative proof)

협력적 증명이란 누적된 증거, 혹은 추가적인 증명이라고도 한다. 이것은 어떤 사건이나 이슈의 여러 측면에서 일관성 있는 증거들이 계속적으로 발생하고 추가되어 강력한 증거로 형성된 경우를 일컫는다. 가령 어떤 환경 유해물을 방류한 공장 근처에 사는 주민들이 그로 인해 치명적인 질병을 앓고 있음을 증명해야 하는 상황이 있다고 가정해보자. 한 명의 주민이 병에 걸렸다면 미약한 증거가 되겠지만 유사한 증상의 환자들이 지속적이고 추가적으로 발생한다면 질병의 원인으로 환경 유해물을 지목하는 데 협력적 증명이 될 것이다. 또 다른 예로서, 어떤 범죄의 혐의자로 지목된 사람에 대해 그를 다른 도시에서 봤다는 목격자가 있고, 이러한 목격자들의 진술이 계속적으로 누적된다면, 그의 알리바이를 인정하는 데 강력한 힘을 발휘하는 증거가 될 것이다.

다. 최종적 증명(conclusive proof)

최종적 증명이란 여러 과정을 통해 논란의 여지가 없이 굳어진, 혹은 합리적 의심의 범위를 넘은(beyond reasonable doubt) 증명을 말한다. 어떤 사건을 해결하는 데 핵심적인 역할을 하는 불가결적 증명(indispensable proof)이나, 논쟁의 여지가 없는 결정적 증명(conclusive proof)이 이에 해당한다고 할 것이다. 전자는 법정이나 논쟁 상황에서 이기기 위해서 반드시 필요로 하는 증명을 말한다. 후자는 논쟁의 여지가 없는 증거로서, 법으로도 부정 혹은 반박될 여지가 없으며, 반대 측에서 주장을 무효화시키기 위해 합당한 이유를 들어 증거를 제시한다 하더라도 그 자체만으로 충분한 정당성을 가지고 있어 여전히 영향력을 행사할 수 있는 증거를 말한다. 어떠한 문제 상황에서 직접 결정적 증명이 제시되는 경우는 거의 없지만, 디베이트 상황이나 법정에서 확실하게 결정적 증명이 제시된다면, 논쟁 상황은 종료될 것이다. 반대쪽에서 이를 뒤집기 위해서는 그만큼 강력한 또 다른 최종적 증명이 필요할 것이다.

(4) 증거의 출처

앞서 논쟁 상황에 처한 당사자는 증거를 찾기 위해 총력을 기울여야 한다고 설명했다. 다양한 출처를 이용해 자신이 필요로 하는 증거들을 모아야 할 것이다. 증거는 어디서 찾는 것이 좋을까. 또 증거를 수집하는 데 있어서 유의해야 될 점은 무엇일까.

증거를 찾는 사람은 무엇보다 열린 자세로 다양한 출처를 검색해야 한다. 증거 중에는 자신에게 유리한 증거도 있지만 불리한 증거도 많다. 이 모든 것을 모아서 유리한 증거는 활용하고, 불리한 증거에 대해서는 방어논리를 개발할 준비를 해야 한다. 최대한 정확하고 권위 있는 증거를 확보하도록 노력해야 하고, 낡은 데이터가 아닌 최신 정보에 의거한 증거를 확보하고 논쟁에 임해야 한다.

증거는 다양한 출처를 통해 습득되고 제시될 수 있다. 논쟁에 사용되는 증거의 경우에는 출처가 신뢰성을 담보하는 기제가 되므로 신중하게 접근해야 한다. 증거의 출처에 대한 이해와 적절한 사용법을 논쟁에 적용함으로써 보다 힘 있는 논쟁을 이끌 수 있다. 뿐만 아니라 청중의 입장에서 논쟁의 내용을 비판적으로 수용하는 데에도 증거의 출처는 매우 중요하다. 특히 법정 논쟁의 경우에 증거의 출처는 범죄 혐의를 가리는 중요한 재료가 되므로 각별히 유의해야 한다. 증거의 출처로는 흔히 '사법적 인지'로 불리는 증거가 있고, 그 외에도 공적, 사적 출판물, 증언 등이 있다. 미디어의 발달에 따라 인터넷을 통해 검색 가능한 정보와 빅 데이터, 또는 소셜 미디어 사용자의 증언과 기록 등도 증거의 출처가 될 수 있을 것이다.

가. 사법적 인지

사법적 인지(judicial notice)란 별도의 입증을 필요로 하지 않을 정도로 명백하고 상식에 기반한 증거를 뜻하는 법률 용어로, 논쟁에서 증거를 제시하는 가장 빠르고 간단하고 쉬운 방법이다. 주지의 사실 입증을 필요로 하지 않고, 법원이 스스로 어떤 사실의 존재 또는 진실을 인식하고 있는 것을 의미하며, 따로 입증이 필요 없는 가장 확실한 증거이다. 대부분의 논쟁은 적절한 맥락 속에서 논쟁을 진행시키기 위해, 혹은 나중에 제시될 다른 증거의 토대를 제공하기 위해 상식적인 문제를 다양하게 언급하고 제시해야 할 필요가 있다. 이 중 어떤 증거는 단순히 언급하는 것만으로도 증거력을 확보할 수 있는데, 이런 것이 사법적 인지의 범주에 속하는 것들이다. 사법적 인지는 다음과 같은 조건과 특성을 갖고 있다.

① 증거는 반드시 제시되어야만 한다.

어떤 증거가 결론을 뒷받침하는 데 중요하다고 판단되면 변호인은 반드시 증거를 제시해야만 한다. "누구나 알고 있는 줄 알았다"며 제시하지 않는 것은 허용되지 않는다. 미국의 대법원은 이 같은 원칙을 확인하며 "판사는 판결 시 반드시 사법적 시각으로만 바라보며, 다른 어떠한 특정 상황에도 사법적으로 얻지 않은 정보는 모르는 것으로 간주한다"고 천명한 바 있다.

② 증거는 반드시 잘 알려진 것이어야 한다.

사법적 인지는 일반 상식에 관련된 문제에만 사용되어야 한다. 예를 들어 '에너지' 문제가 논쟁의 대상이라면, '원유가 부족하다'는 사실이 사법적 인지에 의해 성립될 수 있다. 그러나 원유 부족의 문제를 좀 더 상세히 파고들기 위해서 논쟁자는 사법적 인지로만은 부족하며 주지의 사실로 성립하기 위해 상반된 의견을 공격할 만한 증거를 제시해야만 한다. 잘 알려진 지식은 시간의 흐름에 의해 쉽게 소멸하기도 한다. 중요한 역사적 사건은 당시 사람들에게 있어서는 지울 수 없을 만큼 영향력이 강한 지식이지만, 현재에 살고 있는 사람들에게는 그렇지 않다. 따라서 시간의 흐름에 따라 지식이나 증거의 정의가 달라질 수 있음을 알아야 한다.

③ 증거는 반박될 수 있어야 한다.

주지의 사실에 의한 증거는 대개 이의신청 없이 쉽게 받아들여질 수도 있지만, 일반적으로 모든 증거는 반박의 가능성에 열려 있어야 하며 사법적 인지도 예외가 아니다. 만약 주지의 사실에 의해 제시된 증거라고 하더라도 상대방이 이의를 제기하면 새로운 증거에 의해 다시 검증될 때까지 기다려야 한다. 따라서 반박할 필요가 있는 증거인지 여부를 신중히 판단해서 주지의 사실로 받아들일지 아니면 논쟁의 대상으로 삼을지 결정해야 한다. 만약 증거에 대해 이의 제기를 할 부분이 없다면 그 상태 그대로 주지의 사실로 인지한다는 것을 의미한다.

법정에서와 마찬가지로 아카데믹 디베이트 상황에서도 논쟁의 과정에서 어떤 증거가 반박의 여지없는 주지의 사실처럼 받아들여진다면 사법적 인지의 범주에 들어가는 것이라고 할 수 있을 것이다. 즉 이미 상대측도 잘 알고 있는 사실이어서 증거로 쉽게 받아들여져 이의 제기 시도가 없을 때, 혹은 판결하는 과정에서 잘 알려진 것이거나 충분히 고찰되어 의사 결정 과정에 영향을 미치는 증거일 때 주지의 사실은 효과를 발휘한다고 할 수 있다.

법정이나 아카데믹 디베이트 상황이 아닌 곳에서 사법적 인지를 경험하는 경우도 있다. 가령 어떤 조직에서 회의를 할 때 기존의 어떤 규정이나 보고서의 내용을 널리 인지하고 반박의 여지없이 받아들인다면 그 역시 사법적 인지의 영역이라고 볼 수 있다. 그러나 그 내용을 널리 인지하는 대상이 몇몇 간부들로 제한적이라면 다른 대상을 상대로 설득이나 논쟁을 할 때에는 사법적 인지로서의 효력을 발휘하지 못할 것이므로 유의해야 한다.

나. 공적 기록물

사법적 인지 못지않게 강력한 증거력을 갖는 것은 공적 기록물이다. 공적 기록물은 대개 목적을 갖고 증거력을 확보하기 위한 의도로 사전에 형성된 것이므로 자연히 증거의 출처로서 효력을 갖는다. 공적 기록물에는 공공 기록(public records)과 공적 출판물(public writing)이 들어간다. 공공 기록(public records)은 정부 기관의 승인에 의해 편집, 발행된 모든 자료를 말한다. 공공 기록은 국회 기록, 경찰 기록, 구 의회 혹은 시의회 기록, 출생증명서, 국회 발언, 법정 기록 등 다양한 범주로 분류할 수 있다. 미국의 경우 고등법원 기록의 공적 증거력이 가장 큰 것으로 인정된다. 공적 출판물(public writings)이란 공공 기록과 달리 일반적으로 대중이 사용 가능한 모든 기록물을 뜻한다. 백과사전, 주간 뉴스, 대학 서적, 캠퍼스 잡지 등이 있다. 공적 출판물 중에는 높은 공신력을 자랑하는 것도 있지만, 그렇지 않은 것도 있으므로 잘 선별해서 사용해야 한다.

다. 사적 출판물

사적 출판물(private writings)은 공적으로 사용되기보다는 사적 용도로 쓰이는 자료이다. 어떤 사적 출판물의 경우에는 공공 기관이나 법원의 승인을 얻거나 혹은 공공의 목적으로 발행된 후에 공공 기록으로 변환되어 사용되는 경우가 있으나, 대부분의 사적 출판물은 특정 개인들 사이에서만 유통된다는 제한이 있다. 따라서 사적 출판물을 증거로 사용할 때에는 신중하게 판단하고 정확성을 위해서 조심스럽게 다루어야 한다. 그렇지 않으면 불완전하고 쓸모없는, 혹은 요건을 갖추지 않은 증거가 될 수 있다. 개인 편지는 신빙성이 부족하기 때문에 통상 아카데믹 디베이트에서 증거로 제시되지는 않는다. 사적 출판물이 공공 기록이 되기 위해서는, 공공 기록 형식에 적합한 절차를 얻어야 한다. 예를 들어 개인 편지의 경우라면 어느 잡지에 인용된 편지의 구절을 증거로 사용하는 것으로서 공적 성격을 승인받아야 할 것이다.

라. 목격자 증언과 개인적 검증

목격자의 증언(testimony of witnesses)은 중요한 증거 출처로 꼽힌다. 사건을 직접 목격한 목격자의 증언은 1차 증거로서 증거력이 높다. 증거력이 높은 만큼 법정에서 진술할 때에는 법적 맹세 아래 증언해야 하며, 위증 시 처벌의 대상이 되기도 한다. 법정 밖에서의 목격자 증언은 이와 같은 법적 제약은 없으며, 비형식 증언으로 간주된다.

증언의 가치는 상황에 따라 다양하게 인정된다. 예를 들어 국회에서의 증언은 발언 과정에서 쉽게 증거로써 인정되지만 수업 중에 교수가 한 발언은 아카데믹 디베이트의 증거로서 인정되지 않으므로 사용하지 않는다. 개인적 검증(personal inspection)이란 주로 법적 논쟁에서 사용되는 것으로, 변호사가 배심원들에게 사고 현장을 보여주거나, 살인에 사용된 무기를 직접 보여줌으로써 증거력을 확실하게 할 때 사용된다.

마. 인터넷 자료

기술의 발달에 따른 디지털 커뮤니케이션은 증거 출처의 영역에도 큰 변화를 가져왔다. 공적 출판물과 사적 출판물을 망라하는 방대한 자료가 검색 기능 하나로 손쉽게 찾을 수 있는 시대가 열리면서 오프라인 세계에서는 근접하기 어려운 자료들도 온라인상에서 간단하게 구할 수 있게 되었다. 이런 정보 혁명은 증거 확보의 지평을 확장시켰을 뿐만 아니라 정보

격차도 해소하는 순기능을 가져왔다. 그러나 그에 못지않은 역기능도 존재한다. 가장 두드러진 변화는 공공 기록과 사적 기록의 경계가 모호해진 것이다. E-메일이나 온라인상의 대화들은 사적 편지와 같은 맥락으로 간주되나 많은 사람들의 접근이 가능하므로 공적 성격을 띠게 된다.

소셜 미디어의 경우도 마찬가지다. 개인 블로그나 페이스북 혹은 트위터의 대화처럼 매우 사적인 동기에서 작성된 컨텐츠들이 여러 사람이 동시에 접속할 수 있는 인터넷 환경에서 공적 미디어로 성격을 달리하게 되어 공적 이슈의 증거물로 제시될 가능성이 있다. 많은 사람의 접근이 가능하다는 점에서는 공적 영역이지만 내용상으로는 개인적인 것이 주류를 이뤄 영역의 구분이 쉽지 않다. 만약 컴퓨터 안에서의 내용들이 공적 데이터베이스로서 저장이 가능하다면 공공 기록으로서 인정될 수 있지만, 만약 저장되지 않은 채 사용된다면 사적 기록이 된다. 그렇기 때문에 컴퓨터상의 증거는 증명 과정에 여전히 큰 문제점을 안고 있다.

10. 증거 감별법

앞 장에서 증거의 의미와 다양한 종류, 입증력과 출처에 대해 검토했다면, 이제 실제 상황에서 증거를 분석하고 평가하는 방법에 대해 알아보자. 논쟁 상황에서, 또 비논쟁 상황에서 증거의 질을 판단하는 일은 매우 중요하다. 상대방에 제시하는 논거가 타당한지 판단하는데 그 사람의 인상이나 그 날의 기분에 따라 할 수는 없는 것이다. 결국 그가 제시하는 증거의 출처와 진실성, 그가 주장하는 결론과의 연관성 여부로 얼마나 설득적인지 판단할 수 있다. 상대방의 논거에서 강하고 유효한 증거를 감별하는 능력은 곧 논쟁에서 자신의 입장을 옹호하기 위해 필요한 증거를 수집하는 능력과도 통한다.

증거 중에는 청중들이 직관적으로 옳다고 판단하고 받아들이는 증거(intuitive acceptance of evidence)가 있고, 옳지 않다고 판단해 즉각 거부하는 증거(counterintuitive rejection of evidence)도 있다. 전자의 경우 논쟁에 사용하면 설득적 힘을 얻기 쉬울 것이다. 그러나 어쩔 수 없이 후자의 증거를 사용해야 할 때도 있다. 그럴 때는 최고 전문가의 최신 자료나 통계를 인용하면서 청중들에게 새로운 자료의 제공이라는 차원에서 접근해야 할 것이다.

증거와 함께 그 증거가 받아들여지는 토양에 대한 검토도 필수적이다. 어떤 증거가 청중들 사이에 설득적으로 받아들여지느냐는 해당 청중들이 공유하는 전제(premise)의 세계와 밀접하게 연관되어 있다. 전제란, 앞서 논의했듯, 어떤 사회의 구성원들이 공유하는 믿음이나 가치의 체계를 말한다. 논쟁을 시작하는 사람, 혹은 논쟁에서 방어를 해야 하는 입장에 있는 사람 모두 증거를 제시하기 이전에 자신의 논거가 제대로 전달될 수 있는 전제에 대한 평가를 먼저 해야 한다. 전제에는 크게 가치 전제와 사실 전제가 있다고 앞서 논의한 바 있다. 사실 전제의 경우 명백한 사실의 공유를 통해 제시하고자 하는 증거의 토대로 삼는 것이 좋다. 가치 전제의 경우는 앞서 제시한 세 가지 테스트, 즉 '그래서? 테스트' '가치 비교 테스트' '가치 적용 테스트'를 통해 상대방이 갖고 있는 가치관의 세계를 타진해볼 필요가 있다. 논쟁 상대의 가치 전제가 다르면 아무리 증거를 제시해도 논쟁을 통해 상호 이해를 도모하기 어려운 것은 물론이다.

논쟁에서 상대방의 주장이 설득력이 있는지 여부는 증거의 타당성 여부로 판단한다. 우선 주장과 증거가 연결이 되는가 여부를 살펴본 후, 각 증거의 출처를 검토하고, 증거의 내용에 집중해 분석해본다. 그 후에 증거가 청중에게 받아들여질 만한 것인지 검토하면 증거에 대한 평가와 함께 상대방 논거가 탄탄한지 평가할 수 있다. 이상 언급한 각각에 대해서 알아보도록 하자.

(1) 주장과 증거의 관계

논쟁이란 증거를 수반한 주장이다. 무엇보다 논쟁이 성립하려면 증거가 존재해야 하고, 그 증거가 내용적으로 연관이 있으며 충실해야 한다. 증거가 주장을 설득적으로 뒷받침 하는가 검토하기 위해 먼저 주장과 관계와의 관계를 살펴본다. 우선 증거가 존재하는가 여부를 본다. 증거가 부재하거나 암시되어 잘 드러나지 않다면 증거를 사용하지 않았다는 사실만으로 논쟁이 아니라 일방적 주장이라고 공격하거나 공격당할 수 있다. 일상생활에서도 증거도 없이 주장을 관철시키려는 시도는 흔하다. 어린아이에게 채소를 먹으라고 하는 엄마에게 아이가 "왜 먹어야 하는데?"라고 의문을 제기한 상황을 상상해보자. 대개의 부모는 "먹으라면 그냥 먹으면 되지 무슨 말이 많아"라고 일축할지 모른다. 아이는 자신을 설득할 증거를 요구했는데, 부모는 주장만으로 자신의 생각을 관철시키려 한 것이다. 이 경우 부모가 채소가 몸에 좋은 이유를 들어 아이를 설득했다면 증거가 수반된 논쟁이 될 것이다.

그러나 증거가 단지 존재하는 것만으로 논쟁 구조가 완결되었다고 할 수는 없다. 증거가 존재한다면, 그 증거가 주장과 연관되어 좋은 이유를 제공하는 것이어야 한다. 아무리 증거를 제시했다고 하더라도 주장과 직접 연결된 증거가 아니라면 힘을 받기 어렵다. 법정에서 어떤 피고의 혐의를 입증하기 위해 과거 전력을 문제 삼는 경우가 있다. 그때 혐의의 내용과 관련된 전력이나 현재 활동을 증거로 제시해야 한다. 그렇지 않으면 관련성이 없다는 이유로 법정에서 채택되지 않을 가능성이 크다. 주장과의 연관성이 클수록 증거 능력도 높아진다.

뿐만 아니라 증거는 주장이 이루어지는 시점에서 가까운 것으로 제시해야 한다. 낡은 증거는 그 자체로 증거 능력이 떨어지는 경우가 많다. 최근의 증거를 찾아낼 수 없다는 것은 그만큼 입증하기 어려운 주장이라는 인상을 준다. 한국 여성의 지위가 열악하니 특정 법안을 만들어야 한다는 주장이 있다고 가정해보자. 현재 여성의 지위와 관련된 지표나 사례를 제시하지 않으면, "과거에는 열악했으나 현재는 많이 개선되어 문제가 없다"는 반론에 부딪칠 것이다. 전문가의 증언을 증거로 제시할 때도 마찬가지다. 사람의 의견은 바뀐다. 전문가도 어떤 연구 결과에 따라 의견을 수정하는 경우가 있다. 따라서 전문가의 과거 발언보다 최신 발언을 증거로 제시하는 것이 좋다. 각종 정부 통계나 경제 지표를 활용해야 하는 많은 논쟁에서도 증거의 신선함은 매우 중요하다.

증거가 존재하고, 연관성이 있으며, 최신 자료를 활용했다면, 그 다음에는 자료가 충분한지 검토한다. 결정적인 증거를 포함해 양적으로 많은 증거가 제시될수록 주장의 설득력은 높아진다. 특히 정책 논쟁은 현재의 문제점과 이를 시정한 후의 미래의 청사진을 제시하며 청중을 설득하는 것이 목표이다. 이 경우 다양한 출처의 많은 증거가 제시될수록 정책은 청중의 믿음을 얻게 된다.

(2) 증거의 출처

증거를 테스트하는 또 다른 방법은 어디서 누가 제공한 증거인지를 알아보는 일이다. 증거는 반드시 왜곡된 정보가 아니라고 하더라도 대체로 제공하는 쪽이 자신에게 유리한 정보를 모아 제공하기 쉽다. 증거의 신뢰도는 따라서 어디서 흘러나온 증거인지에 따라 좌우되는 경향이 있다. 우선 증거의 출처가 분명한지 검토한다. 책을 증거로 제시했다면 저자의 이름이 무엇인지, 출판된 곳은 어디인지, 언제 어디서 출판되었는지, 몇 페이지에서 따왔는지 정확하게 밝히는 것이 좋다. 신원과 장소가 파악된 증거가 설득력을 담보할 수 있다. 익명의 증거, 떠다니는 정보 같은 출처 미상의 정보는 신뢰도가 낮고, 따라서 공격받을 소지가 높다.

관찰에 의한 증언이나 목격자 증언을 증거로 제시할 때는 실제 목격자가 누구인지 밝히고 그 내용을 1차 정보로 활용해야 한다. 증인의 심신 상태가 정상이고 건강한 상태여야 한다. 증인이 다른 사람들로부터 존경받는 사람이라면 더욱 좋을 것이다. 건너서 들은 증언(전문 증거)은 증거력이 약하므로 피하는 것이 원칙이다. 언론보도는 기자들이 1차 정보를 바탕으로 다시 가공한 2차 정보에 해당한다. 따라서 아무리 정보가 풍부하다고 하더라도 전문가의 정보나 1차 자료가 아니라면 증거로 제시할 때 신중해야 한다. 언론보도가 모두 왜곡된 것도 아니고, 그 중에도 정확하고 강력한 정보가 있으나, 2차 정보로서 약점을 지니고 있다는 것을 염두에 두고 보완하려는 노력을 해야 한다.

여론조사 결과를 증거로 제시할 때는 반드시 여론조사 기관과 조사 방법, 조사 대상 등을 함께 제시하여 결과의 신뢰도를 확보해야 한다. 누가 무슨 목적으로 집계한 통계인지, 통계에 활용된 지표는 무엇인지를 아울러 밝혀 통계의 객관성과 정확성을 설득적으로 피력해야 증거 능력을 높일 수 있다.

출처의 전문성도 따져야 한다. 가령 건강 관련 증거는 건강 문제 전문가로부터 가져와야 설득력을 확보할 수 있다. 아리스토텔레스가 말한 '에토스'가 여기 해당한다. 스피치의 설득력은 화자의 인품, 학식, 전문성 등에서 나온다는 것이다. 저자를 증거로 활용할 때는 학식 있고, 인정받는 자리에서 일하는 저명한 인사를 선별해야 한다. 전문성은 상대적인 것이다. 따라서 반대 측에서는 현재 전문가로 인정받는 사람의 경우라도 과거 경력이나 살아온 과정을 검토하여 전문성을 결여할 개연성을 갖고 공격할 수도 있고, 또한 '더 전문성 있는' 출처를 제시하며 공격해올 수 있다는 것을 알아야 한다.

아무리 전문성이 있는 출처라고 하더라도 이해가 상충하는 출처라면 증거력을 잃는다. 증거의 진위 여부를 따지기 이전에 그 증거를 생산하는 사람은 정직하고 순수했는지 살펴보아야 한다. 증거에 편견이 개입되지 않았는지 알아보는 것이 다음으로 중요한 순서다. 올바른 정보가 객관적인 증거로 기능하게 하려면 증거와 이해관계가 없는 출처로부터 증거를 확보하려는 노력을 해야 한다. 때로는 전문가보다 일반인이, 연관성 있는 출처보다 제 3자 관점이 더 강력한 힘을 발휘할 때가 있는데, 이는 자신의 이해와 관계가 없으므로 거짓말을 할 개연성이 낮고, 편견이 없으므로 왜곡의 소지가 낮다는 인식을 청중들이 하기 때문이다. 따라서 증거를 출처와 함께 제시할 때는 아무리 옳은 정보라고 하더라도 정직성 혹은 편견을 의심받지 않을 출처를 활용하는 것이 좋다.

(3) 증거의 내용

이제는 증거 자체로 눈을 돌려보자. 연관성이나 전문성, 이해관계로부터의 자유로움이 확보된 증거의 경우 내용 자체가 완결적 구조로 설득을 할 수 있는지 살펴보아야 한다. 먼저 증거 자체의 정직함, 진실성, 진품 여부 등에 초점을 두고 평가할 수 있다. 물적 증거의 경우 조작된 것은 아닌지, 증언의 경우 실제 증언자의 증언이 맞는지, 제시된 서류가 위조된 것은 아닌지는 매우 중요하다.

그 다음으로 증거의 맥락을 살펴보아야 한다. 어떤 맥락에서 제시된 증거인지를 살펴보고, 맥락과 관계 없는 용도로 오인되도록 제시된 증거는 아닌지 평가해야 한다. 어떤 책이나 문장의 일부를 증거로 제시할 때, 전체 책의 내용이나 문장 전체에서 차지하는 역할과 함께 제시하면 맥락에 대한 오해를 줄일 수 있다. 특히 정치인처럼 상황적 진실에 반응해야 하는 사람의 발언은 대개 당시 상황에 대한 응대인 경우가 많다. 따라서 그의 과거 발언을 증거로 제시할 때는 어떤 상황과 맥락에서 나왔는지 청중들이 오해하지 않도록 제시해야 한다.

증거는 또 내적 일관성과 외적 일관성을 지녀야 한다. 내적 일관성이란 함께 제시된 증거들과의 충돌이 없이 일관적 메시지를 표현하는지 여부이고, 외적 일관성이란 밖에 존재하는 다른 증거들과의 일관성이 있는지 여부이다. 교통사고의 심각성을 나타내기 위한 증거들을 제시하며 자동차의 기능 향상에 따른 인명 피해의 감소 자료를 함께 제시하는 것은 일관적이지 않다. 또한 특정 도시의 교통사고율은 매년 증가하고 있는데, 여타 다른 도시들에서 교통 사고가 줄어들고 있다는 통계가 있다면 외적 일관성을 결여하고 있는 것이다. 일반 상식에 반하는 통계치를 제시할 경우는 통계의 배경과 제한점을 함께 설명해야 대중을 설득할 수 있다.

통계 자료를 증거로 제시할 때는 유의해야 할 사항이 많고, 그만큼 공격받을 소지도 많다. 사실 통계란 수치로 나타내는 진실로서 객관성을 내재적으로 담보하고 있다는 착각을 일으키기 쉽다. 숫자의 마술로 사람들을 강하게 설득할 수 있는 힘도 갖고 있다. 그러나 거짓말보다 더 나쁜 거짓말은 통계라는 말이 있듯, 신중하고 적절하게 사용하지 않는다면 오히려 논쟁을 오염시키는 나쁜 증거로 전락할 수 있다. 증거로서의 통계를 검토할 때는 어떤 종류의 통계 자료인지 먼저 살펴야 한다, 특정 이슈에 대한 여론조사의 경우 통계를 산출한 경위나 방법, 사회 조사 방법의 타당성, 샘플의 대표성, 조사 시점의 시의성, 조사 기관의 전문성과 객관성, 통계 수치를 가공하는 과정에서의 오류 등을 면밀히 검토해야 한다. 사회 통계의 경우도 마찬가지로 먼저 샘플링은 공정했는지, 통계적으로 유의미한 결과가 나왔는지 살펴본 후 증거로 채택해야 한다.

이상의 논의를 표로 요약하여 정리하면 다음과 같다.

증거 감별 테스트

증거-주장 관계 테스트(Tests of evidence-claim relationship)	
1. 주장 2. 연관성 3. 최근성 4. 충분성	주장을 뒷받침할 증거가 존재하는가? 증거는 실제로 주장을 뒷받침하는가? 증거는 주장을 뒷받침할 만큼 최근의 자료인가? 증거는 충분한가?
증거 출처 테스트(Tests of evidence source)	
1. 명시 2.전문성 3. 편견	저자나 출처가 명시되어 있는가? 그 저자나 출처는 해당 사항에 대한 전문성을 갖고 있는가? 그 저자나 출처와 이해상충의 당사자는 아닌가?
증거 내용 테스트(Tests of evidence substance)	
1. 진실성 2. 맥락 3. 일관성 4. 통계	증거는 참되며 진실된 것인가? 증거, 인용구 등은 맥락상 오해가 없는 것인가? 증거는 내부적으로 또 다른 증거들과 일관성을 유지하는가? 통계 자료는 왜곡되지 않고 사용되었는가?

VI

논쟁의 기술

11. 논쟁과 언어

(1) 언어와 프레임

말은 사람의 감정을 동요시켜서 마음을 움직이는 효과를 갖고 있다. 아리스토텔레스는 '수사학'에서 수사 기법 중 하나인 강조법, 혹은 증강법(amplificatio)을 설명하며, 이 기법을 사용하면 피고는 자신이 무고하다는 인상을 주고, 고발인은 피고가 죄를 보이게 할 수 있다고 했다. 강조법이란 특별한 사실이 아니라도 묘사하는 언어의 색을 생생하고 강렬하게 입혀 사실 못지않은 설득력을 발휘하는 기법이다. 언어로 채색된 상황은 듣는 이의 머릿속에 어떤 이미지를 형성하여 사람들을 움직이는 효과가 있다는 것이다. 논쟁학자인 마카뇨와 월튼(Macagno & Walton, 2014)은 이런 특성의 언어를 감성언어(emotive language)로 규정하고, 논쟁에서 언어의 감성적 효과를 강조했다. 조지 오웰(George Orwell, 1946) 역시 「정치와 영어」라는 논문에서 언어가 듣는 이의 감성적 반응을 유발해 현실에 대한 인식을 바꿔놓는 힘이 있다고 했다. 그는 환유어법인 유포미즘(eyphemism)과 주관적 감정이 실린 단어(loaded words), 모호한 표현 등이 종종 현실을 왜곡 인식시키는 도구로 사용된다고 했다.

무색무취하고 담백하며 객관적인 언어만 사용한다면 논쟁은 훨씬 공정하게 진행될지 모른다. 그러나 현실은 언어의 이러한 힘과 특성을 활용해 논쟁 상대방을 특정 프레임으로 이끌거나, 혹은 청중들의 머릿속에 큰 그림을 집어넣어 설득하려는 시도가 다반사로 벌어진다. 언어의 틀짓기 효과, 즉 프레이밍(framing)을 활용해 논리를 세우기 이전에 인식을 지배하려는 것이다. 앞서 강조법을 사용해 새로운 사실을 제시하지 않고도 사람들의 감정을 움직일 수 있는 것처럼, 일단 인식의 틀을 지배하면 굳이 여러 가지 설득의 도구를 동원하지 않고도 현실에 대한 인식을 지배할 수 있다.

인지 언어학자인 조지 레이코프(George Lakoff)는 언어의 프레임 효과에 초점을 맞춘 『코끼리에 대해 생각하지 마라』는 제목의 책으로 베스트셀러 저자가 되었다. '디베이트에서의 가치와 프레임'이라는 부제가 달린 이 책의 제목은 그가 버클리 대학에서 인지과학을 강의할 때의 일화에서 나온 것이다. 그는 강의 시간의 연습 과제로 학생들에게 "코끼리에 대해 생각하지 말 것"을 내주었다. "무엇을 하든 절대로 코끼리에 대해 생각하지 말 것"을 과제로 받아든 학생들은 언제 어디서나 코끼리 생각을 하지 않을 수 없게 되었다. 코끼리에 대해 무슨 생각을 하든, 생각을 하지 않으려고 노력하든, 혹은 좋아하든 싫어하든, 어쨌든 학생들은 '코끼리'라는 프레임 안에 갇혀 있었다는 뜻이다. 코끼리에 대해 생각하지 않으려고 하다 보니 다른 동물에 대해서는 생각할 여유도 없다. 이렇게 언어는 단지 단어 하나를 머릿속에 주입시키는 것만으로도 하나의 프레임을 형성할 수 있다는 것이 그의 기본적인 주장이다.

그 밖에도 언어는 개념을 정의하고, 범주화하며, 분류하는 기능을 한다. 단어의 정의는 직접 설득의 대상은 아니나, 상대방에게 단어의 뜻을 받아들이게 함으로써 의미의 사용에 대한 동의를 얻어냈다고 할 수 있다. 상대방이 제안된 언어를 사용하는 순간, 그는 프레임 안으로 들어온 것이나 마찬가지이다.

논쟁은 이런 단어들로 이루어진 말로 하는 것이다. 앞에 언급한 언어의 특성에 주목한 적합한 언어의 선택은 생산적인 논쟁으로 이어지고, 잘 선택된 강력한 언어는 종종 논쟁을 승리로 이끈다. 언어의 효과를 아는 사람이 말을 잘하는 사람이고, 말을 잘하는 사람이 논쟁에서 이긴다. 어떤 말을 어떻게 구사하는 것이 좋을까?

우선 말로 하는 싸움이 갖는 긍정적인 측면부터 살펴보자. 인간과 인간 사이, 정당과 정당 사이, 국가와 국가 사이에 언쟁이 오간다는 사실은 적어도 다음과 같은 장점을 내포한다. 첫째, 양측이 일단 같은 언어를 사용한다는 점(언어가 다르더라도 통역을 통해 소통을 하고 있다), 둘째, 현재 소통중이라는 것(침묵하지 않고 자신의 의견을 적극적으로 표현하고 있다), 셋째, 따라서 폭력이나 전쟁 같은 더 큰 물리적 싸움을 저지하는 효과가 있다는 점이다. 그래서 로마 시대 정치가며 웅변가인 키케로는 수사학을 가리켜 "평화의 중재자"라고 했고, 미국의 현재 수사학자 케네스 버크(Kenneth Burke)는 자신의 저서 『동기의 문법(*Grammar of Motive*)』 책머리에 'Ad Bellum purificandum(toward the purification of war)'라는 라틴어 경구를 발문으로 삼았다. 물론 버크가 집필할 당시 세계는 전쟁 중이기도 했으나, 평화를 바라는 수사학자의 기원과 수사학을 통해 평화를 이루고자 한 그의 지성이 집대성된 문구라고 해야 할 것이다.

심하게 싸움 중인 부부는 적어도 바로 이혼하지 않는다. 의견 차이를 확인하고 표현하며 고쳐보려는 단계이기 때문이다. 반면 이혼 절차에 들어간 부부들은 더 이상 싸우지 않고 침묵 모드로 들어간다. 갈등을 조정하고

자 하는 의지가 없는 사람들은 싸움을 할 필요조차 느끼지 않는다. 이상의 상황은 말이 갈등을 해소하는 도구라는 본래의 목적을 상기시킨다. 논쟁 역시 겉으로 드러나는 시끄러움 속에는 상호 이해와 희망, 그리고 갈등 해소의 욕구라는 긍정적인 측면이 자리 잡고 있는 것이다.

그러한 논쟁의 순기능이 제대로 작동하기 위해서는 싸움의 도구인 언어의 사용에 주목해야 한다. 언어에는 갈등을 해소하는 열쇠와 갈등을 증폭시키고 교착 상태로 지속시키는 이유가 모두 담겨 있다. 정치 커뮤니케이션 전문가 프란크 룬츠(Frank Luntz)의 표현대로 언어는 불과 같아서 적절하게 사용되면 집 전체를 따뜻하게 덥히지만, 선부르게 사용하면 집을 통째로 태울 수도 있다.

본격적으로 논쟁에서 언어를 어떻게 사용하는 것이 좋을지 생각해보자. 논쟁을 잘하는 사람은 흔히 목소리가 크거나, 기죽지 않고 자신의 의견을 또렷이 말해 상대방을 굴복시키는 사람이라고 생각하기 쉽다. 그러나 사실 논쟁에서 말을 잘하는 사람이란 단어의 뜻을 명확히 파악하고 상대방이나 청중이 혼돈하지 않도록 친절하고 명료하게 말하는 사람이다. 쉽고 알아듣기 편하게, 상대방의 눈높이에서 자신의 주장을 펼쳐나가야 한다. 아무리 논리가 훌륭해도 알아듣기 어렵다면 소용이 없을 것이다. 메시지의 수용자(receiver) 입장을 고려하는 이런 언어 습관, 혹은 언어 능력은 논쟁 상황뿐 아니라 직장 생활이나 일상생활에도 매우 유용하고 필요한 자질이다.

룬츠(Luntz)는 정치 논쟁에서 효과적인 언어의 사용에 대해 다음과 같은 조언을 하고 있다. 첫째, 단순함을 유지하라. 어렵거나 복잡한 단어를 사용하지 말고 소박하고 알기 쉬운 단어를 선택하는 것이 좋다. 둘째, 짧고 간결함을 유지하라. 사람들의 머릿속에 쉽게 기억되고 그들의 생각을 오래 지배하기 위해서는 간결한 언어여야 한다. 문장이나 말을 길게 가져가다 보면 논리가 어긋나기 쉽고, 사람에 따라서 다른 부분을 인상 깊게 받아들일 수 있으므로 말의 효과가 분산된다. 셋째, 진실되게 하라. 지나친 과장이나 겸손으로 실제와 다른 모습으로 보이지 않도록, 최대한 있는 그대로 전달되도록 해야 한다. 넷째, 일관성을 유지해야 한다. 같은 단어의 반복 사용은 설득적 효과와 함께 진정성을 전달하는 효과도 거둘 수 있다. 일관성을 결여한 표현이나 논리는 바로 공격의 대상이 되기도 하므로 주의한다. 다섯째, 신선한 언어를 사용한다. 판에 박힌 문구나 진부한 단어는 그 자체로 설득력을 상실하고 있을 뿐 아니라 새로운 인지적 지도를 생성하는 데 적합하지 않다.

또 다른 논쟁 교본들은 다음과 같은 언어 사용상의 주의를 명기하고 있다. 우선 바르고 명료한 언어 능력을 기르기 위해서는 첫째, 애매모호한 단어의 선택이나 표현을 피해야 한다. 하나의 맥락에 단어나 구의 뜻이 여럿 있을 때 '모호하다(ambiguous)'고 한다. 예를 들어 영어 표현에 "Auto executive recalls cars with reclining seats(자동차 회사 간부가 뒤로 젖혀지는 의자를 가진 자동차를 회상했다[혹은 회수했다]"라는 표현이 있다고 가정해보자. 여기서 'recall'이라는 단어는 '리콜(회수)하다'는 뜻과 '회상하다'는 뜻 두 가지가 있다. 어떤 단어로 사용되었는지 다시 설명을 듣지 않으면 얼른 알기 어렵다. 이렇게 한 맥락 안에 두 가지 이상의 뜻을 가진 단어가 들어있는 경우를 의미론적 모호함(semantic ambiguity)이라고 한다. 문법상의 구조나 문장의 구조에 따라 혼돈스러운 표현도 있다. "Campus police were ordered to stop drinking after midnight"이라는 표현에서, 읽기에 따라서 경찰이 음주를 하지 않는 것으로 보일 수도 있고, 경찰이 학생들의 음주를 막는 것으로 읽힐 수도 있다. 이런 경우는 문법적 모호함(syntactic ambiguity)이라고 한다.

모호함과 유사한 개념으로 논쟁 도중 단어의 뜻을 바꿔 혼란을 야기하는 모호함(equivocation)이 있다. 가령 "이 곡은 많은 이들로부터 사랑을 받은 대중 인기곡이다. 그러나 고급스런 취향의 사람들은 감흥을 느끼지 못하는 대중 인기곡이다"라는 문장에서, '대중 인기곡'에 깃든 뜻은 '인기 있다'와 '저급하다'는 두 가지이다. 둘 중 어느 쪽에 말하고자 하는 사람의 뜻이 담겨 있는지 알기 어려운 문장이다.

같은 말을 중언부언하는 습관도 좋지 않다. "학교 가는 등굣길에 여러 사람이 타는 대중교통을 탔다"는 말에는 불필요한 말이 절반 이상이다. 삭제해도 이해에 방해가 안 되는 표현이나 말은 삭제해서 간단하고 명료하게 이야기해야 한다. 비유나 은유는 말을 돋보이게 하는 훌륭한 수사 기술이나 잘못 사용하면 오히려 역효과를 낸다. 청중의 특성을 고려해 그들이 공감할 수 있는 비유나 은유를 사용해야 한다. 그렇지 않으면 엉뚱한 연상을 하게 되므로, 기대한 효과를 거둘 수 없다. 적합한 비유가 떠오르지 않는다면 굳이 사용하지 않는다.

또한 단어 선택 하나에서도 틀린 말이나 비-속어를 사용하지 않도록 유의해야 한다. 말은 품격이고, 말하는 사람의 인상을 좌우하기도 한다. 요즘 쓰지 않는 낡은 표현은 가급적 피한다. 흔히 '속된 말' '시쳇말'에 해당하는 단어의 사용을 최소화하고, 건강한 상식인들 사이에 통용되는 표준어를 사용해야 한다. 지나치게 현학적인 외래어나 외국어의 사용도 자제하는 것이 좋다.

정리하면, 논쟁에서 자신의 입장을 상대방이나 청중에게 효과적으로 전달하기 위해서는 첫째, 문법적으로나 내용적으로 옳은(correct) 말을 써야 하고, 둘째, 모호하지 않은 명료한(clear) 말을 써야 하며, 세째, 주장하고자 하는 내용에 어울리는 적합한(appropriate) 말이어야 하고, 넷째, 상상력을 자극하는 생동감 있는(vivid) 말이어야 한다.

(2) 논쟁 언어 정의하기

마카뇨와 월튼(Macagno & Walton)에 따르면 정의(definition)란 현실에 이

름을 붙이는 도구이다. 사회 구성원들이 동의하는 전제에 바탕을 두고 있기에 굳이 표현하지 않거나 모르고 지나치는 경우가 많지만 결정적인 순간에 부딪치면 올바른 정의를 내리는 것만큼 중요한 일이 없다. 논쟁에 있어서도 마찬가지이다. 정의는 의미를 규정하고, 전체와의 관계를 지어 분류하는 목적을 수행한다. 논쟁의 당사자는 단어의 정의를 정립해가는 과정을 통해 서로 가치관이나 전제를 공유하는지 여부를 확인할 수 있다.

따라서 논쟁에 임하는 양측은 논쟁에 앞서 중요 언어의 정의에 서로 동의하는지 서로 타진해볼 필요가 있다. 서로 해석이 다른 단어를 놓고 논쟁을 벌일 수는 없는 일이다. 단어의 정의에는 그 단어의 뜻뿐만 아니라 성격과 형질과 색깔이 내재되어 있다. 단어의 뜻에 동의한다는 건 그 단어가 지칭하는 대상의 성격과 형질과 색깔에 동의한다는 뜻이다. 다시 말해 양측이 논쟁하는 대상을 언어로 규정하는 단계에서부터 논쟁은 시작이고, 이 단계에서 상호 동의하는 정돈된 어휘로 말할 수 있으면 일단 생산적인 논쟁이 될 것이라는 기대를 할 수 있다.

가장 익숙한 예로 '낙태 논쟁'을 들어보자. 찬성 측과 반대 측은 서로 유리한 고지를 점유하기 위해 낙태에 대해 각각 다른 단어를 사용해 규정하려 한다. 인명 존중이라는 가치에 입각해 낙태의 부당성을 주장하는 측에서는 낙태 문제를 '태아 살해'에 해당하는 행위로 규정하고 그렇게 부르고 싶을 것이다. 그렇다고 단순히 낙태 반대(anti-abortion)라고 하기엔 여전히 '낙태'라는 단어의 프레임에 갇히게 되고, 따라서 생명을 존중하기 위해 태아 살해를 반대한다는 논점을 살리기에 부족하다. 그래서 나온 것이 '생명 존중(pro-life)'이라는 단어의 '재정의'이다. '낙태 반대'를 '생명 존중'이라는 새로운 이름으로 부르는 것이다.

한편 이에 맞서는 찬성 측에서도 낙태 찬성(pro-abortion)이라는 말이 마치 무조건 낙태를 찬성하는 비인간적 인상을 줄 수 있다고 판단할 것이다. 찬성 측은 생명을 존중하지 않는다는 인상을 피하면서 여성들이 자신의 신체에 대한 선택을 주도적으로 할 수 있어야 한다는 논점을 부각시키기 위해 '선택 존중(pro-choice)'으로 새롭게 정의된 개념을 논쟁 테이블에 내놓는다. 낙태 논쟁 중 반대 측은 '생명'이라는 언어를, 찬성 측은 '선택'이라는 언어를 집중적으로 사용해 자신의 입장을 주장하고 설득하려 할 것이다. 논쟁이란 자신들에게 유리한 언어를 선점하기 위한 싸움이기도 하다. 만약 낙태 찬성 측이 "우리가 생명을 존중하지 않는다는 것이 아니다"라며 '생명 존중'이라는 언어의 틀 안에 들어가는 순간, 반대 측에게 유리한 고지를 내어주는 결과로 이어지게 된다.

우리 사회가 흔히 쓰는 '양심적 병역 거부'라는 말을 보자. 말 자체에 '거부=양심적'이라는 긍정적 입장이 반영된 것으로 볼 수 있다. 종교적 신념에 의거해 국방의 의무를 거부할 권리를 '양심적 거부'라는 언어로 '규정'함으로써 그 말이 널리 통용되면 될수록 찬성 측 입장을 확산시키는 효과를 기대할 수 있다. '무상 급식'이라는 단어는 마치 급식이 하늘에서 떨어진 '돈 안 드는 급식'이라는 말처럼 들리기 쉽다. 그러나 그건 단어가 주는 환상이다. 엄밀히 말하면 모두 우리가 낸 세금에서 나오는 급식이므로, 배분의 우선순위의 문제이지 '무상'은 아니기 때문이다. 그러나 '무상급식'이라는 단어를 널리 퍼뜨려 논쟁을 하다보면 국민들이 "내 돈을 내지 않아도 내 자식이 학교에서 밥을 먹는다"는 착시효과를 갖게 되어 찬성 측에 유리하게 작용할 수 있다.

미국의 자동차 업계는 하자가 있는 제품을 회수하는 조치를 '리콜(recall)'이라는 단어 대신 '자발적 회사 승인 정비(voluntary company-authorized maintenance)'라고 불러야 한다고 주장한다. '리콜'이라는 말은 문제가 있는 제품이라는 사실을 당연시하고 있는 반면, '정비'라는 말엔 제품에 문제가 있다는 느낌이 없기 때문이다. '지구 온난화(global warming)'와 '기후 변화(climate change)' 역시 마찬가지다. 시급하게 조치를 요구하는 측에서는 '지구가 뜨거워지고 있다'는 위기 의식을 담고 있는 '지구 온난화'

라는 말을 논쟁에서 사용하는 반면, 그 문제를 지구 환경이라는 차원에서 냉정하고 차분하게 대응하고자 하는 측에서는 '기후 변화'라는 중립적 단어를 사용한다.

같은 맥락에서 룬츠(Luntz)는 '원유 시추(Oil Drilling)'를 좀 더 환경 친화적으로 들리게 하기 위해 '에너지 탐사(Exploring for Energy)'라고 다시 이름을 붙이고, '사회 안전보장(Social Security)'이라는 의미의 막연함을 없애고 은퇴 후의 생활에 초점을 맞춰 '퇴직생활보장(Retirement Security)'이라고 부르도록 조언했다. 대중들은 '범죄와의 전쟁' 같은 표현보다는 '공공 안전(public safety)'이라는 긍정적인 단어에 더 호의적이라는 것 역시 지적했다.

앞서 지적했듯 정의를 내린다는 것은 어떤 말, 사물, 인간, 행동을 분류해 범주를 나누고 의미를 부여한다는 뜻이다. 논쟁에서 제대로 정의를 내리는 것은 매우 중요하다. 위에 언급한 '지구 온난화'나 '무상급식' 같은 단어들은 특정 입장을 지지하는 효과를 지녔다는 뜻에서 '논쟁적인 정의'라고 한다. 특정 단어의 뜻을 가지고 계속 논쟁하는 소모를 미연에 방지하기 위해 양측이 동의할 수 있는 정의를 미리 초반에 정하고 논쟁에 임하기도 한다. 이 과정을 '정의 보고(definition report)'라고 한다. 사전적이고 기본적인 의미를 정리하는 단계이다.

논쟁적인 정의를 하는 전략적 방법으로는 대략 세 가지가 있다. 첫째는 완곡어법(euphemism)의 전략적 활용이다. 유포미즘으로 흔히 불리는 이 단어는 '장님'을 '시각장애인'으로, '때밀이'를 '세신사(洗身士)'로, '청소부'를 '환경미화원'으로 부드럽게 표현하는 방식이다. 논쟁을 위해, 또 설득을 위해 상대방이 받아들이기 거부감이 없는 단어로 접근하는 것이다. 특히 감정적인 요소가 개입될 소지의 단어를 사용해야 할 경우, 덜 정확하더라도 겉에 설탕을 묻혀 입에 달고 삼키기 쉬우며 껄끄럽지 않는 단어로 바꾸어 논쟁의 언어로 사용한다.

두 번째 방법으로 '재분류(reclassification)'가 있다. 어떤 입장의 옹호나 반박에 유리하도록 특정 단어를 새로운 범주에 재배치하는 방법이다. 앞서 든 예 중에서 '낙태'를 '생명 존중' 쪽이나 '선택 존중'으로 바꾸어 접근하는 것이 여기 포함된다. 미국의 농구선수 스티븐 잭슨은 기자 회견 중 캐주얼 복장을 입을 수 없도록 한 미국농구협회의 권고 사항에 반발하며, 그건 '복장 규정(cress code)'이 아니라 '문화 공격(attacking culture)'이라고 일갈했다. 복장 규정이라면 당연히 받아들여야 하는 그 무엇으로 사람들에게 인식되는 것을 방지하기 위해 문화 공격이라는 말로 바꾸어 자신의 입장을 주장한 것이다. 조금만 주의 깊게 살펴보면 우리 주변에서 많은 예를 발견할 수 있다.

세 번째 전략적 방법은 공격 대상이 되는 사람이나 그룹, 생각, 조직을 비난하거나 폄훼할 목적으로 어떤 합리적인 이유가 없이 특정 단어로 규정짓는 '이름 짓기(labeling)'이다. 레이블(label)이란 글자 그대로 종이 등에 물건에 대한 정보를 적어 붙여놓은 '꼬리표'를 뜻한다. 사람들은 물건을 보기 이전에 꼬리표부터 보는 경향이 있다. 작은 꼬리표 하나가 전체 내용을 지배하듯이, 내용물과 상관없이 붙여진 이름에 따라 청중들이 어떤 대상을 인식하도록 하는 전략이다.

'이름 짓기' 전략은 정치권에서 흔히 사용된다. 우리나라 국회에서 다른 당을 비난하기 위해 동원한 '차떼기 정당'이나 '빨갱이 당' 같은 원색적인 표현이 그 예다. 미국에서는 오바마의 보건 개혁 정책을 놓고 공화당 측에서 '사회주의 의료(socialized medicine)'라는 이름을 붙여 한동안 미국 사회를 '사회주의 논쟁'으로 시끄럽게 했다. 이러한 이름 짓기 전략은 비판하고자 하는 대상에 부정적인 틀을 씌워 대중의 관심을 본질에서 벗어나 부정적인 곳에 쏠리도록 하는 목적으로 사용된다.

반복적 순환 정의(circular definition)란 기존의 단어로 말장난하듯 재생산한 정의를 말한다. '멸종 위기의 동물이란 곧 멸종될 위기에 처한 동물을 뜻한다'는 식의 정의이다. 어떤 대상을 새로운 언어와 개념으로 정의하는 것이 아니라, 언어 자체의 뜻만으로 되돌리듯 정의하는 것이다. 에이브러햄 링컨은 다음과 같은 유머로 유명하다. 그가 읽은 책에 대한 평을 묻는 질문에 그는 "이런 종류의 책을 좋아하는 사람들에게는 이 책이 아주 좋아할 만한 책이 되겠지요." 유머가 아닌 진지한 논쟁에서 만약 이런 반복적 순환 정의를 사용한다면 어떻게 될까. 아마도 새로운 개념이나 의견이 아닌, 동일한 언어 안에서 돌고 도는 매우 비생산적인 논쟁이 될 개연성이 높다.

그렇다면 논쟁에 필요한 바람직한 정의란 무엇일까. 논쟁에 사용될 주요 개념이나 언어의 정의를 찾는 방법은 다음의 몇 가지가 있다. 우선 가장 일상적인 단어로 상식적인 의미의 정의를 찾는다. 같은 단어라도 일반인들 사이에 통용되는 정의가 있고, 전문가들이 공유하는 정의가 있을 것이다. 논쟁에 임하는 사람에게 필요한 것은 다수의 사람이 공감하는 정의이다. 따라서 상식에 입각하여 일상적인 언어로 알기 쉽게 정리한 정의를 우선 고려해야 한다.

또 다른 방법은 단어의 어원을 찾아내는 일이다. 영어의 경우 라틴어 어원에서 유래한 단어가 많으므로, 현대에 와서 다소 변형되었다 하더라도 본 뜻을 상기시키면 신선한 정의와 만날 수 있다. 본 뜻을 잊고 사용하는 많은 사람들에게 교육적 효과와 함께 설득력을 기대하기에는 어원만큼 좋은 정의가 없다. 한국어의 경우도 마찬가지다. 고유어라면 원래 어원을, 한자어라면 한문의 뜻을 찾아가 보면 단어의 의미 있는 정의와 만날 수 있을 것이다.

앞의 내용을 요약하면 논쟁에서 단어나 개념의 정의는 다음과 같은 기능을 한다. 첫째, 의미를 명료하게 해주고(definition reports), 둘째, 논쟁의 내용을 내포하고 있어 주장하는 바를 전달하며(argumentative definition), 셋째, 의미의 방향을 바꾸고(deflect meaning), 넷째, 방어나 공격을 도와주며(facilitate defense or accusation), 다섯째, 꼬리표를 붙여 청중의 관심을 한쪽으로 모으는(labeling) 역할을 한다.

12. 퍼블릭 스피치

"시인은 태어나지만 웅변가는 만들어진다"는 말이 있다. 수사학이 필연적으로 청중을 상정하는 기술이라는 정의를 상기한다면 여러 사람 앞에서 자신의 생각을 효과적으로 표현하는 퍼블릭 스피치가 곧 논쟁의 기술과 매우 밀접하게 연관된 개념이라는 것을 알 수 있을 것이다. 퍼블릭 스피치라면 군중을 상대로 하는 대규모 웅변이나 연설을 떠올리기 쉽다. 그러나 소규모 회의에서의 발표처럼 3인 이상의 모임에서 정보 전달이나 설득을 위해 행해지는 모든 종류의 스피치를 포괄한다. 퍼블릭 스피치는 공공 연설의 종류만큼 여러 경우에 각기 다른 형태로 이루어지며, 그 내용도 단순한 정보 전달에서부터 힘 있는 정치 연설에 이르기까지 다양하다. 특히 논쟁의 경우 어떤 논점을 중심으로 상대방과 청중을 포함, 적어도 3인 이상의 그룹에서 이루어지는 사회적 소통으로, 말을 통한 설득 능력이 절실히 요구된다.

논리 구성의 설득력이 아무리 뛰어나도 효과적인 말로 전달하는 데 실패한다면 소기의 목적을 이룰 수 없을 것이다. 또한 청중의 마음을 읽어내고 교감하는 연설의 기술이 없다면 아무리 훌륭한 논거와 증거가 있어도 제대로 활용하지 못할 공산이 크다. 퍼블릭 스피치와 관련된 기술이 중요한 이유는 주장의 설득적 논거 못지않게 그 주장을 논거와 함께 전달하는 전달자의 설득력이 중요하기 때문이다.

어떻게 하면 말을 잘할 수 있을까? 이와 관련된 조언과 해법이 다양한 실용 서적에서 제시되고 있다. 로널드 레이건(Ronald Reagan) 대통령의 연설문을 작성했던 페기 누난(Peggy Noonan)은 잘하는 말이란 결국 내용이 좋아야 하고, 논리적으로 구성되어야 하며, 자기만의 스타일을 구축해야 한다는 결론을 제시하고 있다. 자연스럽고 진실된 커뮤니케이션이 해법이라는 것이다. 쉽게 들리지만 가장 어려운 주문이기도 하다. 내용이 좋으려면 충실한 조사나 풍부한 경험이 뒷받침되어야 하며, 논리적으로 구성하기 위해서는 논리적인 사고와 청중 분석이 필수적이다. 또한 자신의 스타일을 구축하여 자연스럽게 말하는 것은 오랜 경험이 축적되어야 가능한 일이다.

아리스토텔레스는 지식의 체계를 진리, 경험적 지식, 기술 등의 차원으로 분류했는데, 이 중 말하는 기술을 경험으로부터 얻은 지식에 해당하는 'techne(art)'로 분류했다. 이는 타고나는 기술이 아니라 반복적인 경험을 통해 향상될 수 있는 기술이라는 뜻이다. 그에 비추어본다면 퍼블릭 스피치나 프리젠테이션을 포함하는 대중 연설 분야 역시 부단한 훈련을 거쳐 기술을 습득해야 좋은 연사가 될 수 있을 것이다.

퍼블릭 스피치는 대중에 맞는 토픽의 발굴과 스피치 내용 구성, 목소리와 표정과 함께 완성되는 발표로 구성된다. 수사학의 다섯 가지 분야는 앞서 살펴본 바와 같이 주제설정법(Inventio), 배열법(Dispositio), 미사여구법(Elocutio), 기억법(Memoria), 연기법(Actio)으로 구성된다. 토픽의 발굴은 이 중 '주제설정법'에 해당한다. 연설의 주제는 청중의 필요나 요구에 따라 그에 맞는 연사를 초청하므로 토픽이 미리 정해지는 경우가 많다. 그러나 정해진 토픽 안에서 세부 내용을 구성하는 일은 여전히 연사의 몫이다. 세부 내용(주제)을 정한 후 어떤 형태로 구성할 것인가의 문제가 두 번째 단계인 '배열법'에 해당한다. 서두 부분에 무엇을 강조할 것인가, 또한 본문의 내용은 무엇으로 구성하며 결론을 힘 있게 맺기 위해 어떤 방법을 써야 하는가를 고민해야 하는 부분이다. 연설의 구성을 완성한 후, 장중한 톤으로 할지 가벼운 톤으로 할지, 어떤 비유법을 사용할지 등 구체적인 수사법을 고민하는 단계가 표현상의 기교를 뜻하는 '미사여구법'의 단계에 해당할 것이다. '기억법'이란 연설문 내용을 암기하는 것을 의미한다. 어떤 종류의 논쟁에서건 상대방이 이미 제시한 논거나 표현 등을 기억해낸다면 논쟁을 이어가거나 공격하는 데 매우 유용할 것이다. 마지막으로 '연기법'는 스피치 내용에 맞는 목소리와 몸짓으로 보여주는 단계이다. 오늘날 퍼블릭 스

영화 〈킹즈 스피치〉의 한 장면. 논쟁을 잘하기 위해서는 청중 앞에서 이야기하는 퍼블릭 스피치 기술을 습득해야 한다.

피치 전달 기술(delivery)에 해당하는 부분이다.

연기법을 뜻하는 'Actio'는 흔히 겉과 속이 다름을 나타내는 'hypokrisis'에서 유래했다. 법정 논쟁이나 정치 논쟁에서 배심원 혹은 대중을 설득하는 데 필요한 기술로서, 겉으로 드러나는 표현 양식을 말한다. 스피치를 할 때에는 표정에서 제스추어에 이르기까지 배우처럼 연습하고 실전에 임해야 한다는 뜻도 포함된다. 고대 그리스어에는 쉼표와 같은 점이 없었다고 한다. 띄어쓰기가 있는 것도 아니어서 어떤 호흡과 속도로 잇고 끊기를 반복하여 읽느냐 하는 것이 내용을 설득적으로 전달하는 데 매우 중요했다고 한다. 스피치의 경우도 마찬가지이다. 법정 논쟁을 할 때 연설문 작성자가 아무리 훌륭하게 논리 정연한 연설문을 작성했다고 하더라도 목소리의 크기와 안정감, 유연성, 높낮이 등을 통해 대중에게 효과적으로 전달되지 않으면 빛을 잃을 수밖에 없다. 논제의 발견이나 논거의 구성, 멋진 표현이 곁들여졌다 하더라도 최종 단계인 청중에게 전달되는 부분이 효과를 거두지 못한다면 목적했던 설득을 이룰 수 없는 것이다. 사실 청중의 마음을 얻는 이러한 교감의 기술을 가진 사람은 논쟁 상황에서 매우 위협적이다. 논쟁에서 구축하고자 하는 진실은 사실이 아닌 '사실임 직함', 즉 대중이 옳다고 받아들이는 진실의 세계이기 때문이다.

앞장에서 논의한 요건들을 갖춘 언어로 논쟁을 할 준비가 되었다면 스피치의 내용을 어떻게 구성하고 여러 사람 앞에서 어떻게 전달하는 것이 효과적인지 알아보자. 우리나라에서는 학교에서 흔히 대중 연설로 번역되는 퍼블릭 스피치를 체계적으로 교육시키는 곳이 많지 않은 반면 외국, 특히 서양의 학교들은 스피치와 논쟁 수업을 자연스럽게 연결시켜 효과적으로 말하기 교육을 시키고 있다. 미국의 초등학교에서는 "고양이가 더 좋은 애완동물인가? 개가 더 좋은 애완동물인가?" 같은 주제를 놓고 '디베이트'를 시키는 등 어려서부터 논쟁 훈련을 시킨다. 대학의 세미나 코스는 주로 교수와 학생의 토론 형식으로 진행된다. 논쟁과 토론의 기본으로 스피치 교육이 이루어진다. 이는 대중 설득과 진리를 구현하는 방법론으로서의 말의 중요성과 함께 진리 탐구에 대한 변증법적 접근이 적용된 결과이다. 그렇게 훈련된 사람들이 의회에서, 법정에서, 각종 회사에서 말을 통해 갈등을 해소하고 의사 결정을 유도한다. 퍼블릭 스피치는 적극적 자기 표현과 대중 설득, 논쟁의 방법론으로 모두 유효하다고 할 수 있다.

(1) 퍼블릭 스피치의 종류

퍼블릭 스피치가 요구되는 상황은 여러 사람 앞에서 말해야 하는 상황의 숫자만큼 다양하다. 대통령의 취임 연설 같은 역사 기록물로 가치가 있는 제의적 형식의 대중 연설에서부터 대학교 동아리 회장이 학생들의 참여를 독려하거나 회원들에게 엠티 일정을 알려주는 스피치까지 모두 대중 연설의 범주에 들어간다. 예상치 않게 전혀 준비되지 않은 상태에서 즉석으로 이야기해야 하는 상황도 종종 발생한다. 그런가 하면 오랫동안 심혈을 기울여 작성하고 수정을 거듭한 원고를 바탕으로 하는 연설도 있다.

대중 연설은 주로 연설의 상황이 전달 방식을 결정한다. 첫 번째 상황은 '즉석 연설(Impromptu)'을 해야 하는 경우이다. 즉석 연설은 원고 없이 언제 요청받을지 모르는 상황에서 해야 하는 연설로, 비교적 짧은 시간에 강한 인상을 남기고 효과적인 메시지를 전달할 수 있는 장점이 있다. 모든 퍼블릭 스피치가 준비된 상황에서만 발생한다면 그다지 긴장할 필요가 없을지 모른다. 그러나 일상에서는 준비된 상황보다 그렇지 않은 상황이 더 자주 발생한다. 논쟁 중에 예기치 않은 상대방의 공격에 대응해야 하는 경우가 이에 해당할 것이다. 이 밖에도 여러 모임에서 갑자기 자기 소개를 부탁받거나, 축하 혹은 감사의 뜻을 전해야 하는 경우가 종종 있다. 국회의원이 특정 이슈에 대한 견해를 밝히며 설득을 해야 하는 상황에 직면하거나, 회사 임원이 직원들 앞에서 회사 정책에 대해 급히 설명해야 하거나 하는 경우도 있다. 이런 즉석 연설의 경우는 상황에 대한 적응력과 순발력에 의존해야 하지만 준비된 스피치 훈련을 거듭하면서 그런 적응력과 순발력을 기를 수 있으므로 평소 훈련을 해두는 것이 좋다. 논쟁 수업 중에는 학생들의 상황 적응력을 길러주기 위해 즉흥 연설 훈련을 시키는 부분도 포함된다. 이 경우 짧은 순간이지만 무슨 이야기를 할지 메모해보고, 청중과 시선을 주고받으며 자신감 있는 모습을 유지시키는 것이 중요하다고 가르친다. 즉흥 연설은 거듭된 훈련을 통해 향상된다. 경험을 통해 상황에 따른 어떤 공식이 머릿속에 자리 잡게 되고, 그 공식에 따라 비교적 실패 없는 즉흥 연설을 할 수 있기 때문이다.

즉석 연설의 또 다른 형태이나 어느 정도 사전에 예고된 '현장 연설(Speaking extemporaneously)'의 경우, 미리 준비하되 최대한 즉석 연설처럼 자연스럽게 하는 것이 관건이다. 준비된 원고가 있는 것이 아니므로 대화체를 유지하며 청중과 시선을 교환하며 순발력 있게 이야기하는 훈련이 필요하다. 갑자기 요구받지 않고 어느 정도 예상된 상황의 '준비된 연설'의 경우, 즉석에서 요구받지 않았다는 것뿐 어떤 정형화된 틀이 있는 것이 아니기 때문에 자유롭고 편하게 할 수 있는 반면 부담도 있는 연설이다. 메모를 사용할 수도 있고, 내용을 외워서 할 수도 있으며, 순발력에 의존해서 할 수도 있다. 미리 생각할 시간을 갖는다는 이점과 형식에 구애받지 않는다는 장점을 갖춘 연설이다. TV 토크쇼에 나와서 이야기하는 출연자나, 다양한 자리에 초대되어 연설을 해야 하는 정치인이 자주 하는 형태의 연설일 것이다. 이들은 준비된 내용을 상황에 맞도록 전달하도록 잘 훈련된 사람들이다. 몇 가지 키워드를 갖고 조리 있게 이야기를 풀어나가는 연습을 한다면 스피치 능력을 향상시킬 수 있다.

준비된 원고를 잘 읽는 것으로 대신할 수 있는 '원고 연설(Reading from a Manuscript)'도 있다. 이 형태의 연설은 단어 하나하나의 의미와 완결적 구조를 중시하며 기록물로서의 가치 등을 염두에 두고 작성되므로 즉흥 연설이나 준비된 연설 상황이 요구하는 특별한 순발력과 재능이 없어도 일정 부분 연습을 하면 훌륭하게 전달할 수 있는 형태의 연설이다. 빈틈없는 연설문의 준비와 함께 전달력 있는 스피치 기법이 요구되는 종류의 연설이라고 할 수 있다. 의회 디베이트에서 주로 정책을 제안하는 정부 측 찬성 입장이 사용해야 하는 연설이 여기 속한다. 어떠한 정책의 도입을 위해 그 정책이 필요한 상황과 기대 효과에 대해 매우 치밀하고 논리적으로 접근해야 하기 때문이다.

이러한 원고 연설의 단점은 현장의 분위기나 청중의 반응에 따라 수정하거나 조절하기가 어렵다는 것이다. 감동적인 연설문을 읽을 수는 있으나, 현장의 감동을 살리기에는 이미 준비된 연설문으로는 어려움이 있기 때문이다. 청중은 판에 박힌 연설을 좋아하지 않는 경향이 있고 연사와의 상호작용을 선호한다. 원고 연설은 이러한 상호작용을 사전에 차단하는 것이 단점이라면 단점이다. 원고 연설은 글자 그대로 준비된 원고를 '잘 읽는 것'이 요구되는 스피치이다. 이때 주의해야 하는 것은 '읽는 것'이 아니라 여전히 '말하는 것'처럼 들리도록 훈련해야 한다는 것이다. 청중에 대한 시선 처리, 음의 높낮이나 목소리의 조절을 통해 사전에 준비된 원고를 단순히 읽는 것이 아니라는 인상을 주어야 설득력을 기대할 수 있다.

잘 준비된 원고를 암기해서 연설을 하는 경우도 있다. 이 경우의 연설을 '암기 연설(Reciting from Memory)'이라고 한다. 암기 연설이란 아리스토텔레스가 앞서 기술한 '기억법'이 주효했던 시절에 중요하게 여겨졌던 유형의 연설이다. 당시 웅변가들은 마치 희곡의 대사를 외우듯 연설할 내용을 머릿속에 기억했다가 연기하듯 효과적으로 전달하는 훈련을 했다. 요즘에는 연설문 전체를 암기하지는 않더라도 기억의 보조 장치로 메모지에 기록한 키워드를 보거나 눈앞의 프롬터를 참고하면서 연설하는 연사들이 많은데, 이들도 부분적으로 기억법을 활용하고 있다고 볼 수 있다. 그 밖에 시를 낭송하거나, 연극 무대에서 읽는 대사가 모두 암기 스피치의 유형에 들어간다.

비록 연설문 전체를 외울 필요는 없을지 모르나 현재도 청중과 효과적으로 만나려면 원고의 도움 없이 암기하여 말하듯 연설하는 훈련을 하는 것이 좋다. 영국의 마가렛 대처 전 수상은 한 시간 넘는 연설을 암기해서 청중들에게 감동적으로 전달한 명 연설가로 유명했다. 요즘엔 기술의 발달로 투명 프롬터의 도움을 받아 연설을 하는 등 실제로 암기하지 않아도 암기하는 효과를 내며 연설할 수 있는 환경이 가능해졌다. 그럼에도 불구하고 암기법을 사용하면 연설의 내용을 머릿속에 담은 후 전달에만 집중할 수 있고, 청중과의 시선 처리도 자연스럽게 이루어질 수 있으므로 훨씬 효과적인 전달 방법이고, 실제 연설 능력을 향상시키기 위해서는 내용을 암기하도록 권하는 스피치 교사들이 많다.

이상은 형식상의 분류이고, 상황과 목적에 다른 분류도 가능하다. 임태섭(2010)은 퍼블릭 스피치를 상황에 따라 발표, 진행, 참여 및 대화로 나누었다. 발표는 한 사람의 연사가 다수의 청중을 상대로 스피치를 실행하는 상황으로 정치인, 웅변가, 성직자, 교사의 발표, 혹은 회사원이나 학생의 프리젠테이션, 학자들의 학술 발표 등을 모두 포괄하는 개념이다. 이에 비해 진행은 여러 사람의 연사가 참석하는 회의를 한 사람의 연사가 총괄하게 되는 상황의 스피치로, 회의 주재자, 토론 사회자, 회의 중재자, 쇼의 MC 등이 하는 스피치를 포함한다. 이때 청중은 두 부류로서, 진행자는 참여자와 방청객을 모두 청중으로 의식하고 진행해야 한다. 참여란 회의나 대담 등에 참석하여 진행 규칙에 따라 자신의 소견을 발표하는 스피치 상황을 가리킨다. 진행자의 요청에 따라야 하므로 준비된 부분을 다 소화하지 못하는 경우가 많은 스피치 상황이다. 스피치는 목적에 따라 정보를 제공하는 데 초점을 둔 스피치와 설득을 목적으로 하는 스피치로 크게 나눌 수 있다. 정보 제공 스피치(informational speech)는 어떤 사물, 과정, 사건, 인물, 개념에 대해 정보를 전달하는 데 초점을 둔 스피치다. 어떤 방법이나 시범을 통해 설명하는 설명 스피치(demonstrative speech, how-to speech)나 스스로를 소개하는 자기 소개 스피치(I am Speech) 역시 큰 틀에서 정보 제공 스피치의 범주에 든다고 할 수 있다. 정보를 전달하는 데 만족하지 않고 어떤 관점을 제시해 청중의 마음을 움직이는 데 초점을 둔 스피치가 설득 스피치(persuasive speech)이다. 정치인의 연설은 물론, 목회자의 설교, 세일즈맨의 상품 광고 등이 이에 포함된다. 임태섭은 여기에 유흥 스피치(entertainment speech), 격려 스피치(inspirational speech) 등을 추가하기도 했다. 이상에서 살펴본 연설의 종류와 형식, 청중의 구성에 따라 연설문의 구성이 달라져야 함은 물론이다.

(2) 퍼블릭 스피치의 구성

스피치는 대체로 세 가지 부분으로 구성된다. 대중의 관심을 끄는 도입부, 전달하고자 하는 내용의 설득력과 충실성에 주목해야 하는 본문, 본문의 내용을 알기 쉽게 요약하여 청중들에게 여운을 남기도록 구성해야 하는 결론이 그것이다. 세 부분이 모두 중요하지만, 스피치 상황에서 특히 중요한 것은 시작과 마지막 부분이다. 스티븐 루카스(Stephen Lucas)는 스피치 서두와 마무리 부분의 중요성을 강조하며, 각각이 갖춰야 할 요소에 대해 다음과 같이 언급했다.

스피치 서두는 1. 청중의 관심과 집중을 유발하고, 2. 스피치 주제를 알려주며 3. 연사로서의 신뢰감과 선의를 구축하고, 4. 앞으로 나올 내용에 대한 간략한 소개를 하는 4가지 요소를 충족해야 한다. 청중의 관심을 얻기 위해서 연사는 스피치 주제와 청중과의 관련성을 구축해야 하고, 주제의 중요성을 피력해야 한다. 동시에 청중의 호기심을 자극해야 한다. 스피치 서두는 또한 짧아야 하므로, 위의 요건들을 충족시키는 말을 생각해내는 일은 결코 쉬운 일이 아니다.

스피치의 서두를 잘 시작하기 위해 청중들의 주의를 끌고 흥미를 유발하기 위한 다양한 방법이 동원된다. 유명한 사람의 말을 인용하는 방법도 있고, 친숙한 격언이나 속담을 사용하기도 한다. 때로는 청중에게 엉뚱한 물음을 던질 수도 있으며, 충격적인 통계를 제시할 수도 있다. 관심을 끄는 것만 목적이라면 스피치의 시작은 그다지 힘들지 않을지 모른다. 그러나 일단 관심을 갖게 된 청중이 본문에 들어서서 흥미를 잃는다면 좋은 서두라고 할 수 없다. 연사는 정작 자신이 하고 싶은 이야기와 긴밀하게 연결된 서두를 찾기 위해 노력해야 한다.

무엇보다 스피치를 시작할 때 가장 중요한 것은 청중과의 교감을 구축하고 확인하는 과정이다. 청중들은 자신들의 귀한 시간을 내서 연사의 말을 듣기 위해 모인 사람들이다. 따라서 그들에게 "당신은 왜 내가 하는 말을 들어야 하나?"에 대한 물음을 압축적으로 요약해서 답을 주어야 한다. 즉 '왜(why)'의 부분에는 논제의 중요성과 이에 대한 청중의 요구를 담아야 하고, '내가 하는 말(listen to me)' 부분에는 연사 자신의 전문성이나 진정성을 피력해야 하며, '당신이(should you)' 부분에서는 청중들과의 동질성을 확인해야 하는 것이다.

스피치를 마무리하는 것 역시 중요한 부분이다. 루카스는 스피치를 끝낼 때는 1. 청중들에게 이제 스피치를 끝낼 것이라고 알려주고 2. 주제에 대한 청중의 이해를 강화하거나 관심을 확인시켜주어야 한다고 했다. 스피치를 끝내며 다른 이야기로 주의를 분산시키는 것은 금물이며, 본문의 내용을 짧게 요약하며 인상 깊게 마무리해야 한다는 조언이다. 역시 인용구를 사용하거나, 서두에 사용했던 말을 반복 사용하여 기억을 환기시키거나, 극적인 표현으로 청중의 뇌리에 주제를 다시 각인시키는 방법 등을 동원할 수 있다.

본문의 구성은 스피치의 형식과 목적에 따라 다양하게 구성할 수 있다. 우선 정보 제공형 스피치는 글자 그대로 정보를 명확하게 전달하는 것이 목적이다. 따라서 명확한 개념과 명료한 단어를 사용하고, 청중이 현재 갖고 있는 이해의 정도를 고려하여 구체적으로 이야기해야 한다. 개별적 사안들을 설명한 후 일반적인 결론에 이르는 귀납적 방법으로 구성할 수도 있고, 주제문(thesis statement)을 던지고 그를 뒷받침하는 내용들로 구성하는 연역적인 방법을 선택할 수도 있다. 정보를 제공하는 방법으로는 현상을 있는 그대로 서술하는 방법, 연사가 주관적으로 묘사하는 방법, 어떤 일의 원인과 결과를 밝히는 분석의 방법 등이 있다.

정보 제공 스피치를 할 때에는 글자 그대로 청중에게 정보가 되도록 구성해야 한다. 생소한 주제라면 보다 친절하고 쉽게 접근해야 하고, 친숙한 주제라면 이미 알고 있는 내용을 확인한 후, 새로운 부분에 집중하여 구성해야 한다. 또한 그 주제가 청중들과 어떤 관련이 있는지를 구축하여 관심을 유발하는 것이 중요하다. 아무리 좋은 정보라도 청중들이 자신들과 상관없는 정보라고 여긴다면 집중하지 않을 것이다. 정보의 전달력을 고려해서 지나치게 기술적이거나 전문적인 설명은 자제하는 것이 좋다. 같은 이유로 지나치게 추상적으로 접근하는 것도 바람직하지 않다. 자기소개 스피치의 경우, 자신의 과거-현재-미래의 시계열적 구성 형식을 생각해볼 수 있다. 또한 배경, 목표, 장점, 단점, 준비, 각오(임태섭, 122쪽) 등의 아이디어로 구성하는 것도 좋다. 어떤 구성을 따를 것인가는 당시 상황과 청중의 요구에 따라 결정하는 것이 좋다.

정보 제공 스피치에 비해 설득 스피치는 좀 더 다양한 사항을 고려해야 한다. 설득이란 사람들의 마음속에서 흔들림을 일으켜야 하는 목표가 있는 소통이다. 따라서 연사는 어느 정도의 흔들림을 목표로 하는지 먼저 설정하는 것이 좋다. 청중들이 가슴이 뛰도록 하여 입장을 바꾸도록 하는 내용의 스피치를 할 것인지, 그들이 갖고 있는 현재의 입장을 유지 혹은 강화하는 것을 목적으로 할 것인지, 아니면 어떤 기존의 생각 혹은 믿음에 대한 불신을 심어주는 것만으로도 만족할 것인지 정한다. 이를 위해 청중의 구성은 어떠한지, 청중이 갖고 있는 현재의 태도는 무엇이며, 예상되는 설득 저항은 없는지 등을 파악하는 일은 매우 중요하다.

스티븐 루카스는 설득 스피치의 종류를 앞서 기술한 논쟁의 분야와 마찬가지로 가치(value)의 문제를 설득하는 연설, 사실(fact)의 문제를 설득하는 연설, 정책(policy)의 문제를 설득하는 연설 등 세 분야로 나누었다. 사실을 설득할 때에는 풍부한 증거를 들어 어떤 사실에 대해 믿음을 갖도록 해야 한다. 가치에 대한 설득 역시 증거를 활용해야 한다는 점에서는 공통이나 청중의 가치 기준을 고려하여 증거의 종류와 강도를 선택해야 하는 점이 다르다. 정책과 관련된 토픽은 찬성과 반대의 입장이 나뉘어 있다는 점에서 설득 스피치와 가장 잘 어울린다고 할 수 있다. 정책의 방향에 대한 설득을 하기 위해서는 우선 정책의 필요성(need)과 그로 인해 요구되는 계획(plan), 그 계획의 실효성(practicality)이라는 요소를 추출하여 스피치 구성을 해야 한다. 구성의 방법 중 가장 간단한 것은 먼저 현재의 문제점을 나열한 후 정책의 도입으로 인해 해결되는 비전을 제시하는 문제-해결 방식(problem-solution order)이 있다. 좀 더 설득적인 구성을 원한다면 여기에 문제의 원인을 추가하는 문제-원인-해결 방식(problem-cause-solution order)을 택하면 된다. 청중에게 굳이 현 상태의 문제를 이야기할 필요가 없을 정도로 문제의식이 공유된 상황이라면 제안된 정책, 혹은 해결책들의 이점을 비교하는 방식인 비교우위 방식(comparative advantages order)을 사용해도 된다. 청중들은 특정 정책의 장점을 다른 정책과 비교하여 학습하며 태도를 결정할 기회를 얻게 될 것이다.

설득 스피치의 고전적인 구성 방법으로 1930년대에 미국 퍼듀 대학의 알란 몬로(Alan Monroe) 교수가 개발한 '몬로 동기 순환 기법(Monroe's Motivated Sequence)'을 들 수 있다. 설득 심리학에 기초하여 다섯 가지 단계로 구성된 이 기법의 구성 요소는 다음과 같다. 1. 주의집중(Attention): 먼저 청중의 관심을 집중시키는 단계 2. 필요의 구축(Need): 청중의 관심을 얻은 후에는 그들이 새로운 방향 혹은 정책에 대한 필요성을 느끼도록 하는 단계. 인지적인 부조화를 창조하는 단계이기도 하다. 3. 만족의 제공(Satisfaction): 필요에 공감한 청중이 제안된 정책의 내용에 만족하도록 하는 단계. 인지적 부조화를 해소시켜주는 단계이다. 4. 해결의 시각화(Visualization): 제시된 해결책 혹은 정책이 가져올 바람직한 미래를 열망하도록 시각화시켜주는 단계. 5. 행동 촉구(Action): 연사가 제시한 변화의 방향으로 행동하도록 촉구하고 강조하는 단계.

설득 스피치를 조직하는 기법과 관련, 임태섭(2010)은 대안 나열 후 제거식 조직, 반향적 사고 조직, 욕구 충족식 조직, 문제 해결식 조직, 대안 제시식 조직, 단계적 동기화 조직 등을 예로 들고 있다. 먼저 대안 나열 후 제거식 조직은 정책 입안에 대한 논의를 하는 경우에 유용한 기법으로, 먼저 새로운 정책이 필요한 배경을 자세히 설명한 후 가능한 정책을 모두 나열한다. 그 후 첫 번째 대안의 문제점을 논의한 후 그 대안을 폐기하는 식으로 제거한 후 최후에 자신이 강조하는 대안을 제시하는 방식이다. 반향적 사고 조직이란 앞서 기술한 방식과 유사하나 어느 한 가지 대안을 집중 부각하기보다 모든 대안을 골고루 부각시킴으로써 청중들이 설득당한다는 느낌보다 문제의 해결에 참여한다는 느낌을 주는 방식이다. 욕구 충족식 조직은 우선 청중의 욕구를 강조해 동기를 유발시킨 후, 이를 현실화할 해결책을 제시하는 방식이다. 문제 해결식이나 대안 제시식 조직도 동기 이론에 바탕을 두었다는 점에서 이와 유사한 방식이다. 마지막으로 단계적 동기화 조직법은 욕구-충족의 공식을 바탕으로 욕구가 충족된 이후의 모습을 비전으로 묘사하는 시각화의 단계, 이를 위해 행동을 촉구하는 단계 등이 추가된 점이 조금 다르다.

설득 스피치의 본문을 구성할 때는 앞서 제시된 다양한 논증의 방법을 사용하면 된다. 사례를 들거나 통계를 제시하고 각종 증언을 활용하는 귀납적인 방법을 활용할 수도 있고, 일반적인 전제에 동의하게 만드는 연역적인 접근을 통해 자신의 논점을 강화시킬 수 있다.

(3) 퍼블릭 스피치의 비언어적 요소들

훌륭한 연사가 되기 위해서는 논리적인 사고와 명료한 언어를 구사하는 능력을 갖춰야 할 것이다. 그런 능력이 더욱 빛을 발휘하게 하기 위해서는 전달의 기술 중에서 비언어적 요소(non-verbal)와 부언어적(paralanguage) 요소를 훈련하고 발달시켜야 한다. 비언어적 요소의 대표적인 것은 몸짓과 시선 처리, 표정 등이며, 부언어적 요소의 대표적인 것은 목소리의 크기(volume)와 높낮이(pitch), 속도(rate) 등이다. 보다 효과적인 스피치 전달을 위해서 목소리 사용법을 훈련해야 하고(발성), 명료한 단어를 말하도록 훈련해야 하며(발음), 대중 앞에 당당하게 서서 말하는 훈련을 해야 한다(시선 처리와 표정). 그 외에도 몸동작이나 태도, 의상이나 악세사리 같은 비언어

신호들도 스피치에 도움이 되도록 다듬어야 한다. 한 사람의 웅변가가 되기 위해 마스터해야 하는 과목은 이렇게 다양하다.

우선 발성이 중요하다. 소리의 크기는 여러 사람이 들을 수 있을 정도로 커야 한다. 과거 웅변가들은 목소리를 크고 윤기 있게 가꾸기 위해 다양한 방법으로 훈련했다. 나무젓가락을 입에 넣고 발성을 하거나 한쪽 다리를 들고 책을 읽는 훈련을 통해 목소리의 톤을 찾았다. 목소리가 커야 말하는 사람의 감정이나 표현하고자 하는 바를 전달할 수 있고, 강조해야 하는 부분에서 효과적으로 강조할 수 있다. 발성은 목에서 나오는 소리와 배에서 나오는 소리 중간에 해당하는 가슴에서 나오는 소리가 스피치에 적당하다. 가슴에서 소리가 일정하게 나올 수 있게 하려면 평소 훈련이 필요하다.

발음을 정확하게 하기 위한 훈련도 필요하다. 스피치 전문가 우지은은 발음을 잘하는 비결로 다음 7가지를 제시했다: 깊게 숨을 들이마신 후 말할 것, 천천히 또박또박 말할 것, '오'와 '우' 모음을 제대로 발음할 것, 장단음을 제대로 알고 발음할 것, 받침 '니은, 디귿, 리을, 미음, 비읍'의 발음에 신경쓸 것, '파, 카, 타'는 부드럽게 발음할 것, 어미를 분명하게 처리할 것 등이다(이승일 외, 2011).

목소리는 또 높낮이가 있어야 하고 적당한 리듬이 있어야 메시지 전달이 용이하다. 대개 남성보다 여성의 목소리가 높은 편이고, 소리의 높낮이는 발표자의 나이에 따라서도 달라진다. 목소리가 높으면 일단 귀에 잘 들리는 장점이 있으나, 진지하고 힘 있는 발표에는 낮은 음이 적당하다. 논쟁을 할 때에는 목소리를 높일 때와 낮춰야 할 때를 구분해서 적절히 사용해야 효과를 극대화할 수 있다. 그래야 듣는 사람이 편안하고 손쉽게 말에 실린 내용을 알아들을 수 있다. 단어의 뜻을 정확하고 명료하게 전달하려면 발음이 또렷해야 한다. 발음은 장음과 단음, 겹모음과 단모음이 구분이 되도록 꾸준히 훈련을 해야 하고, 무엇보다 문법이나 어법에 맞도록 발음해야 한다.

말의 속도는 많은 청중이 알아들을 수 있을 정도로 여유가 있어야 하지만, 지루하다고 느낄 정도로 느리면 곤란하다. 제한된 시간에 준비해온 자료들을 모두 이야기하기 위해 속도를 높이는 것보다는 한 가지 자료를 골라 천천히 이야기하는 편이 설득력이 있다. 속도는 청중이나 스피치 내용에 따라 다르게 적용해야 한다. 미국의 경우 대학 토론대회 참가 선수들은 1분에 3백 단어가 넘을 정도로 빠르게 이야기해도 심사위원이나 상대방 팀이 알아듣는 데 문제가 없을 정도로 훈련이 되어 있으나, 일반 대중을 상대로 한 연설의 경우는 그렇지 않다. 대중이 받아들일 수 있는 내용과 속도로 이야기하기 위해서는 공중파 방송의 아나운서가 뉴스를 읽는 속도를 참고로 하면 좋다.

목소리의 질을 향상시키기 위한 노력도 필요하다. 좋은 목소리를 타고난 사람도 있지만, 그렇지 않은 사람이라도 훈련을 통해 목소리의 질을 향상시킬 수 있다. 탁한 목소리나 비음, 거친 숨소리가 걸러지지 않는 목소리, 혓소리를 잘 다스려서 울림이 좋은 소리로 다듬어야 한다. 또한 말하는 중간에 아~ 음~ 같은 군소리를 넣어 의미의 흐름이 끊기지 않도록 물 흐르듯이 이야기하는 훈련을 해야 한다. 그러기 위해서는 내용에 대한 풍부한 지식과 어휘력으로 무장하는 것도 좋은 방법이 될 것이다. 같은 뜻의 문장을 다른 단어를 사용해 여러 번 말하는 훈련을 해보는 것도 도움이 된다.

무엇보다 퍼블릭 스피치는 이 모든 것을 상황에 맞게 구사할 수 있는 적응력이 관건이다. 대중의 규모와 종류, 토픽의 가벼움과 무거움, 자신이 처한 자리의 의미 등에 따라 목소리의 높낮이와 속도 등을 선택할 수 있어야 한다.

목소리에 대한 훈련이 끝났다면 이제 몸동작으로 넘어가보자. 몸동작이나 팔의 사용, 자세 등도 효과적인 대중 연설에서 빼놓을 수 없이 중요한 요소이다. 적절한 동작을 섞으면 말의 내용을 더욱 효과적으로 전달할 수 있고, 자세가 바르지 않으면 신뢰도가 떨어진다. 대중과 눈을 마주치는 시선 처리(eye contact)는 말하는 사람이 떳떳하고 정직하다는 인상을 준다. 동양의 경우 눈을 정면으로 마주치면 도전적이거나 건방지다는 인상을 줄 수 있으나 서양의 경우 눈을 외면하면 상대방을 무시한다는 오해를 주기 쉽다. 연설 상황에서도 원고에만 눈길을 주지 말고 가급적 청중과 직접 눈을 맞추려는 노력을 해야 한다. 그러자면 연설의 내용을 상당 부분 암기하거나, 키워드만 적은 메모에 의존해서 이야기하는 훈련이 필요하다.

스피치 도중의 몸동작은 소통에 도움을 주는 목적에 부합하는 것이어야 한다. 강조하기 위해 팔을 올린다거나 하는 등의 목적이 있는 행동만을 절제하며 해야 한다. 연단에 다가서고 올라설 때도 자신감 있는 모습을 보여주는 것이 좋다. 부동자세로 서서 스피치하는 것은 바람직하지 않고, 너무 자주 움직이는 것도 좋지 않다. 청중이 이야기에 집중할 수 있도록 자연스럽게 필요한 동작만을 하는 것이 좋다. 임태섭(2013)은 제스처의 기법으로 제스처는 팔 전체로 할 것, 크고 분명하게 할 것, 제스처는 언제나 완성시킬 것, 제스처의 크기와 빈도는 상황에 따라 다르게 할 것, 말과의 타이밍을 맞출 것, 내용의 흐름에 맞추어 변화를 추구할 것, 손과 팔을 다양한 각도로 움직일 것(308쪽)을 제시하고 있다.

얼굴 표정은 스피치 내용에 맞도록 해야 한다. 심각한 내용을 웃으면서 발표하거나 가벼운 이야기를 지나치게 경직된 표정으로 하는 것은 청중을 헷갈리게 하므로 좋지 않다. 옷차림이나 화장, 머리 모양, 장신구의 착용 등도 전략적으로 해야 한다. 청중들은 모든 것 하나하나에 다 눈길을 주고 있으므로 자칫하면 말을 듣는 것보다 생김새를 감상하는 데 더 열중할지 모른다. 청중들이 스피커의 말에 집중하게 하려면 그들의 주의를 분산시키는(distracting) 의상이나 물건의 사용은 자제하는 것이 좋다.

이상의 상황을 종합해 스피치 대회에 나가는 사람들이 유의해야 할 사항으로 프릴리와 스타인버그(Freeley & Steinberg, 2005)는 다음과 같은 여섯 가지 조언을 하고 있다.

첫째, 상황에 맞춰 말하는 속도에 변화를 주어라.
둘째, 청중과 눈을 맞춰라.
셋째, 에너지와 열정, 성실성이 드러나게 하라.
넷째, 공손하고 프로페셔널하게 행동하라.
다섯째, 청중의 주의를 분산시키는 사소한 행동들을 자제하라.
여섯째, 자신감을 갖고 이야기하라.

(4) 시각 자료의 활용

퍼블릭 스피치를 더욱 효과적으로 하기 위해 시각 자료를 종종 활용한다. 시각 자료를 적절하게 사용한다면 스피치 정보를 더욱 명료하게 전달하고 설득력을 높일 수 있다. 그러기 위해 바람직한 시각 자료 사용법을 알아보자.

시각 자료(visual aids)란 글자 그대로 스피치의 보조 자료이다. 말의 효과를 증강시키는 보조 자료이므로, 스피치를 대신하거나 압도하도록 활용하는 것은 바람직하지 않다. 다시 말해서 어떤 동영상이나 사진, 물건 등을 보여주며 청중이 직접 보았으니 설명해줄 필요가 없다고 지나치면 안 된다는 뜻이다. 시각 자료의 내용을 친절하게 설명하고, 스피치 내용을 보다 확실하게 이해하는 데 활용하는 것이 좋다.

시각 자료를 활용하는 이유는 명료하고 설득적으로 설명하기 위해서뿐 아니라, 개념적이고 추상적인 내용을 시각화하여 이해를 돕고, 복잡한 자료를 시각적으로 조직화하여 이해하기 쉽게 하며, 따라서 논점을 집약적으로 전달하기 위해서이다. 뿐만 아니라 시각 자료는 청중의 관심을 끄는 데 적합하고, 기억을 유지시키는 효과도 갖고 있다.

이와 같은 효과를 거두기 위해서 시각 자료는 먼저 가시성을 갖춰야 한다. 또한 단순해야 하고 매력적으로 꾸며져야 하며 크기 역시 적당해야 한다. 단순해야 하지만 그렇다고 지나치게 단순화해서 정보가 누락되어서도 안된다. 흑백보다는 적절한 색상을 활용하여 이해를 높이는 것이 좋다.

2012년 9월 28일 유엔총회에서 시각 자료를 들고 연설하는 이스라엘의 벤자민 네탄야후 총리. 네탄야후 총리는 평소 시각 자료를 즐겨 사용하는 것으로 알려져 있다.

시각 자료로 활용할 수 있는 것은 실제 물건에서부터 사진, 그래프나 차트, 포스터, 동영상, 슬라이드 영상 등 다양하다. 필요하면 연사 자신이 어떤 시범을 보임으로써 스스로 시각 자료의 역할을 대신할 수도 있다. 다른 사람을 모델로 데리고 나와 시범을 보이게 하는 것도 포함된다.

필요에 따라서 유인물을 나눠주는 경우도 있으나, 퍼블릭 스피치 상황에서는 가급적 나눠주는 형태의 시각 자료를 피하는 것이 좋다. 자료를 돌려보거나 기다리는 동안 연사가 하는 이야기에 주의를 집중하기가 어렵기 때문이다. 유인물을 사용해야 하는 경우는 전달하고자 하는 정보의 내용이 생각보다 정교하고 많은 경우, 혹은 청중이 관련 정보를 가져갈 수 있도록 배려하는 경우에 한정하는 것이 좋다. 유인물을 나눠주어야 하는 상황이라면 스피치를 시작하기 전에 회람을 끝내고 잠시 읽을 기회를 준 후에 스피치에 집중하도록 하는 것이 좋다. 또 다른 방법은 빈 칸이 있는 유인물을 나눠주는 것이다. 청중들이 연사의 이야기에 귀를 기울이며 빈 칸을 메워가도록 진행한다면 유인물의 시각 자료적 효과를 극대화할 수 있을 것이다.

요즘 자주 쓰는 시각 자료로 파워포인트를 들 수 있다. 파워포인트는 도형과 색깔을 동원한 화려한 편집이나 텍스트의 시간차 활용, 동영상 제시 등이 가능한 효과적인 시각 자료이다. 그러나 이 역시 적절하게 활용하지 않으면 효과를 기대하기 어렵다. 파워포인트를 사용할 때는 각 페이지당 정보의 숫자를 최소화하여 청중들이 이야기에 귀를 기울이도록 유도해야 한다. 너무 많은 자료와 그림 등을 소개한다면 청중은 이야기 대신 시각 자료에 더욱 집중할지 모른다. 파워포인트 자료의 도형이나 도식은 추상적 개념을 설명하는 장점을 지닌 반면, 창의적 개념을 도식화하는 위험성도 아울러 갖고 있다. 따라서 제한된 시간에 청중들이 불필요한 의문을 갖지 않도록 오해의 소지가 있는 내용이나 전체 내용의 정보성과 관계없는 내용을 포함시키지 않도록 유의한다.

시각 자료를 준비하는 데 유의해야 할 사항은 다음과 같다. 먼저 칠판에 써가면서 스피치를 하는 것은 바람직하지 않다. 직접 그림을 그리거나 글씨를 쓰는 것은 불필요한 에너지와 시간 소모를 가져온다. 이런 과정을 생략하고 동시에 청중들에게 등을 돌리는 장면 또한 연출하지 않는 것이 좋다. 따라서 시각 자료는 사전에 준비해놓는 것이 좋다. 미리 준비함으로써 리허설을 통해 더욱 익숙하게 활용할 수 있을 것이다. 시각 자료는 스피치 내내 보여주는 것이 아니라, 관련 내용을 이야기할 때만 보여주는 것이 좋다. 또한 보여준 후에는 사라지게 하여(use it then lose it) 청중들이 불필요한 곳에 신경을 쓰지 않도록 배려하는 것이 좋다. 시각 자료를 보여주며 스피치를 할 때에는 시각 자료를 향해 이야기하지 않도록 주의한다. 스피치는 청중을 바라보며 해야 한다. 준비해온 시각 자료는 명료하고 간단하게 설명을 해야 한다. 무엇보다 시각 자료를 준비하며 어떻게 청중들에게 제시할 것인지 사전에 연습을 해두는 것이 성공적인 시각 자료 활용의 관건이다.

(5) 퍼블릭 스피치 유의 사항

지금까지 생산적인 논쟁의 의미와 논리의 설득적 구성, 그리고 언어 외적인 커뮤니케이션을 포함한 효과적인 전달 방식, 시각 자료의 활용에 대해 살펴보았다. 이 모든 지식과 경험을 바탕으로 청중들에게 효과적인 퍼블릭 스피치를 하기 위해 지켜야 할 몇 가지 유의 사항에 대해 살펴보도록 하자. 논쟁의 목적은 궁극적으로 청중을 설득시키는 데 있다. 그러기 위해 논쟁에 임하는 사람은 논쟁 상대자뿐 아니라, 일반 대중에게 자신의 입장을 설득적으로 전달해야 한다. 말의 내용도 중요하지만, 듣는 사람에게 효과적으로 메시지가 전달되어야 한다. 그러기 위해서 매력적이고 설득력 있는 커뮤니케이터이자 힘 있는 웅변가가 되어야 한다.

연설이란 글자 그대로 '스피치(말)'이므로, 평소 말하듯이 자연스럽게 하는 것이 가장 좋다. 너무 긴장한 나머지 목소리의 높낮이를 적절하게 구사하지 못하거나 책을 낭독하듯이 경직되게 해서는 청중의 공감을 사기 어렵다. 문어체 대신 구어체를 사용하고, 적절한 호흡을 활용해 대화하듯 부드럽게 이야기를 진행시키는 것이 좋다. 사람마다 목소리가 다르듯, 자신에게 잘 맞는 스타일을 구사하여 최대한 관심을 끌고 설득을 이끌어내면 된다. 개성에 따라 연설하되, 가급적 피해야 하는 사항도 있다. 그중 몇 가지를 제시해보면 다음과 같다.

첫째, 첫 말문을 "연설을 시작하기 전에……"라는 말과 함께 하는 잡담으로 시작하지 않도록 한다. 연단에 올라선 순간 이미 연설은 시작된 것이므로 청중 앞의 첫 마디를 어떻게 인상 깊게 장식해야 할 것인지 고민하는 것이 좋다. 시작은 중요하다. 청중이 주의를 기울이는 첫 순간을 잘 활용해서 잘 준비된 오프닝으로 연설을 시작해야 힘 있는 연설을 이끌어나갈 수가 있다. 한가하게 시간을 낭비하는 것은 청중에 대한 예의를 상실한 행위이다.

둘째, 지나친 겸손은 신뢰도를 떨어뜨리므로 피하는 것이 좋다. "제가 전문가는 아니지만 말씀드리겠습니다" "왜 저 같은 사람에게 이런 이야기를 시키는지 모르겠습니다" "하고 싶진 않았지만 몇 말씀 드리겠습니다"

"오늘 전혀 준비가 되지 않았습니다" 같은 류의 표현은 삼간다. 전문가가 아니고 준비가 되어 있지 않다면 그 연설을 들어야 할 이유가 없다. 모든 연설의 오프닝에서 청중에게 확인시켜주어야 할 사항은 "앞으로 당신들은 내가 하는 이야기를 들을 가치가 있다" 또 "(다른 사람이 아닌) 나로부터 그 이야기를 들을 필요가 있다"는 메시지를 주는 것이다. 따라서 부정적인 표현보다는 긍정적인 표현을 사용해 "아는 범위 내에서 최선을 다해보겠다"는 식으로 성실하고 충실한 연사의 인상을 주는 것이 좋다.

셋째, 그렇다고 너무 잘난 척도 금물이다. 오만하다는 인상을 주는 순간 청중은 호감을 상실한다. "요즘 정말 너무 바쁜데 오늘 모처럼 시간을 냈습니다" "지난 주 제가 대통령을 만났는데……(유명인사의 이름을 들먹거리며 친분을 과시하는 표현)" 같은 표현은 청중과 공감의 영역을 줄여 오히려 거부감만 줄 수 있다. 자신에 대한 좋은 평이나 칭찬, 자신의 전문성에 대한 확인 등은 연설 시작 전에 다른 사람의 소개를 통해 자연스럽게 청중에게 전달되도록 하는 것이 효과적이다.

넷째, 너무 부드럽고 나긋나긋하게 말하지 않는다. 퍼블릭 스피치란 여러 청중을 대상으로 하므로 일단 그들이 잘 들을 수 있을 정도의 큰 소리로 말해야 한다. 또한 주장을 설득적으로 끌고 가야 하는 사명이 있는 스피치이므로 평소 대화 때보다는 다소 단호하고 확신에 찬 톤으로 이야기하는 것이 효과적이다. 또 공적인 자리에 있으므로 속삭이듯 이야기하거나 끝을 흐리면 메시지를 효과적으로 전달하기 어렵다. 목소리가 작은 사람은 반드시 마이크를 이용한다. 대화체를 사용하더라도 지나치게 개인적인 느낌이 들지 않도록 한다.

다섯째, 청중에 대해 미리 공부하고 특성을 파악하라. 청중의 구성이 어떠한지, 그들의 주된 관심사는 무엇인지, 현재 마음 상태는 어떠한지, 그들이 원하는 정보는 무엇인지 사전에 아는 일은 매우 중요하다. 청중을 이해하면 어떠한 질문을 던지는 것이 적절한지, 혹은 어떤 유머가 적당한지 알 수 있을 것이다. 스피치 도중 뜬금없는 질문을 던져 청중을 당황하게 하거나, 예상치 않은 청중의 반응에 스스로 당황하는 일이 없도록 한다.

여섯째, 연설에 등장하는 모든 이름과 고유명사, 지명이나 숫자, 그 밖의 사실 관계는 정확해야 한다. 특히 사람 이름이 틀리면 그와 관련된 모든 증언이 통째로 신뢰를 잃는다. 출처를 인용할 때도 정확히 해야 한다. 어떤 잡지에서 봤다든가, 무슨 신문인지 기억은 안 나지만 본 거 같다든가 하는 식으로 얼버무리면 청중의 믿음을 얻을 수 없다.

일곱째, 좋은 연설은 시간을 잊게 만드는 연설이다. 지금이 몇 시인지 자꾸 확인하고 남은 시간을 청중에게 상기시키며 초조함을 노출시키지 않는다. 자기에게 주어진 시간의 많고 적음을 불평하거나, 준비해온 내용을 서둘러 축약하는 모습으로는 성실하고 진지한 인상을 주기 어렵다. 또한 쇼맨십이 있는 사람으로 비춰지기 쉬우므로 조심하는 것이 좋다.

여덟째, 농담을 사용할 때는 각별히 적절성 여부를 검토해서 신중히 해야 한다. 사전에 검증된 농담을 사용하는 편이 안전하다. 농담은 잘 쓰면 효과적이지만 어긋나면 큰 화를 당할 수도 있다. 혹시 내용에 확신이 서지 않거나 청중이 웃으며 받아줄지 의심되는 농담이라면 사용하지 않는다.

아홉째, 즐겁고 밝은 표정으로 이야기해 분위기를 생기 있게 유지한다. 청중 앞에서 말을 한다는 것은 결국 '나에게 할 말이 있다'는 뜻이다. 할 말이 있는 사람은 기본적으로 자신의 입장에 대한 열정이 있어야 한다. 그런 열정은 표정에 드러나고, 청중들에게 전염된다. 말을 하는 사람이 흥미를 잃은 표정을 지으면 듣는 사람은 더욱 흥미를 잃는다. 열정적으로 메시지를 전달한다는 자세로 성실하게 이야기한다.

열째, 연설은 시작과 끝이 중요하므로 반드시 준비된 시작과 준비된 마감을 하라. 시작과 끝은 강렬한 것이 좋다. 스피치의 시작이 강렬하면 청중의 주의를 끌 수 있고, 힘 있는 마무리는 그동안의 내용을 청중이 정리하고 기억하도록 도와준다. 또한 연설이 끝난 후에도 여운이 남도록 매듭을 지어야 한다.

마지막으로 반드시 스피치 시간을 엄수하라. 자기에게 주어진 이야기 시간은 청중이 각별히 만들어 할애해준 시간이기도 하다. 특히 여러 명의 참가자가 공동으로 참여하는 세미나의 발제나 토론의 경우 전체 시간에서 자신에게 주어진 부분은 매우 제한적이다. 이를 어길 경우 다른 참가자의 시간을 빼앗을 뿐 아니라 전체 진행에도 지장을 주게 된다. 자신에게 주어진 시간을 소중히 알차게 사용하고, 필요 이상으로 청중을 붙들어두지 않도록 해야 한다.

13. 디베이트

(1) 디베이트란 무엇인가?

디베이트(debate)란 주로 양당사자가 이슈를 둘러싼 찬성과 반대의 입장에서 각자의 주장을 펼쳐가는 논쟁의 방법론이다. 양측의 주장이 서로 부딪치며(clash) 엮어내는 상호 설득 내지 방어의 역동성에 초점이 있다. 어떤 정책이나 사실 등 다양한 이슈에 대한 여러 질문을 통해 문제의 해결점을 찾아가는 탐구(inquiry)와 옹호(advocacy)의 과정이기도 하다. 주로 정해진 규칙에 따라 긍정과 부정으로 대립하는 두 팀이 주어진 논제에 대해 논거에 의한 주장과 이에 대한 검증을 되풀이함으로써 청중이 비판적 사고를 통한 합리적 판단을 내리도록 도움을 준다.

좀 더 구체적으로 살펴보면, 디베이트란 규칙과 규율에 따르는 게임으로, 의사 결정을 필요로 하거나 상호 교육의 필요가 있을 때 비판적 사고를 하기 위한 도구로 종종 활용된다. 싸움이 목적이 아니라 인위적인 갈등을 통해 상호 입장을 조정하고 서로의 입장을 파악하며 궁극적으로는 갈등을 해소하거나 더 나은 의사 결정을 하기 위해 인간들이 발명해낸 사회적 기제라는 뜻이다. 의견의 대립이 존재한다는 것(변증법적 사고)을 인정하고 주어진 논제에 대해 자신의 입장이나 해답을 갖고 타인을 설득하는 과정에서 상호 이해와 갈등 해소라는 목적을 달성할 수 있다. 디베이트에서는 앞서 기술한 아규멘테이션의 다양한 기법을 이용해 이슈에 대한 자신의 주장을 근거와 증거를 바탕으로 이성적으로 관철한다. 논제와 관련되지 않은 사항을 이야기하거나 증거 제시가 미약하면 상대의 공격을 받게 된다.

'디베이트(debate)'라는 단어는 라틴어 동사 'debattuere'에서 기원했다. 'debattuere'는 다시 'de'와 'battuere'로 나눌 수 있다. 접두사 'de'는 'away(분리하다)', 혹은 'down(제거하다)'의 의미이며 어간인 'battuere'는 이후 영어의 'battle(전쟁)'이라는 의미로 발전되었다. 라틴어 동사로서의 의미는 'to beat(치다)'였다. 결국 전쟁이라는 말에서 파생된 것으로, 말로 하는 전쟁을 의미하지만, 동시에 실제 전쟁을 억제하는 말의 뜻도 함께 담고 있다고 볼 수 있다. 디베이트가 상대방의 동의를 얻어낸다는 뜻의 라틴어 'debatum'과도 밀접하게 연관되어 있는 것은 우연이 아니다. 즉 청중에게 다양한 관점과 그 관점을 지지하는 설득적인 이유를 제공함으로써 사안에 대한 입체적인 이해를 돕는 교육적 효과에 목적이 있었던 것이다. 토론은 상호 말싸움보다는 당사자 간의 입장 차이를 통해 대중의 합의를 유도하는 사회적 기능을 내포하고 있다. 상호 논리의 비판이나 논박의 증거 제시 등을 포함하는 토론의 전 과정이 민주적인 숙의와 의사 결정에 필수적인 요소로 작용하는 이유이기도 하다.

또한 진리 탐구의 방법으로서의 디베이트는 치열한 지적(知的) 전쟁이라고도 볼 수 있다. 호머(Homer)의 일리아드에 보면 헤파이스토스(Hephaistos)라는 대장장이의 신이 아킬레우스(Achilleus)에게 방패를 만들어주는 장면이 나온다. 방패 한쪽에는 전쟁을 배경으로 칼과 창이 그려 있고, 또 다른 한쪽에는 시정에서 상인들이 논쟁을 벌이는 그림이 그려져 있다. 이

지난 2012년 있었던 한국의 대통령선거 후보자 토론회.
(출처: 동아일보 12월 4일)

방패가 의미하는 것은 '전쟁이 일어나면 칼로, 평화 시에는 말로 싸운다'는 뜻이다. 토론이나 논쟁은 설득적 효과를 지닌 대화이지만, 주고받는 방식은 치열하고 진지한 전쟁과도 같다는 의미를 담고 있다.

과거 디베이트는 고대 그리스의 아고라 광장, 로마의 포룸, 유럽의 대학 등을 배경으로 펼쳐졌으나 20세기 들어 미디어가 발달하자 각종 선거에서 대중 설득을 목적으로 한 정치 토론이 민주주의 선거의 주요 부분으로 자리 잡기 시작했다. 동시간 원칙(equal time rule), 형평의 원칙(fairness doctrine), 인신공격의 규칙(personal attack rule)을 기본으로 하는 TV 후보 토론은 지지율과 투표율에 영향을 미치며 '미디어 정치'의 위력을 과시해 왔다. 우리나라의 경우 15대 대통령 선거가 있던 1997년 TV 정치 광고와 합동 토론이 처음 도입된 이래 다양한 정치 상황에서 후보자간 토론이 활용되어왔다. 당내 경선 과정에서 후보 토론이 실시되기도 하고, 후보 단일화를 위한 1:1 토론도 있었으며, 지방자치 단체장 선거에서도 후보간 정책 토론을 통해 유권자의 관심을 높여왔다. 선거관리위원회는 지상파 방송과 함께 정치, 외교, 통일, 경제, 과학 등 주제별로 후보들의 정책과 비전을 점검하는 합동토론회를 주관해 유권자들의 선택을 도왔다. 2004년에는 정책 선거를 실현하고 열린 토론을 통한 갈등 해소 등 사회 통합에 기여하며 선진 민주 시민에 걸맞는 바른 토론 문화를 육성한다는 취지의 선거방송토론위원회가 창설되어 올해로 10년을 맞고 있다. 위원회는 고등학생 토론대회와 대학생 토론대회도 개최, 청소년들의 토론 문화도 선도하고 있다. 정치 디베이트는 이제 우리나라에서도 낯설지 않다.

특히 인터넷의 발달로 온라인 토론이라는 영역이 새로이 열려 활성화되고 있다. 의견을 피력하는 각종 사이트에는 어김없이 토론방이 개설되어 있어 다양한 의견이 개진되고 있고, 댓글에 자기의 생각을 거침없이 올리는 이용자들도 늘어가고 있다. 온라인 토론이나 의견에서 상호 비방이나 명예 훼손의 요소가 발견되는 것이 사실이고, 적절한 근거를 대서 설득하는 논쟁의 형태보다 자신의 입장을 일방적으로 주장하는 경우도 자주 발견된다. 그러나 정식 디베이트를 위한 웹사이트가 존재하고, 각종 온라인 포룸이나 게시판에 올라오는 의견들이 실제 의견 수렴과 결정을 위한 비판적 사고의 도구로서 활용되는 현상이 존재하는 것 또한 사실이다. 비교적 짧은 역사와 빠른 기술의 발달을 감안한다면, 인터넷을 통한 의견 개진과 수렴, 상호 조정에 아직 익숙하지 않은 대중이 앞으로 적절한 기회에 인터넷을 선용해 자유롭고 효과적인 온라인 토론의 도구로 활용할 수 있을 것으로 기대를 모은다.

특히 정책 논쟁의 경우 인터넷을 활용한 '가상 토론(virtual debate)'을 통해 자료의 수집과 사전 조사에 들어가는 시간과 실제 토론을 진행하기 위한 비용을 절약하고 더 많은 대중과 효과적으로 소통할 수 있다는 장점이 있다. 미국의 경우 이런 다양한 토론협회(Debatewise and IDEA)에 의해 운영되는 세계 온라인 토론대회(World Online Debating Championships)를 통해 이러한 비전을 실천해가고 있다.

(2) 디베이트의 기원과 발달

디베이트의 기원은 매우 오래된 것 같다. 기록에 따르면 기원전 2080년경 고대 이집트의 왕자들이 왕인 파라오 앞에서 농업 정책과 관련된 토론을 한 것으로 전해진다. 고대 중국에서도 국가 운용과 관련된 다양한 철학 논쟁이 있었다는 것은 주지하는 바다. 사실 찬성과 반대를 둘러싼 논제를 놓고 대화를 나누는 모든 소통의 형태를 디베이트라고 한다면 인간 소통의 역사만큼 거슬러 올라갈 것이다. 그러나 디베이트가 논쟁적 대화를 형식적으로 발전시켜 국가 운용의 도구로서 의미를 갖게 된 것은 앞서 살펴본 바와 같이 고대 그리스에서 논의를 출발하는 것이 좋을 듯하다. 고대 그리스에서 토론과 논쟁의 문화는 폴리스(도시국가)의 시민이 아테네를 중심으로 민주주의 방식을 정치 체제로 채택하면서 비약적인 발전을 이루었다. 아테네에서 정치적 사안은 직접 민주주의의 한 형태인 민회에서 토론을 통해 의사 결정을 했으며, 갈등 해소와 사회 조정 및 정책 결정을 위해 활발하게 논쟁을 했다. 주요 사안은 국방, 외교, 납세, 재정 정책 등에 관한 것이었다. 또한 그리스 시민이라면 누구나 아고라라는 공간에서 개인의 주장이나 견해를 자유롭고 평등하게 연설할 수 있었다.

법적 사안에 대한 토론은 법정에서 주로 이루어졌는데, 원고 측과 피고 측의 변론을 듣고 배심원들이 결정했다. 노예와 여자를 제외한 아테네 시민이라면 누구나 소송을 제기할 권리를 가졌고, 소송의 배심원으로 선택되면 판결에 참석해야 하는 의무가 있었다. 법정 토론은 사안의 성격에 따라 소송의 규모와 배심원의 숫자가 달랐다. 법정 기소와 변호는 스피치와 토론으로 이루어졌다. 아테네 시민에게 토론 능력은 단순 교양의 차원이 아니라 자신의 재산을 보호하고 범죄 혐의로부터 자신을 방어할 수 있는 중요한 무기였다.

수사학을 이론적으로 체계화한 아리스토텔레스는 토론의 기능에 가치를 부여했다. 그는 정치 · 사회 · 법정 토론의 주제에 따라 정책(policy) · 가치(value) · 사실(fact)로 구분했는데, 이러한 구분은 후에 토론 대회의 형식을 결정하는 중요한 요인이 된다. 아카데미식 토론은 정책과 가치에 대한 주제를 주로 다루는 데 비해 모의 법정 토론에서는 사실 유무를 다루는 주제가 주를 이룬다.

고대 아테네에서 시민의 소양으로 토론과 토론 평가 능력을 중시한 영향으로 토론을 연구하고 가르치는 일단의 학자들이 생겨났으며 이들을 소피스트라고 불렀다. 소피스트 중 한 사람인 프로타고라스(Protagoras)를 토론학의 시조라고 부르는 것도 그 때문이다. 그는 '어떠한 주제를 다루든 서로 대립하는 두 가지 발언이 나오게 마련이다'라고 했는데, 이 명제는 후에 헤겔(Hegel)에 의해 변증법으로 계승 발전된다. 프로타고라스의 이 명제는 변증법적 관점과 함께 모든 주장과 사상은 반대되는 주장과 사상을 내포하고 있다는 것이며 찬성[正]과 반대[反]의 인식 과정이나 토론을 통해 진리를 규명할 수 있다고 가르치고 있다. 그의 관점에서 진리란 이러한 과정을 통해 검증되고 존속되는 것이다. 개인적 인식과 지식은 열린 공공장소에서 다른 인식과 지식의 체계를 가진 다른 사람과의 토론을 통해 진정한 지식으로 거듭난다고 그는 가르쳤다. 이는 토론이 인류 사회에 정치 · 문화적으로 중요한 기능을 하는 동시에 토론을 통해 진리를 규명할 수 있다는 관점으로 토론학의 철학적 중요성을 강조한 것이다.

프로타고라스와 달리 소크라테스와 플라톤은 윤리와 참 진리에 의거한 주장만이 진정한 토론이 될 수 있다는 점을 강조했다. 소크라테스는 '아테네의 젊은 영혼을 썩게 한다'는 죄목으로 형장의 이슬로 사라지면서까지 자신의 믿음을 설파했다. 소크라테스의 제자 플라톤은 참 진리에 대해서는 스승과 같은 입장을 보였으나, 플라톤의 제자 아리스토텔레스는 토론의 기본 원리를 담은 『수사학』을 통해 스승의 학문과 소피스트들의 학문을 집대성하여 현대 서구 학문의 기초를 마련했다. 아리스토텔레스의 『수사학』에는 정치 · 사회 · 법정 토론의 기법과 전략이 상세히 기술되어 있으며, 그가 발전시킨 다양한 개념은 현대 토론학에서도 많이 이용하고 있다.

그리스 토론 문화는 로마 문명으로 계승되어 공화정 시절에는 로마의 의회(Senate: 현 상원의원의 기원)에서 활발한 정책 토론을 벌였으나 B.C. 1세기경 공화정이 막을 내리고 전제정이 시작되면서 토론은 쇠퇴의 길로 접어들었다. 이후 중세에 토론은 정치적 · 사회적 기능이 축소되었으며, 토론의 주제 중에서 특히 진실을 규명하는 토론은 사라지고 성경을 어떻게 해석하고 그 해석을 어떻게 잘 전달할 것인가에 대한 방법만 발달하게 되었다.

12세기에 들어와 르네상스 운동이 일어나면서 볼로냐와 파리 등 유럽 각지에 대학이 설립되기 시작했고 토론이 학문의 발달에 끼치는 영향과 기능에 대한 연구가 다시 일어나게 되었다. 명제와 가설에 대한 긍정과 부정의 주장을 분석, 비판하지 않고 학문을 발달시키기란 불가능하다는 인식이 광범위한 공감대를 얻었다. 토론은 인문학도뿐만 아니라 자연과학도에게도 필수 교양 과목이 되었는데, 예를 들어 옥스퍼드 대학에서는 토론 과목의 수강이 필수였다. 13세기 영국의 옥스퍼드 대학 1학년생은 1년 동안 명제나 주제에 대한 찬반 토론을 학습하면 'General Sophister'라는 명칭을 얻었으며 2학년에서는 심화 과정을 수강했다. 그 전통을 이어 오늘날 서양의 대학에는 교양 스피치 과목이 필수 과목으로 되어 있는 곳이 많다. 토론학은 대학 4학년 졸업생의 구두시험으로 발전되어 졸업의 중요한 마지막 관문으로 정착되었다. 현재의 학위제도 하에서 학위 논문을 평가하는 마지막 단계의 발표를 '방어(defence)'라고 하는 것도 이러한 전통에 기인하고 있다.

비슷한 시기 설립된 영국의 하원(House of Commons) 역시 의회 토론을 주 업무로 하며, '말하는 집'이라는 의미의 의회(parliament)를 명실상부하게 이끌어가는 주역을 맡았다. 이후 영국 의회의 민주적 정치 기능을 강조한 프란시스 베이컨(Francis Bacon)의 노력으로 근대 영국 의회 토론은 민주주의의 진전과 함께 크게 발달하게 되었다.

18세기 중엽 영국에는 여러 가지 형태의 토론 클럽이 생겼고 당시 정치에서 소외되었던 중산층 출신의 회원들이 많이 가입하여 활발한 비판 의식을 통해 시민 사회의 기틀을 마련하게 되었다. 이후 영국은 의회 정치가 발전하며 더욱 토론이 발달하게 되었고, 토론의 기술과 능력은 영국 의원의 중요한 소양으로 자리 잡았다.

영국 의회 토론은 형식적인 면에서 전통과 규율을 인정하면서도 내용적인 면에선 독립성과 자율성을 중시한다. 영국 의회의 토론은 근대 토론의 규범이 되었으며 현재의 아카데믹 토론 방식의 하나인 의회 토론 방식(parliamentary debate format)의 원류가 되었다. 19세기 중엽 정치인 에드먼드 버크(Edmund Burke)는 토론의 정치 · 교육적 기능의 중요성을 강조하면서 토론의 활성화를 권장했는데, 그 자신 명 연설가로 건전한 토론 문화를 선도한 인물이다. 대학 간 아카데미식 토론을 개최한 곳도 영국의 기록이 가장 오래된 것으로 알려지고 있다. 기록에 의하면 14세기 케임브리지 대학교에서 옥스퍼드와 케임브리지 학생들 간에 처음으로 대학 간 토론 대회가 개최되었다고 한다.

미국의 토론 문화는 누구든 참가하여 자기 의사를 표명하며 투표로 결정하는 회의 방식인 타운 홀 미팅을 중심으로 발달해왔다. 이 토론 방식은 공동체의 자유 토론 방식으로 잘 알려져 있으며, 영국의 식민지 시절부터 공동체의 문제를 자율적으로 해결했던 미국식 공개 토론 방식이다. 미국에서는 지금도 각 공동체마다 다양한 사안에 대해 수많은 타운 홀 미팅이 이루어지고 있다. 보통 6개월 간에 걸친 토론을 통해 사안에 대한 지역 주민들의 이해가 충분히 이루어진 후 찬반 투표로 의사를 결정하는 것으로 알려져 있다.

미국의 정치 토론은 민주주의와 대통령제를 채택하면서 발전을 거듭해왔다. 미국 정치사에 중요한 의미를 지닌 대표적인 디베이트로 1858년 링컨-더글라스 디베이트와 1960년의 케네디-닉슨 TV 토론을 들 수 있다. 전

1858년 링컨-더글라스 디베이트에서 연설하는 링컨

자는 미디어 시대 개막 이전의 정치 토론, 후자는 미디어 시대의 정치 토론으로 각각 민주주의를 실현하는 토론의 역할을 환기시킨 주요 사건이다.

링컨-더글라스 디베이트는 현대 선거 토론의 방식을 마련하고 이를 제도화하는 역사적 전기를 마련한 사건으로, 미국 역사상 최초의 주요 정치캠페인으로 기록된다. 에이브러햄 링컨(Abraham Lincoln)은 1858년 일리노이주 상원 의원 선거에서 당시 주지사였던 스티븐 더글러스(Stephen Douglas)에게 토론을 제안했다. 더글러스는 도전자 링컨의 선거 토론 제의를 받아들여 총 7회에 걸친 토론을 벌였다. 당시 노예 제도에 대한 찬반 토론이 주 쟁점이었으며 두 후보의 격렬한 토론은 유권자들의 관심을 불러일으켰다. 유권자들은 정치 지도자들의 정견을 직접 비교 · 대조할 수 있는 기회를 가졌다. 당시 토론은 지금처럼 텔레비전이 중계를 하거나 다른 대중매체가 없었던 시절이므로, 사회자가 질문을 하는 것이 아니라 후보자가 서로 직접 질문과 대답을 했다. 한 후보자가 입론에서 1시간 연설을 한 후 상대 후보가 그에 대한 반박과 질의를 1시간 30분 동안 하고, 그리고 처음 후보가 다시 30분 연설을 하는 순으로 진행되었다. 링컨은 일리노이 상원 의원 선거에서는 패배했지만 이 토론회를 통해 전국적인 지명도를 높였고 이어 2년 후인 1860년 대통령 선거에 당선되었다.

이후 찬반 토론 형태를 링컨-더글러스 토론 형식(Lincoln-Douglas debate format)이라 일컬었으며 오늘날까지 널리 이용되고 있다. 지금도 미국 아카데믹 토론 대회에서는 일대일 찬반 토론 형식을 링컨-더글러스 방식이라 부른다.

이 전통을 이어 미국에서는 1900년대 들어서 프라이머리(예비 선거)에서 각 당 후보자들 간의 토론이 활발히 이루어지며 대중의 정치 참여를 유도했다. 1920년대 라디오의 발달과 1940-50년대 텔레비전의 대중화에 따라 대통령 후보의 선거 토론이 전국적으로 방송되기 시작했다. 1960년 TV 방송사는 1948년에 열렸던 오리건 주 대통령 예비 선거토론을 모방하여 최초의 대선 TV 토론을 기획했다. 닉슨과 케네디는 공산주의의 비합법화에 대한 쟁점을 토론하는데 동의했으나, 듀이-스텐센 방식의 토론 방식에는 이견이 있었다. 듀이와 스텐센은 주로 면대면 토론으로 각각의 후보자들에게 8분 30초 동안의 반박 연설을 포함한 20분의 모두 연설을 하는 형식이었으나 닉슨과 케네디는 면대면 토론을 선호하지 않았다. 후보 측과 방송사는 12차례 토론 협상을 거쳐 패널이 개입하는 형식의 '미국식 정치 디베이트'에 동의했고, 이후 케네디 민주당 후보와 닉슨 공화당 후보 간의 토론이 텔레비전을 통해 전국에 방송됨으로써 토론은 미디어 정치의 새로운 꽃으로 등장한다.

미국의 대선 토론은 1996년부터 패널리스트들 대신 사회자 한 사람이 질문을 하는 형태로 바뀌었으며, 사회자는 되도록 중재자의 역할과 토론 진행자의 역할에만 충실하도록 했다. 패널 선정 과정은 끊임없는 논란의 원인이 되었고 토론 형식에 대한 비판 또한 계속 이어져왔기 때문이다. 또한 토론의 주최자도 1960년에는 주요 텔레비전 방송사였으나 1976년에서 1984년 사이에는 여성 유권자 연맹 주최로 열렸으며 1988년 이후 지금까지는 대통령선거토론위원회를 만들어 위원회가 주최하고 있다.

후보자 면대면 토론이 아닌 패널이나 사회자가 개입하는 형식의 '미국식' 정치 디베이트는 최근 정치 토론의 종주국이라고 할 수 있는 영국에서도 따라하게 되었으며, 우리나라에서도 패널이나 토론 중재자가 이끄는 후보 토론 형식을 취해오고 있다. 대선 토론은 선거의 중요한 정치 과정과 제도로 자리 잡게 되었으며 직접 민주주의의 실현이란 측면에서 후보자와 유권자를 직접 연결하는 중요한 기능을 하게 되었다.

1960년 토론 이후 세 번의 대통령 선거에서 토론이 열리지 않다가 1976년 공화당의 후보 추천을 수락한 포드(Ford) 대통령이 당시 카터(Carter) 민주당 후보에게 토론을 제안함으로써 TV 토론이 이루어져 오늘날에 이르고 있다. 2000년 미국 대통령 선거에서는 부통령이었던 민주당 후보 앨 고어(Al Gore)와 텍사스 주지사였던 공화당 후보 조지 부시(George W. Bush) 사이에 세 차례의 토론이 열렸다. 1차는 두 후보자와 사회자가 120도 각도를 향하게 배치하여 토론자가 연설대에 서서 답하는 형식을 취했고, 2차는 120도 각도의 Y자 책상을 두고 토론자와 사회자 모두 앉아 질문과 대답을 했으며, 3차는 두 토론자를 위해 간이 의자를 마련한 후 한 후보자가 대답하면 다른 후보자는 의자로 가서 앉는 방식을 취했다. 토론 참가자는 여론조사에서 15% 이상 지지를 받은 후보자로 명문화했다. 이에 대해 15% 미만 지지자들이 법정 소송을 제기한 적도 있지만 패소했다. 이 토론에서 패트 부캐넌(Pat Buchnan) 개혁당 후보와 녹색당 후보 랄프 네이더(Ralph Nader)는 토론에 초청받지 못하고 토론이 열리는 도시에서 장외 투쟁을 하기도 했다. TV 토론에 열세 후보들을 참여시키는 방식에 대해서는 현재까지도 각국에서 고민하고 있다. 미국의 선거 토론은 11월 첫째 주 화요일에 벌어질 대선에서의 승리로 이르는 정치적 이정표로 전 세계 미디어의 주목을 끌고 있다.

현대 미디어 정치에서 텔레비전과 토론은 서로 뗄 수 없는 관계를 형성하며 발전해오고 있다. 토론의 내용뿐 아니라 후보자의 이미지나 목소리, 옷차림, 토론 포맷에 따른 각종 제약(시간 제한 등), 영상 미디어가 갖는 특징이 통합적으로 후보자에 대한 의견 형성이나 여론 형성을 이끌기 때문이다. 대통령 후보 토론을 지지하는 사람들은 텔레비전 토론이 민주적인 방식으로 대통령을 선출하는 데 기여하는 중요한 요소로 간주한다. 1976

영화 〈더 그레이트 디베이터즈(The Great Debaters)〉의 한 장면.

년 대통령 후보 토론에 대한 클라우스(Kraus)의 연구에서 시어스(Sears)와 채피(Chaffee)는 텔레비전 토론이 정치 시스템에 미치는 잠재적 기능으로 미성년의 정치사회화와 세계적 차원의 신뢰성 확보 등을 지적했다. 이들의 평가에 따르면 대통령 후보 토론이 전반적으로 긍정적인 역할을 해왔으며, 유권자들이 후보에 대한 의견을 형성하고 투표 의사를 결정하는 데 혜택을 받아왔다고 했다. 그러나 토론이 실제 선거 결과에 미치는 효과에 대해서는 아직 뚜렷하게 밝혀진 바가 없다. 대통령 후보 토론이 시작되었을 때부터 미국의 미디어는 '누가 이겼는가?'에 관심을 갖고 여론 조사를 했고, 그 결과를 공표하면서 관심을 끌어왔다. 그러나 승패의 평가는 후보자에 대한 선호 정도와 일치하는 경향이 있고, 이런 선유경향이 토론이 진행되는 동안 변하거나 동요하는가에 대해서는 확실하지 않다(Kraus, 2000, 송종일 옮김, 272쪽).

정치 토론이 활발하게 이루어진 이면에는 학교에서의 토론 교육이 있다. 특히 대학을 중심으로 한 토론 교육은 미국 사회 전반에 걸친 토론 문화를 조성하고 이끄는 역할을 했다. 미국에서 식민지 시대부터 발달한 미국 대학은 18세기 초에 토론 동아리와 클럽이 형성되기 시작했다. 아카데믹 토론은 1826년 메사추세츠 주에서 일어나 리시움(Lyceum) 운동과 함께 시작되었다. 지식인, 정치인, 법조인 등 사회의 다양한 계층이 모여 스터디 그룹을 형성한 이 운동은 리시움이라는 말 그대로 스피치와 토론을 통해 다양한 주제를 서로 논의하는 데 초점이 있었다. 1830년대 초반에는 전국적으로 3,000개가 넘는 리시움이 생겨났고, 이후 여러 가지 형태의 토론 클럽들이 형성되었다. 아카데미식 토론은 19세기가 끝날 무렵 시작되었다. 미국 최초의 대학간(하버드 대학과 예일 대학) 공식 디베이트 대회가 1892년 개최된 이래 초반에는 몇몇 대학이 인접한 타 대학과 대학 간 토론 대회를 개최하는 정도에 머물렀으나 점차 영역을 확장해 전국 수준의 토론 대회로 외연이 확장되었다.

20세기 초반인 1920년대에 들어와 토너먼트 형태의 토론 대회가 등장하기 시작하면서 본격적인 아카데미식 토론 대회가 정착하게 되었고 1930년대에는 전국적으로 번지게 되었다. 토론팀은 인접 대학까지 주로 기차를 이용하여 이동했으며 하루에 한 번 정도 토론하는 것을 기본으로 했는데, 당시 누가 긍정측을 하고 누가 부정측을 하느냐, 기숙사와 토론 장소는 어떻게 결정하느냐, 누가 심판을 하느냐 등 각 대학 간의 협상에 대한 기록이 풍부하게 남아 당시 상황을 증언한다.

이런 대학 간 토론은 2차 세계 대전 기간인 1940년대 초에는 일시 중단되기도 했으나 1947년 미국토론학회(American Forensics Association: AFA)가 전국 대학생 토론 대회인 전국 대학 토론 토너먼트(National Debate Tournament: NDT)를 주최하면서 대학에서의 토론 문화는 급속히 확산되었다. 각 대학의 토론 동아리는 인접한 대학과 서로 연중 내내 토론을 열어 미국 대학에서 토론은 매주 펼쳐지는 정기 행사로 자리 잡게 되었다. 현재 미국 대학에 토론팀이 없는 학교는 거의 없으며 대부분이 학교로부터 재정적 지원을 받고 있다. 고등학교 토론대회에서 두각을 나타낸 학생들은 특별 장학생으로 입학해 대학 토론팀의 주자로 활약한다. 참여 학생의 전공은 구분 없이 다양하며 특히 자연계 학생의 토론 능력을 키우기 위해 자연계열 단과대학이 개별적으로 교과 과정에 퍼블릭 스피치 과목이나 토론 과목을 교양 필수 과목으로 지정한 학교가 많다.

1960년대 NDT는 주로 정책과 관련된 2–3개의 주제로 토론 대회를 개최했으며 당시의 주 토론 방식을 NDT 방식이라 한다. 이후 1971년 또 다른 전국 토론 대회가 열렸는데, 이름을 'Cross Examination Debate Association'이라 했으며 이후 'CEDA'라는 약칭으로 많이 불리게 되었다. CEDA란 교차 조사 토론 모임, 혹은 토론 학회 모임이란 뜻으로도 쓰이며, 토론 방식을 일컫는 말로도 쓰이는 다의적 용어가 되었다. 처음에 CEDA는 NDT와 달리 정책보다 가치를 토론의 주제로 많이 정했으며 방식도 교차 조사 방식을 이용했다.

이후 1970년대 후반에는 CEDA도 정책을 토론 주제로 삼게 되고, NDT도 교차 조사 방식의 토론 형식을 채택하면서 NDT와 CEDA의 구분이 불분명하게 된다. 지금은 교차 조사 방식의 토론을 일반적으로 CEDA 방식이라 하며 2000년 12월 국내에서 처음으로 개최된 전국 대학생 토론 대회도 이 형식의 일종이었다.

1985년 American Debate Association(ADA)이 새로 태동하게 되어 미국에서 전국적 규모의 대학 토론 학회는 3개가 되었다. NDT와 ADA 주최 토론 대회는 여전히 정책 주제를 토론 논제로 하고 있으며 CEDA는 가치 주제를 토론 논제로 설정하는 경우가 많다.

(3) 디베이트의 종류

가. 목적에 따른 구분: 응용 디베이트와 아카데미식 디베이트

디베이트는 대체로 아카데미식 디베이트를 원용하고 있다는 점에서 아카데미식 디베이트로 통칭되기도 하지만, 목적에 따라 교육적 디베이트와 응용 디베이트로 나누는 학자도 있다. 프필리와 스타인버그(Freeley & Steinberg, 2005)는 아카데미식 디베이트를 교육적 목적의 디베이트에 국한하고, 나머지를 응용 디베이트로 보았다. 응용 디베이트는 다시 (1)특수 디베이트 (2)법정 디베이트 (3)의회 디베이트 (4)비공식 디베이트로 나누었다. 각각의 특징을 살펴보면 특수 디베이트란 대통령 선거와 같은 특수한 상황에 별도의 규칙에 따라 진행되는 디베이트를 말하며, 1858년의 링컨-더글라스 디베이트, 1960년의 케네디-닉슨 디베이트, 1992년의 부시-클린턴-페로 디베이트, 2000년의 부시-고어 디베이트가 포함된다. 사법이나 입법과 관련이 없다는 점에서 특수 디베이트라고 불리며, 디베이트 참여자들이 협상을 통해 규칙을 조정한다는 점에서도 특별한 위치를 차지하는 형태의 디베이트이다. 법정 디베이트란 글자 그대로 다양한 법정에서 피고와 원고의 입장이 되어 법적 결정을 위해 마련되는 디베이트이다. 의회 디베이트란 특정한 의회 법규에 따라 어떤 법안을 수정하거나 통과하거나 제지하고자 하는 목적으로 이루어지는 디베이트이다. 마지막으로 비공식 디베이트는 의회나 사법 등의 절차에 필요하지 않은 자유로운 형태의 디베이트를 일컬으며 각종 미디어가 어떤 이슈에 대해 벌이는 토론(우리나라의 경우 '100분 토론')이 포함된다.

아카데미식 디베이트란 위에 나열한 특수 목적과 장소에서 펼쳐지는 디베이트를 제외한 교육 현장에서 이루어지는 모든 형태의 디베이트를 포괄한다고 할 수 있다. 아카데미식 디베이트의 기원은 이미 논의한 내용과 같다. 주목할 점은 아카데미식 디베이트와 응용 디베이트의 접점이다. 1400

년대 초에 케임브리지 대학과 옥스퍼드 대학에서 처음으로 영어로 진행되는 대학간 토론 대회가 열렸는데, 당시 영국 대학들은 의회 디베이트 형식을 바탕으로 한 토론 프로그램을 진행했다. 학교에서 토론 훈련을 받은 학생들이 의회로 진출하여 '배운 대로' 토론하는 의정을 펼칠 수 있었음은 물론이다. 미국의 경우도 디베이트는 교육 현장의 중요한 부분이다. 영국 식민지 정부 시절부터 학교와 토론 클럽에서 디베이트 훈련을 받은 인물들이 훗날 국부가 되어 민주국가의 토대를 마련했다. 미국에서도 토론은 중-고등학교와 대학교에서 정규 학과의 일부로 지정되어 지속적인 교육이 이어지고 있으며, 교육과 현장이 상호 협동하여 민주 시민으로서의 자질을 훈련시키는 기제로 기능하고 있다.

나. 내용에 따른 구분

디베이트의 내용에 따른 구분은 앞서 논의한 논제의 종류와 동일하다. 논제에는 크게 가치 논제, 정책 논제, 사실 논제가 있는데, 토론의 대상이 어떤 문제를 다루느냐에 따라 토론의 구성이나 형식이 달라진다. 가치 디베이트는 개인의 가치관에 대해 논하는 것으로, 논제에 내재된 가치를 변화시키거나, 유지하려는 각자의 입장을 설득하는 디베이트이다. 정책 디베이트는 주로 현 상태의 문제제기와 해결 방안에 대해 논하는 것으로, 찬성과 반대측의 주장에 대한 정당한 근거와 변화에 따른 사회적 이익을 다루게 된다. 주장의 당위성을 입증하기 위해 가치 판단이 근거로 사용되는 경우가 많고, 사실 관계에 대한 쟁점이 정리되어야 하므로, 결국 가치와 사실, 정책을 모두 다루게 된다고 할 수 있다.

디베이트는 정책을 둘러싸고 이루어지는 경우가 많아, 크게 '정책 디베이트'와 '비정책 디베이트'로 나누기도 한다. 비정책 디베이트에는 가치 디베이트와 사실 디베이트가 포함된다.

가치 디베이트와 정책 디베이트의 구분은 해결 방안이 제시되어 있는가에 따라 달라진다. 정책 디베이트는 현상태의 문제점에서 출발해 변화를 추구하므로 해결 방안을 제시하는 것이 필수로 요구된다. 사실 디베이트는 비교적 명확하게 증거를 들어 사실 관계에 대해 규명하고자 하는 것을 목적으로 한다. 사실이나 가치 디베이트의 경우에는 문제의 해결 방안에 대해 논하는 것이 사실상 불가능하나, 정책 디베이트에서는 사실 관계의 확인과 함께 해결 방안에 대한 가치 평가, 변화의 효율성에 대한 기준 등을 토론할 때 다분히 가치 디베이트의 성격을 띤다. 따라서 정책과 비정책 디베이트가 상호 배타적인 것이 아니라 동시에 한 쟁점 안에 내재할 수 있다.

가치 디베이트의 주제는 정의적 쟁점(definitive issues)과 지시적 쟁점(designative issues)으로 나뉜다. 정의적 쟁점은 가치에 대한 주요 용어의 정의와 가치 판단의 기준에 대해 논하는 것이고, 지시적 쟁점은 가치와 연관시켜 제시한 사실이 가치의 정의와 관련이 있는지를 확실하게 밝히고, 그 제시한 사실의 타당성을 논하는 것이다.

정책 디베이트의 구성 요인은 다양한 용어로 소개된다. 문제(problem)와 해결(solution), 동기(motivation)와 변화(change), 정당화(justification)와 계획(plan)과 그로 인해 예상되는 이익(advantages) 등이다. 정책 디베이트에서 제시해야 하는 정당화는 현 상황에서 지속적으로 중요하게 다뤄지는 문제인지, 이 쟁점이 미래에 심각한 영향을 줄 것인지에 대해 규명하는 것을 포함한다. 계획이란 논의되고 있는 해결 방안이 현실에서 실행할 수 있는 것인지, 또 이 방안이 문제 해결에 도움을 주는지에 대해 논하는 것이다. 이익은 각 해결 방안이 사회에 도움을 주는지 여부와 정책을 실행한 후에 발생하는 이익이 동시에 발생하는 불이익보다 큰지, 크다면 어느 정도 영향력이 있는지에 초점을 맞춘다. 정책 디베이트와 관련된 이상의 내용은 앞서 주요 쟁점(stock issues) 분석의 장에서 논의한 내용과 크게 다르지 않다.

다. 형식에 따른 구분

디베이트는 어떤 규칙과 규율에 따라 진행되는가를 기준으로 몇 가지 형식으로 구분되나, 공통적으로 (1)양측이 같은 수의 연사로 구성되고 (2)양측에게 동량의 시간이 할애되며, (3)찬성측이 맨 처음과 마지막에 발언해야 한다는 세 가지 조건을 충족시켜야 한다. 디베이트는 다음의 여섯 가지 형식을 취한다. : a.의회 디베이트 (parliamentary debate) 방식, b. 교차조사 형식인 CEDA(Cross Examination Debate Association) 방식, c.링컨-더글러스 디베이트(Lincoln-Douglas Debate) 방식, d. 모의재판(Mock Trial) 방식, e. 타운홀(Town Hall) 방식, f. 칼 포퍼(Karl Popper Debate) 방식. 각각에 대해 알아보면 다음과 같다.

a. 의회 디베이트(parliamentary debate)

세계적으로 가장 보편적으로 사용되는 아카데미식 디베이트 방식으로, 영국의 옥스퍼드 대학에서 두 명이 한 팀을 이뤄 토론 15분 전에 의제를 받아 상호 논리성을 대결하던 방식에서 시작되어 옥스퍼드와 케임브리지 학생회가 1820년대에 시작한 Oxford-Cambridge Debate 형식에 기초를 두고 있다. 영국 의회의 특징을 반영하고 있어 의회 디베이트라고 불린다. 교육 현장에서 실시되는 아카데미식 의회 디베이트는 증거의 제시나 논쟁 기술보다 상호 논박의 논리성과 지식의 발굴 등에 초점을 둔다. 따라서 학교별 토론 대회 등에 토너먼트 형식으로 적용하기 적합한 방식이라고 할 수 있다.

의회 디베이트가 보편적으로 사용될 수 있는 이유는 다양한 장점이 있기 때문이다. 논리성과 정보의 발굴에 유용하다는 장점 이외에도 실용적인 측면에서 우선 한 가지 논제에 집중하므로 질서 있고 효율적인 업무 수행에 유용하다. 의회 디베이트는 의안을 상정하는 형태로 변화를 구체적으로 추구하므로 궁극적으로 어떤 결정에 이르는 데 도움을 준다. 또 의회

활발한 토론이 이루어지는 영국의 의회 광경.

란 다수당과 소수당이 공존하는 곳이고, 이들에게 공정한 발언의 기회를 부여하므로 다수와 소수의 권리를 동시에 보호하는 장점도 있다. 또한 어느 입장에서 진행되는 것이 아니므로 공평한 것도 특징이다.

의회 디베이트의 특징은 다른 형식에 비해 공식적인 규칙이 많지 않다는 것이다. 의회 디베이트 대회에서는 논제를 미리 공개해 준비 시간을 충분히 주는 경우와, 논제를 토론 시작 직전에 공개하는 방법이 있다. 후자의 경우, 타당한 증거 제시보다는 논리력과 추론력, 일반 상식, 그리고 전달 기술이 승패를 가르게 된다. 전문 용어의 사용이 많지 않기 때문에, 누구든 쉽게 배울 수 있다는 특징이 있다. 최근에는 전국의회토론협회(National Parliamentary Debate Association: NPDA)와 미국의회토론협회(American Parliamentary Debate Association: APDA)에서 이 방식을 채택하고 있다.

논제가 토론 직전에 제시되는 경우 미리 준비된 자료를 제시하거나 중간에 준비할 시간도 주어지지 않는다. 따라서 원활한 진행을 위해 의회 디베이트에서는 보충 질의(point of information), 의사 진행 발언(points of order), 신상 발언(points of personal privilege) 등의 사용을 허용한다.

보충 질의(point of information)는 현재 발언하고 있지 않은 토론자가 하는 질문이나 진술로서, 현재 발언하고 있는 사람에게 제기하는 것이다. 현재 발언하고 있는 토론자는 요청을 받아들여 질문을 허용하거나 이를 거부할 수 있다. 그러나 요청을 모두 거부하면 발언이 일방적이라는 인상을 주거나 두려워하고 있다는 것으로 해석될 수 있다. 그렇다고 요청을 너무 자주 받아들이면 주도권을 잃을 수 있다. 보충 질의에 관련된 시간은 전체 발언 시간에 포함된다.

보충 질의는 언제나 허용되는 것은 아니다. 반박, 입론 시작 후 1분, 끝나기 전 1분 동안에는 보충 질의가 허용되지 않는데, 이를 보호받은 시간(protected time)이라고 부른다. 이 시간 동안 보충 질의를 시도하게 되면 규칙을 어기는 것으로 평가된다.

의사 진행 발언(points of order)은 보충 질의보다는 자주 발생하지 않는다. 상대측이 심각한 규칙 위반을 한 경우에 행사하기 때문이다. 상대방이 반박을 하는 동안 이전에 제시하지 않았던 새로운 주장을 하거나, 발언 시간을 초과하는 경우를 들 수 있다. 이 경우 의장에게 요청하면, 심의가 이루어지고 그 동안에 상대측은 해명을 할 수 없다. 의장의 판결은 '인정합니다' 또는 '인정할 수 없습니다'로 발표된다. 인정되는 경우, 판결은 벌점으로 이어진다.

신상 발언(points of personal privilege) 역시 자주 일어나지 않는다. 상대측이 인신공격을 하거나 왜곡된 해석을 한 경우에 행사하기 때문이다. 이것 역시 의장에게 심의를 요청하면, 심의 후에 판결이 이뤄진다.

의회 디베이트의 경우 다른 방식과 마찬가지로 심사위원이 평가자가 참여하는데, 심사위원 패널을 따로 구성하는 경우도 있다. 심사위원 패널은 세 명에서 다섯 명으로 구성된다. 평가는 토론자 각각에 대해 개인 점수를 준다. 구체적인 기준은 논리력과 분석력, 풍부한 내용, 조리 있는 반박, 주장의 구성과 조직, 주장의 전달력, 팀워크, 적절한 보충 질의이다. 가장 높은 점수를 받은 토론자는 베스트 스피커(best speaker)가 된다. 각 토론자의 점수를 합산하여 높은 점수를 받은 팀이 승리하게 된다.

의회 토론 표준 형식

수상의 입론(Prime Minister Constructive: PMC)	7분
야당 당수의 입론 (Leader of the Opposition Construction: LOC)	8분
여당 의원의 입론 (Member of the Government Constructive: MGC)	8분
야당 의원의 입론 (Member of the Oppposition Constructive: MOC)	8분
야당 당수의 반박 (Leader of the Opposition Rebuttal: LOR)	4분
수상의 반박 (Prime Minister Rebuttal: PMR)	5분
	총 소요시간 40분

시간 관리를 위해 도우미(time keeper)를 두는 경우도 있다. 도우미가 없는 경우에는 심사위원이 시간을 관리한다. 도우미는 발언이 시작되고 1분이 지날 때마다 남은 시간을 표시해주고 마지막 1분에서는 30초가 남은 시점을 알려준다. 또 시간이 초과된 경우에도 이를 알린다. 그리고 보충 질의가 가능한 시간과 보호된 시간도 역시 표시한다.

의회 디베이트 방식에는 4명 참가 방식과 8명 참가 방식이 있다. 4명 참가 방식에서 각 팀은 두 명으로 구성된다. 의회 디베이트 표준 형식이기도 한 4명 방식의 경우 연설 시간은 비교적 유동적인 편이다. 대학에서 진행되는 대회의 경우 더 길게 시간을 허용하기도 하며, 대중적인 행사인 경우에는 발언 시간을 줄이기도 한다. 이 방식의 경우 보충 질의는 입론 연설 시 중간 5분 동안에만 허용된다. 또한 평가는 각 심사위원들이 투표를 통해 승패를 결정하기 때문에 홀수의 심사위원이 필요하다. 이에 비해 8명 참여 방식은 긍정 측 2팀, 부정 측 2팀 등 양측 각 4명씩 총 8명이 참가하게 된다. 보충 질의는 발언 1분이 지난 후부터 그리고 마지막 1분 전까지 여덟 개의 모든 연설에서 가능하다. 각 발언자에게는 발언 기회가 한 번씩 주어지므로 보충 질의를 활용하게 된다. 디베이트에서 승리하기 위해서는 각 팀은 상대측 두 팀과 같은 쪽의 다른 팀도 이겨야 한다. 각 팀은 준비시간에 함께 작업하지 않고, 같은 쪽의 팀은 서로 일관된 방향을 유지하면서도 더 우수하다는 것을 증명해야 한다. 같은 쪽을 지지하지 못하면 벌점을 받게 된다. 미국식과 달리 영국식에서 심사위원들은 합의를 통해 결정한다. 디베이트가 끝난 후에 심사위원들은 하나의 결정을 내리게 되므로, 심사위원의 수는 홀수나 짝수나 관계가 없다. 두 번째 긍정측 팀의 첫 번째 발언자는 첫 번째 긍정측 팀의 발언자가 제시한 주장을 확장하여 제시해야 한다. 같은 주장에 대해 사례만 바꿔서 발언하는 것은 허용되지 않는다. 첫 번째 팀이 사용한 예시나 주제, 또는 전제를 확장해야 한다.

의회 표준 형식인 4명 참여 방식의 참여자 발언 순서와 시간은 다음과 같다.

의회 디베이트에 참여하는 토론자에게는 발언 순서에 따라 각기 다른 역할이 주어진다. 전체적으로는 자신이 속한 팀의 입장을 옹호하는 논리로 증거를 들어 반박을 하거나 의견을 제시하는 틀을 유지하되, 상대방의 입론이나 반박에 대해 유연하고 기민하게 대처해야 한다. 이를 위해 각 토론자는 일정한 역할을 분배하는 것이 좋다. 토론자가 각기 역할에 맞춰 준비해야 하는 내용을 정리하면 다음과 같다.

수상의 입론(PMC): 정부 측 입장을 발표하는 수상의 입론은 앞으로 있을 토론의 토대를 마련하는 매우 중요한 발언이다. 따라서 토론 전에 상세하고 풍부하게 준비되어야 한다. 앞으로 다룰 쟁점과 주장을 가급적 빈틈없이 소개해 풍부한 토론이 이루어지도록 해야 한다. 앞서 필수 쟁점 논의에서 다룬 동기 이슈, 장애 이슈, 치유 이슈, 비용 이슈들을 고루 다루면서 설득하고자 하는 바에 따라 잘 조직되어야 하고, 발언은 명료하고 세련되어야 한다. 증거 제시의 부담을 긍정적으로 받아들여 처음 입론에서부터 명백한 논거를 전개시켜야 한다는 것을 기억해야 한다. 수상 입론은 다음의 요소를 갖추도록 조직한다.

1. 도입 : 주제 소개, 결의안 진술, 정부의 주장 프리뷰

2. 동기 이슈 : 현재 정부의 주장을 뒷받침하는 문제의 심각성과 이를 뒷받침하는 증거
3. 장애 이슈 : 새로운 제안의 필요성 강조
4. 계획 : 권한, 재정, 집행에 대한 주의를 포함한 정부의 계획을 설명
5. 치유 : 제안된 정책으로 인한 변화 설명
6. 비용 : 제안된 정책의 효율성 설명
7. 결론 : 주장을 요약해 결의안과 연결시킴

야당 당수의 입론(LOC) : 정부 측 발언에 이어 야당의 주장을 소개하고 정부의 주장에 응답하는 순서다. 사실상 첫 번째 논쟁이 이루어질 이 순서가 전체 디베이트에서 가장 중요한 순서라고 해도 과언이 아니다. 야당은 정부 측이 제안한 각종 정의에 동의할지 밝혀야 하고, 제시된 논점에 가급적 모두 답하며 유연하고 치밀하게 맞서는 것이 좋다. 또한 바로 반박하여 접근하는 것도 고려해볼 만하다. 야당 당수의 입론은 정부 측에 대한 반론이자, 동시에 야당의 입장을 나타내는 순서이므로 앞으로의 토론에서 핵심 쟁점이 자연스럽게 드러나게 된다. 야당 당수는 짧은 시간 안에 많은 단어와 논리를 제안해야 한다. 그러면서 방대한 자료와 복잡한 논리 속에서 야당의 입장을 명료하게 전달해야 하는 부담을 진다. 따라서 정부의 모든 말에 반박하려 하지 말고 중요한 주장에 초점을 맞춰야 한다. 논쟁을 요약하고 핵심을 공격하는 것을 두려워하지 말아야 한다.

1. 도입 : 주제에 대한 야당의 해석을 소개하고 야당의 입장과 주장을 설명
2 동기 : 정확한 반박 양식을 사용, 동기 이슈에 대한 정부의 주장과 증거를 반박
3. 장애 : 정확한 반박 양식을 사용, 장애 이슈에 대한 정부의 주장과 증

거를 반박

4. 계획 : 정부의 계획에 대한 설명에 대해 질문을 함
5. 치유 : 정확한 반박 양식을 사용, 치유 이슈에 대한 정부의 주장과 근거를 반박
6. 비용 : 만약 정부의 계획에 어떠한 주요 비용과 불이익이 있는지 밝힘
7. 결론 : 야당의 주장을 요약하고, 명료하게 마무리

여당 의원의 입론(MGC) : 다시 여당 측 순서로, 정부는 야당 당수의 발언에 대응하고 첫 번째 수상의 입론에 입각해 정부 측 입장과 주장을 다시 세운다. 야당이 제기한 쟁점들에 대해 받아들일 부분과 앞으로 필수 쟁점으로 삼을 부분을 구분한다. 그러면서 야당의 반대에 응답할 새로운 논거가 있다면 소개하고, 정부에게 유리한 필수 쟁점을 집중 부각한다.

1. 도입 : 정부 측 주장을 반복하여 기술하고 야당의 발언 중 동의하지 않는 주된 지점들을 프리뷰
2. 동기 : 반박 양식을 사용하여, 동기 이슈와 관련된 반대의 강한 주장을 반박. 필요하다면 새로운 논리 혹은 증거를 소개
3. 장애 : 긍정에 대한 정확한 반박 양식을 사용하여, 장애 이슈와 관련된 반대의 강한 주장을 반박. 필요하다면 새로운 논리 혹은 증거를 소개
4. 계획 : 정부의 계획에 대해 야당이 제기한 질문에 대답
5. 치유 : 긍정에 대한 정확한 반박 양식을 사용하여, 치유 이슈와 관련된 정부의 강한 논증을 제시. 필요하다면 새로운 논리 혹은 증거를 소개
6. 비용 : 계획이 실행되면서 주어지는 이익에 초점을 맞추어, 비용 이슈에 대한 주요한 정부측 논리를 제시
7. 결론 : (시간이 있다면) 주요한 논증들을 요약, 정부에 대한 동의를 요청하며 종결

야당 의원의 입론(MOC) : 정부의 기존 주장과 새롭게 소개된 주장을 다시 공격하고, 야당의 새로운 논리 혹은 증거를 소개하는 순서이다.

1. 도입 : 야당의 입장을 다시 천명하고 정부와 야당 간 의견이 불일치하는 주요한 지점들을 명확히 함
2. 동기 : 동기 이슈에 대한 양측의 입장을 확인하고 정확한 반박 양식을 사용하여 정부의 논거를 선택해 반박
3. 장애 : 정확한 반박 양식을 사용하여, 장애 이슈에 대한 정부의 논증을 선택하고 반박
4. 계획: 정부 측 답변에 대한 질문 제기
5. 치유 : 치유 이슈에 대한 양측의 입장을 확인하고 정확한 반박 양식을 사용하여, 정부의 논거를 선택해 반박
6. 비용 : 정부 계획의 불이익에 대한 새로운 논증을 소개하는 야당의 마지막 기회
7. 결론 : (시간이 있다면) 주요한 논점들을 요약, 야당에 대한 지지를 요청

야당 당수의 반박(LOR) : 야당의 주장을 요약하고, 야당이 토론에서 이겨야 마땅한 이유를 청중에게 설명

1. 도입 : 야당의 입장을 다시 말함; 정부와 야당 간 "충돌"의 주요 지점을 확인; 왜 야당이 토론에서 "승리"할 수밖에 없는지 설명
2. 핵심 쟁점 각각에 대한 정부와 야당 간의 주요한 충돌 지점을 확인(동기, 장애, 치유, 비용). (야당이 하나 또는 두 개의 이슈에 대해 선택할 수 있음에 주의. 야당은 토론에서 이기기 위해 하나의 이슈를 필요로 함, 그래서 시간을 전략적으로 사용.)
3. 결론 : 질문에 대답, 왜 야당은 이 토론에서 "승리" 할 자격이 있는지 이유를 강조

정부의 반박(PMR) : 마지막 순서에 등장한 정부측 토론자는 이제 정부의 주장을 요약하고 야당으로부터 제기된 반대에 답하며 청중들을 설득해야 한다. 그동안 토론에서 제기되었던 쟁점에 대해 소개하고 그에 대한 반대 논리를 재확인하여 왜 정부가 토론에서 이겨야 마땅한지 설명하는 발언이다. 이 발언에서 새로운 논제를 소개해서는 안 된다.

1. 도입 : 정부의 입장을 다시 말함; 정부와 야당 간 "충돌"의 주요 지점을 확인; 왜 정부가 토론에서 "승리"할 수밖에 없는지 설명
2. 핵심 쟁점 각각에 대한 정부와 야당 간의 주요한 충돌 지점을 확인(동기, 장애, 치유, 비용). 비용 이슈에 대해 반박할 충분한 시간을 할당해야 함. 종종 이 발언은 야당의 비용 이슈 논쟁에 응답하기 위한 정부의 기회가 될 것임. 따라서 비용 이슈는 이 발언의 주요 초점이 될 것임
3. 결론 : 질문에 대답, 왜 정부가 이 토론에서 "승리"할 자격이 있는지 이유를 강조

의회 디베이트 형식을 포함한 다양한 디베이트 상황에 적용할 수 있는 자리 배치는 다음과 같다. 연단을 사이에 두고 찬성측과 반대측이 자리하고, 청중석의 맨 앞 가운데에 시간을 재서 알려주는 역할의 도우미가 자리한다. 심판은 청중 사이에 섞여 어디에나 앉아도 무방하되 토론자들과 마주보도록 앉아야 한다.

또한 디베이터들은 서로의 주장과 근거 등을 이슈별로 정리해서 비교할 수 있도록 다음과 같은 흐름표(flow chart)를 준비하기도 한다. 이런 케이스 분석표를 활용하면 논쟁이 진행되는 동안 상대편의 주장을 파악하고 이해하는데 도움을 주며, 제시된 논점들을 빠뜨리지 않는 데 유용하다. 디베이트에 앞서 자기 팀의 분석표를 미리 만들어두는 것도 좋은 방법이다. 자기

의회 디베이트 흐름표 (flow chart)

	PMC	LOC	MGC	MOC	LOR	PMR
Motive	이슈a 이슈b 이슈c					
Obstacle	이슈 d 이슈 e 이슈 f					
Cure	이슈 g 이슈 h 이슈 i					
Cost	이슈 j 이슈 k 이슈 l					

팀의 디베이트 흐름표를 옆에 놓고 상대방 팀의 내용을 비교, 분석하면서 효과적으로 대응할 수 있다.

b. 교차조사 형식

교차조사 형식은 CEDA(Cross Examination Debate Association) 형식이라고도 하며, 정책 토론에서 보편적으로 사용되는 방식이다. 이 형식은 1947년 이래 행해져왔던 미국의 전국토론대회(NDT: National Debate Tournament) 방식에 토론자들의 교차 질문을 첨가해 토론자들 간의 직접적인 의사소통을 강조하기 위한 것이다. 특히 1975년 이래 NDT도 교차 질문을 허용하기로 결정, CEDA 방식은 현재 미국의 대학간 토론대회에서 가장 보편적으로 사용되는 방식이 되었다.

이 방식에서는 하나의 논제를 채택, 1년 동안 전국의 대학생들이 토론하게 된다. 평가는 토론 전문가들에 의해 이루어지고, 평가는 논제에 대한 자료조사와 주장을 뒷받침하는 증거에 비중을 두고 이루어진다. 구체적으로 분석력/정의, 증거, 반박, 교차 질문, 구성, 전달력, 언어/스타일 등 7가지

CEDA의 구성

긍정측 첫 번째 토론자의 입론	8분	10분	9분
부정측 두 번째 토론자의 교차 조사	3분	3분	3분
부정측 첫 번째 토론자의 입론	8분	10분	9분
긍정측 첫 번째 토론자의 교차 조사	3분	3분	3분
긍정측 두 번째 토론자의 입론	8분	10분	9분
부정측 첫 번째 토론자의 교차 조사	3분	3분	3분
부정측 두 번째 토론자의 입론	8분	10분	9분
긍정측 두 번째 토론자의 교차 조사	3분	3분	3분
부정측 첫 번째 토론자의 반박	4분	5분	6분
긍정측 첫 번째 토론자의 반박	4분	5분	6분
부정측 두 번째 토론자의 반박	4분	5분	6분
긍정측 두 번째 토론자의 반박	4분	5분	6분
준비 시간 각 팀당 10분			
총 소요 시간	60분	72분	72분

항목을 각 5점 척도로 평가한다.

CEDA는 긍정과 부정측이 두 팀씩 구성되고, 한 팀당 2명의 토론자가 정해진다. 총 8명의 토론자가 참가한다. 각 토론자는 입론과 반박, 교차 조사를 한 번씩 할 수 있는 기회가 있다. 결국 세 번의 발언 기회를 갖는다. 시간은 표에서 보듯 경우에 따라 1-2분씩 유연하게 조정할 수 있으나, 양측이 동일한 시간을 갖는다는 것은 공통이다. 이 형식의 가장 큰 특징은 양측이 자신의 입장을 번갈아가며 주장한다는 점이다. 이것은 서로가 상대방의 입장을 확인할 수 있게 해준다. 이런 특징은 또한 변증법적(dialectical) 과정을 구체적으로 현실화한 방식이라고 볼 수 있다. 표에 CEDA의 구성에 대해 자세히 나타나 있다.

c. 링컨-더글러스 디베이트

미국의 노예 제도 유지와 철폐를 둘러싼 논쟁은 미국 역사상 가장 큰 가치관의 충돌로 평가된다. 링컨-더글러스 디베이트는 이 역사적 이슈를 중심으로 이루어진 기념비적인 디베이트다. 1858년 에이브러햄 링컨

(Abraham Lincoln)이 1860년 미국 16대 대통령에 당선되기 전 일리노이주 상원 의원 선거에서 당시 주지사였던 스테픈 더글러스(Stephen Douglas)와 벌인 토론을 계기로 미국은 현대 선거 토론의 방식을 마련하고 이를 제도화하는 역사적 전기를 마련했다.

도전자 링컨의 선거 토론 제의를 받아들여 두 후보는 총 7회에 걸친 토론을 벌였는데, 그 해 봄부터 가을까지 각지를 순회하면서 전개한 마라톤 디베이트로도 유명하다. 노예 제도를 인정할 것인지의 문제는 각 지방 정부에 일임하는 것이 옳다고 주장한 더글러스의 '주민투표론'에 대하여 링컨은 노예 제도를 폐지해야 한다고 반론을 폈다. 사회적으로 민감한 이슈를 놓고 변화의 필요성을 매우 조심스럽게 펼쳐간 링컨은 이때 연방 상원 의원 선거에서는 졌으나, 이 토론의 결과 1860년 공화당 대통령 후보에 지명되는 계기를 잡았다. 당시 노예 제도에 대한 찬반 토론이 주 쟁점이었으며 두 후보의 격렬한 토론은 유권자들의 관심을 불러일으켰다. 유권자들은 정치 지도자들의 정견을 직접 비교, 대조할 수 있는 기회를 가졌다.

이 역사적 사건을 기념하기 위해 이후 찬반 토론 형태를 링컨 –더글러스 토론 형식(Lincoln–Douglas debate format)이라 일컬었다. 1980년 미국 전국 토론 리그(National Forensic League: NFL)가 링컨–더글러스 방식을 채택하면서 미국 고등학생들 사이에서 가장 대중적인 방식이 되었다.

다른 형식은 교차 조사가 반복되거나 팀 구성으로 진행되지만, 이 형식은 서로 대립된 입장을 취하는 사람이 1명씩 등장하여 토론하는 것이다. 그래서 이 디베이트는 대통령 후보 연설 또는 기타 캠페인에서 많이 사용되는 형식이다. 이 형식의 토론 순서와 시간은 다음의 표와 같다.

링컨–더글러스 디베이트 구성

구분	시간
긍정측 입론	6분
부정측 교차 조사	3분
부정측 입론	7분
긍정측 교차 조사	3분
긍정측 반박	4분
부정측 반박	6분
긍정측 반박	3분
총 소요 시간	32분

링컨–더글러스 디베이트 방식은 가치

토론의 가장 대표적인 형식이다. 따라서 쟁점에는 가치 평가의 대상 규정, 토론을 위한 주요 평가 개념 정의, 가치 평가 항목과 기준 설정, 가치 구조의 설정과 정당화가 포함된다.

정책 토론과 마찬가지로 증명의 부담(burden of proof)은 긍정측이 지며, 부정측은 긍정측이 제시한 가치 평가 대상과 평가 항목/기준의 연관성을 부인하면서 새로운 가치를 대안으로 제시해야 한다. 이를 수행하지 못하면 부정측은 대응의 부담(burden of rejoinder)을 수행하지 못한 것으로 판정돼 토론에서 패배하게 된다.

링컨-더글러스 디베이트에서는 CEDA 형식과 달리 일대일 토론이기 때문에 역할 분담이 없다. 그렇기 때문에 발언 시간 외에는 항상 반박을 준비하고 있어야 한다. 또 개인의 능력과 이미지에 따라 승패가 좌우될 수 있는 형식의 디베이트이다.

d. 모의 재판(Mock Trial) 형식

모의재판 형식이란 글자 그대로 법정에서 피고와 원고측 대리인이 펼치는 디베이트 형식을 말한다. 사실 논쟁이 주를 이루며, 교차 질문에 중점을 두고 이루어지므로 논쟁 기술이 요구된다. 로스쿨에서 열리는 모의법정

모의 재판 형식 디베이트 구성

구성	시간
판사가 배경설명과 함께 모의 재판의 과정을 설명	3분
검사측 사건 설명	3분
변호인측 사건 설명	3분
검사측 증인 3명 심문(각 4분)	12분
변호인측 교차 질문(각 증인 당 3개)	6분
변호인측 증인 3명 심문(각 4분)	12분
검사측 교차 질문(각 증인 당 3개)	6분
변호인측 최종 변론	3분
검사측 최종 변론	3분
판사가 배심원의 판결 지시	
배심원 투표	
총 소요 시간	51분

디베이트(moot court debate)는 상고심 재판부에 더 적합한 과정상의 지식이나 기술을 요구한다는 점에서 모의 재판과는 다소 구분된다. 여기서 모의재판은 1심 재판의 성격에 더 가깝다고 할 수 있다.

모의 재판 형식에서는 논제 대신 법정 사건의 사실이 디베이트의 대상으로 제안된다. 형사 재판이라면 검사가 긍정측 입장이 되며, 피고가 반대측 입장이 된다. 민사재판이라면 긍정측이 원고이고 부정측이 피고가 된다. 모의 재판 형식 역시 교육용으로 학교에서 즐겨 사용되는 방식이다. 여기서 양측은 동일한 증거와 사실을 제공받는다. 새로운 사실이나 증거의 제시는 금지되며, 주어진 시간과 사실 안에서 디베이트를 하는 훈련을 하게 된다.

e. 타운 홀 형식

타운 홀 형식의 디베이트는 다양한 곳에서 다양한 의제에 적용이 가능하다. 미국의 대표적 커뮤니케이션 학회인 NCA(National Communication Association)를 비롯한 각종 학회는 전문적인 어떤 의제를 놓고 전체 멤버가 자유롭게 참가하여 발언할 수 있도록 연간 총회에서 타운 홀 형식의 디베

타운 홀 형식 디베이트 구성

1. 의장이 논제를 발표함으로써 디베이트 시작을 알리고 규칙과 방식을 설명한다.
2. 의장이 4명의 연사를 차례로 소개한다.
3. 첫 번째 발언자가 7분간 의제에 동의하는 발언을 한다.
4. 두 번째 발언자가 7분간 의제에 반대하는 발언을 한다.
5. 세 번째 발언자가 7분간 의제를 채택하자는 발언을 한다.
6. 네 번째 발언자가 7분간 의제를 거부하자는 발언을 한다.
7. 플로어에 있는 청중들에게 발언의 기회를 준다. 3분 이하로 이야기하도록 안내한다.
   의장은 찬성과 반대 입장이 고루 배분되도록 한다.
   처음으로 발언하는 사람에게 우선권이 주어진다.
8. 위와 같은 방식으로 60분 정도 진행한 후, 의장이 양 측 발언자들에게 요약 발언의 시간을 준다. 발언은 각각 3분 내로 제한한다.
9. 의장은 의제를 투표에 부쳐 결과를 발표한다.

2013년 2월 CNN 주최로 열린 타운 홀 미팅 형식의 디베이트.

이트를 한다. 어떤 공동체가 함께 해결하거나 결정해야 할 문제를 토의하는 데 적합한 디베이트 방식이다. 타운 홀 방식 디베이트는 다음의 순서를 따른다.

타운 홀 디베이트는 자리 배치에서 다른 형식과 차이가 난다. 제안된 법안에 찬성하는 측은 의장의 오른편에 앉고, 반대 측은 의장의 왼편에 앉는다. 입장 정리가 되지 않은 사람들을 위한 자리를 따로 마련한다. 디베이트가 진행되는 동안 입장을 결정하게 되면 찬성측 혹은 반대측 자리로 옮아가 앉는다.

f. 칼 포퍼 디베이트(Karl Popper debate)

『열린 사회와 그 적들』이라는 저서로 유명한 영국의 철학자 칼 포퍼(Karl Popper)는 "비판적 사고란 바로 대화와 공적 토론의 협동 과정(collaborative process)이며 지식이란 예측과 반증을 통해 진보한다"고 했다. 또한 인간의 지식은 항상 틀릴 수 있기 때문에 합리적 비판이 필요하다고 강조했다. 이런 칼 포퍼의 사상을 바탕으로 열린사회연구소(The Open Society Institute)와 소로스 재단 네트워크(Soros Foundation Network)가 1994년 만든 토론 방식을 칼 포퍼 디베이트라고 한다.

이 형식은 주로 고등학생들에게 비판적 사고와 자기 표현, 그리고 다른

칼 포퍼 디베이트의 구성

긍정측 첫 번째 토론자의 입론	6분
부정측 세 번째 토론자의 교차 조사	3분
부정측 첫 번째 토론자의 입론	6분
긍정측 세 번째 토론자의 교차 조사	3분
긍정측 두 번째 토론자의 반론	5분
부정측 첫 번째 토론자의 교차 조사	3분
부정측 두 번째 토론자의 반론	5분
긍정측 첫 번째 토론자의 교차 조사	3분
긍정측 세 번째 토론자의 반론	5분
부정측 세 번째 토론자의 반론	5분
준비 시간	각 팀당 8분
총 소요 시간	44분

의견에 대한 관용의 자세를 길러주기 위해 만든 것이었다. 양측은 각각 3명의 토론자가 있고, 구성원의 역할이 모두 다르다. 입론이나 반박 후에 교차 조사가 이어지기 때문에 팀 내 의사소통과 상대측의 의견을 경청하는 자세가 중요하다. 또 이 디베이트에서는 반론이 매우 중요하다.

국제토론교육협회(International Debate Education Association, IDEA)에서 주관하는 대회에서 이 형식을 주로 쓴다. 논제는 1주일 이전에 발표되는데, 전국 대회의 경우에는 몇 달 전에 발표되는 경우가 많다. 토론자는 논제에 대해 찬반 양측을 모두 준비해야 한다. 이는 교육적 효과를 중시하기 때문이다.

칼 포퍼 형식에서는 긍정과 부정 양측 모두 쟁점을 제시하고, 이를 증명해야 한다. 다른 방식의 디베이트는 상대방이 틀렸다는 것만 입증해도 토론에서 승리할 수 있다. 그러나 칼 포퍼 디베이트에서는 자신의 주장이 옳다는 것을 입증해야 한다는 입장을 고수하고 있다.

평가 기준은 세부적인 기준이 없고, 전체적으로 어느 팀이 더 설득적인가를 평가하여 판정하는 것을 원칙으로 한다. 원래 칼 포퍼 디베이트는 양측의 반론으로 끝이 난다. 그러나 디베이트 끝에 긍정과 부정 양측의 최종 발언을 덧붙인 형식으로 변형하여 진행하기도 한다.

칼 포퍼 디베이트의 구성은 위의 표와 같다.

(4) 디베이트의 평가

디베이트는 승패가 있는 게임이다. 따라서 찬성과 반대로 나뉘어 토론을 한 팀 중에 어느 팀이 승리했는지 판단해주는 심판이 필요하다. 심판은 양 측이 논제를 분석적으로 접근했는가, 증거의 사용은 적정했나, 스피치 방식은 효과적이었나, 반박은 적절하게 이루어졌나 등의 기준으로 평가한 후 주로 표결을 통해 어느 팀이 이겼는지 결정한다. 심판의 의무는 어느 팀이 '논쟁을 잘했는가'를 가리는 일이다. 논제가 진실되었는지, 어느 쪽의

〈Form A: CEDA 형식 토론 채점표〉

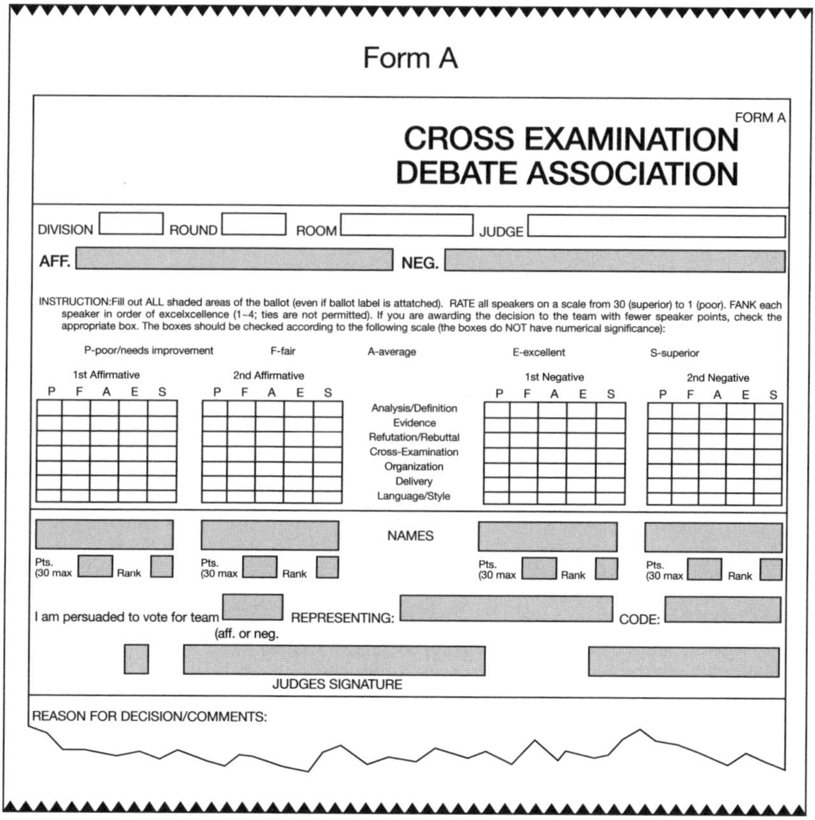

Form A

FORM A

CROSS EXAMINATION DEBATE ASSOCIATION

DIVISION ____ ROUND ____ ROOM ____ JUDGE ____

AFF. ____ NEG. ____

INSTRUCTION:Fill out ALL shaded areas of the ballot (even if ballot label is attatched). RATE all speakers on a scale from 30 (superior) to 1 (poor). FANK each speaker in order of excelxcellence (1~4; ties are not permitted). If you are awarding the decision to the team with fewer speaker points, check the appropriate box. The boxes should be checked according to the following scale (the boxes do NOT have numerical significance):

P-poor/needs improvement F-fair A-average E-excellent S-superior

1st Affirmative P F A E S	2nd Affirmative P F A E S		1st Negative P F A E S	2nd Negative P F A E S
		Analysis/Definition		
		Evidence		
		Refutation/Rebuttal		
		Cross-Examination		
		Organization		
		Delivery		
		Language/Style		

NAMES

Pts. (30 max ____ Rank ____ | Pts. (30 max ____ Rank ____ | Pts. (30 max ____ Rank ____ | Pts. (30 max ____ Rank ____

I am persuaded to vote for team ____ (aff. or neg. REPRESENTING: ____ CODE: ____

JUDGES SIGNATURE

REASON FOR DECISION/COMMENTS:

〈Form W: NDT 형식 토론 채점표〉

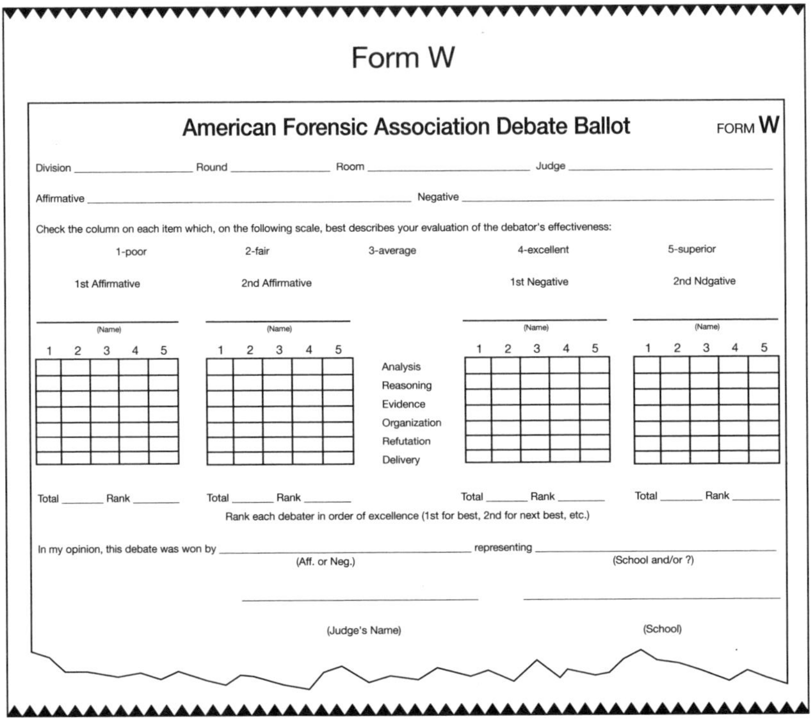

Form W

American Forensic Association Debate Ballot FORM **W**

Division ____________ Round ____________ Room ____________ Judge ____________

Affirmative ____________ Negative ____________

Check the column on each item which, on the following scale, best describes your evaluation of the debator's effectiveness:

1-poor 2-fair 3-average 4-excellent 5-superior

1st Affirmative (Name)					2nd Affirmative (Name)						1st Negative (Name)					2nd Ndgative (Name)				
1	2	3	4	5	1	2	3	4	5		1	2	3	4	5	1	2	3	4	5
										Analysis										
										Reasoning										
										Evidence										
										Organization										
										Refutation										
										Delivery										

Total ______ Rank ______ Total ______ Rank ______ Total ______ Rank ______ Total ______ Rank ______

Rank each debater in order of excellence (1st for best, 2nd for next best, etc.)

In my opinion, this debate was won by ____________ representing ____________
(Aff. or Neg.) (School and/or ?)

____________ ____________
(Judge's Name) (School)

주장이 타당한지, 혹은 심판 자신이 어느 팀에 설득이 되었는지 여부는 논외로 해야 한다. 디베이트는 상호 룰에 따라야 하는 지적인 게임이며, 규칙에 따라 차근차근 승점을 쌓았는가가 평가의 기준이 되어야 한다.

디베이트가 끝난 후 심판은 훌륭하게 논쟁한 연사의 사례를 찾아내거나 미흡했던 부분을 지적하면서 어느 팀이 승리했는가의 결과를 뒷받침하는 논리를 설명해야 한다. 표결을 할 경우 주어진 채점표에 각 연사마다 항목별로 점수를 매기고, 최종 점수를 합산하여 이긴 팀을 결정한다.

각종 토론대회에서는 다양한 형태의 채점표를 사용하고 있는데, 미국법협회(American Forensic Association)가 개발한 평가지는 토론 형식에 따라 조금씩 다른 모양(Form A, W, H)을 띠고 있다(Freeley & Steinberg, 306-309).

〈Form H: Linwln–Douglas 형식 토론 채점표〉

Form H

AMERICAN FORENSIC ASSOCIATION
LINCOLN-DOUGLAS DEBATE BALLOT

FORM **H**

Round ______ Room ______ Date ______ Judge ______

	Name-Code	Points		Name-Code	
Aff.	______	______	Neg.	______	______

Scale:	12-15	16-19	20-23	24-27	28-30
	Below Average	Average	Excellent	Outstanding	Exceptional

COMMENT/RECOMMENDATION (REGARDING ANALYSIS, SUPPORT, REFUTATION, DELIVERY):

AFF.

NEG.

REASONS FOR DECISION (MIGHT INCLUDE ISSUES, REASONABLENESS OF POSITION, PERSUASION):

IN MY OPINION, THE BETTER DEBATING WAS DONE BY ______ (CODE) REPRESENTING ______ (AFF./NEG.)

______ SIGNATURE OF JUDGE

______ AFFILIATON

(5) 반박과 방어

반박과 방어는 디베이트의 핵심 요소이다. 디베이트가 생산적인 논의과정으로서 상호 이해와 청중 설득의 기능을 제대로 하기 위해서는 디베이트 참여자들이 얼마나 효과적으로 반박하고 성실하게 방어하느냐에 달려 있다. 생산적인 논쟁의 당사자들은 반박의 의무(burden of refutation)를 진다. 증거를 공격하거나, 상대편 디베이터가 제시한 논리 구조에 의문점을 제시할 수도 있고, 증거 출처의 전문성이나 진실성을 문제 삼는 등 반박의 방법은 여러 가지가 가능하다. 에릭슨 등 (Ericson, et al, 2011)은 주장을 효과적으로 반박하기 위해서 모두 다섯 가지 단계를 거쳐야 한다고 보았다. 1단계에서 어떤 주장을 반박할지 명확하게 밝히고, 2단계에서 반박할 주장과 상대편의 공격 간에 어떤 관계가 있는지 명확하게 밝힌다. 3단계에서 그 주장을 어떻게 반박할지 설명한 후, 4단계로 넘어가 반박과정에서 디베이터 자신의 주장을 제시한다. 5단계에서 현재 논의 중인 사항에 대한 반박의 효과를 밝히고 그것이 상대편의 케이스에 어떤 영향을 미치는지 설명한다. 이런 단계를 거침으로써 상대방은 반박의 절차와 내용을 충분히 전달 받을 수 있는 것이다. 반박을 할 때에는 상대방이 필요 이상으로 공격받거나 체면을 잃는다는 느낌을 받을 수 있고, 또한 논지가 명료하지 않으면 반박의 효과 또한 반감되므로 최대한 객관적으로 명료하게 표현하여 전달하는 것이 중요하다. 이와 같은 내용을 바탕으로 에릭슨 등은 반박의 일곱 가지 원칙을 다음과 같이 제시했다(Ericson et al, 159쪽).

1. 가장 효과적인 반박과 방어는 짜임새 있는 케이스에서 나온다.
2. 증거를 반박할 때는 정확하고 적합한지 따져봐야 한다.
3. 주장은 지지기반(증거)과 논증(증거와 결론의 관계)을 공격하여 반박할 수 있다.

4. 디베이터는 자신의 주장과 상대편 주장 간의 관련성을 밝혀 반박의 효과를 증명해야 한다.

5. 디베이터는 반박의 효과와 그것이 전체 디베이트에 미치는 영향을 함께 고려해야 한다.

6. 반박이 명확한 체계를 갖추면 그 효과가 더욱 커진다.

7. 반박을 할 때는 명확하고 간결하며 직접적인 표현을 사용해야 한다.

일곱 번째 원칙과 관련, 에릭슨 등은 반박에서 흔히 쓰이는 표현과 피해야 할 표현으로 몇 가지를 들었다. 예를 들어 "인용 자료를 통해 증명되었듯이"라는 표현은 불명확하므로 구체적인 참고자료를 직접 언급하여 "랜드 연구소의 2002년 연구 자료와 화이트 교수의 2003년 연구 자료를 통해 밝혀졌듯이"라고 하는 것이 좋다. "근거는 이미 말씀드렸습니다"에서처럼 근거와 증거를 혼돈하는 예가 있으므로 "저희가 이미 증거를 제시했습니다"라고 해야 옳다. 또 "아까 제 파트너가 나섰을 때" 같은 표현은 상투적이고 투박하므로 "부정측의 1차 입안 중에" 또는 "수상의 입안은"으로 바꿔 표현하는 것이 좋다(157-158쪽).

(6) 디베이트 브리프

디베이트는 어떻게 준비해야 할까. 먼저 논제가 정해지면 변화의 방향과 특성이 나타나도록 중심 질문을 다듬은 후 필수 쟁점들을 찾아내야 한다. 그 후 각 쟁점별로 긍정과 부정의 입장에서 필요한 증거들을 찾는 데 많은 시간과 노력을 들여야 한다. 자신이 어떤 입장에서 디베이트를 하더라도 양측 입장의 논리와 증거들을 충분히 숙지해야 논쟁에서 이길 수 있다. 가령 총기 소지 규제 논쟁이 있다고 가정해보자. 중심 질문을 "의회는 권총의 판매 및 소지를 규제하는 총기 규제 법안을 통과시켜야 하는가?"로 설정했을 때, 필수 쟁점 모델에 의거해 모든 이슈를 먼저 찾아낸다. 그 후에 각각의 이슈를 입장별로 정리하여 그 입장을 지지하는 증거들을 정리한다. 이런 과정을 통해서 중심 질문을 둘러싼 모든 이슈와 증거들이 일목요연하게 정리되고, 어떤 공격이 들어와도 당황하지 않고 논쟁에 임할 수가 있다. 필수 쟁점별로 논거와 증거를 다음 표와 같이 정리했다.

동기 이슈 : 총기의 사용과 남용에 관련한 문제가 존재하는가?

긍정	부정
1. 총기 사용은 미국에서 광범위하게 퍼져 있다. – 미국 인구조사국, 총기의 수 – 미국 인구조사국, 가구의 비율	1. 대부분의 사람들은 총기의 소지 및 구입에 정당한 이유를 가지고 있다. – quote, 자기방어 – quote, 사냥꾼 – quote, 수집가
2. 총기는 범죄를 위한 선택의 무기이다. – quote – quote	2. 총기는 범죄에서 칼보다 덜 사용된다. – 미국 인구조사국 통계
3. 총기는 자기방어의 수단으로 비효과적이다. – quote and stat	3. 총기는 많은 사람들의 자기방어의 효과적이고 필수적인 수단이 될 수 있다. – quote and stat – stats – stats
4. 총기는 미국의 많은 사망에 책임이 있다. A. 사고로 인한 사망 – stats for 1996 B. 자살 – stats for 1996 C. 살인 – stats for 1996 – quote	4. 1996년, 총기로 인한 사망은 미국에서의 모든 사망 중 18위에 랭크되었다. – 미국 인구조사국 통계
5. 총기로 인한 사망의 비율은 세계의 어떠한 나라보다 미국에서 높다. – stats for 1994 – stats for 1993	5. 미국의 문화적이고 정치적인 다양성 때문에, 미국과 다른 국가를 비교하는 것은 불공평하다. – quote, Japan – quote, England

장애 이슈 : 기존의 연방 및 주의 총기 규제 법안으로는 권총의 사용과 남용의 문제를 감소시키지 못하는가?

긍정	부정
1. 기존의 연방 총기 규제 법안은 너무 관대하다. – quote	1. 연방 총기 규제 법안은 기대한만큼 효과적이다. – quote
2. 주 간의 여행은 주와 지역 총기 규제 법안의 강화를 어렵게 만든다. – quate – quote	2. 주와 지역 총기 규제 법안은 기대한만큼 효과적이다. – quote
3. 효과적인 총기 규제 법안의 부족은 범죄 활동에 기여하는 주요 요인이다. – quote	3. 긍정측은 범죄 활동의 원인을 오인하고 있다; 총기의 이용보다 다른 사회적 요인이 범죄율에 더 큰 영향을 끼친다. – CQ Researcher quote and stats – quote

치유 이슈 : 총기 소지 및 판매에 대한 연방 규정은 총기의 사용과 남용에 관한 문제를 상당부분 감소시킬 수 있는가?

긍정	부정
1. 연방 총기 규제 법안은 주 간의 여행이 쉬울 때, 총기를 통제하는 유일한 효과적인 방법이다.	1. 총기의 주 간 운송은 이미 현재의 시스템하에서 통제되고 있다.
2. 연방 총기 규제 법안은 범죄의 방지를 쉽게 하고, 사람들이 총기를 손쉽게 접근하지 못하도록 할 것이다.	2. 어떠한 등록 시스템은 유지와 강화를 불가능하게 한다. 왜냐하면 기존의 총기 소유자는 정부에 등록 하는 것을 거부하기 때문이다. 범죄 활동을 하는 사람들은 총기 등록을 꺼려할 것이다.
3. 강한 총기 규제 법안이 있는 주의 범죄활동은 총기 규제 법안이 없는 주보다 눈에 띄게 감소했다.	3. 인정한다. 그것이 연방 법안이 불필요한 이유이다. 게다가 어떠한 연방 법안은 어쨌든 주와 지역 차원 에서 시행되어야 하므로 오직 주와 지방자치단체장이 허용할 때 효과적일 수 있다.
4. 총기 규제 법안은 이미 영국, 일본, 스웨덴에서 범죄 활동을 통제하는 데 효과적인 것으로 입증되었다.	4. 영국, 일본, 그리고 스웨덴의 낮은 범죄율은 그 나라의 독특한 사회적 요인 때문이고, 총기 규제 법안의 존재와는 아무런 연관이 없다.

비용 이슈 : 총기의 사용과 남용과 관련된 문제를 감소시키는 이익이 총기 소지 및 판매의 연방 법규의 비용을 정당화할 수 있는가?

긍정	부정
1. 총기 규제 법안으로 총기로 인한 사망과 부상과 관련된 의료비가 상당히 감소할 것이다.	1. 긍정은 총기로 인한 사망과 부상과 관련된 의료비를 대단히 과대평가하고 있다. 뿐만 아니라 만약 총기 규제 법안이 시행될 수 없다고 해도, 미래의 의료비에 영향을 미치지 않을 것이다.
2. 총기 등록의 구축 및 관리 비용은 부정측에 의해 과대평가되고 있다. 대부분의 비용은 총기로 인한 사망 및 부상을 치료하기 위해 필요한 건강 보험 법안의 감소에 의해 상쇄될 것이다.	2. 총기 등록의 구축 및 관리 비용이 과도하다.
3. 총기 소지 및 판매에 대한 연방 법규는 수정헌법 제 2조를 위반하지 않는다.	3. 총기 소지 및 판매에 대한 연방 제한은 수정헌법 제 2조를 위반하는 것이다.

VII

논리적 오류

14. 사람들은 왜 오류에 빠질까

'스포츠 일러스트레이티드 징크스'라는 것이 있다. '스포츠 일러스트레이티드'란 당대 최고의 스포츠 스타를 표지 모델로 내세워 전 세계 체육계 소식을 전하는 전문 잡지의 이름이다. 이 잡지에 표지 모델이 된 운동 선수들은 실력 부진을 면치 못하거나 그가 속한 팀이 불운해진다는 징크스가 있다. 표지에 실리는 것이 영광이기도 하지만 그 후에 불행이 닥친다는 생각에 모델 제의를 거부하는 선수도 있다. 실제로 표지에 등장한 후 실력이 부진해진 선수들이 있어 사람들은 이런 징크스를 만들었다.

그러나 좀 더 이성적으로 생각해보면 징크스는 허구에 가깝다는 것을 알 수 있다. 운동 선수들이 미디어의 주목을 받는 것은 최상의 상태에서 '평소와 달리' 두각을 나타냈기 때문이다. 그 특별한 순간에 표지 모델로 발탁이 되고 기사화되는 것이다. 그러나 그런 상태를 선수들이 계속 유지하기란 쉽지 않다. 다시 평상의 상태로 돌아갈 것이고, 또 다른 두각을 나타낸 선수가 다시 주목을 받게 될 것이다. 만약에 그 선수가 팀원이었다면 홀로 조명을 받은 후 팀워크에 문제가 생길 수도 있다. 어쩌면 선수 인생에서 평생 한 번 있을 법한 최고의 순간을 조명한 기사를 일상으로 받아들이고, 그 후에 있는 일을 '불운'으로 돌리는 것은 논리적으로나 이성적으로 타당하지 않다. 그럼에도 불구하고 사람들은 겉으로 드러나는 현상을 어떻게든 '이야기가 되도록' 만들어서 이해하려는 경향이 있다. 그래서 불규칙 속에서 규칙을 찾아내고, 알고 있는 몇몇 지식을 이용해 아직 오지 않은 미래를 예측하려 한다.

영국의 철학자 프란시스 베이컨(Francis Bacon)은 "사람들은 진실이라고 믿고 싶은 것을 믿는 경향이 있다"고 말했다. 그는 또 "인간은 무질서하고 불규칙한 세상에서 상당한 질서와 평등을 가정하고, 반복되는 패턴과 의미를 찾아내려고 한다"고도 했다. 사람들의 판단을 방해하는 요소는 무지가 아니라 이미 알고 있는 지식이라는 말이 있다. 존재하는 현상에서 의미를 찾으려고 하다 보면 인과관계에 주목하고 대표성을 확대 해석하게 되고, 그 과정에서 다양한 인식의 오류를 범하게 된다.

사람은 이성적 동물이지만, 엄밀하게 말하면 이성적 사고를 '할 능력이 있는' 동물이라는 뜻이지, 늘 이성적으로 사고하고 행동한다는 뜻은 아니다. 프란시스 베이컨의 말에 따르면 인간은 오히려 이성을 활용하는 과정에서 종종 오류에 빠진다. 눈앞의 현상을 굳이 이해하려고 애쓰지 않는다면 오류를 범할 확률도 줄어들지 모른다. 그만큼 세상을 있는 그대로 바라보는 시선을 갖는 것은 쉬운 일이 아니다. 이성을 제대로 활용해 사물과 현상을 이해하려면 합리적인 사고 능력을 배양해야 한다. 합리적인 사고 능력이란 되도록 오류에 빠지지 않고 세상을 편견 없이 바라보는 능력이다. 그 능력은 교육과 훈련을 통해 습득된다. 인간은 누구나 말을 하지만 조리 있게 말하려면 꾸준한 연습을 해야 하는 것처럼 합리적 사고 역시 훈련을 통해 체화해야 논리적 오류에 빠지지 않고 사고할 수 있다.

논리적 오류는 인간들이 이성을 동원해 세상을 해석하려는 과정에서 벌어지는 일이므로 논리와 혼돈되기 쉽다. 논리처럼, 오류 역시 제법 설득적이다. 그러나 오류는 합리성을 결여하고 설득에만 초점을 둔 편의적인 사고의 결과인 경우가 많다. 어떤 말을 듣고 귀가 솔깃하지만 뭔가 말이 안 되는 것 같은데, 그 이유가 궁금하다면 메시지 안에 숨어 있는 논리적 오류를 찾아보도록 하자. 사람들은 이성적 사고의 훈련 미숙으로, 혹은 자기 자신을 속이거나 남을 속이기 위해, 여러 종류의 논리적 오류를 범한다. 또한 속이려는 의도가 없어도 스스로 편하게 생각하고 받아들이기 위해 논리를 왜곡시키려는 심리적 경향이 있다. 오류의 설득력에 대해서는 뒤에서 좀 더 자세히 살펴보도록 하자.

프란시스 베이컨이 지적한 인간의 속성 외에 로버트 굴라(Gula, 2007)는 사람들의 그러한 경향을 다음과 같이 몇 가지로 정리했다. 사람들이 오류를 범하는 이유는 자신의 편견이나 경험을 상황에 투영시켜 판단하는 경향이 있기 때문이다. 특수한 상황을 일반화해서 해석하려는 경향이 있고, 이슈의 분석에 개인의 감정을 개입시켜 주관적으로 보려는 경향이 있다. 또한 경청하지 않고 선별적으로 듣거나, 듣고 싶은 말만 듣는 경향이 있다. 또한 인간들은 열렬히 합리화하고, 관련이 있는 것과 관련이 없는 것을 구분하지 못하는 일이 잦다. 당면한 이슈와 동떨어진 생각을 하기 쉽다. 철저하게 탐색하려 하지 않고 지나치게 단순화하는 경향이 있다. 종종 겉에 드러난 것으로만 판단하고, 관찰한 것을 잘못 해석한다. 스스로 무슨 말을 하는지 모르고, 말하기 전에 잘 생각하지 않은 채 느낌이나 편견, 호 불호, 희망과 절망 등을 먼저 이야기한다. 증거를 분석하지도, 일관적인 기준에 따라 판단하고 행동하지도 않는다. 주장하고 싶은 결론에 대해서만 증거를 찾으려는 경향이 있다. 자신들이 의미하는 바를 말하지도 않고, 말하는 것이 무엇을 의미하는지도 모른다.

이상에 지적한 경향 때문에 사람들은 일상생활에서 종종 억지처럼 들리는 논리를 펴곤 한다. 말을 한다는 것은 서로가 의미하는 바를 정확히 전달하고 그에 공감하거나 반대하는 의견을 교환해 지식과 감정과 사상이 소통하는 것을 뜻한다. 공감할 수 없는 논리를 펴거나, 억지 논리에 속아 넘어가는 것은 바람직한 소통이라고 할 수 없다. 앞에서 강조했듯, 논쟁이란 단순히 말로 하는 싸움이 아니라 '비판적 사고를 통해 진실을 알아가는 과정'이기 때문이다.

논쟁은 규칙이 있는 경기에 종종 비유된다. 아무리 험한 경기라도 규칙에 따라 임하면 큰 부상을 면할 수 있는 것과 마찬가지로, 논쟁에서도 규칙을 준수하면 말로 인한 상처나 부상을 최소화하고 상호 갈등을 해결하는 바람직한 결과로 이어질 수 있다. 어떤 종류의 싸움이건 싸움이 공정하게 진행되기 위해서는 서로 합의된 무기를 합의된 규칙에 따라 사용하고, 승패의 논리에 동의하며, 결과에 승복해야 한다.

논쟁에서 논리적 오류란 수사학적 반칙의 또 다른 이름이다. 때론 현란한 기술처럼 구사되는 이런 수사법은 종종 논점을 흐리거나 상대편을 곤란하게 하여 싸움의 원활한 진행을 방해한다. 이런 규칙들을 어기면 논리적 오류로 인한 혼란뿐 아니라 소통 불능 상태에 빠지기 쉽다. 따라서 원활한 소통을 위해서도 상대방의 오류를 파악하고 대응하는 것이 중요하다.

15. 논리적 오류의 유형별 분류

논리적 오류는 우리의 일상 곳곳에서 발견된다. 가령 어떤 주부가 마트에 가서 '100% 자연산'이라는 광고 문구를 보고 어떤 식품을 고른다면 그건 '자연산은 모두 좋다' 혹은 '자연에서 나온 것이면 무엇이든 한 가지 특성(몸에 좋은 성분)을 갖고 있다'는 오류를 범하는 것이다. 자연 속에는 독이나 해로운 것도 있음을 간과한 것이다. 이와 같은 경우를 잘못된 비교의 오류라고 한다. 그 주부가 집에 들어가자 아이가 무언가를 사달라면서 "다른 애들도 다 갖고 있어요"라는 논리를 편다. 그 아이의 설득 방식은 다수가 하는 일은 언제나 옳다는 '다수에 의한 오류'[1]에 속한다. 부모 중에는 이런 아이들의 요구에 "애들이 절벽에서 떨어지면 너두 떨어질래?"라는 논리로 응대하는 부모가 있다. 이는 논쟁을 불합리한 결과로 끌고 가는 오류[2]에 속한다. 갖고 싶은 물건을 사는 것과 절벽에 떨어지는 것은 엄연히 다른 것인데도 짝을 지워 논리를 만든다. 그러면서 "너는 얼른 가서 공부나 하렴"이라고 한다면 이것은 논점을 다른 곳으로 돌리는 오류이다. 그 말을 들은 아이가 "우리 엄마는 옛날부터 내 요구는 안 들어주니 앞으로도 들어주시지 않을 거야"라고 생각한다면 이는 이전에 그러했으므로 미래에도 그러하리라고 믿는 오류[3]에 속한다.

선거철 후보들의 각종 문구는 설득의 논리 못지않게 오류가 넘쳐난다. 사업가로 성공한 어느 후보가 "사업가로 성공했으니 국회로 보내주시오"라고 한다면, 이는 그릇된 유추[4]에 의한 오류에 든다고 할 수 있다. 성공한

---

1 Appeal to Popularity, Appeal to Belief, Appeal to Common Practice, Argumentum ad Populum: 청중들의 감정에 의존하는 '다수에 의한 오류'는 논리(logos)가 아닌 감성(pathos)에 의존한다는 점에서 감성적 오류(pathetic fallacy)로 불린다. 다수에 의한 오류는 대중 집회나 정치집회, 종교 집회 등 그룹 내 사회심리학적 요소가 자리할 경우 유용하게 사용되는 수법이다. 선동가는 대중의 마음을 잘 이용해 자신을 설득시키는 도구로 활용한다. 대중의 정서에는 안전이나 충성심 같은 긍정적인 요소와 공포, 탐욕, 수치 등의 부정적인 요소가 자리하고 있다. 이러한 감정에 호소하기 위해서는 반드시 협소한 논제가 필요한 것이 아니며, 그러한 감정의 분출구만 마련하는 것으로도 충분한 효과를 거둘 수 있다. 따라서 논제는 일반 대중이 스스로 연관되어 있다고 믿는 광범위한 것이 일반적이며, 대중을 상대로 하는 정치가나 선동가들이 주로 사용하는 수법이다.

2 Reductio Ad Absurdum, Reducing an argument to absurdity 논리학에서 귀류법이라고도 하며 어떤 명제가 참임을 증명하려 할 때 그 명제의 결론을 부정함으로써 가정(假定) 또는 공리(公理) 등이 모순됨을 보여 간접적으로 그 결론이 성립한다는 것을 증명하는 방법이다.

3 Fallacy of antecedent: 과거에도 그런 일이 없었으므로 앞으로도 없을 것이라고 믿는 오류. "우리 집 개는 물지 않아요"같은 표현이 이에 해당한다.

4 False Analogy 어떤 두 개념이나 물건 사건 사이에 유사한 점이 있다고 하더라도 특정 성질을 공유하지 않음을 무시한 채 유추하는 오류를 말한다. 가령 P와 Q가 a, b, c 라는 특징을 공유하는데 P가

사업가가 갖춰야 할 조건이 성공한 정치인이 갖춰야 할 조건과 동일하다는 논리적 오류를 범하고 있는 것이다. 오랜 정치 생활을 한 사람이 신참 정치인과 맞대결을 벌이며 "구관이 명관"이라며 지지를 호소한다면 이는 "오래된 것이므로 좋다"는 전통에의 호소[5]라는 오류이다. 이에 맞선 상대 후보가 "정치는 새로운 사람이 해야지요"라고 하는 것 역시 새롭다는 이유로 선택해야 한다는 '새로운 것에 호소'[6] 오류를 범하고 있다고 봐야 한다. 이에 대해 다시 상대방이 "젊은 친구가 완전 웃기는구만"이라고 공격해온다면 근거없이 웃음거리로 만들어 공격하는 조롱에 호소[7]하는 오류이다. 이를 본 유권자가 "정치인들은 원래 거짓말을 밥먹듯 하니 믿을 수 없다"고 외면한다면 대상의 부정적 특징을 내재적인 것으로 단정하는 유전자의 오류[8]를 범하는 것이다. 또한 별 생각 없이 지지율이 높은 후보를 지지한다면 시류에 영합하는 오류[9]이다. 그러면서 그 후보가 하면 그냥 잘할 것

그 밖에 x라는 특징이 있으므로 Q도 x를 갖고 있으리라고 유추하는 것이다. "사람들은 모두 자기가 속한 민족에 대한 자부심이 있지"라는 말에 "히틀러처럼 말하는군"이라고 생각하는 것이 그 예다.

5 **Argumentum Ad Antiquitatem**, Appeal to Tradition, Appeal to Age; 전통에 호소: 오래된 것이므로 좋은 것이라는 논리적 오류다. 우리 속담에 '구관이 명관'이라는 표현도 이 오류에 해당한다. 오래된 것 중에 좋은 것도 있지만, 오래되었다는 이유만으로 반드시 모두 좋은 것은 아니기 때문이다. 원조, 전통, 최초 등의 표현에 현혹된다면 이 논리적 오류를 겪고 있는 것이다.

6 **Argumentum Ad Novitatem**, Appeal to Novelty 새로운 것에 호소: 위의 경우와 반대로, 새로운 것이므로 좋다는 논리를 펴는 것 또한 오류를 범하는 것이다. 주장을 받아들여야 하는 이유가 그 주장에서 말하는 무엇이 새것이라는 사실 때문이라면 논리적이지 않다. 신개념, 신기술, 신발매 같은 개념은 새로운 것은 좋다는 논리를 고객들에게 심어주려고 다가가는 오류에 속한다.

7 **Appeal to Ridicule**; Appeal to Mockery; The Horse Laugh; 조롱에 호소: 주장에 대해 논리적으로 반박하지 않고 합당한 근거 없이 상대방의 주장을 웃음거리로 만들어 버리는 오류를 말한다. 상대방의 주장에 대해 '완전 코메디 하시네요'라고 맞받는 경우가 해당한다.

8 **Genetic Fallacy** 발생론적 오류. 명제의 타당성을 그 원인이나 기원과 혼동하는 오류 대상의 부정적 특징을 내재적인 것으로 단정하는 오류. 유전자의 오류라고도 한다. 사람은 늘 변화하고 발전한다. 그런데 과거에 어느 시점에서 나타난 부정적인 행동이나 이미지에 의거해 '그는 원래 그런 사람이다'라는 식의 단정적인 판단을 하는 것은 논리적이지 못하다. 대상자의 특성을 내재적이고 불변적인 것으로 단정하고 현재의 상태까지 결부시켜 공격하는 경우를 말한다.

9 **Bandwagon, Peer Pressure**; 시류에의 영합: 주장이 주변에 있는 다수의 압력으로 인해 변질되어 만들어진 경우를 일컫는다. 주변의 다수가 압력을 가하는 구체적인 행동을 할 필요는 없다. 화자가 미리 부담을 느끼고 자신의 뜻에 어긋나는 주장을 하게 된다면 시류에 영합하는 오류를 저지르는 것이 된다.

같다고 막연하게 여긴다면 이는 논리보다는 믿는 바대로 받아들이는 오류[10]에 속한다.

한 가지 사례로부터 전체를 유추하는 논리적 오류도 종종 범한다. 특정 대학 출신을 고용해보니 업무 효율이 높았다고 해서 그 학교 출신을 고집하는 고용주는 불충분한 증거로 일반화하는 오류[11]를 범하는 것이다. 이는 증거를 해석할 때에도 적용된다. 일본에 지진이 났다는 보도를 보고 일본 유학을 포기하거나, 어떤 국가의 범죄율이 높다는 통계를 보고 여행을 포기하는 것도 엄밀히 따지면 논리적인 사고라고 할 수 없다. 증거의 질과 양을 따지고, 증거의 근원을 살펴본 후, 다른 요인들을 충분히 고려한 결과라야 비판적 사고의 결과라고 할 수 있다.

건강검진에서 아무 이상이 발견되지 않으면 스스로 건강하다고 믿는 것도 따지고 보면 논리적 오류이다. 건강검진 결과표에 나온 사항에 관한 한 문제가 발견되지 않았다는 것이지, 그 밖의 다른 곳에서 탈이 나고 있는지는 아무도 모르기 때문이다. "증명할 수 없다면, 존재할 수 없는 것이다"라고 믿는 이 같은 오류를 '무지에 의한 오류'[12]라고 한다. "어떻게 하면 부자

---

10 Appeal to Consequences of a Belief, Wishful Thinking: 논리보다는 믿는 바대로, 혹은 편리에 의해 받아들이는 오류를 말한다. 이유가 뒷받침 되지 않고 '그냥' 그렇다고 생각하니 그렇다고 느끼는 식의 입장 변화가 이에 속한다.

11 Hasty Generalization Fallacy of Secundum Quid : 불충분한 증거로 일반화하는 오류를 뜻한다. 어떤 게으른 A라는 사람을 보고 특정 지역 사람들은 게으르다는 결론에 도달하는 것이 이에 속한다. 사람, 직업, 지역, 학교 등에 대한 각종 편견은 이런 일반화의 오류의 결과이다.

12 Argumemtum Ad Ignorantiam, 무지에 의한 오류: 관점을 먼저 제기한 사람이 증거 제시의 의무를 져야 한다는 두 번째 룰에 위배되는 논리적 오류로 증거 제시를 회피하는 것에서 더 나아가 증거 제시의 부담을 상대방에게 떠넘기는 것이 있다. 가령 어떤 범죄의 용의자가 법정에서 재판을 받기 위해 나온 경우, 검사측이 유죄를 주장하고, 변호사에게 '무죄를 입증하라'고 하는 격이 이에 속한다고 할 것이다. 변호사측이 무죄를 증명하지 못하는 경우 자동적으로 검사는 큰 노력 없이도 논쟁에서 이기게 된다. 논쟁이 발생하기 이전 상황을 '현상 유지(status quo)' 상태라고 할 때, 그 현상을 지배하는 추정의 원칙(presumption)을 누가 선점하는가에 따라 논쟁이라는 게임의 승패가 결정된다. 증거 제시의 부담을 떠넘기는 전략, 혹은 논리적 오류를 존 로크는 argumemtum ad ignorantiam이라고 불렀다. 직역하면 '무지에 의한 오류' '바보스러움의 오류'로 해석될 수 있는 이 같은 오류는 "반대로 증명할 수 없으면 받아들여야 한다"고 믿는 논리 전개를 말한다. 제기된 관점에 반대하는 사람이 역으로 증거를 제시해야

가 되나요? 돈을 많이 벌면 됩니다"라는 조크가 있다. 이 조크는 논거와 결론이 서로 맞물려 결국 같은 소리를 반복하는 순환 논쟁[13]의 오류이다. "그 사람 믿어도 된다. 왜냐하면 그는 정직한 사람이기 때문이다"라는 말도 언뜻 들으면 논리가 있는 것처럼 들리지만, 사실은 결국 같은 소리를 하고 있는 걸 알 수 있다.

어떤 선택을 제시함으로써 마치 그 선택을 기정사실화해서 받아들이도록 하는 것을 '그릇된 선택에 의한 오류'라고 한다. 가정 폭력이 의심되는 가장에게 경찰이 "언제부터 아내를 때리기를 멈추었느냐?"고 묻는다면, 그 말을 듣는 사람은 그가 아내를 때려왔다는 것을 믿기 시작할 것이다. 어떤 드라마 속 대사 중에 "나랑 사귈래 아님 나랑 죽을래"라는 것이 있었다. 이는 그릇된 선택의 오류 중에도 그릇된 양자택일[14] 오류에 속한다. 두 가지 선택을 던짐으로써 수많은 선택이 있음을 잊게 만들고, 그 둘 중 선택하지 않으면 마치 선택의 여지가 없다고 믿게 만들어 특정 행동을 강요하는 것이다.

"바늘 도둑이 소 도둑 된다"는 격언은 경험적 지혜가 담겨 있음에도 불구하고 논리적으로는 잘못된 결말의 오류인 '비탈길 오류[15]에 속한다. 바늘

하는 경우가 부당하다고 그는 믿었다.

13 Circular Argument, Begging the Question, Petitio Principii : 증명을 필요로 하는 결론을 슬며시 전제로 사용하는 논법이다. 즉 A라고 하는 사항을 증명하기 위해 그 전제가 되는 B라고 하는 사항이, A를 전제로 하지 않으면 증명될 수 없는 경우이다."A는 A이므로 A이다"는 논리전개가 반복적 오류에 속한다. "그는 돈이 많으므로 부자이다"라는 식의 논리 전개가 이에 속한다. 드로비쉬(M.W. Drobisch, 1802–1896 : 독일의 철학자, 논리학자)의 예(例)를 들면 다음과 같다. "신의 말은 진리이다. 성서에 쓰인 것은 신의 말이다. 성서가 신의 말이라고 하는 것은 성서에 쓰여 있다. 그러므로 성서가 신의 말이라는 것은 진리이다." 이것은 결론에 해당하는 것이 제2전제에서 도출되게 됨으로 분명히 순환 논법이다.

14 False Dilemma, Either–or Fallacy, False Alternative False Dichotomy, Bifurcation, Black & White Thinking; 잘못된 양자택일의 오류: '이것 아니면 저것, 이것이 아니니 저것'이라는 주장으로 세상에 선택의 여지가 한가지 밖에 없다고 여기는 오류를 말한다.

15 Slippery Slope, Camel's Nose : 낙타가 코를 텐트 안으로 밀어 넣고 전체가 들어간 것이라고 착각한다는 의미에서 '낙타코 오류'라고도 불린다. 대부분의 사회적인 현상은 원인과 결과가 복잡하게 얽혀 있다. 어떤 원인이 다음 결과로 이어지고, 그 결과가 또 다른 원인이 되어 다른 결과로 이어지는 경우가

도둑이 어떤 과정을 거쳐 소도둑이 될 개연성이 있을지 모르나 그 과정에 대한 논리성이 결여되어 있기 때문이다. 일본 대중 문화를 개방하면, 한국 문화가 일본에 종속되니 허용하면 안 된다거나, 외국 자본을 허용하면 국내 경제가 무너지니 허용하면 안 된다는 등의 논리 전개도 이에 속한다. 지금 던지는 제안을 합리적으로 받아들인다면, 그보다 큰 제안, 혹은 극단적인 제안도 합리적으로 받아들여야 한다는 비상식적 논리를 깔고 있다.

이력서를 읽을 때는 원인과 결과를 시간의 전후와 혼돈하는 오류[16]에 빠지지 않도록 노력해야 한다. 어떤 사건이 시계열 순서로 나열되어 있을 때 우리는 종종 앞의 사건이 뒤의 사건의 원인인 것 같은 착각에 빠지기 쉽다. 그러나 원인과 결과의 관계를 찾아내는 것은 생각보다 간단한 문제가 아니다. 앞선 사건 '때문에' 뒤의 일이 벌어졌을 수도 있으나 앞선 사건 '에도 불구하고' 뒤의 일로 이어졌을 수도 있으며, 처음부터 아무 인과 관계가 없을 수도 있기 때문이다. "까마귀 날자 배 떨어진다"는 속담도 인과 관계 오류[17]에 속한다. 동시에 발생한 일의 확실치 않은 원인을 놓고 그릇된 곳에

많다. 이러한 복잡한 과정을 모두 뛰어넘어 마치 한 가지 원인이 다른 결과와 직접 연관이 있는 것처럼 제시하는 논리적 오류를 '비탈길 오류' 라고 한다. 즉 A->B->C->D->E의 과정을 생략하고 A->E로 논리를 비약하는 것이다. 가령 '바늘 도둑이 소도둑 된다'는 격언은 경험의 지혜가 담긴 경구이지만 논리적으로는 오류가 있다고 할 수 있다. 바늘 도둑이 어떤 과정을 거쳐 나중에 소 도둑이 될 '개연성'은 있으나, 그 과정이 생략되어 있고, 시간의 흐름이라는 전제를 감안한다고 해도 바늘 도둑이 반드시 소 도둑이 된다는 논리는 오류가 있다.이 오류를 광고나 설득의 기법으로 사용하는 경우로, '문 안의 발 기술 Foot-in-the-door Technique' 라는 것이 있다. 주부를 대상으로 물품 설문 조사를 하는 것처럼 가볍게 접근했다가 결국 그 물품을 판매하는 것으로 이어지는 각종 상술, 인터뷰를 한 후 출연을 요청하는 식으로 큰 요구를 하기 전에 작은 요구부터 받아줄 것을 요구하는 전략이 이에 속한다.

16 Post hoc ergo propter hoc, Coincidental Correlation, after this, therefore because of this: 원인과 결과를 시간의 전후와 혼돈하거나, 혼돈하도록 제시하는 논리적 오류이다. 즉 "대학에 가더니 예뻐졌다"는 말은 "(시간적으로) 대학에 간 후에 예뻐졌다"는 뜻으로도 해석이 가능하고, "대학에 가서 공부를 열심히 하더니 (그것이 원인이 되어)얼굴이 예뻐졌다"는 뜻으로도 읽을 수 있다. 대학을 가라는 설득적 메시지의 논증적 기법으로 원인과 시간의 흐름을 구분해야 한다는 뜻이다.

17 Cum Hoc; Questionable Cause; 동시 발생의 확실치 않은 원인: 원인을 그릇된 곳에서 찾는 경우의 하나로, 두 가지 사건이 동시에 일어났을 때 논리적 근거 없이 하나를 다른 하나의 원인으로 단정 짓는 것을 말한다.

서 원인을 찾기 때문이다.

논리적 오류는 그 종류만큼 유형도 다양하다. 논리 구조 안에서 벌어지는 내용적인 오류도 있고, 논리 구조 자체가 문제인 형식적인 오류도 있다. 언어의 사용에서 오류가 발견되는 경우도 있다. 이런 오류들은 가정에 관한 오류, 인간에 관한 오류 등으로 나누어 분류할 수도 있고, 논쟁이 진행되는 과정상의 단계에서 재분류하는 것도 가능하다.

먼저 형식적 오류와 내용적 오류, 언어적 오류에 대해 알아보자.

(1) 형식적 오류 vs. 내용적 오류 vs. 언어적 오류

논리적 오류는 크게 세 가지 범주로 나뉜다. 첫 번째 범주는 형식적(formal) 오류, 두 번째 범주는 내용적(material) 오류, 세 번째 범주는 언어적(verbal) 오류이다. 합리적 추론이 갖춰야 할 필수 요건은 추론 과정이 유효(valid)하다는 것과 추론의 전제가 정당화되어야 한다는 점이다. 형식적 오류와 내용적 오류는 이 두 가지 요건을 갖추지 못했을 때 발생한다. 언어적 오류란 논쟁에 사용하는 언어의 문제와 관련된 것이다.

형식적 오류란 추론 과정의 형식적 구조 안에서 발생하는 문제로서, 전제가 옳고 언어가 명료하더라도 전제와 결론이 논리적으로 연결되지 않을 때 생기는 오류를 말한다. 형식적이라는 이름이 붙은 것은 모든 종류의 추론은 일정한 형태를 띠는 것에서 착안한 것이다. 특히 연역법의 경우는 전제가 참이면 결론도 참인 확실한 구조를 띠고 있다. 반면 귀납법의 경우는 결론이 언제나 개연성을 띨 뿐 확실성을 보장하지는 못하고 있다. 따라서 형식상의 오류가 논리적 오류로 '확실하게' 연결되는 것은 연역법의 경우에 한하고, 귀납법의 경우에는 일부만 오류가 적용된다.

내용적 오류란 전제(premises)나 추정(presumption)에 오류가 있을 때 발생하는 오류를 말한다. 이 경우 추론과정이 유효하다 하더라도 전제가 참이 아니거나, 쟁점에서 벗어나 있거나, 결론과의 연관이 떨어져 논리적인 연결이 끊어진 상태를 말한다. 결론과의 연관성이 떨어지는 전제의 오류로 인해 발행하는 논리적 오류의 예로 인간성의 오류[18]와 권위에의 호소[19]가 있다. 앞서 예를 든 전통에 호소하는 오류, 발생론적 오류, 논점 흐리기 오류 등을 들 수 있다.

결론만을 반복적으로 이야기하는 오류로 순환 논쟁의 오류, 전제로부터 성급하게 일반화로 건너뛰어 발생하는 성급한 일반화의 오류, 무차별적 일반화의 오류,[20] 대표성 없는 표본의 오류도 포함된다. 또한 그릇된 원인으

---

18 Argumentum Ad Hominem: 논쟁 상대방을 무색하기 만드는 가장 손쉬운 방법 중 하나는 논쟁의 이슈가 아닌 논쟁의 당사자를 인간적으로 공격하는 것이다. 인간적인 오류로 흔히 불리는 이 논리적 오류는 논쟁의 당사자의 신뢰감이나 호감도를 무너뜨림으로써 더 이상 논쟁을 지속할 수 없게 만드는 방법이다. 이 역시 앞서 기술한 첫 번째 규칙을 위반한다는 점에서 명백한 오류로 지적 될 수 있다. 설득의 대상으로 논쟁의 상대방 보다는 종종 청중들을 대상으로 한다는 점에서 수사학적 기술이 동반되어야 하는 오류이기도 한다. 인간적인 오류에는 세 가지 변형이 있다. 첫째는 논쟁 당사자의 전문성이나 지적능력, 성격 등에 문제를 제기하는 것으로, 직접적인 인간적 공격이 동반되는 것이다. 인간적인 모욕을 동반하므로 학대적(abusive) 성격의 인간적 오류로 분류된다. 둘째는 그보다는 간접적이고 상황적인 것으로, 상대방이 논쟁의 이슈에 이해 관련이 있다거나, 사안 자체에 대해 편견이 있을 개연성이 있는 상황에 집중하는 방법이다. 세 번째 방식은 논쟁 당사자의 인간적 오류를 그가 한 말의 불일치나 모순점 등에서 찾아내 공격하는 방식이다. 자체적으로 모순된 두 가지 대조적인 말을 하거나, 말이나 행동이 일치하지 않음을 지적함으로써 신뢰감이 없음을 청중들에게 강조하는 효과를 가져온다. 이 같은 범주를 가리키는 라틴어는 tu quoque (you too)이다. 함블린(Hamblim, 1970)은 '학대적'성격의 인간적 오류에 비해 자체적 오류를 지적하는 방식은 논증의 범주에 포함시킬 수 있으며, 따라서 모든 tu quoque가 논리적 오류는 아니라고 주장하고 있다. '인간적인 오류'라는 말을 처음으로 기술적 용어로 사용한 사람은 존 로크이다. 1960년 인간적 이해에 대한 에세이에서 로크는 argumentum ad homimen 이외에도 argumentum ad veredundiam, argumentun ad ignorantiam, argumentum ad judicium을 소개했다. 로크가 논리적 오류의 범주를 나누는 데 선구적인 역할을 한 것으로 평가되는 것도 그 때문이다.

19 Appeal to Authority권위에의 호소Argumentum ad Verecundiam; appeal to authority; misuse of authority : 비논증적인 오류의 하나로 자신의 권위를 강조하거나, 자신감을 내비치는 것으로, 아리스토텔레스가 말한 에토스(ethos)에 호소한다고 하여 윤리적 오류(ethical fallacy)라고 하기도 한다. 가령 "대학 교수로서 대입 제도에 형평성의 문제가 있다고 생각한다"라는 진술문에서 화자는 자신의 설득력의 근거를 자신의 교수라는 직업에 근거하고 있음을 알 수 있다. 별다른 증거나 논거가 없이 스스로의 전문성이나 권위를 내비침으로써 상대방의 신뢰를 얻고자 하는 경우가 윤리적인 오류에 해당한다. 윤리적의 오류의 대척점에 있는 것이 자신의 지위를 낮춰 상대방의 동정을 사려는 '동정에 호소하는 오류(argumentum ad misericordiam)'일 것이다.

20 Sweeping Generalization: 성급한 일반화의 오류의 반대 개념으로 일반화의 무차별적 적용이

로 인한 오류로 우연적 관계, 복합적 결과의 오류, 그릇된 방향의 오류이 있고, 전제를 흑백 논리로 접근하는 오류, 그릇된 흑백논리 오류 하나의 전제가 같은 방향의 전제를 연쇄적으로 일으킨다는 '낙타코 오류' 등이 모두 내용적 오류에 속한다.

언어적 오류는 논쟁상의 논리 구조 바깥에 위치한다. 전제가 옳고, 추론이 합당하며, 결론이 잘 이어져도 커뮤니케이션 언어가 모호하거나 빈약하면 오류를 범하는 것이다. 의도적이거나 무의식적으로 어떤 단어나 문단, 혹은 주요 용어의 뜻이 논쟁 과정 안에서 변형을 일으켜 기상천외의 결론에 도달하는 다의성에 의한 애매모호함(equivocation)이 여기 해당한다. 예를 들면 '좋은 결혼보다 좋은 건 아무것도 없다. 한편 피자는 아무것도 없는 것보다 낫다. 따라서 피자는 좋은 결혼보다 좋다(Nothing is better than good marriage, Pizza is better than nothing. Therefore pizza is better than good marriage)'는 식의 논리 전개가 있다고 가정해보자. 논리적으로 연결은 시켰지만 뜻이 엉뚱한 데로 흘러 다른 의미로 변환이 되어버렸다. 문법상의 오류 등으로 문장 안에서 오해나 모호함이 발생하는 애매함의 오류(amphiboly)도 있다. 예를 들면 '너무 상태가 나빠서 그녀는 가구를 싼 값에 샀다(Being in a poor condition, she was able to buy the furniture cheaply)'는 표현의 경우, '상태가 나쁘다'는 표현이 그녀에 대한 것인지 가구에 대한 것인지 모호하다. 또 다른 언어적 오류로 많은 양의 증거와 예시와 수많은 표현으로 상대방을 제압하려는 말 많음에 따른 증명(proof by verbosity)을 들 수 있다.

라고 부른다. 전자가 일부를 근거로 전체에 대해 결론을 성급하게 내리는 것이라면 이것은 전체에 대한 일반적인 통념을 일부 구체적인 상황에 여과 없이 적용시키는 과정에서 발생하는 오류로 고정관념(stereotype)이 이에 해당한다.

(2) 가정오류 vs. 인간오류 vs. 논점오류 vs. 암시오류

헤릭(Herrick, 2011)은 논리적 오류를 분류하는 또 다른 방법으로, 그릇된 가정을 주입함으로서 발생하는 가정오류(fallacies of faulty assumption), 논리보다 사람이나 상황에 화살표를 돌리는 인간오류(fallacies directed to person), 주의를 흐트러뜨려 논점을 흐리는 논점오류(fallacies of case presentation), 결론을 암시하는 암시오류(fallacies of suggestion) 등 네 가지를 제안했다. 각각의 오류에 속하는 세부 오류와 사례는 다음과 같다.

가. 가정오류

무지에 의한 오류(arguing from ignorance): 증거가 없어도 결론에 도달할 수 있다는 오류로서, 반대 논리를 증명하지 못했으므로 자기의 논리가 옳다고 주장하는 오류이다. 증명하지 못했으므로 반대의 논리가 성립한다고 믿는 것도 여기 속한다.

연속성에 의한 오류(continuum fallacy): 연속선상의 양적 변화가 동의하지 않으면 일어나지 않는다고 생각하는 오류. "가난이라는 것은 정부가 지어낸 추상적 개념이다. 도대체 가난의 기준이 뭔가? 연봉 3천만원 이하? 1천만원 이하? 가난과 넉넉한 수입의 기준을 나누는 방법은 없다"라는 진술에서, '적절한 수입'에 대한 기준을 세우기 어렵다고 해서 가난을 이야기할 수 없는 건 아니다.

질문 구함 오류(question begging): 논란의 여지가 있는 질문을 마치 이미 답이 내려진 결론처럼 다루는 오류. "워싱턴에 진보적 리더십이 4년 더 지속되기를 원하는가?"라는 질문 속에는 정권 교체에 대한 열망이 결론처럼 담겨 있다.

나. 인간오류

인간성에의 호소(Ad Hominem): 논점보다 사람을 공격하는 오류. "좌파 빨갱이" "어린 학생" 등으로 대상의 특성을 공격하거나 대상의 실수를 이용하는 것, 대상이 처한 상황을 공격하거나 대상을 악인에 비교해 공격하는 오류이다.

독이든 우물 오류(Poisoning the Well): 위와 유사한 개념으로, 논쟁의 상대방 자체를 부적합한 인물로 만들어버리는 오류. "결혼도 하지 않고 아이도 키워보지 않은 당신이 무얼 알겠는가?"라는 식의 논리 전개를 말한다.

바람풍 오류(Tu Quoque Fallacy): 'and you also'의 라틴어이다. 어떤 잘못을 한 사람은 비슷한 류의 일에 대해 조언도 할 수 없다고 치부하는 오류. "대학 다닐 때 공부도 하지 않고 놀러 다닌 당신이 어떻게 나에게 공부를 하라고 할 수 있습니까?"라고 하는 것을 예로 들 수 있다. 자신이 공부를 하지 않았어도 다른 사람에게 공부하라고 조언할 수는 있는 것이다.

대중에의 호소(Ad Populum): 논점보다 대중의 생각과 경향에 맞춰 논리를 세우는 오류. 다수의 믿음을 근거로 주장을 펴는 것을 말한다. 다들 그렇게 믿으니 당신도 그렇게 믿는 것이 맞다고 주장하는 식이다.

다. 논점오류

허수아비 오류(Straw Man Fallacy): 논점과 다른 가상의 허수아비를 만들어 놓고 공격하게 하는 오류. 타인에 의해 제시된 주장을 왜곡되게 해석한 후 그것에 대해 공격하는 것을 말한다. 상대방의 주장을 편의대로 해석하는 오류다.

현미경 오류(Majoring on Minors): 중요한 논점은 차치하고 미세하고 부수적인 논점에 집중함으로써 관심을 분산시키는 오류를 말한다. 가령 복지정책에 대한 논쟁을 할 때 큰 틀에서 복지 예산의 분배 같은 근본적인 이슈에 대해 논쟁하기보다 특정 질병의 의료수가에 집중하여 논쟁을 하는 식으로 큰 그림으로부터 상대방의 주의를 분산시키는 경우가 해당한다.

무시전략(Underdescription): 상대방에 제시한 논점을 지나치게 단순하게 해석하거나 순진한 것으로 돌려서 진지한 논쟁의 대상에서 제외시키는 오류를 말한다.

라. 암시오류

생략적 오류(Paralepsis): 상대방의 잘못을 거론하지 않겠다는 것으로 오히려 그의 잘못을 부각시키고 자신의 입장을 강화하는 오류.

선택적 오류(Selection Fallacy): 주장과 연관된 증거 중에서 자신에게 유리한 일부만 공개하고 나머지를 누락시켜 의도적으로 그릇된 결론을 유추하도록 이끄는 오류.

배열적 오류(Arrangement Fallacy): 주장을 뒷받침할 증거를 제시하는 순서를 뒤바꾸거나 중요도를 조작하여 상대방으로 하여금 잘못된 결론에 설득되도록 하는 오류.

(3) 논쟁 단계별 오류

에머슨과 그루텐도스트(Emeren & Grootendorst, 1992)가 제시한 10가지 논쟁의 규칙은 제3장 '논쟁의 규칙과 윤리' 부분에서 언급한 바 있다. 이 규칙들을 다시 요약하면 상호 대면의 단계에서 지켜야 할 규칙(규칙 1과 규칙 2), 상호 공격의 단계에서 지켜야 할 규칙(규칙 3과 규칙 4), 그리고 전제와 증거의 사용과 관련하여 지켜야 할 규칙(규칙 5~규칙 9), 모든 단계를 포괄하는 것으로 언어 사용과 관련된 규칙(규칙 10)으로 나누어볼 수 있다. 단계별로 발생할 수 있는 오류들을 규칙과 연결시켜 설명하면 다음과 같다.

우선 앞서 언급한 10가지 규칙을 상기하면, 쟁의 각 당사자는 자신의 관점을 갖고 명료하고 자유롭게 표현할 수 있어야 하며(규칙 1), 일단 입장을 피력한 사람은 논쟁에서 상대방이 요구할 때 자신의 입장을 방어해야 할 의무가 있다(규칙 2). 상대방의 관점을 공격할 때에는 반드시 제기된 관점과 관련된 논점을 공격해야 하며(규칙 3), 또 제기된 관점을 방어할 때에도 반드시 스스로 전개시킨 논리의 연장선에서 해야 한다(규칙 4). 논쟁의 참가자들은 상대방이 구체적으로 적시하지 않았다는 이유로 암시된 전제를 남용해서도 안 되며(규칙 5), 자신의 전제를 마치 이미 상대방에 의해 받아들여진 전제로 거짓 제시해서도 안 된다(규칙 6). 쟁점을 방어한 후 적절한 논증을 통해 완결되지 않은 상태에서 방어가 되었다고 오인해서도 안 되며(규칙 7), 논쟁의 과정에서 논리적으로 합당하거나 검증 가능한 방법으로 논쟁이 이루어져야 한다(규칙 8). 어떤 관점의 방어가 실패했다는 것은 상대방의 논리 전개에 따른 결과물이어야 한다(규칙 9). 마지막으로 논쟁의 당사자들은 모호한 언어나 충분히 명료하지 않은 방식을 사용해서는 안 되며, 상대방의 논점을 최대한 명료하게 이해하고 해석하려 노력해야 한다(규칙 10).

이상의 규칙에 어긋난 잘못은 종종 논리적 오류로 이어지며 논쟁의 원활한 소통을 방해한다. 각 규칙을 위배하는 사항을 기술하면 다음과 같다.

〈규칙 1의 위반〉 논쟁의 당사자들은 상대방이 각각의 관점을 피력하거나 피력된 관점에 대해 의문을 제기하는 것을 방해해서는 안 된다는 것으로, 어떠한 관점을 갖는 것 자체를 인정하지 않거나, 반대 입장을 제시하는 것 자체를 문제 삼아서는 안 된다. 처음부터 관점을 부인하는 것이 첫 번째 논리적 오류에 속한다. 상대방의 관점과 관련해서 관점의 제기를 막거나, 자신의 관점을 신성불가침한 것으로 여기는 것, 상대방과 관련해서는 협박하거나 동정심을 자극해 압력을 행사하는 것, 상대방이 바보스럽다고나 동기의 불순함을 의심한다거나, 과거나 현재의 언행 불인치를 지적하는 등 인간적으로 공격하는 것이 이 규칙을 위반하는 것이다.

〈규칙 2의 위반〉 일단 입장을 피력한 사람은 논쟁에서 상대방이 요구할 때 자신의 입장을 방어해야 할 의무가 있다. 논쟁의 시작은 어느 한쪽이 관점을 피력하고 그 관점을 관철시키려는 것에서부터 시작된다. 가령 범죄 용의자가 법정에서 재판을 받을 경우 이 용의자는 유죄 여부가 배심원에 의해 결정될 때까지 무죄라는 '무죄 추정의 원칙'에 따라 재판을 받게 된다. 여기서 그가 무죄가 아님을 주장하는 검사 측의 관점이 제기되면서 그에 대한 반론이 이어지며 쌍방 간의 논쟁이 시작되는 것이 보통이다. 이 경우 먼저 관점을 피력한 사람, 즉 용의자의 유죄를 주장하는 검사가 증거를 제시해야 하는 의무를 지닌다는 것이 두 번째 룰이다. 이 같은 규칙을 어기는 것이 논리적 오류를 범하는 것이다. 증거 제시의 부담을 피하거나 증거 제시의 부담을 떠넘기는 오류가 이에 해당한다. 자신의 입장이 증거를 필요로 하지 않을 정도로 자명한 것으로 돌리는 것, 자신의 입장이 옳다고 개인적으로 장담하는 것, 자신의 입장을 비판으로부터 면역되게 하는 것, 일방적인 논쟁에서는 입장에 반대하는 사람이 증거 제시의 부담을 지게 되어 있는 규칙을 무시하는 것 등이 이를 위배한 오류에 해당한다. 양방적인 논쟁에서는 추정의 원칙과 공정함에 따라 자신의 입장을 방어해야 한다.

〈규칙 3의 위반〉 관점을 공격할 때에는 반드시 제기된 관점과 관련된 논점을 공격해야 한다. 관점과 무관한 내용으로 공격하거나, 상대방의 관점을 흐리게 만드는 공격은 논증의 오류로 이어지게 된다. 자신의 입장과 관련해서는 상상속의 반대 입장을 만들어 상대방에게 제시하는 것, 개인이 아닌 그룹의 입장이나 견해를 제시하는 것, 가상의 입장을 자신의 것인 양 오인 받게 하는 것이 이에 속한다. 상대방의 입장과 관련해서는 상대방의 발언을 맥락을 무시한 채 왜곡해서 받아들이는 것, 상대방 입장에서 뉘앙스나 질적인 요소를 무시한 채 지나치게 단순화해서 받아들이는 것, 일반화나 절대화의 과정을 통해 상대방 입장을 과장하는 것이 규칙 위반 사례에 속한다.

〈규칙4의 위반〉 이 규칙은 자신의 관점을 방어하는 데 적용되는 것으로, 비논증적인(nonargumentative) 방법으로 설득하거나, 논제와 무관한 내용으로 방어할 경우 오류를 범하는 것이 된다. 제기된 관점에 대한 방어를 할 때에는 반드시 스스로 전개한 논리의 연장선에서 해야 한다. 논제와 어긋난 논쟁을 벌이거나, 논쟁을 통한 논거로 인해 방어하지 않고 비논쟁적인 설득법에 의해 자신의 입장을 방어하면 안 된다. 비논증적인 방법이란 청중의 감성을 이용해서 공격하는 것, 자신의 직위나 기타 다른 요소들을 강조함으로써 상대방의 반론을 잠재우려 시도하는 것 등이 들어간다.

〈규칙 5의 위반〉 논쟁의 참가자들은 상대방이 구체적으로 적시하지 않았다는 이유로 암시된 전제를 남용해서는 안 된다. 이 규칙을 위배한 논리적 오류는 표현되지 않은 전제를 부인하는 것, 표현되지 않은 전제를 과장하는 것 등이 포함된다. 많은 경우의 진술은 전제를 생략한 채 이루어진다. 가령, "자동차가 고장나서 엄마가 집에 계시다"라는 진술에는 "엄마는 주로 자동차를 타고 외출하신다"라는 전제가 생략되어 있다고 볼 수 있다. 여기서 전제를 "자동차가 없으면 꼼짝을 못 한다"로 강조 해석하거나, "차 사고를 당해서 집에 있다"고 왜곡 해석하는 것이 전제를 남용하는 오류에 해당한다.

〈규칙 6의 위반〉 상대방이 전제를 공유하는지 확인하지 않고 스스로의 전제를 공동의 전제인 양 제시하거나, 상호 합의된 전제를 부인하는 것은 규칙 위반이다. 자신의 전제가 마치 자명한 것인양 강요하는 것, 결론이나 제안을 증거 없이도 입증 가능한 것으로 밀어붙이는 것, 전제가 표현되지 않았다는 이유로 자신의 전제를 숨기를 것, 자신의 입장을 마치 논거처럼 제시하는 것은 위반이다. 또한 상호 인정한 전제에 대해 의심을 표시하면서 받아들이지 않는 것도 규칙 위반이라고 할 수 있다.

〈규칙 7의 위반〉 자신의 관점이 적절한 논증 방식으로 방어되지 못했을 경우에는 스스로의 관점이 방어되었다고 여길 수 없다. 앞서 제시한 다양한 논증의 방법들, 즉 연역법이나 귀납법, 예시를 통한 논증, 유추를 통한 논증, 인과관계에 의한 논증 등 다양한 형태의 논증 방식을 통해 적절하게 자신의 관점을 방어하지 못했을 경우, 혹은 선택한 논증 방식은 적절했으나 내부적인 논리 구성에 오류가 있어 방어에 실패한 경우는 상대방의 논박을 받아들일 준비를 해야 한다.

〈규칙 8의 위반〉 논쟁에는 논리적으로 유효한 방법이나 확실한 전제에 기반을 두고 확인된 것이 아닌 방법은 사용할 수 없다. 논증의 필요조건과 충분조건을 혼돈하여 일부 필요조건만으로 충분한 설득이 이루어졌다고 여기거나, 혹은 전체와 부분을 혼돈하여 일부만 방어하고도 전체를 방어했다고 여기는 경우 규칙 위반이 된다.

〈규칙 9의 위반〉 관점의 방어에 실패할 경우 관점을 제기한 측은 그 관점을 포기해야 하며, 의문을 제기한 측에서는 그 의문을 거두어야 한다. 상대방이 관점을 철회 한 후에도 상대방이 계속 공격하는 것은 룰에 어긋난다. 자신의 입장을 방어했다고 해서 논쟁이 끝난 것은 아니다. 또한 상대방이 상대방 입장을 성공적으로 방어하지 못했다고 해서 자신의 입장이 자동적으로 옹호된 것이 아니다. 이를 혼돈 하는 경우가 규칙 위반이며 논리적 오류를 가져온다.

〈규칙 10의 위반〉: 논쟁의 당사자는 혼돈스럽거나 불명료한 방식으로 접

논쟁의 단계	적용 규칙	오류
상호 대면의 단계	1	● Argumentum Ad Baculum[21] ● declaring a standpoint sacrosanct ● Argumentum Ad Hominem
	2	● Argumentum Ad Verecundiam ● Argumentum Ad Ignorantiam
상호 공격의 단계	3	● Straw man fallacy[22]
	4	● Argumentum Ad Populum ● Argumentum Ad Verecundiam ● Argumentum Ad Misericordiam[23] ● ignoratio elenchi[24]
전제와 증거 사용의 단계	5	● Straw man fallacy ● denying an unexpressed premise
	6	● denying an accepted starting-point ● falsely presenting something as a common starting point ●evading the burden of proofs(falsely presenting a premise as self-evident) ● Circular Reasoning(Petitio Principii) ● fallacy of many questions
	7	● Slippery Slope ● Post Hoc Ergo Propter Hoc ● Fallacy of Secundum Quid ● Argumentum Ad Consequentiam ● False Analogy
	8	● Fallacy of affirming the consequent[25] ● Fallacy of denying antecedent[26]
	9	● Fallacy of making an absolute of the failure of the defense
언어 사용 관련	10	● Ambiguity

Emerson & Grootendorst, 1992 발췌 재구성

근해서는 안 되며, 상대방의 논리를 조심스럽고 명료하게 해석해야 한다. 모호한 어법이나 문법상의 오류를 남용해 내용 전달이 부정확하면 논쟁을 할 수 없다. 은근히 시사하는 발언 또한 자제해야 한다. 또한 상대방의 메시지도 문맥에 충실하고 명료한 단어에 의거해 확실하게 경청하고 읽으려는 자세를 지녀야 한다.

이상에 언급한 논쟁 단계별 오류를 규칙과 함께 표로 정리하면 옆의 표와 같다.

---

21 Argumentum Ad Baculum; appeal to feal; appeal to force; 공포심에 호소: 가장 극단적인 방법은 암살, 살인, 협박 등의 물리적 방법으로 논쟁의 상대방을 없애버리거나 글자그대로 입을 막아버리는 방법일 것이다. 논쟁에 있어서 상대방을 위협하는 방법을 argumentum ad baculum, 즉 회초리에 의한 논리적 오류라고 부른다. 여기서 baculum이란 라틴어로 회초리, 막대기라는 뜻으로, 물리적인 압력이나 협박 등을 상징한다. 위협적인 상황에서는 논리적인 논쟁이 불가능하다. "입 닥쳐!" "이 문제에 대해 다시 한 번 거론하면 혼내주겠다"는 식의 발언을 해서 상대방이 "가만히 있는 편이 차라리 낫겠다"는 생각을 갖게 하는 것이 이에 속할 것이다. 우즈와 월튼(Woods & Walton, 1989)은 이런 종류의 오류는 논리의 영역을 벗어나는 것이므로 논리적으로 대처할 성격이 아니라고 주장하고 있다. 논쟁의 실제 상황에서 이 같은 오류는 훨씬 교묘하고 간접적으로 행해져 정확히 짚어내기 어려운 경우가 많다. 스스로 이 같은 오류를 범하고 있지 않다는 사실을 상대방에게 확인시키기 위해 "물론, 어떤 입장을 갖는 것은 전적으로 당신의 자유이다"라는 등의 표현을 사용해 논쟁을 유효하게 지속시키기도 한다.

22 Fallacy of Strawman 허수아비 관점으로 초점 흐리기: 공격할 대상(관점) 대신 허수아비를 가상으로 세워놓고 공격하거나, 상대방의 관점을 보다 공격하기 수월한 대상으로 치환시켜놓는 오류를 말한다. 이는 공격하는 쪽과 방어하는 쪽 모두에게 해당한다. 관점을 제기하는 측에서는 자신의 관점을 보다 포괄적이고 유리하게 기술함으로써 상대방의 입지를 좁게 만들 수 있으며, 공격하는 하는 측에서는 상대방의 관점을 맥락에서 분리시켜 놓고 임의대로 해석하고 공격할 수 있다. '모든'을 '일부'로 바꿔 해석하거나, 그 반대로 부분을 전체로 둔갑시키는 것, 평범한 진술을 강조 화법으로 바꿔 상대방의 입지를 좁혀놓는 수법이 가능하다.

23 Argumentum Ad Misericordiam: 논쟁 도중 "어떻게 나에게 그럴 수가 있느냐, 넌 내가 불쌍하지도 않느냐"는 식으로 반응하며 눈물을 뚝뚝 흘린다면, 상대방은 더 이상 논쟁을 지속시키기 어려울 것이다. 상대방, 혹은 배심원등의 제3자에게 스스로를 가련하게 보이게 해서 자신의 입장을 설득시키려는 방법을 동정에 의한 논리적 오류라고 한다. 상대방의 입을 막기 위한 이러한 방법은 주로 한쪽이 부탁을 하는 상황에서 주로 사용된다. 법정에서는 범죄 용의자의 변호를 맡은 사람이 배심원이나 판사를 대상으로 용의자의 딱한 처지를 이야기하며 선처를 호소하기 위해 자주 사용하는 방식이기도 하다. 월튼(1987)은 동정에 호소하는 이 같은 방법 역시 앞서 언급한 '회초리에 의한 논리적 오류'와 마찬가지로 논리의 영역이 아니라 실제적이고 심리적인 영역에 속하므로 논리적으로 대처할 대상이 아니라고 주장하고 있다. 함블린(Hamblin, 1970)과 키엘코프(Kielkopt, 1980)에 따르면 동정에 호소하는 논증 방식이 모두 논리적 오류라고 보기는 어려우며, 그 중 일부가 오류에 해당한다는 분석을 하고 있다.

24 ignoratio elenchi: 논점 상위의 허위, 혹은 논지무시(論旨無視)의 허위라고도 한다. 논증하려고 하는 것과 외견상으로 비슷하거나, 혹은 약간의 관계를 갖고 있는 것에 불과한 다른 어떠한 결론을 얻어, 그것으로 논증할 수 있다고 하는 증명상의 오류.

25 Fallacy of Affirming the Consequent: 조건부로 제시된 것을 논리적 결론으로 오도하는 오류를 뜻한다. "만약에 P면 Q다. Q다. 고로 P다"로 이어지는 논리적 오류이다. 가령 "만약에 그가 요트를 갖고 있다면 그는 부자다(P), 그는 부자다(Q), 고로 그는 요트를 갖고 있다(P)"는 식의 논리 전개가 여기 속한다.

26 Fallacy of Denying Antecedent: 여기서는 선행된 전제를 부인하는 오류를 뜻한다. 가령 "이 영화를 보고 울면, 그는 인간이다. 그는 영화를 보고 울지 않았다. 고로 그는 인간도 아니다"라는 논리는 "만약에 P면 Q다. P가 아니다. 고로 Q가 아니다"로 요약될 수 있다.

16. 오류의 설득력

지금까지 나열한 다양한 오류들은 논쟁 상황뿐 아니라 일상 소통에서도 흔하게 사용된다. 뿐만 아니라 그럴듯한 논리처럼 제법 설득적이어서 논쟁을 종종 유리하게 끌고 가는 무기로 동원되기도 한다. 앞서 논쟁이란 생각이 다른 사람과 대화하는 규칙에 다름 아니며 규칙을 어기는 것이 오류라고 지적했는데, 스포츠 경기처럼 논리적 오류를 범했다고 해서 벌점을 주거나 논쟁의 장에서 퇴장시킬 수는 없는 일이다. 오히려 논리와 흡사한 오류를 능란하게 구사하는 웅변가를 만나면 청중과 논쟁의 상대자가 그의 논리(혹은 궤변)에 넘어가기 십상이다.

논리와 오류는 형제처럼 닮아 있는 경우가 많다. 예를 들어 논쟁에서 변화의 옹호자는 증거를 제시해야 하는 의무를 지니는데, 그 규칙을 역으로 이용하여 부담을 슬쩍 피하거나 오히려 상대방에게 그 의무를 떠넘기는 경우가 있다. 증거 제시의 의무를 회피하는 '면역 전략(Immunization Strategy)'이 그것이다. 어떤 관점을 피력하며 증거를 제시하지 않거나 방어할 필요가 없는 형태로 제시하는 오류로서, 스스로 제기하는 관점에 대해 증거나 방어를 상대방 측에서 요구하는 것 자체가 필요 없다는 식의 논리 전개를 말한다. 논쟁적인 구조를 띠고 있으므로 상대방은 헷갈리기 쉽다. "물론 여러분들도 모두 명백하게 동의하시겠지만……"으로 이야기를 시작하거나, "……는 부인할 수 없는 사실입니다" "정신이 온전한 사람이라면 누구나 동의할 것입니다"라고 기정사실화하여 논리를 펴나간다면 언뜻 그럴법하게 들릴 것이다. 그러나 이는 자신이 논거의 증거를 제시해야 하는 의무를 회피하는 행위일 뿐 아니라 반론을 제기하는 상대방의 전문성, 성실성, 인간성에 함께 문제를 제기하는 행위이기도 하다. 자신의 입장을 견고하게 하기 위해 "세상 사람들이 모두 그렇듯이……" "프랑스 사람들은 일반적으로 ……" "여성들은 모성애가 강한 것처럼……" 등의 일반화의 오류를 범하기 쉬운데, 이 역시 자신의 증거 제시 부담을 회피하는 방법이다. 자신의 위치를 모든 사람이 동의하는 어떤 위치, 즉 공격의 위험이 없는 면역적 위치에 가져다놓음으로써 반론하려는 상대방을 무색하게 만드는 전략인 것이다.

설득과 아첨도 닮은꼴인 경우가 많다. '아부에 호소(Appeal to Flattery; Apple Polishing)'라는 오류는 설득보다 아첨을 통해 상대방의 입장을 바꾸려 하는 오류를 말한다. 일상생활에서 흔히 벌어지는 오류로, 물건을 파는 사람이 물건의 장점보다 고객의 취향이나 몸매 등에 칭찬을 아끼지 않아 환심을 사는 장면을 생각해보면 쉽게 이해될 것이다.

자연 현상에 빗대 자신의 입장을 옹호하려는 시도는 '자연 현상에 의존하는 오류(Appeal to Nature; Natural Law Fallacy)'라고 한다. 자연 현상은 옳다는 전제하에 자연 현상과 유사한지 여부를 놓고 옳고 그름을 판단하는 오류다. '세상은 모름지기 물 흐르듯 살아야 한다'거나 인간들 세상 역시 동물의 세계처럼 약육강식의 원리가 지배한다고 주장하는 것은 언뜻 그럴듯하게 들리지만 논거가 없는 오류라고 할 수 있다.

논리를 무조건 따르는 것도 오류로 이어질 수 있다. '논리에의 맹종(Ad Logicam)'이라는 오류는 논리 과정이 옳지 않으므로 결론은 무조건 틀린 것이라고 결론짓는 오류를 말한다. 논리는 합리적인 사고의 과정으로서 중요한 것이지 그 자체가 옳고 그름의 판단 기준이 될 수는 없다. 논리를 맹신하다 보면 오히려 합리적인 결론을 방해하는 경우가 생긴다.

유머 상황에서 앞과 뒤가 맞지 않는 것을 연결하여 웃음을 자아내는 경우가 종종 있는데, 이런 오류를 '앞뒤 안맞음(Non Sequitur: it does not follow란 뜻의 라틴어)의 오류'라고 한다. 무관한 전제와 결론의 오류로서, 앞의 전제와 뒤의 결론과 논리적으로 연결되지 않는 경우를 말한다. 자체로서는 말이 되지 않지만 사람들의 웃음 코드를 자극할 경우 좋은 유머 소재가 될 수 있다.

어떤 일의 필요조건과 충분조건을 혼돈하는 것에서도 오류가 발생한다. 한 가지 조건을 충족시켰다고 해서 반드시 어떤 결론에 이르는 것이 아닌데도 사람들은 일상생활에서 필요조건만으로 전체를 이해하려는 경향이 있어 발생하는 오류이다.

또한 사람들은 여러 상황에서 스스로 혹은 상대방에게 질문을 던지는 일이 많이 있는데, 복잡한 질문을 하며 간단한 답을 요구하거나, 상충되는 질문을 하며 한 가지 답을 요구하는 경우가 있다. 구체적인 상황이나 조건의 설명 없이 무조건 예/아니오로 대답하라는 요구를 받기도 한다. 이런 경우를 '다중 질문(Plurium Interrogationum; Many Questions; Double-barreled Question)에 의한 오류'라고 한다.

논쟁 상황에서 불리해지면 상대방의 주의를 다른 곳으로 돌리려는 시도를 한다. 제시되는 주장과 직접적으로 관계없는 사실을 주장의 근거처럼 언급하거나, 상대방의 판단을 흐리는 다양한 시도를 '주의 분산의 오류(Red Herring; Smoke Screen; Wild Goose Chase; Irrelevant Conclusion)'라고 한다. 이와 유사하게 어떤 논증에 접했을 때 자신에게 유리한 측면만을 받아들이고 불리하다고 생각되는 주장이나 증거는 외면하는 경우도 있는데, 이를 동전의 한 면만 바라본다는 뜻에서 '동전의 일면(Single-sidedness) 오류'라고 한다. 모두에게 적용되는 기준이나 원리를 유독 자기 자신에게만은 예외적으로 적용시키지 않으려는 이기적인 발상을 한다면 이는 '특별한 탄원(Special Pleading) 오류'라고 한다.

자신의 잘못을 지적당할 때 다른 사람이나 상대방의 잘못을 들춰내며 그러니 나에게는 잘못이 없다고 우긴다면 일관성 혹은 균형이 옳고 그름보다 앞선다고 생각하는 '부정적 균형(Two Wrongs Make a Right)의 오류'를 범하는 것이 된다. 자신의 생각이나 행위가 옳다고 유리한 방향으로 해석하여 정당성을 부여하는 것은 '합리화(Justification)의 오류'이다.

사람들은 대화에서 '만약……였다면'이라는 표현을 곧잘 써서 상대방의 공감을 얻곤 한다. 그러나 이도 엄밀히 따지면 일어나지 않았거나 미래에 일어나지 않을 수도 있는 일을 마치 과거에 일어났던 것처럼 충분한 증거 없이 단정하는 데서 발생하는 '가설의 오류(Fallacy of Hypothesis)'를 범하는 것이다. 질문을 할 때 처음부터 질문 내용에 답변을 담아서 하는 것도 '유도심문(Loaded question) 오류'에 속한다.

책방에 가면 '모든 논쟁에서 이기는 방법'과 비슷한 제목의 서적을 많이 발견한다. 실용서에 속하는 이런 책들은 주로 논리와 오류의 경계를 굳이 따지지 않고 게임의 기술로서 논쟁을 접근하고 있거나, 논쟁 자체를 아예 게임으로 다루는 것이 특징이다.

대철학자 아르투르 쇼펜하우어(Arthur Schopenhauer, 1788-1860)는 1830년 무렵 '논쟁과 토론에서 이기는 38가지 기술'을 집필했다. 그는 강하게 공격하는 기술 열두 가지, 더 강하게 반격하는 기술 열한 가지, 결론을 이끌어내는 기술 일곱 가지, 위기에서 탈출하는 기술 여덟 가지를 나열했는데, 이 중 대부분이 논쟁의 규칙을 어기거나 논리적 오류를 활용한 것들이다. 우선 강하게 공격하는 기술로 그가 든 것은 1. 동기 부여를 통해 의지에 호소한다 2. 자신이 누리고 있는 권위를 최대한 활용한다 3. 논증이 안 된 내용을 기정사실화하여 전제로 삼는다 4. 자기에게 유리한 비유를 신속하게 선택한다 5. 불합리한 반대 주장을 함께 제시해 양자택일하게 한다 6. 내용이 없는 말을 심오하고 학술적인 말로 둔갑시킨다 7. 상대방의 대답을 근거로 자기 주장의 진실성을 확보한다. 8. '예'라는 대답을 얻어낼 수 있는 질문을 던진다 9. 상대방을 화나게 만들어 올바른 판단을 방해한다 10. 말싸움을 걸어 무리한 주장을 하도록 유도한다 11. 뜻밖의 화를 낸다면 그 부분을 집요하게 물고 늘어진다 12. 상대방의 침묵은 곧 상대방의 약점이다 등이다.

더 강하게 반격하는 기술도 크게 다르지 않다. 쇼펜하우어는 앞의 열두 가지 논쟁법에 만족하지 않고 13. 상대방의 주장을 최대한 넓게 해석해 과장한다 14. 동음이의어를 이용해 교묘하게 반박한다 15. 상대적 주장을 절대적 주장으로 바꿔 해석한다 16. 전문 지식이 부족한 청중들을 이용해 반박한다 17. 상대방의 말과 행동이 모순되는 지점을 찾는다 18. 상대방의 논거를 역이용해 반격한다 19. 단 하나의 반증 사례만으로 상대방을 제압한다 20. 사안을 일반화하여 보편적인 관점에서 반박한다 21. 상대방의 주장을 이미 반박된 범주 속에 집어넣는다 22. 틀린 증거를 빌미삼아 정당한 명예까지도 반박한다 23. 상대방의 궤변에는 궤변으로 맞선다와 같은 열한 가지 논쟁법을 보태어 기술했다. 뿐만 아니라 결론을 이끌어내는 기술로 쇼펜하우어는 24. 상대방이 자신의 결론을 미리 예측하지 못하게 한다 25. 결론을 이끌어내는 질문을 두서없이 한다 26. 참 전제가 안 통하면 거짓 전제로 결론을 도출한다 27. 거짓 추론과 왜곡을 통해 억지 결론을 끌어낸다 28. 근거가 되지 않는 답변마저도 결론의 근거로 삼는다 29.개별 사실의 시인을 보편적 진리에 대한 시인으로 간주한다 30. 몇 가지 전제들에 대한 시인만으로도 얼른 결론을 내린다와 같은 것을 들었고, 위기에서 탈출하는 기술로 31. 반격당한 부분을 세밀하게 구분해 위기를 모면한다 32. 상황이 불리하다 싶으면 재빨리 쟁점을 바꾼다 33. 상대방에게 유리한 논거는 순환논법이라고 몰아붙인다 34. 질 것 같으면 진지한 태도로 갑자기 딴 소리를 한다 35. 반론할 게 없으면 무슨 소린지 못 알아듣겠다고 말한다 36. 이론상으로는 맞지만 실제론 틀리다고 억지를 쓴다 37. 불합리한 주장을 증명하기 힘들면 아리송한 명제를 던진다 38. 인신공격은 최후의 수단이다 등을 제안하고 있다. 그가 나열한 논쟁법을 훑어보면 앞서 지적한 다양한 논리적 오류와 규칙 위반 사항들을 망라하고 있다고 해도 과언이 아니다.

일설에 따르면 쇼펜하우어가 이런 내용의 책을 집필하게 된 배경에 헤겔과의 악연이 있다고 한다. 당시 주류 철학자였던 헤겔을 멸시하던 그는 베를린 대학에서 헤겔에게 밀리는 상황이 되자 헤겔을 현실성 없는 책상

철학자이며, 뛰어난 수사학으로 인류를 현혹하는 소피스트라고 비난했다고 한다. 그는 소피스트의 영역인 논쟁에 대해 냉소적인 입장에서 앞서 나열한 논쟁 기술을 집필했고, 미발표작으로 남아 있던 그의 논쟁술은 1864년 '토론술, 아르투르 쇼펜하우어의 육필 유고 중에서'라는 제목으로 처음 출간되었다.

사색과 독서, 글쓰기, 논리와 철학으로 일관된 삶을 산 쇼펜하우어는 애초부터 사고의 힘이 중시되는 철학의 영역과 설득의 기술이 요구되는 토론의 영역이 합치할 수 없다고 생각한 것 같다. 그의 그러한 입장은 고대 철학자들과 크게 다르지 않다. 아리스토텔레스는 '논리학과 토론술'을 동전의 양면처럼 여겼으나, 쇼펜하우어는 '토론술과 논리학이 고대로부터 동의어로 사용되어온 까닭에 이 두 단어의 의미를 자유롭게 구분해낼 수 없게 되었다는 것은 매우 유감스러운 일이다'라는 입장이었다. 그는 '논쟁적 토론술이란 무엇인가'라는 글에서 "내가 바라는 바로는 '논리학'('숙고하다', '계산하다', '언어', '이성'이라는 뜻의 어원을 갖고 있음)은 '사고의 규칙', 즉 '이성의 합리적 적용 방식'에 대해 연구하는 학문으로 정의되었으면 좋겠고, '토론술'은 '논쟁하는 기술'로 정의되었으면 좋겠다"라고 피력한 바 있다. 그에게 토론학이란 오로지 진리만을 추구하는 순수한 이성을 가진 사람의 소통이 아니라 두 명의 사람들이 서로 다른 의견을 가지고 있을 때 일어나는 논쟁 즉 정신적인 싸움에 가깝게 느껴졌을 것이다. 그는 또 '토론술'과 '논쟁적 토론술'을 구분하고, 후자는 정당한 방법은 물론이고 정당하지 못한 방법을 통해서라도 자신의 주장이 옳다는 것을 증명하는 논쟁 기술에 속한다고 보았다. 그러므로 이런 논쟁을 벌이는 사람은 진리가 아니라 자신의 주장을 위해 싸우게 되고, 이를 위해 각 개인은 '자신만의 고유한 간교함과 비열함이라는 보조 수단'을 동원한다는 것이다. 그는 토론술을 순수하게 이론적으로 정립하기 위해서는 객관적 진리(논리학의 문제)에 대해서는 신경 쓰지 말고, 단순히 논쟁에서 이기는 기술 정도로 간주하는 것이 중요하다고 믿었다.

영국 보수당의 싱크탱크인 애덤 스미스 연구소 소장인 매슨 피리(Madsen Pirie)는 2006년 『모든 논쟁에서 이기는 방법(*How to Win Every Argument*)』이라는 책을 출간했다. 의회 디베이트의 산실이자 17세기 커피하우스로 거슬러 올라가는 유서 깊은 토론과 논쟁의 나라인 영국에서 나온 이 책에 제시된 내용도 논리와 오류의 혼돈 지점에서 다양한 논쟁 기법과 별반 다르지 않다. 그는 오류의 종류를 형식 오류와 비형식 오류로 크게 나누고, 다시 비형식 오류를 네 가지로 나누었다. 형식 오류는 논리 구조 자체에 이상이 있는 것을 말하고, 비형식 오류는 추론 과정은 타당하지만 형식에 비해 내용이 따라가기에 부족한 경우를 말한다. 형식 오류에는 앞서 지적한 다양한 오류 중 후건 긍정, 전건 부정, 전제 부정, 모순 전제, 부정 전제에서 긍정 결론을 도출하는 방법 등이 포함되어 있다. 네 가지 비형식적 오류는 언어상의 오류, 필요한 요소를 생략하는 오류, 무관한 요소를 개입시키는 오류, 부당한 전제를 사용하는 오류로 구성되며, 감정에 호소하는 논증, 무지에 근거한 논증, 애매한 표현에 근거한 논증, 입증 책임의 증가 등이 이에 포함된다.

그는 위의 분류 기준에 입각해 다양한 논쟁법을 나열해놓았는데, 예를 들면 '같은 말을 결론에서 되풀이하라(선결문제 요구)' ' 끝에 가서 딴소리를 하라(전제들을 부정)' '내 주장이 틀렸다는 것을 입증해보라고 반격하라(입증 책임 전가)' '다다익선의 법칙을 이용하라(다수를 이용한 논증)' '미심쩍을 때는 일부보다 전부를 언급하라(실존적 오류)' '때로는 가난도 무기가 된다(가난을 이용한 논증)' '복잡한 말로 상대의 혼을 빼놓아라(중개념 부주연)' '변화에는 큰 위험이 따른다고 주장하라(미끄러운 비탈길)' '지적인 상대일수록 감정에 호소하라(감정에 호소하는 논증)' '이미 지나간 사건이면 확률 법칙을 들이대라(사후 통계)' '한쪽 면만 집중적으로 부각시켜라(편향된 분석)' '힘이 있으면 논리보다 힘을 내세워라(힘에 의한 논증)' 같은 것들이 그것이다.

쇼펜하우어나 피리의 이런 접근을 통해 배울 수 있는 것은 궤변이나 오류를 통한 논쟁의 실효성이 아니다. 오히려 역설적으로 그런 궤변으로부터 자신의 논리를 지키는 방법에 가깝다고 할 수 있다. 상대방이 어떤 입장을 관철시키기 위해 동원하는 다양한 방법에서 오류와 궤변을 걸러낼 수 있다면 불필요한 감정의 소모나 당황스러움을 줄이고 보다 효과적으로 자신의 입장을 주장하고 생산적인 토론을 할 수 있을 것이다.

부록

I

논쟁의 분석

언론의 개방담론 논증 구조 분석

매스미디어가 사회에서 수행하는 중요한 기능의 하나로 상관 조정 기능을 꼽는다. 상관 조정 기능이란 단순한 사실 보도의 차원을 넘어서 환경에 관한 정보의 의미를 해석하고 대응책을 처방해 사람들의 태도 형성에 영향을 주는 매스미디어의 기능(오택섭 강현두 최정호, p.36)으로, 주로 주관적 가치가 개입된 사설 논평 해설 등을 통해 이루어진다. 동일한 사건 혹은 사안에 대한 다양한 해석은 의견의 다양성과 표현의 자유에 기인한 자연스러운 현상이다. 따라서 다양한 의견의 교환은 상호 설득과 이해를 도모해 건전한 공론을 형성하는 순기능을 발휘할 수 있다. 반면 상관 조정 과정에서 편견이나 불공정성이 부당하게 개입될 경우 해석의 다양성을 오히려 제한해 사회 순응적 시각을 확산하는 역기능으로 이어질 위험도 있다.

언론의 상관 조정 기능을 통한 공론의 형성은 민주주의의 실현에 필요한 소위 '사회적 자본(social capital)' 논의의 기초가 된다. 정치사회학자 퍼트남(Putnam, 2000)은 미국 공동체의 붕괴를 지적하며 점점 줄어드는 '사회적 자본'에서 그 원인을 찾았다. 사회적 자본은 개인이 참여함으로써 특정한 행동을 가능하게 만들어주는 사회적 구조 혹은 사회적 관계의 한 측면을 말하며, 상호 이익을 도모하기 위한 조정, 행동을 쉽게 해주는 네트워크, 규범 및 사회적 신뢰와 같은 사회 조직의 특징을 지닌다. 사회적 자본은 사회를 통합하는 기제로 작용하며, 여론 형성의 기본 조건이자 과정이며, 여론의 결과물이기도 하다.

민주주의 사회에서 사회적 자본의 확충이라는 언론의 역할에 주목한 메리츠(Merritt)는 언론이 '시민'을 '공중'으로 길러내야 한다며 그를 위해 '정보 언론(journalism of information)'에서 '대화 언론(journalism of conversation)'으로 변화해야 한다고 역설했다. 이를 위해 언론인들은 첫째, 사회 구성원이 공유하고 그들에게 연관된 정보를 찾아 보도해야 하고, 둘째, 그 정보의 의미를 해석하고 토론하는 방법에 대해 보도해야 하며, 셋째, 의사 결정의 기반이 되는 공통적인 가치를 찾아 보도해야 한다고 주장했다(McCombs & Merritt, 2004). 사람들이 원하는 것은 단지 많은 양의 뉴스가 아니며 이해를 확인하고 공유하는 데 있기 때문이라는 것이다. 소위 '공공저널리즘' 논의와 맥을 같이하는 이 같은 시각은 가속화되는 개인화와 상업성을 담보로 한 언론의 지나친 객관성 추구가 사회 통합을 와해시킬지도 모른다는 위기의식에서 나온 것으로, 민주주의 구현을 위한 언론의 공적 기능을 환기시키고 있다.

의견 보도에 대한 언론의 시각은 변화를 거듭해왔다. 1840년대 일전신문(페니프레스) 등장 이전의 미국 언론은 당파적 의견의 집합소였다. 그러나 전신 기술이 발명되면서 뉴욕을 중심으로 AP통신이 설립되고, 각기 다른 정파의 언론을 취합해 보도하는 직업적인 기제로 언론들은 사실과 의견을 분리하고 뉴스의 객관성을 추구하는 쪽으로 선회한다. 20세기 들어

두 차례의 세계 전쟁을 치르면서 사실에 깃든 정확성과 절대적인 가치에 대한 회의가 일어나면서 새로이 정치 칼럼을 신설하는 등 의견 보도를 재평가하기 시작했다(Shudson, 1978). 사실과 의견의 분리 원칙은 현재까지 지속되고 있으나, 정보의 양이 기하급수로 늘어나는 정보화 시대에 들어서면서 또다시 의견의 가치가 주목받고 있다. 이와 관련, 라쉬(Lasch, 1990)는 언론의 객관성 추구로 말미암아 오늘날 공적 토론이 사라졌다고 개탄하면서, 언론의 의견 보도가 공동체에 대한 관심을 높이고, 구성원들의 참여 욕구를 높여 정치적 냉소와 무관심을 해소하고 투표율을 높이는 데 기여한다고 주장했다.

물론 이 같은 흐름은 미국 언론을 논의의 배경으로 하고 있으나, 언론의 정파성과 의견보도의 영역이 종종 사회적 논점으로 등장하는 국내 언론계에도 적지 않은 시사점을 던진다. 갈등 이슈의 끊임없는 부상, 그로 인한 사회 통합의 위험, 다양한 이념적 이해관계의 충돌로 점철된 우리 사회에서 건전한 의견 보도를 통한 공론장 활성화는 정책 결정 과정의 합리화와 민주화를 도모할 수 있는 중요한 문제이다. 더욱이 보도 대상이 되는 사건사고와 이슈의 선정, 중요도의 우열 가림 등에도 끊임없이 언론의 가치기준이 작용한다는 구성주의적 관점에서 이 같은 언론의 의견보도 영역에 대한 조명은 언론 행위를 이해하는 중요한 단서가 된다고 하겠다.

본 연구는 언론의 사실 보도 영역이 아닌 이슈의 발굴과 논점 형성 영역에 주목, 스크린쿼터 축소 논제를 다룬 국내 9개 일간지의 사설과 칼럼 등에 표출된 개방 담론에 내재한 이슈와 그 이슈를 둘러싼 논증 구조를 분석한다. 여기서 이슈란 찬성과 반대의견의 교차점에서 발생하는 다양한 논점을 말하며, 따라서 근본적으로 논쟁적(controversial)인 성격을 지닌다. 스크린쿼터제의 축소라는 이슈에는 크게 찬성과 반대 입장이 내재하고 있으며, 어느 한 쪽이 설득적으로 다른 쪽의 논리를 움직이고자 할 때 다양한 증거를 사용한 논리적인 접근을 시도하는데, 그 상호 과정을 논증(argumentation)이라고 정의한다(Toulmin, 1958). 즉 감정적이거나 근거 없는 주장은 글자그대로 '주장(claim)'이며, 주장이 증거의 힘을 받았을 때 비로소 '논증'이 되고, 상호 논증의 교환을 통해 제안된 정책에 대한 판단의 근거를 추구하는 과정이 곧 '토론(debate)'인 것이다.

스크린쿼터제 축소라는 이슈는 또 다시 작은 하부 이슈들로 구성되어 각각의 영역에서의 논리를 구축하는 기제로 활용된다. 정책에 대한 토론은 정책 제안자와 반대자 사이에서 이루어지며, 정책의 제안자는 주로 다음과 같은 세 가지 질문에 대한 답을 주는 이슈를 발굴해 논점을 구성해야 한다. 첫째, 현 상태(status quo)의 유지가 위해한가? 다시 말해, 현 상태로는 도저히 목적을 달성할 수 없기에 새로운 정책이 필요한가? 둘째, 새로이 제안된 정책이 현 상태가 안고 있는 문제점을 해결할 수 있는가? 셋째, 제안된 정책이 가장 바람직한 해결책인가? 혹시 그 정책으로 인해 발생하는 또 다른 문제는 없는가? 첫째 질문은 동기적 이슈(motive issue)를 발굴하는데 도움을 주고, 두 번째 질문은 치유 이슈(cure issue)의 발굴에, 셋째 질문은 비용 이슈(cost issue)의 발굴에 각각 도움을 준다. 즉 축소 찬성 입장에서의 '동기 이슈'의 일례로 "스크린쿼터제의 현행 유지가 한–미 관계를 악화시킬 것이다"를 들 수 있고, 축소 반대 입장에서의 '치유이슈'의 일례로 "스크린쿼터를 줄인다고 국내 경제가 나아지지 않는다"는 것이 있으며, 역시 축소 반대 입장에서의 '비용 이슈'로서 "스크린쿼터제 축소로 얻어지는 경제적 효과보다 문화적 침략의 폐해가 더 클 것이다" 등이 있다. 언론이 만들어내는 스크린쿼터 관련 개방화 담론은 이슈를 중심으로 이루어지며 대개 그 안에서의 찬성 혹은 반대의 입장을 표명하고 있다. 언론이 유통시키는 그 같은 의견과 논리를 바탕으로 공적인 담론이 형성되어 그 여론이 정책 결정에 반영되는 것이 이상적인 민주사회의 언론과 공론의 관계이다. 각각의 이슈는 찬–반으로 나뉘어 각기 다른 증거를 논거로 삼아 사회적인 토론이 이루어지고, 이 같은 토론을 바탕으로 상호 설득과 합의를 도출하거나, 상반된 입장의 타진이 가능하기 때문이다. 언론의 의견 보도 영역은 이 같은 담론의 이슈화와 토론의 활성화를 통한 사회적 합의 도출에 기여해야 한다.

공공의제에 대한 토론 과정에서 개인이나 사회가 얻는 이득은 다양하다. 토론을 통해 민주 사회의 효과적인 참여를 유도할 수 있고, 비판적인 사고를 배양하며, 지식을 통합하고, 효과적인 결정을 유도하고, 글쓰기와 듣기 훈련을 증진시키며, 사회적인 성숙도를 높이고, 개인의 표현력을 향상시키고, 무엇보다도 다양한 입장과 견해에 노출되어 합리적인 판단을 하도록 도와준다(Freeley, Steinberg, 2005).

기존의 저널리즘 연구들이 주로 언론 보도의 사실 영역에 초점을 두고 있는 데 비해 본 글은 언론의 의견 영역, 즉 사설 칼럼 등에서 개진되는 우리 사회의 논점 형성과 논쟁 진행 양식을 분석하는 것에서 의의를 찾을 수 있다. 이 글은 언론이 발굴해 보도하는 이슈의 논쟁 기제로서의 효율성을 점검하고 논점의 체계화 및 찬-반 의견의 균형 여부를 분석해 문화 개방 담론을 구성하는 우리 사회의 의견 유통에 대한 시사점을 찾고 더 나아가 의견쓰기의 바람직한 방향을 제안하는 것을 목적으로 한다.

이를 위해 다음과 같은 연구 문제를 설정한다.

연구 문제 1. 스크린쿼터 축소에 대한 국내 언론의 의견보도는 찬성, 반대, 중립 중 어떤 입장 분포를 보이고 있는가. 언론사별 의견 분포는 어떠하며, 정부 비판 논조와의 관계는 무엇인가.

연구 문제 2. 찬성과 반대 의견은 동기-치유-비용 이슈의 포괄적인 접근이라는 측면에서 각기 논리 구성의 밀도와 양상에 어떠한 차이를 보이는가.

연구 문제 3. 찬성과 반대 의견에 각기 우세하게 적용된 근거(data)와 주장(claim)은 무엇이며, 근거와 주장 사이의 조건(warrant)은 무엇인가.

분석 대상 및 방법

앞서 밝혔듯 논증의 수사적 분석은 "주장과 근거와 전제를 분리해내서 어떤 종류의 전제가 명시적으로 드러나 있으며 어떤 전제가 숨어 있는지를 밝혀내는 것"(Hart, p.99)이다. 이를 위해 국내 9개 일간지에 실린 스크린쿼터제 관련 사설 및 칼럼을 대상으로 찬-반 및 그에 따른 논증의 존재 여부, 논증에 사용된 이슈의 유형, 툴민의 논증 구조 분석을 알아본다. 연구 대상이 되는 사설 및 칼럼은 한국언론재단의 종합검색시스템인 카인즈를 통해 '스크린쿼터'를 키워드로 검색, 2005년 6월부터 2006년 6월까지 나타난 사설 및 칼럼 118건을 1차 걸러낸 후, 이중 스린쿼터라는 단어가 언급되었을 뿐 주제와 연관성이 떨어지는 51건을 제외한 67건의 사설 칼럼을 직접 분석의 대상으로 선정했다. 각 일간지별 카인즈 데이터베이스 검색 건수와 직접분석 대상 기사 건수는 〈표 1〉과 같다. 스크린쿼터제 축소 시비를 둘러싼 문화개방 관련 논의는 수년전부터 있어온 것이지만 지난 1년간은 한-미간 자유무역협정 논의와 맞물려 가장 활발했던 시기이다. 최근 몇 년 사이의 스크린쿼터제 관련 논의의 추세를 보기 위해 2001년부터의 사설 칼럼을 다시 검색, 〈표 2〉와 같은 결과를 얻었다. 그 어느 해보다도 2006년 상반기에 스크린쿼터제 관련 가장 많은 건수의 사설-칼럼이 게재되었음을 알 수 있다.

연구자는 67건의 사설-칼럼을 스크린쿼터제 관련 입장 중 찬성-반대-중립으로 나누고, 찬성 측과 반대 측이 각각 제안한 이슈가 정책이슈모델에서 제안한 세 가지 범주의 이슈, 즉 현 상태의 문제점에 대한 진단(동기), 문제를 해결할 대안의 지시(치유), 제안된 지시의 합리성과 적합성 논변(비

〈표 1〉 언론사별 분석대상 스크린쿼터제 사설-칼럼 개제 건수(괄호 안은 직접분석대상)
기간: 2005년 6월 7일~2006년 6월 7일

언론사	조선	동아	한겨레	경향	문화	한국	세계	서울	국민	합계
기사 건수	8 (4)	11 (5)	28 (13)	11 (7)	16 (13)	17 (8)	7 (2)	11 (7)	9 (8)	118 (67)

〈표 2〉 2001에서 2006년 6월까지 스크린쿼터 관련 사설 칼럼 개제 건수

	2001	2002	2003	2004	2005 괄호안은 상반기 게재건수	2006년 6월까지	합계
조선	3	1	13	3	3(1)	6	29
동아	1	4	8	6	4(2)	9	32
한겨레	2	2	11	5	8(3)	23	51
경향	5	4	7	4	1(0)	10	31
문화	1	0	6	2	8(5)	13	30
한국	2	2	9	5	1(0)	16	35
세계	2	1	3	4	2(1)	6	18
서울	1	1	6	6	6(1)	6	26
국민	1	4	7	7	2(0)	7	28
합계	18	19	70	42	35(13)	96	280

용)이 찬-반 측에서 각기 얼마나 포괄적으로 다루어졌는지 살펴보았다. 이는 찬-반 측 논리 구성의 밀도와 함께 우리 사회에서 스크린쿼터제 관련 논의가 주로 어떤 이슈에 집중되고 있는지 명시적으로 보여주게 될 것이다.

분석 중 핵심을 이루는 부분은 툴민의 논증 구조를 이슈별 논증 구조에 적용해 강조된 요소와 실종된 요소를 찾아내는 것이다. 즉 근거(data)와 주장(claim) 사이가 논리적으로 연결이 되는지, 그 둘을 잇는 조건(warrant)의 설득적 강도는 어느 정도인지, 생략된 논리와 비약된 논리는 없는지를 통

해 사설이 '합리적인 담론(reasoned discourse)'으로 우리 사회에서 기능하는지 점검해볼 것이다.

연구 결과

1) 찬-반-중립 입장과 정부 비판

1-1. 찬-반-중립 의견 분포

스크린쿼터 축소와 관련, 국내 언론의 의견 보도는 반대 의견이 다소 우세했다. 9개 신문 67건의 사설 및 칼럼 중 찬성 논조는 20건, 반대 논조는 27건을 차지했고, 중립 논조는 20으로 찬성과 같은 비율을 보였다〈표 3〉.

1-2. 언론사별 찬-반-중립 의견 분포

언론사별 찬-반-중립 분포는 〈표 4〉와 같다. 찬-반-중립 분포가 대강의 균형을 이룬 것과는 달리 언론사별로 극명한 편차가 나타났다. 중립 논조의 기사는 현장 스케치 중심의 기자 칼럼과 정부를 비판하는 사설 등이 이에 속했다. 스크린쿼터제에 대한 중립 논조를 유지하면서 정부에 대한

〈표 3〉 스크린쿼터 의견보도 찬-반-중립 분포

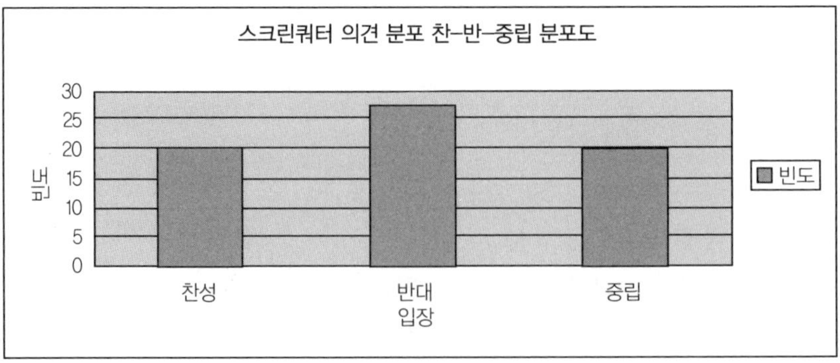

〈표 4〉 각 언론사별 찬–반–중립 분포

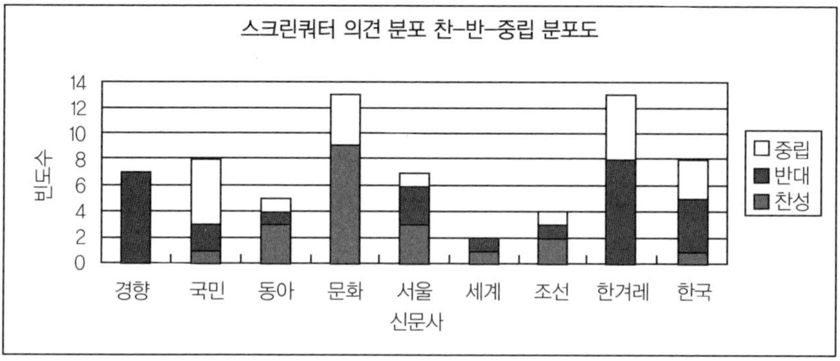

비판을 나타낸 사설은 따라서 스크린쿼터 축소라는 정부 방침에 대한 비판이 아니라 정책 이행 과정에서의 졸속 처리, 국민 설득 부재, 향후 우려, 대통령의 리더십 스타일 등 정책 외적인 내용에 초점을 두고 있었다.

1–3. 스크린쿼터 관련 논조와 정부비판과의 관계

1–2에서 스크린쿼터 축소에 대한 논조를 보았다면, 1–3에서는 스크린쿼터 축소 논조와 정부 비판 논조의 관계를 보았다. 〈표 5〉에서 보듯 스크린쿼터 축소라는 정부 방침에 찬성하는 논조의 칼럼 및 사설에서 정부를 비판한 내용을 보인 것은 단 한 건에 불과했다. 그러나 스크린쿼터제 축소에 반대하는 의견, 즉 정부 방침에 반대하는 의견 중에 정부를 비판한 내용은 절반(51.9%)에 불과, 반대론자 중에서 스크린쿼터 관련 정책과 정부 방침을 분리해서 수용하는 경향을 보인 것으로 드러났다. 전체적으로 정부에 대한 비판 논조는 34%(23건)였다.

〈표 5〉 스크린쿼터에 대한 입장과 정부 비판

			입장			Total
			찬성	반대	중립	
정부비판	무	Count	19	13	12	44
		% within 입장	95.0%	48.1%	60.0%	65.7%
	유	Count	1	14	8	23
		% within 입장	5.0%	51.9%	40.0%	34.0%
Total		Count	20	27	20	67
		% within 입장	100%	100%	100%	100%

2) 찬-반 의견의 논리 구성

찬성과 반대 의견의 구성 밀도를 알아보기 위해 정책 논쟁 이슈 개발 모델 중에서 현상 유지의 위험성과 문제점을 지적하는 동기적 접근, 새로이 제안된 정책의 해결적 능력에 초점을 둔 치유적 접근, 새 정책의 합리성과 적절성 문제에 초점을 맞춘 비용적 접근이 개별 의견 기사에 얼마나 고르게 반영되고 있는가를 알아보았다. 앞서 언급했듯, 위의 세 가지 접근은 반대 의견의 공세에 대응하기 위한 토론(디베이트) 전략상의 기술로, 논리 구조의 밀도를 높이는 방식으로 사용되어 온 방식이다. 일반적으로 새로운 논리의 개발이나 이슈의 공략은 현상 유지를 고수하려는 쪽보다 새로운 정책으로 변화를 가져오려는 쪽에서 더욱 많은 노력을 기울이기 때문에 더욱 밀도 높은 논리 구조를 보이게 되어 있다. 그러나 스크린쿼터 축소 논쟁은 축소가 정부 방침으로 정해진 상황에서 이루어지고 있다는 특수성 때문에 현상 유지의 개념을 무엇으로 보아야 할 것인지에 대한 논란이 가능하다. 따라서 현상에 대한 객관적인 진단 유무로 동기적인 접근을 측정했다. 그 결과 현상 진단은 양측에서 고루 높게 나타났다〈표 6〉. 이는 각기 현상태의 문제점에 대한 인식을 바탕으로 논거를 제시했다는 것을 뜻한

〈표 6〉 찬-반-중립 의견간 현상태의 문제점 지적(현상 진단) 논거 사용 비교

			입장			Total
			찬성	반대	중립	
현상진단	무	Count	3	6	9	18
		% within 입장	15.0%	22.2%	45.0%	26.9%
	유	Count	17	21	11	49
		% within 입장	85.0%	77.8%	55.0%	73.1%
Total		Count	20	27	20	67
		% within 입장	100%	100%	100%	100%

〈표 7〉 찬-반-중립 의견간 새로운 정책의 치유효과(대안 제시) 논거 사용 비교

			입장			Total
			찬성	반대	중립	
대안제시	무	Count	10	21	17	48
		% within 입장	50.0%	77.8%	85.0%	71.6%
	유	Count	10	6	3	19
		% within 입장	50.0%	22.2%	15.0%	28.4%
Total		Count	20	27	20	67
		% within 입장	100%	100%	100%	100%

다. 현상을 진단한 후 현상이 지닌 문제점에 대한 해결책으로 새로운 정책 제시가 되어 있는가, 즉 새로운 제안이 문제의 해결책으로 제시되고 있는지 여부가 〈표 7〉에 나타나 있다. 스크린쿼터제 축소에 대한 반대 입장이 찬성에 비해 많았음에도 불구하고 반대 의견 측의 대안 제시가 찬성 측에 비해 적었다. 이는 반대 측의 새로운 대안이 사실상 현행 스크린쿼터제의 유지 고수라는 데에서 기인했다고 할 것이다. 더 나아가 새로운 대안의 합

〈표 8〉 찬-반-중립 의견간 새 제안의 합리성(대안 제시) 논거 사용 비교

			입장			Total
			찬성	반대	중립	
대안합리	무	Count	16	27	19	62
		% within 입장	80.0%	100.0%	95.0%	92.5%
	유	Count	4	0	1	5
		% within 입장	20.0%	0.0%	5.0%	7.5%
Total		Count	20	27	20	67
		% within 입장	100%	100%	100%	100%

리성이나 적합성에 대한 논변에서도 찬성 측이 반대 측을 앞서고 있을 뿐 아니라, 반대 측에서는 현행 스크린쿼터제의 적합성이나 합리성에 대한 적합성 논변을 전혀 펴고 있지 않는 것으로 드러났다. 이는 현행 스크린쿼터제를 지지하는 측이 현상 유지를 고수하는 것 이외의 다른 논리를 개발하고 있지 못하고 있다는 것을 뜻하기도 한다〈표 8〉.

3) 논쟁 공동체(argument fields)의 발견

스크린쿼터제 축소에 찬성하는 측과 반대하는 측의 논거를 살펴보기 위해 각 사설 혹은 칼럼에 개진된 증거를 경제적 근거, 문화적 근거, 정치적 근거, 기타 등으로 나누어 중복 체크했다. 그 결과 찬성 측에서는 경제적 근거가 우세하게 사용되었고, 반대 측에서는 문화적 근거가 우세하게 사용된 것으로 드러났다. 즉 축소 찬성 측에서는 스크린쿼터제 축소 주장의 논거로 주로 경제 발전의 중요성, 개방의 경제적 효과, 세계 시장 개방 추세 참여의 당위성 등을 들은 반면, 스크린쿼터 축소 반대 측에서는 문화다양성 확보, 문화제국주의에의 경계심, 헐리우드의 국내 영화 침투 등 문화적 논거를 들고 있었다. 찬성 측의 문화 쪽 논거 사용은 20%, 반대 측의 경제

쪽 논거 사용은 22.2%(〈표 9〉 참조)로, 상대방 논거의 활용이 2할 정도에 불과했다. 서로 다른 논거에 대부분 의거한다는 것은 상호 논박이 어려운 구조를 나타낸다. 또한 뚜렷한 논거가 발견되지 않는 글도 찬성 측에서 25% 반대 측에서 11.1%나 차지, 설득적인 주장글로서의 함량 미달을 드러냈다. 논증과 설득이라는 것이 입장이 다른 사람들 사이의 의사소통 행위라는 점에 비추어 이 같은 자체적 논거의 확대 재생산은 의견의 양극화를 부추겨 의사소통을 저해하는 요인이 된다. 즉 찬성과 반대 측은 상호 대화가 불가능한, 각기 다른 논쟁 공동체를 형성하고 있다는 결론이다.

논쟁 공동체(argument fields)란 "의사소통의 전제가 되는 이유의 합리성에 대해 공감하는 공동체(Whedbee, 1998)"로 정의된다. 여기서 공동체란 논쟁의 대상을 선정하는 일, 그 대상의 중요성을 결정하는 일, 논쟁 대상의 우선순위를 논하거나, 논쟁 여부 없이 받아들이는 일 등이 이루어지는 관념적인 마당(fields)을 뜻한다. 즉 비슷한 문제의식과 전제를 공유하는 공동체 내부에서는 논쟁을 통한 합리적인 갈등 해결과 설득이 가능하나, 상이한 전제를 내세우는 공동체와는 동일한 논리로 의사소통이나 설득이 불가능하다. 논쟁 공동체에 맞는 새로운 설득의 기술을 사용해야 하는 것이다. 본 연구 결과 나타난 두 개의 논쟁 공동체 중 스크린쿼터제 축소에 찬성하는 논쟁 공동체에서는 스크린쿼터제를 둘러싼 영화계, 혹은 문화쪽 논리를 중요한 논쟁의 대상으로 다루지 않고 있으며, 반대하는 측에서 역시 국가경제 발전이라는 논리의 토대에서 출발하기보다 문화계의 당면한 이슈로 논점을 집중시키고 있었다. 토론과 논쟁의 기본은 상대방의 논리에 대한 반박이라는 차원에서 이 같은 양측 사이의 인식의 거리는 상호 의사소통과 설득의 개연성을 감소시키는 요인이 된다.

툴민은 증거, 즉 사실 근거(data)와 주장(claim)을 연결시키는 논거(warrant)를 중심으로 논증의 구조를 설명하며 최종 주장의 설득력은 전제가 아니라 조건에 달려 있다고 했다. 독자나 청중이 논증의 조건을 받아들

〈표 9〉 찬-반 의견간 논거 유형별 사용 비교

			입장			Total
			찬성	반대	중립	
근거유형	없음	Count	5	3	15	23
		% within 입장	25.0%	11.1%	75.0%	34.3%
	경제	Count	7	6	2	15
		% within 입장	35.0%	22.2%	10.0%	22.4%
	문화	Count	4	12	1	17
		% within 입장	20.0%	44.4%	5.0%	25.4%
	정치	Count	1	1	0	2
		% within 입장	5.0%	3.7%	0.0%	3.0%
	경제문화	Count	2	3	1	6
		% within 입장	10.0%	11.1%	5.0%	9.0%
	경제정치	Count	1	2	1	4
		% within 입장	5.0%	7.4%	5.0%	6.0%
Total		Count	20	27	20	67
		% within 입장	100%	100%	100%	100%

일 준비가 되어 있지 않을 때에는 '반드시' 조건을 강화하는 증거가 덧붙여져야 한다는 것이다(Toulmin, 1958). 상호 설득과 토론의 요건은, 따라서 증거에 따른 설득이 아니라, 전제를 공유하는 증거 찾기에 달려 있다고 할 수 있다. 그런 면에서 스크린쿼터 축소 반대 측과 찬성 측은 각기 나름대로의 증거를 들어 권위적인 논증(①) 실질적인 논증(②) 동기적인 논증(③) 등으로 논리적인 접근을 하고 있으나, 그들의 논증에서 논거(warrant)를 뒷받침하는 증거의 사용이 미약한 것으로 드러나 상대방 논리에 대한 고려가 부족함을 나타내고 있다. 상대방 논리의 부재는 논박의 가능성을 현격하게 떨어뜨려 의사소통을 감소시키고, 상호 설득을 어렵게 만든다. 이를 툴민

의 논증 모델로 풀어보면 다음과 같다.

〈표 10〉 스크린쿼터 축소 찬성 측 논증 모델

근거(Data):
① 정부가 한미자유무역협정을 추진하고 있다.
② 시장개방은 기회의 확대를 가져온다.
③ 개방의 흐름을 거역하면 국제적으로 외톨이가 된다.

주장(Claim):
스크린쿼터제 축소를 포함한 한미자유무역협정이 국가경제를 발전시킬 것이다.

논거(Warrant):
① 정부가 추진하는 경제발전정책이 옳다.
② 개방은 경제적 번영의 기회를 가져다준다.
③ 국제적으로 고립되면 경제적 발전을 도모하기 어렵다.

〈표 11〉 스크린쿼터 축소 반대 측 논증 모델

근거(Data):
① 정부가 한미자유무역협정을 추진하고 있다.
② 시장개방은 문화다양성을 위축시킨다.
③ 스크린쿼터가 줄면 헐리우드 영화가 물밀듯이 들어온다.

주장(Claim):
스크린쿼터제 축소를 포함한 한미자유무역협정이 국내영화를 위축시킬 것이다.

논거(Warrant):
① 정부의 정책은 문화를 경시한다.
② 우리 고유의 문화를 지키는 것이 중요하다.
③ 헐리우드 영화는 국내영화계를 위축시킨다.

논의

언론의 의견보도가 우리 사회의 주의 주장을 증폭시키는가, 아니면 대화와 토론을 유도하는가라는 물음에서 출발한 본 연구는 한미자유무역협정과 관련된 개방 담론이 언론의 의견 보도의 영역에서 어떻게 이루어지는지 검토하기 위해 스크린쿼터제 관련 사설 및 칼럼을 대상으로 수사 분석을 시도했다. 방법론적 틀로는 논증학자 툴민(Toulmin)의 논증 모델(Argumentation Model)과, 정책 논쟁 이슈 모델(stock issues model)을 적용했다. 논증의 수사적 분석은 주장과 근거와 조건을 분리해내서 어떤 종류의 조건이 명시적으로 드러나 있으며 어떤 조건이 숨어 있는지를 밝혀내는 것으로, 툴민의 논증모델은 논증을 구성하는 요소, 즉 근거(data)와 주장(claim)과 논거(warrant)의 구성 방식을 살펴봄으로써 논증에서 강조되거나 누락된 부분을 명시적으로 보여준다는 강점을 갖고 있다. 정책 논쟁 이슈 모델은 현대적 정책 논쟁을 효율적으로 수행하기 위해 19세기 들어 체계화되고 활용되어온 모델로, 현상 유지(status quo), 현재의 문제점(problem), 제안된 해결책(proposed solution) 등 세 가지 변수의 조합을 이용해 정책의 제안자들은 효과적으로 자신들의 논리를 이해시키고 반대 의견의 모든 경우의 수에 대비하기 위해 사용한 전방위적이고 포괄적인 이슈 발굴 및 제안 방법이다.

스크린쿼터 축소에 대한 국내 언론 의견 보도의 찬성, 반대, 중립의 입장 분포와 언론사별 차이에 초점을 둔 연구문제 1과 관련, 연구 결과 국내 9개 일간지의 의견보도에 나타난 스크린쿼터제 축소 관련 태도는 반대 의견이 우세한 가운데 찬성과 중립 의견이 균형을 이루었으나, 언론사별 편차는 큰 것으로 나타났다. 또한 스크린쿼터제 축소에 반대하는 의견, 즉 정부 방침에 반대하는 의견 중에 정부를 비판한 내용은 절반(51.9%)에 불과, 반대론자 중에서 스크린쿼터 관련 정책과 정부 방침을 분리해서 수용하는 경향을 보인 것으로 드러났다.

찬성과 반대 각각의 의견의 논리 구성과 밀도의 양상(연구문제 2)을 파악하기 위해 정책 논쟁 이슈 개발 모델 중에서 현상 유지의 위험성과 문제점을 지적하는 동기적 접근, 새로이 제안된 정책의 해결적 능력에 초점을 둔 치유적 접근, 새 정책의 합리성과 적절성 문제에 초점을 맞춘 비용적 접근이 개별 의견 기사에 얼마나 고르게 반영되고 있는가를 알아보았다. 스크린쿼터 축소가 정부 방침으로 정해진 상황에서 이루어지고 있다는 특수성 때문에 현상에 대한 객관적인 진단 유무로 동기적인 접근을 측정했다. 그 결과 현상 진단 쪽 논리는 찬성과 반대 양 측에서 고루 사용된 것으로 나타났다. 스크린쿼터제 축소에 대한 반대 입장이 찬성에 비해 많았음에도 불구하고 반대 의견 측의 대안 제시가 찬성 측에 비해 적었고, 새로운 대안의 합리성이나 적합성에 대한 논변에서도 찬성측이 반대 측을 앞서고 있었다. 반대 측에서는 현행 스크린쿼터제의 적합성이나 합리성에 대한 적합성 논변을 펴고 있지 않을 뿐 아니라 현행 스크린쿼터제를 고수하는 것 이외의 다른 논리를 개발하고 있지 못하고 있다는 것을 의미한다. 정책 논쟁은 현상을 유지하려는 세력과 변화를 시도하려는 세력 사이의 공방이며, 변화를 가져오려는 측이 더욱 단단하고 치밀한 논리로 현상 유지를 타파하려고 하는 것이 일반적이다. 그러나 국내 언론의 의견 보도는 스크린쿼터 축소 찬성 측이 반대 측에 비해 현 상태의 문제 구성에서 대안의 합리성 지적에 이르는 다양한 논리를 구비하고 있었다. 정부 방침으로 정해졌음에도 불구하고 현상을 유지(스크린쿼터 축소)하려는 논리가 현상을 되돌리려는(현행 스크린쿼터제 유지) 논리보다 더 밀도 있게 구성되었음을 알 수 있다.

찬성과 반대 의견에 각기 우세하게 적용된 근거(data)와 주장(claim), 그리고 근거와 주장 사이의 논거(warrant)에 주목한 연구 문제 3과 관련, 툴민의 논증 모델을 적용해 분석해본 결과 스크린쿼터제 축소 반대 논증과 찬성 논증 사이에는 전제의 공유나 조건의 공유가 발견되지 않아 각기 다른 논쟁 공동체(argument fields)를 구성하고 있음이 드러났다. 서로 다른 논리와 전제를 가진 논쟁 공동체는 이슈의 선택과 증거의 사용에서 상호 반박이나 설득이 어려운 구조를 갖고 있다. 양측의 논쟁 모델에서 드러난 논거(warrant)가 반대편에게, 혹은 우리 사회 전체에 설득력을 지닌 논변으로 전달되기 위해서는 툴민의 지적처럼 그 조건을 뒷받침할 수 있는 논거보강(backing)이 '반드시' 수반되어야 함에도, 국내 의견 보도는 증거의 사용에서 미흡함을 나타냈다.

이상의 결과는 우리 사회의 다양한 이슈들을 발굴해 보도함으로써 논점을 이슈화 하고 상호 토론을 유도하는 기제로서의 언론이 보완해나가야 하는 방향을 시사한다. 언론이 '시민'을 '공중'으로 길러내고, '대화하는 언론'으로 자리매김하기 위해서는 찬성과 반대 의견이 내재해 있는 이슈를 보도할 때 상호 반대되는 입장 측과 공유하는 논리를 먼저 확보하는 것이 중요하다. 공유하는 논리는 양측이 서로 만나는 접점을 제공하며, 그 접점에서 증거 수집과 제시가 이루어져야 비로소 상호 설득이 가능하기 때문이다. 상호 설득의 과정은 건전한 토론을 유도하고 그 결과물로서 건전한 공론을 형성할 수 있다.

언론이 각기 속한 '논쟁 공동체'의 자체 논리에 함몰될 때, 사회는 도그마에 빠지고 갈등의 타협점을 찾기 힘들게 된다. 아리스토텔레스가 정의한 말의 본래적 기능인 설득적인 역할을 회복하는 것은, 말을 근간으로 하는 언론이 우리 사회의 갈등을 해소하는 건전한 중재자로 거듭나는 것을 뜻하기도 한다. 이를 위해 언론의 의견 보도 부분에 대한 자기 성찰과 기술적인 정교함이 보완되어야 한다. 〈한국언론정보학보 통권 36. 2006년〉

II

용어 해설

Academic debate 아카데미식 디베이트　교육을 목적으로 하는 토의. 교육기관의 지도하에 주로 학생들에게 교육의 기회를 제공하기 위한 목적으로 교육기관의 지도하에 수행되는 토론.

Advocacy 옹호, 지지　공적 상황에서 특정 입장이나 사상을 옹호하거나 반대하는 행동.

Affirmative case 긍정측 안건　정책 논쟁에서 현상 유지에 도전하는 긍정측에서 펼치는 일련의 논쟁

A Fortiori Argument 한층 강화된 논쟁　라틴어 'a fortiori'란 '더 강한 근거의' '더욱더 그럴법한'의 뜻으로, 어떤 결론보다 더 강한 근거의 논쟁을 의미한다. 가령 죽은 사람에 대해 '숨을 쉬지 않는다'고 한다면, 그 논리는 더욱 강해질 것이다.

Ambiguity 모호성　단어나 구, 절의 의미가 모호하거나 여러 가지로 해석되는 것으로 언어 사용상의 오류에 속한다.

Applied debate 응용 디베이트　어떤 논제에 대하여 구속력 있는 결정을 하기 위한 목적으로 재판관이나 청중 앞에서 하는 토론.

Applied generalization 일반화의 응용에 의한 논쟁　인과관계가 아니라도 일반화된 진실로 받아들여지는 현상이나 진술에 의한 연역적 논증이다.

Arguing in a circle 순환논법　논리상의 오류의 하나. 논점절취(論點切取)의 허위(petitio principii)라고도 불린다. 증명을 필요로 하는 결론을 슬며시 전제로 사용하는 논법이다. 즉 A라고 하는 사항을 증명하기 위해 그 전제가 되는 B라고 하는 사항이, A를 전제로 하지 않으면 증명될 수 없는 경우이다.

Argumentation 논쟁　근거를 수반한 주장. 그 주장을 상호 커뮤니케이션 상황에서 주고받으며 자신의 논점을 설득시키는 과정을 말한다. 자신의 행동, 신념, 태도, 그리고 가치를 증명할 의도가 있는 사람들이 있는 커뮤니케이션 상황에서 이유를 제공하는 행위.

Artistic Proof 기술 내적 증명　아리스토텔레스가 말한 증명의 일종으로 전적으로 변론가의 능력에 의한 실천 영역으로서 논리적인 조작을 통해 자료의 설득력을 확보하는 증명.

Backing 논거보강　툴민(Toulmin)의 논쟁모델에서 논거(warrant)를 지지하기 위한 증거자료와 추론.

Burden of proof, 증거 제시의 부담　스스로 주장한 것을 증명해야 하는 의무. 긍정과 부정 측 모두에게 해당하며, 주장을 제기하는 측은 그 주장에 대해 자연스럽게 제기되는 추정을 뒤엎을 만한 충분한 증거를 제공해야 한다. 구체적 논쟁 상황에서의 증거 제시의 부담이란 일반적으로 긍정 측의 의무이다. 상대를 설득하기 위해 적절한 근거를 충분히 제시해야 한다. 현 상태에 대한 변화가 필요하다는 것을 증명해야 하는 부담.

Burden of rebuttal 반증의 부담 부정 측에서 긍정 측 주장 중 적어도 한 가지를 반박해야 하는 의무. 그렇지 않으면 긍정측이 우세해진다. 긍정측이 증명의 부담이 있다면 부정측은 반증의 부담을 안고 있다. 부정 측이 반박하지 않은 쟁점은 '침묵은 곧 동의'라는 토론의 원칙에 의해 긍정 측의 논리가 받아들여진 것으로 간주된다.

Burden of refutation 반박의 의무 반대 측 주장에 대해 반응하거나 반박을 해야 하는 의무로, 긍정측과 부정측 모두에게 해당한다. 반박의 의무를 하지 않을 경우 상대방 논증을 받아들이는 결과로 이어진다.

Causal application 원인 적용에 의한 논쟁 인과관계에 의한 논쟁과 유사하나 개별사항의 인과관계를 결론으로 하는 연역적 논증이다.

Causal correlation 인과관계를 통한 논쟁 원인과 결과의 관계를 파악해 유사한 원인이 있을 때 미래의 상황을 예측할 수 있다는 논리적 사고에 기반한 논쟁. 공변법, 일치법, 차이법 등이 있다.

Casual evidence 일상적 증거 자료 미래에 사용될 것을 염두에 두고 사전에 준비된 증거(예를 들어 출생증명서)가 아니라 의도하지 않게 생겨난 증거자료.

Categorical syllogism 포괄적 삼단 논법 대전제에 모든 일반화를 포함하는 경우를 말하며, '모든' '전체' '아무도' '어떤' ' 어떤 ……는 아니다', '어느 ……도 아니다' 와 같은 포괄적인 형용사가 사용된다. 포괄적인 삼단 논법을 구사하려면 다음과 같은 규칙이 있다: 세 가지 용어를 반드시 사용해야 하며, 그 세 가지 용어를 반드시 두 번 사용해야 한다. 한 가지 전제에는 한번만 사용할 수 있다. 적어도 하나의 전제는 긍정문이어야 한다, 하나의 전제가 부정문이면 반드시 결론이 부정문이어야 한다.

CEDA Cross Examination Debate Association의 약자로, 1971년부터 열리고 있는 미국 대학생 토론대회. 교차 조사식 토론이라고 한다. 주로 가치 주제를 토론의 논제로 삼았으나 지금은 정책 주제를 토론의 논제로 삼고 있으며 이후 토론학에서는 일반 명사화되었다. 현재 미국의 대학 간 토론 대회에서 가장 널리 사용되고 있으며, 찬–반, 긍정–부정 양 팀은 각각 두 사람으로 구성되며 토론자 개개인은 각각 세 번의 발언 기회를 갖게 된다. 각각 한 번 씩은 입론과 반박, 그리고 한 번씩의 교차 조사를 하게 된다.

Claim 주장 논쟁을 통해 구축하고자 하는 결론. 증거, 혹은 사실 근거(data 혹은 warrant)로 인해 뒷받침되어 논거를 갖추고 상대방을 설득할 수 있게 되나, 그러한 근거를 갖추지 못했을 때는 단순 주장으로 설득력을 발휘하기 어렵다.

Conclusive proof 확실한 증거 반박의 여지가 없는 확실한 증거. 법이 증거의 확실성을 인정하거나 합리적 의심의 여지를 뛰어넘어 반대 측 증거를 잠재울 수 있을 정도의 강력한 증거.

Conditional counterplan 조건적 대안 부정 측에서 특정 조건이 갖춰진다면 자신이 내놓는 대안에 대한 옹호를 하지 않을 수도 있다는 입장.

Conditional syllogism 조건적 삼단 논법 가언적 추리라고도 한다. 통상적으로는 대전제가 가언적 판단이며, 소전제와 결론이 정언적 판단이 되는 추리를 말한다. 만일 "S가 P이면, Q는 R이다"를 대전제로 하여, "S는 P이다"를 소전제로 하면, 결론은 "Q는 R이다"로 된다. "Q는 R이 아니다"를 소전제라고 하면 결론은 "S는 P가 아니다"로 된다. 전자는 가언적 판단의 전건을 긍정함으로써 후건을 긍정하는 것으로, 구성적인 가언적 삼단 논법 또는 긍정식(modus ponens)이라고 말하며, 후자는 후건을 부정함으로써 전건을 부정하기 때문에, 파괴적인 가언적 삼단 논법 또는 부정식(modus tollens)이라고 말한다.

Continuum fallacy 계속성의 오류 양적인 변화의 연속성을 부정하면 양적인 변화가 일어나지 않을 것이라고 믿는 오류.

Corroborative proof 확증 증거　동일한 사실이나 논제를 지지하는 증거를 다른 측면에서 강화하거나 확인하는 증거,

Counterintuitive rejection of evidence 증거 자료의 반직관적인 거부　청중이 직관적으로 잘못된 것으로 알고 거부하는 증거. 상식하고 명백한 사실에 대한 증거인 경우 적용된다. 가령 '취직이 해롭다'는 증거는 청중이 납득하기 어려우므로 거부할 것이다.

Counterplan 대안　부정 측에서 주장하는 계획으로 긍정 측의 계획과 경쟁 관계에 있으면서 더 우세한 정책 대안을 말한다.

Critical thinking 비판적 사고　어떤 생각을 분석하고, 비판하고 변호하는 능력; 연역적으로 그리고 귀납적으로 추론하는 것; 지식이나 신념에 대한 모호한 주장에서 타당한 추론을 도출하여 사실에 입각한 결론에 이르는 과정.

Cross Examination 교차 조사　상대 토론자의 논리상에 나타나는 문제를 부각시키는 심문 과정이자 논리적인 취약 부분을 탐색하는 토론의 감리 과정.

Debate 토론　정해진 규칙에 따라 긍정과 부정으로 대응하는 두 팀간에 주어진 논제에 대해서 논거에 의한 주장과 검증을 거듭하여 토의를 되풀이함으로서 이성적 판단을 내리거나 정책에 대한 결정을 내리는 커뮤니케이션 과정. 탐구와 옹호의 과정이며 논제에 대한 합리적인 판단을 탐색하는 것을 말한다.

Deductive reasoning 연역적 논증　이미 알고 있는 하나 또는 둘 이상의 명제를 전제로 하여 명확히 규정된 논리적 형식들에 근거해 새로운 명제를 결론으로 이끌어내는 방법이다. 일반적인 사실이나 원리에서 개별적이고 특수한 사실이나 원리를 이끌어내는 구조를 지닌다.

Definition of terms 용어에 대한 정의　논제에 포함된 단어의 의미에 대한 토

론자의 해석.

Degree of Cogency **추론의 타당성 정도** 툴민이 제안한 '확률치'와 관련된 개념으로, 논리에 대한 확신을 여러 단계로 나눈 단계를 말한다. 절대적인 진실에서 미량의 진실에 이르기까지 '확실성' '개연성' '그럴법함' '가능성'의 단계로 나눈다.

Dialectics **변증법, 문답법** 질의와 응답을 통해 모순을 배재하고 진리를 규명하는 방법. 고대 그리스학문 분야의 논리학에 해당한다. 아리스토텔레스는 수사학을 논리학과 동렬에 두어 수사학의 이론화에 기여했다. 명제와 사고의 속성으로 찬(thesis)과 반(antithesis)의 이성적 작용을 통해 진리를 규명하는 방법. 헤겔의 변증법으로서 그리스의 문답법 개념을 인류 역사 변천에 원용하여 정 반 합에 의해 변화한다고 본 방법. 마르크스에 영향을 미침.

Direct evidence **직접적인 증거 자료** 다른 사실에 대한 확실한 증거의 제시 없이 해당 사실의 현존을 직접적으로 보여주는 것.

Disjunctive syllogism **분리적 삼단 논법** 선언적 추리라고도 한다. 선언적 판단을 대전제로 하고, 어떤 것을 긍정하거나 부정하는 정언적 판단을 소전제로 하는 삼단 논법을 가리킨다. 'S는 P 또는 Q이다'를 대전제로 하고 'S는 P이다'를 소전제로 하면, 결론은 'S는 Q가 아니다'로 되고, 'S는 P가 아니다'를 소전제로 하면, 결론은 'S는 Q이다'로 된다. 이때 전자를 긍정 부정식(modus ponendo tollens), 후자를 부정 긍정식(modus tollendo ponens)이라고 부른다.

Elocutio **미사여구법** 아리스토텔레스의 수사학의 다섯 가지 분야중 하나로 언어의 장식적 기능에 주목하여 설득적 효과를 극대화 하는 분야.

Enthymeme **생략 삼단 논법** 대전제나 소전제, 혹은 결론 가운데 어느 하나를 생략하는 삼단 논법. 표현을 더 강하게 하기 위한 논법이다. 생략 가능한 전제는 현저한 원리나 사회통념 같은 것들이다. 생략된, 숨은 전제가 생략삼단 논법의 핵이다. 내 주장을 강력하게 만들기 위해서는 생략할 전제를 철저하게 분석하여 제대로 생략해야 하고, 상대방의 주장을 허물기 위해서는 상대방이 생략한 전제를 찾아내 그 전제의 문제점을 논증한다.

Eristic 말씨름 승점을 올리는 데에만 집중하는 논쟁의 종류. 말싸움, 싸움을 위한 싸움으로도 불린다.

Ethical 윤리적 어떤 공동체나 직업군의 행동이 옳고 그름을 지배하는 받아들여진 원칙과 궤를 같이하는 것.

Evidence 증거 자료 논증(argumentation)의 원재료로, 확실한 증거(proof)를 만들기 위해 사용된다. 사실, 의견, 대상으로 구성된다.

Evidence aliunde 외부 증거 관련성이 없는(extraneous) 혹은 보조(adminicular) 증거라고도 한다. 이 두 가지 뜻을 합쳐놓은 'aliunde'에서 'ali'는 라틴어로 '다른' 혹은 '다른 사람이나 다른 장소에서 온'이라는 뜻으로, 다른 증거를 설명하거나 그 증거의 확실성을 입증할 때 사용되는 증거를 말한다.

Extrajudicial evidence 법외 증거 법정에서 인정되지 않는 증거. 법원 밖에서 사용된다.

Fallacy 논리적 오류 논증의 과정에서 저질러지는 잘못을 일컫는 말. 전제에 잘못이 있거나, 전제와 주장 사이의 연관성에 잘못이 있거나, 결론이 전제의 범위를 초월해 도출되는 경우에 발생한다. 언어나 문법의 부정확한 사용으로 인한 모호함도 포함된다.

False Dilemma 그릇된 양자택일 오류 선택의 여지를 주지 않고 '이것 아니면 저것인데, 이것이 아니니 저것'이라고 주장하는 오류.

Fiat 엄명 실행력 참가자들이 논쟁을 위해서 합리적인 정책의 실행을 상정하는 아카데미식 정책 토의의 관습. 이는 토의자들이 정책이 승인되어야하는지의 문제에 집중하게 하고, 정책이 승인될 것인가에 대한 논쟁을 피하게 해준다. 긍정론이 현실 사회에서 채택 가능한가 어떤가(will be adopted)의 의론을 피하기 위해서 긍정 측은, 그 계획은 채택이 가능하다고 결론을 내릴 수가 있다. 아카데미식 디베이트의 범위 내에서는 의회가 실제 가결하는지 여부를 논하기에는 한계가 있으므로 '제청되는 법안이 입법화된다'라고까지 단언하지 않아도 된다.

Forensics 웅변술, 토론학 문제를 조사하고 사람들과 커뮤니케이션하는 논쟁적인 시각을 경험하는 교육적인 활동.

Generic disadvantages 포괄적인 약점 많은 긍정 측 계획에 나타나는 약점들.

Goals 목표 가치 토의에서, 가치는 토론자들에 의해 논쟁되고 해결책으로 표현된다. 비교우위 사례에서 긍정측은 현상을 지금보다 더 나은 상태로 바꾸는 목표에 대해 논쟁하는데, 이것을 그들의 목표라고 한다.

Good reasons 좋은 이유, 적절한 근거 해당 청중이 심리적으로 수긍할 수 있는 설득력을 갖춘 근거. 논제에 대한 찬성 또는 반대 결정이 타당함을 보여주는 이유를 말한다.

Grounds 사실, 근거 주장을 뒷받침해서 논쟁의 설득력을 완성해주는 증거자료와 추론.

Harms 유해성 정책 토론에서 현재 상태로부터 야기되는 문제점이나 유해성과 관련된 이슈들.

Inartistic Proof 기술 외적 증명 아리스토텔레스의 증명의 일종으로, 변론가의 조작에 의해서도 변형되지 않는 판례, 서약, 증언, 자백 등을 통한 증명을 말한다.

Indispensable Proof **필수 증거** 어떤 이슈를 증명하는데 반드시 필요한 증거.

Inductive Reasoning **귀납적 논증** 개별적인 특수한 사실이나 현상에서 그러한 사례들이 포함되는 일반적인 결론을 이끌어내는 추리의 방법이다. 이미 일어난 일은 또 일어날 것이라고 믿는 동일성에 대한 가정(assumption of uniformity)하에 기존의 지식에서 모르는 것을 유추하는 것(known to unknown)이 특징이다.

Intuitive acceptance of evidence **증거의 직관적 수용** 청중이 접하는 순간 옳다는 판단 하에 받아들이는 증거. 청중의 상식과 명백한 사실 등에 근거하고 있어 직관적으로 수용한다.

Issues **쟁점** 논제에 내재하는 비판적인 주장이 담긴 질문으로, 변화의 옹호자는 예라고 답하고, 반대자는 아니오 라고 답해야 하는 긴요하고(vital) 내재적인(inherent) 질문이다.

Judicial debate **법정토론 응용** 디베이트(토론)의 하나로, 법원이나 준사법적인 기구에서 시행되는 토론을 말한다.

Judicial evidence **법정 증거** 법정에서 받아들이는 증거. 법적 효력이 있는 증거를 말한다.

Judicial notice **사법적 인지** 법원에서 가져온 개념으로, 입증이 필요하지 않을 정도로 상식적인 증거를 뜻한다. 이미 잘 알려져 있는 사실이나 다양한 상식들은 별도의 입증을 요구하지 않는다.

Karl Popper Debate **칼 포퍼 디베이트 형식** 철학자 칼 포퍼의 이념에 기초를 두고 1994년에 만들어진 토론 방식이다. 주로 고등학생들에게 비판적 사고, 자기표현, 그리고 다른 의견에 대한 관용(tolerance)의 자세를 길러주기 위해 만들어진 것으로, 세 명이 한 팀을 이루어 각 팀이 한 번의 입론과 두 번의 반론을 하며 마지막 반론을 제외하면 매 순서마다 교차 조사가 진행되는 토론 방식이다.

Lincoln–Douglas debate **링컨–더글러스 토론형식** 1858년 일리노이주 상원의원 선거 캠페인 중 에이브러햄 링컨과 스테픈 더글러스 사이에서 있었던 노예제도에 대한 토론에서 유래한 토론의 형태로, CEDA와는 달리 가치 평가의 대상을 규정하거나 가치 구조의 설정과 정당화 등을 필수 쟁점으로 하는 대표적인 가치 토론의 형태이다.

Loaded language **감정 실린 언어** 증거의 제시 없이 결론으로 도달하기 위해 감정적으로 강렬한 언어를 사용해 상대방을 압박하는 것으로, 논리의 오류로 꼽힌다.

Mock trial debate **모의재판 토론** 법정 재판 토론을 모방한 아카데미식 토론의 한 형태. moot court debate(모의법정 토의)와 달리, 이 방법은 절차가 강조되지 않는다.

Modal qualification **확률치 양상** 주장에 부여하는 타당성의 정도를 말한다. 양상이란 사물의 존재 방식이 필연적인가, 가능한가, 현실적인가, 또는 우연적, 불가능 한가 등을 표현하는 것으로, '확실히' '가능하게' '개연성이 있다' '거의 그렇지 않다' 등의 정도로 표현한다.

Modus Ponens **긍정논법** 'p를 넣고 q를 얻는다'는 의미의 논법. "공부를 열심히 하면 성공한다(if p, q). 공부를 열심히 한다(p). 고로 성공한다(q)." 요약하면 'p면 q이다. p가 참이면 따라서 q도 참이다'의 형태가 된다. 여기서 공부를 열심히 하는 부분은 선행사(antecedent)이고, 성공하는 부분은 결론(consequent)에 해당한다.

Modus Tollens **부정논법** 'q를 가져가고 p를 얻는다'는 뜻의 논법.

Moot court debate 모의법정 토의 사법 토의의 아카데미식 토론 형태, 로스

쿨에서 법정 토의를 준비하는 학생들이 하는 것을 말한다.

NDT National Debate Tournament. 1947년부터 열리고 있는 미국 대학생들의 토론 대회를 말한다. 정책 주제를 토론의 논제로 삼았으며, 이후 토론학에서는 일반명사처럼 사용된다.

Negative evidence 부재증거 증거의 부재가 그 자체로 증거로 활용되는 경우로, 가령 특정 학교 졸업생 명부에 이름이 없는 것으로 그 학교 졸업생이 아니라는 증거로 받아들이는 경우를 말한다.

Nonformal debate 비공식 토의 응용 디베이트 중 하나. 공식적이지 않고, 미리 정해진 규칙 없이 진행되는, 다양한 상황에서 발생하는 토론을 말한다.

Non sequitur 불합리한 추론 전제 또는 증거를 따르지 않은 결론.

Parliamentary debate 의회 토론 응용 디베이트 중 하나로, 의회 운영 절차에 따라 진행되는 토론이다. 또한 기관의 후원 하에 경쟁하는 방식의 아카데미식 토론 방법이기도 하다. 1820년대에 생긴 옥스퍼드와 케임브리지 학생회가 행하던 토론 형식에 기초를 둔 것으로, 영국 의회의 특징을 반영한다. 통상 한 팀에 두 사람이 참여하며, 그중 한 사람(수상과 야당 당수)이 각각 두 번의 발언 기회를 갖고 다른 한 사람(여당의원과 야당의원)이 한 번의 발언 기회를 갖는 것이 보편적인 형태이나, 세 명의 토론자가 참여해 각각 한 번씩 발언하기도 한다.

Partial proof 부분 증거 논란 중인 이슈를 구성하는 일련의 사실 등 중 일부 사실을 지지하기 위해 필요한 증거.

Persuasion 설득 1) 상징을 사용하여 다른 사람의 행동, 신념, 태도와 가치에 영향을 끼치기 위해 하는 커뮤니케이션 과정 2)상대편이 이쪽 편의 이야기를 따르도록 여러 가지로 깨우쳐 말하는 것.

Poisoning the well 독이 든 우물의 오류. 상대방이 어떤 행위나 상황으로 인해 논쟁을 할 자격조차 없다고 비난하며 근원에서부터 제외시키는 오류.

Post hoc 먼저 발생한 사건을 이유로 여기는 것 인과가 입증되지 않은 것을 발생 순서를 이유로 인과관계로 가정하는 오류.

Prearranged evidence 예비 증거 사건과 관련된 혹은 미래 가능성에 대한 특정 정보를 기록하기 위한 목적으로 형성된 증거를 말한다. 공공 기록과 공적 기록물이 이에 해당된다. 일반적으로 사람들은 출생 기록부, 자동차 면허증, 영수증, 계약, 대학 기록부와 같은 예비 증거를 가지고 있다. 예비 증거는 일반적으로 사건 발생 시점에서 형성되기 때문에 매우 높은 가치로 인정된다.

Presumption 추정 1)논쟁에서 한쪽을 선호하는 선유경향. 청자와 의사결정자들이 토론에서 한쪽을 찬성 또는 반대하는 심리적 상태. 2) 확실하지 않은 사실을 그 반대 증거가 제시될 때까지 진실한 것으로 인정하는 것.

Presumptive evidence 추정 증거 간접적이고 정황적인 증거 자료로, 다른 것들을 입증함으로써 사실의 존재를 간접적으로 보여주는 것.

Prima Facie Case 프리마 파시 케이스 명백한 증거의 존재로 인해 주장하기도 이전에 자명해진 케이스.

Primary evidence 1차 증거 주어진 상황에서 받아들여지는 최선의 증거. 직접 입수했거나 원본 자료의 정보로서 문제가 된 상황에 대해 최고의 확실성을 제공할 수 있는 증거를 말한다.

Propaganda 선전 지속적이고 조직화된 캠페인을 하기 위해 집단이 사용하는 설득방법. 대중에게 영향을 미치기 위해 대중 미디어를 사용한다.

Proposition 논제 1)논란이 되고 있는 중심 이슈에 대한 입장을 진술한 것으로 논쟁의 대상으로 적합하다. 사실, 가치, 비정책 또는 정책에 대한 것을 내용으로 한다. 2) 어떤 문제에 대한 하나의 논리적 판단 내용과 주장을 언어 또는 기호로 표시한 것. 참과 거짓을 판단할 수 있는 내용이 내재되어 있다.

Pseudoargument 허위 논쟁 우연히 또는 고의로 쟁점에 대해 왜곡, 혼란, 조작, 회피하는 오류를 말함.

Public records 공문서 정부 기관에서 발행했거나 공인된 자료. 신빙성 있는 증거 자료 중 하나이다.

Public writings 공적 서면자료 공문서를 제외한 모든 공적인 성격의 서면자료. 일반 대중의 접근이 용이해 가장 손쉬운 증거자료의 하나로 꼽힌다.

Rebuttal 반박 상대편의 주장을 약화시키거나 무력화 시키는 증거 자료와 추론.

Recency 최근성 증거를 테스트하는 방법 중 하나로 증거가 얼마나 최신 것인지 여부에 초점을 두는 방식.

Resolution 논제 논란(controversy)들 가운데 가장 핵심적인 사안을 명료하게 구분해 주는 진술문이다. 논제를 둘러싸고 긍정측은 현 상태의 변화를 바라는 입장이 되는 반면 부정측은 현 상태를 유지하려는 입장을 취하게 된다.

Rhetoric 수사학 언어에 대한 언어를 공부하는 학문이자 상대방을 설득하는 말의 기술, 혹은 설득의 방법을 통칭. 아리스토텔레스는 레토릭을 "주어진 상황에서 가능한 설득의 방법을 찾아내는 기술"로 정의했다.

Secondary evidence 2차 증거 1차 자료를 구할 수 없을 경우 의존해야 하는 자료로서, 원본이나 직접 입수한 것이 아닌 간접적으로 전해 받은 증거를 말한다. 1차 증거보다 신뢰도가 떨어져 증거력이 약하다.

Selection fallacy 선택의 오류 여러 증거 중에서 입장을 지지할 수 있는 일부의 증거만 제시하고 다른 해석을 불러올 나머지 증거들은 제외하여 제시하는 오류.

Sign 상징 혹은 징후에 의한 논증. 귀납법과 연역법의 중간에 위치한 논증법으로 어떤 상태나 상황의 존재를 근거로 논쟁하는 형식.

Slippery slope argument 비탈길 논쟁 보기에 무해한 긍정 측의 제안이 필연적으로 가장 유해하고 파괴적인 불이익을 이끌어내는 첫 번째 단계가 된다는 논쟁. 미끄러운 경사면 논증으로 번역하기도 하며, 비형식적 오류로 분류된다. 비형식적 오류 중 자료적 오류 영역에 속하며, 특히 인과관계와 관련된 오류. 자세한 내용은 원인과 결과 사이의 거리가 너무 먼 경우. 즉 A와 B가 인과적으로 연결되어 있을 수는 있지만, 중간에 많은 관계들이 개입하는 경우가 해당한다.

Special debate 특별 토론 응용 디베이트 중 하나로, 대통령 후보자 토론처럼 특수한 상황에서 소집된, 특수한 규칙 하에 시행되는 토론을 말한다.

Status quo 현상 유지 현재 존재하는 상황이나 상태.

Stock issues 필수 쟁점 논제에 내재되어 있기 때문에 반드시 설정해야 한다고 주장하는 긍정측의 사실, 가치, 혹은 정책에 관한 진술을 담은 의문문. 가치 토론에서 필수 쟁점은 정의적 쟁점(definitive issues) 지시적 쟁점(designative issues) 두가지로 구분할 수 있으며, 정책 토론의 경우 필수 쟁점으로 정당화(justification) 정책 방안(plan) 정책 도입에 따른 이익(advantage), 혹은 피해(harm) 이슈, 내재성(inherency) 이슈, 문제해결(solvency) 이슈, 혹은 동기(motive) 이슈, 장애(obstacle) 이슈, 치유(cure) 이슈, 비용(cost) 이슈 등이 포함된다.

Straw man fallacy 허수아비 오류 상대의 논점을 왜곡하거나 공격하기 쉬운 가상의 논점을 만들어 공격하는 논증의 오류. 관련이 있지만 직접적인 논쟁이 아닌 것을 끌어들이는 것. 상대방의 논증을 변형시켜서 공격하는 것을 말한다.

Syllogism 삼단 논법 대전제, 소전제, 결론으로 구성된 체계저인 논증 방식.

Topicality 논제충당성 토론 논제의 의향에 대해 순응하는 상태. 논제의 모든 의향이 타당하다는 것을 보여준다면, 실행 계획의 직접적인 결과로 문제가 해결되거나, 비교 우위가 생긴다.

① 결의문 중의 말의 정의(定義)의 타당성

② 긍정 측의 필요가 논제의 요건을 충족시키는지 여부

Tu quoque fallacy '너 역시' 오류 대상의 모순을 이용해 공격하는 오류로, 언행이 일치하지 않는 것을 지적해 대상의 말이 틀렸다고 지적하는 것을 말한다.

Value objections 가치에 대한 이의 가치 토론에서 발생하는 부정적인 결과로 바람직하지 않은 결과가 긍정 측의 선정에서 나타난다. 정책 토의에서도 이런 불리한 점이 발생한다.

Verbalism 형식적 언어에 의한 오류 별로 의미를 전하지 않고 말만 무성하게 많이 해서 논점을 흐리는 오류.

Warrant 논거 사실 근거에서 주장으로 이어지는 논증을 단단하고 타당하게 해주기 위해 필요한 증거 자료와 추론을 말한다.

참고 문헌

국내 문헌

강태완, 김태용, 이상철, 허경호 (2001). 토론의 방법. 서울:커뮤니케이션 북스.

게레로, 호세 안토니오 에르난데스 · 테헤라, 마리아 델 카르멘 가르시아 (2001). 수사학의 역사. 강필운 옮김. 서울: 문학과 지성사.

김욱동 (2001). 수사학이란 무엇인가. 서울: 민음사.

김현 편 (1985). 수사학. 서울: 문학과 지성사.

도위스, 리처드 (2002). 스피치에 강한 리더가 성공한다. 허경호 옮김. 서울: 삼진기획.

박삼열 (2011). 토론과 수사학. 경기도 파주시: 한국학술정보(주).

쇼펜하우어 (2003). 쇼펜하우어의 토론의 법칙: 논쟁과 토론에서 이기는 38가지 기술. 최성욱 옮김. 서울: 원앤원북스.

슈타인, 한네스 (2009). 정당하게 이기기 위한 대화교본. 김태희 옮김. 서울: 황소자리.

아리스토텔레스 수사학 I. II. (2007). 이종오 옮김. 서울: 리젬.

에릭슨, 존 · 머피, 제임스 · 조이너쉬, 레이먼드 버드 (2013). 디베이트 가이드(The

Debater's Guide). 서종기 옮김. 케빈 리 감수. 서울: 도서출판 길벗.
이두원 (2005). 논쟁: 입장과 시각의 설득. 서울: 커뮤니케이션북스.
이승일 외 (2011). 프리젠테이션 코칭 북. 서울: 도서출판 길벗.
임태섭 (2010). 스피치 커뮤니케이션. 서울: 커뮤니케이션북스.
조제희 (2011). 논쟁 vs. 언쟁: 아고라 전장에서 살아남는 법. 서울: 들녘.
코자이 히데노무 (2002). 한마디 질문으로 상대를 제압하는 논쟁기술. 김현영 옮김. 2003: 한스미디어.
크라우스, 시드니 (2002). 텔레비전 대통령후보 토론과 공공정책. 송종길 옮김. 서울: 한울 아카데미.
플라실리에르, 로베르 (2003). 고대 그리스의 일상생활. 심현정 옮김. 서울: 우물이 있는 집.
피리, 매슨 (2007). 모든 논쟁에서 이기는 방법, 최세민 옮김. 서울: 영림카디널.
한국철학사상연구회 (2006). 논쟁으로 보는 한국 철학. 연구총서 4. 서울: 예문서원.

외국 문헌

Aristotle (1991). *The Art of Rhetoric*. London: Penguin Group.
Bitzer, L. (1959). "Aristotle's Enthymeme Revisited," Quarterly Journal of Speech, vol.45, no.4.
Borchers, T. A. (2006). *Rhetorical Theory*. An Introduction. Belmont, CA: Thomson Wadsworth.
Boulding, K. (2004). The Debatabase Book, NY: The IDEA Press Books, Introduction by Robert Trapp.
Ehninger, D. & Brockriede, W. (1978). *Decision by Debate*. 2nd ed. New York: Harper & Row.

Ericson, J. M., & J. J. Murphy, with Bud Zeuschner. (1987). *The Debater' s Guide*, rev. ed. Carbonadale: Southern Illinois University Press.

Freeley, J. A. & Steinberg L. D. (2005). *Argumentation and Debate: Critical Thnking for Reasoned Decision Making*. Eleventh Edition. Belmont, CA: Thomson Wadsworth.

Fahnestock & Secor (2003). *A Rhetoric of Argument: Text and Reader*. Third Edition. McGraw-Hill Humanities/Social Sciences/Languages.

Gilovich, T. (1991). *How We Know What Isn' t So: The Fallability of Human Reason in Everyday Life*. New York, London, Toronto, Sydney, Singapore: The Free Press.

Goss & O'Hair (1988). *Communicating in Interpersonal Relationships*. NY: MacMillan.

Gula, J. R. (2007). *Nonsense*. Mourt Jackson, VA: Axios Press

Hart, R. (1997). *Modern Rhetorical Criticism*. Boston: Allyn and Bacon.

Heinrichs, J. (2007). *Thank you for Arguing*. New York: Three Rivers Press.

Herrick, A. J. (2011). *Argumentation: Understanding and Shaping Argumentation*. Fourth Edition. State College, Penn: Strata Publishing, Inc.

Jamieson, K. H. (1988). *Eloquence in an Electronic Age: The Transformation of Political Speechmaking*. New York, Oxford: Oxford University Press.

Joseph, J. E. (2006). *Language and Politics*. Edinburgh University Press Ltd.

Joseph, M. (2002). *The Trivium*. Philadelphia: Paul Dry Books.

Lakoff, G. (2004). *Don' t think of an elephant!: Know Your Values and Frame the Debate*. Chelsea Green Publishing.

Lakoff, G. (2008). *The Political Mind: A Cognitive Scientist' s Guide to Your Brain and its Politics*. Penguin Books.

Lucas, S. E. (1995). *The Art of Public Speaking*. Fifth Edition. New York: McGraw-Hill, Inc.

Luntz, F. (2007). *Words that Work: It's Not What You Say, It's What People Hear*. Hyperion Books.

Macagno, F. & Walton, D. (2014). *Emotive Language in Argumentation*. Cambridge University Press.

McCombs, M. & Merritt, D. (2004). *The Two W's of Journalism*. New York: Lawrence Erlbaum Associated. Inc.

Noonan, P. (1998). *On Speaking Well: How to give a speech with style, substance and clarity*. New York: HarperPerennial.

Orwell, G. (1946). *Politics and the English Language*. Horizon.

Ozminkowski, M. (2013). *Debate & Dialogue: The Essentials of Argumentation*.

Pattee, G. K. (2006). *Practical Argumentation*. Penn State College: The Echo Library.

Protagoras, Philebus, and Gorgias (1996). *Great Books in Philosophy*. Translated by Benjamin Jowett. New York: Prometheus Books.

Putnam, R. (2000). *Bowling Alone: The Collapse and Revival of American Community*. New York: Simon & Schuster.

Schopenhauer, A. (2004). *The Art of Controversy*. Honolulu, Hawaii: University Press of the Pacific.

Sears, D. & S. Chaffee (1976). "Uses and Effects of the 1976 Debates: An Overview of Empirical Studies" in S. Kraus (ed.) pp.223-261.

Tannen, D. (1999). *The Argument Culture*. New York: The Ballantine Publishing Group.

The Dialogues of Plato (1986). With an Introduction by Erich Segal. New

York, Toronto, London, Sydney, Auckland: Bantam Books.

Toulmin, S. (1958). The Uses of Argument. Cambridge University Press.

Vancil, D.L. (1998). *Rhetoric and Argumentation*. Allyn and Bacon.

Walton, D. (2006). *Fundamentals of Critical Argumentation*. Cambridge: Cambridge University Press.

Whateley, R. (1963). *Elements of Rhetoric*, Carbondale, IL: Southern Illinois University Press. (first published in 1828).

Whedbee, K. (1998). "Authority, Freedom and Liberal Judgment: The Presumptions and Presumptuousness of Whately, Mill and Tocqueville." Quarterly Journal of Speech, 171-189.

찾아보기

아규멘테이션

설득하고 설득당하는 사회의 논쟁법

펴낸날 초판 1쇄 2014년 12월 30일
지은이 박성희
펴낸이 김훈순
펴낸곳 이화여자대학교출판부
주소 서울특별시 서대문구 이화여대길 52(우120-750)
등록 1954년 7월 6일 제9-61호
전화 02) 3277-2965(편집), 02) 362-6076(마케팅)
팩스 02) 312-4312
전자우편 press@ewha.ac.kr
홈페이지 www.ewhapress.com
책임편집 민지영
디자인 정혜진
찍은곳 한영문화사

ISBN 979-11-85909-16-5 93300

값 23,000원

* 잘못된 책은 바꾸어 드립니다.

이 도서의 국립중앙도서관 출판예정도서목록(CIP)은 서지정보유통지원시스템 홈페이지(http://seoji.nl.go.kr)와 국가자료공동목록시스템(http://www.nl.go.kr/kolisnet)에서 이용하실 수 있습니다. (CIP제어번호 : CIP2014037194)